王锺翰学术文集

王锺翰◎著
定宜庄◎选编

中央民族大学名师学术文库

中央民族大学出版社
China Minzu University Press

图书在版编目（CIP）数据

王锺翰学术文集 / 王锺翰著. —北京：中央民族大学出版社，2021.6

（中央民族大学名师学术文库 / 张京泽，黄泰岩主编）

ISBN 978-7-5660-1927-1

Ⅰ. ①王… Ⅱ. ①王… Ⅲ. ①中国历史—清代—文集 Ⅳ. ①K249.07-53

中国版本图书馆 CIP 数据核字（2021）第 022566 号

王锺翰学术文集

著　　者　王锺翰

选　　编　定宜庄

责任编辑　黄修义

封面设计　舒刚卫

出版发行　中央民族大学出版社

北京市海淀区中关村南大街 27 号　　邮编：100081

电话：（010）68472815（发行部）　传真：（010）68933757（发行部）

（010）68932218（总编室）　（010）68932447（办公室）

经 销 者　全国各地新华书店

印 刷 厂　北京鑫宇图源印刷科技有限公司

开　　本　787 × 1092　1/16　印张：25

字　　数　380 千字

版　　次　2021 年 6 月第 1 版　2021 年 6 月第 1 次印刷

书　　号　ISBN 978-7-5660-1927-1

定　　价　150.00 元

“中央民族大学名师学术文库”出版前言

“所谓大学之大，非有大楼之谓也，乃有大师之谓也。”著名教育家、原清华大学校长梅贻琦先生广为人知的这句名言，道出了大学教育的真谛。任何著名大学，其所以著名，其所以为世人瞩目，乃在于她拥有名家大师，执掌其教学科研，引领其学科建设，使学问能日日精进，德行能时时砥砺，境界能渐渐提升，而成就斐然、名重一时的栋梁之材能如璀璨群星不断脱颖而出、辉耀于世界。

中央民族学院是中国共产党和中央人民政府为持续深入地推动中国特色解决民族问题道路的探索，于1950年4月确定创办的一所地位极其重要、意义极其特殊的高等院校。① 其根脉是中国共产党1941年于延安创办的民族学院。建校伊始，根据学校定位和当时开展学科建设、人才培养、科学研究以及为新中国民族工作提供高水平决策咨询服务的迫切需要，在中央政府和各方面的大力支持下，一大批在民族学、社会学、人类学、历史学、语言学、民族艺术等学科领域闻名遐迩的顶尖学者，或已崭露头角的青年才俊，如翦伯赞、吴泽霖、潘光旦、吴文藻、闻宥、于道泉、杨成志、陈振铎、冯家昇、翁独健、费孝通、林耀华、傅懋勣、陈述、傅乐焕、王锺翰、马学良、陈永龄、施联朱、金天明、宋蜀华、贾敬颜、王辅仁、黄淑

① 1950年4月，中共中央政治局做出了在北京设立中央民族学院的决定。6月30日，中华人民共和国政务院任命中央民委副主任乌兰夫、刘格平分别兼任中央民族学院正副院长，由中央民委主持的中央民族学院建校筹备工作正式启动。9月，政务院任命刘春出任中央民族学院副院长，主持日常工作。在北京市政府的支持下，确定将校址选在北京西郊的魏公村。11月24日，周恩来总理主持政务院第60次政务会议，通过了《培养少数民族干部试行方案》和《筹办中央民族学院试行方案》两个重要文件。1951年4月12日，政务院第78次政务会议决定任命费孝通为中央民族学院副院长。6月11日，中央民族学院举行开学典礼，中央人民政府副主席朱德、政务院副总理董必武出席并讲话。一所新型的、富有中国特色的现代大学在北京诞生了。

娉、吴恒等，先后调入，使尚处草创时期的中央民族学院一时名家荟萃，一跃成为全国民族研究和人才培养的重镇和高地，迅速跻身全国名校之列，并成为我国对外学术交流的重要窗口。经由这些杰出专家学者开拓的研究领域、奠定的学术传统和擘画的专业布局，历经半个多世纪的拼搏进取和薪火相传，已积蓄成为中央民族学院迈向综合性研究型大学的丰沛特色泉源和坚实学科根基，是中央民族学院坚持服务国家民族工作大局的基本定位、保持国家民族工作重要人才摇篮和重要智库地位的牢固支撑。如今的中央民族大学，在创建一流大学、一流学科的征途中，依然也必然以前辈大师名家呕心沥血奠定的基业为张本。名家大师与大学建设发展关系之密切和深远，于此可以充分见证和深切体味。

名家大师不仅是大学教育之根本，也是世道人心的皈依，因为他们的学行才识堪称“三不朽”。《左传·襄公二十四年》：“太上有立德，其次有立功，其次有立言，虽久不废，此之谓三不朽。”孔颖达在《春秋左传正义》中阐明：“立德谓创制垂法，博施济众”；“立功谓拯厄除难，功济于时”；“立言谓言得其要，理足可传”。中央民族大学建校创业史上的这些名家大师，学养精深，妙手著文，成果等身，“言得其要，理足可传”，可谓“立言”；他们绝大多数参与甚至领导了民族识别、少数民族社会历史调查、“民族问题五套丛书”编写，并为新中国各个历史时期民族政策制定提供了决策咨询和理论支撑，为民族地区和少数民族培养了千千万万优秀专业技术人才和干部人才，为巩固和发展中国特色社会主义新型民族关系奠立了知识、理论、人才基础，为新中国民族团结进步事业呕心沥血、披肝沥胆、鞠躬尽瘁，可谓“立功”；他们高风亮节，严谨治学，谦和待人，传道授业，树立规范，为学校、学科“创制垂法”，打造了“博施济众”的基业，可谓“立德”。名家大师们的高尚人格、深厚学养、奉献精神、治学风范，是中央民族大学兴校办学极其宝贵的财富，是中央民族大学建设国际知名高水平大学的厚重历史资本，是中央民族大学一代又一代师生为学为人的典范和楷模。

为了更好地继承弘扬前辈名师大家的道德文章，更好地光大名师大家践行垂范的优良传统，更好地推进学校的各项事业，更好地服务于新时代中国民族团结进步事业，中央民族大学成立“名师学术文库”编委会，组织力量收集、整理、出版这套“名师学术文库”，尽可能从多个方面反映名家大师的风采神韵，以此彰显学校深厚的学术底蕴和厚重的学术传统，激励各族师生凝心聚力，把中央民族大学各项事业推向新境界新高度。借由这套丛书，广大读者和社会各界不仅可以了解中央民族大学不平凡的过去，亦可以期许她更美好的前程和更辉煌的未来。

“中央民族大学名师学术文库”编委会

2020年10月

目 录 Contents

导　言

定宜庄

王锺翰（1913—2007），以字行，湖南省东安县伍家桥乡人。我国著名民族史学家，当代清史学泰斗，中央民族大学历史系终身教授。

先生童年就读私塾，年十五远离家乡，赴长沙考入雅礼中学，1934年升入北平燕京大学历史系，1938年获该校历史学学士学位，1940年获该校历史学硕士学位，并留校任教。1946年获哈佛燕京学社奖学金，赴美国哈佛大学研究院深造，1948年秋返回祖国。1948年到1952年间，担任燕大哈佛燕京学社引得编纂处代副主任，兼历史系副教授。

中华人民共和国成立之后，先生于1952年调入中央民族学院任教，历任历史系及民族史研究所教授、博士生导师、终身教授，兼任历史系名誉主任。

先生从事清史、满族史、民族史研究凡六十余年，他一生的治学经历可大致分为三个阶段，兹分述之：

第一阶段：20世纪40年代到50年代初，发愤专攻清史

1934年先生考入北平燕京大学历史系，师从邓文如（之诚）、洪煨莲（业）和张孟劬（尔田）诸先生。此时正值日军侵华、国家民族面临生死危亡的关头，先生

服膺先师倡导，救亡爱国不忘读书，因“痛史与国之偕亡”，本着天下兴亡，匹夫有责之古训，立下了发愤专攻清史的志向，“非有关清史方面的问题（包括满族史在内）宁搁笔不写”[①]。

先生的学士学位论文《清三通之研究》[②]。“清三通”是研究清代制度的基本史料，但卷帙浩繁，雷同、抵牾之处，在所难免，先生为之一一爬梳参稽，品评得失，堪称允当，至今仍可供研读清三通参考之用。先生的硕士学位论文题为《清代则例及其与政法关系之研究》，因有待进一步修订，迄今未曾发表。但已经展现出先生治史的特点，即重视清代官书和正史，除《实录》之外，更重视会典、则例以及政书中的典章制度。这始终是先生在清史研究中之所长。

先生于燕京大学毕业后即留校任教。1946年赴美国哈佛大学进修两年。1948年秋自美国回国，仍于燕京大学任教，开设明史、清史两课，同时继续在清史方面的深入研究。

这是先生从起步到崛起的阶段。其间虽因战乱颠沛流离、辗转求生而被迫一度中辍，但先生以承担清史为职志、为民族争荣誉之心却未曾稍息。十余年的潜心浸淫，他继承了传统史学必备的版本目录训诂考据手段，还掌握了满族语言及英语、日语，这是他日后得以超出中国清史学奠基一辈的优越之处。他的研究思想不仅继承中国史学求实的传统，也融入了西方史学求真的精神，即要求在更高的意义层面上来重构历史的价值取向。

《清世宗夺嫡考实》[③]一文，就是先生在这一阶段中所发表的重要论文之一，是先生在清史研究方面的成名之作。该文与《胤祯西征纪实》[④]一文，共同构成了有关康熙帝位继承问题的姊妹篇。其中《夺嫡考》一文，是针对孟森《清世宗入承大统

① 《治史清源——王锺翰先生学术论著自选集》“序言”，人民出版社，2019年，第1页。

② 清三通，即《清朝通典》《清朝通志》《清朝文献通考》。该论文载《史学年报》1939年，后改题《清三通纂修考》，收入《清史杂考》，人民出版社，1957年，第208–258页。

③ 载王锺翰：《清史杂考》，第147–193页。

④ 载王锺翰：《清史杂考》，第194–207页。

考实》[①] 而发的，认为孟森胶葛于“嫡”之一义，只能是去真相愈走愈远，“从来论世宗事者，疑似之间，不免依违”。他不赞成孟森将各案分离的分析方法，而他基本的思维取向，则是强调分析之上的综合，强调问题发展的必然联系：“窃以为雍正夺嫡一案，必须从有关人物之一言一事、一举一动，将零星残存材料放在整个事件发展的逻辑中联系起来加以考虑。”他并且解释说：“我之所以将雍正诸弟与隆、年诸案综合起来研讨，是从问题发展的必然联系来思考的，不有雍正亲撰的《大义觉迷录》，则所谓雍正谋父、逼母、弑兄、屠弟四端，宫禁事秘，孰能了其真相?”[②] 该文征引繁富，考证精确，剪裁得体，行文流畅，显示出先生从治史伊始，就特别注重研究方法和思维逻辑的特征。先生擅长考证，但他的考证并不局限于单纯事实层面，而是深入到研究问题本质性联系，也因而得到学界好评，赢得史界一席之地。[③] 而该文发表后，能够受到国内的叶遐庵和远在美国的洪煨莲师的一致激赏，更说明先生的清史研究不独为国内学者所推崇，同时也为海外汉学界所接受[④]。

第二阶段：1950年代，清史与民族史

1952年院系调整，先生调至中央民族学院（即今中央民族大学），先入研究部任研究员，后又转入历史系民族史专业任教授。此时的先生与全国大多数知识分子一样，积极适应新的政治和学术环境，努力学习掌握历史唯物论，接受新的世界观，并力图以此来指导自己的史学研究[⑤]，对自我也有甚高期许，在短短的几年内，

① 孟森:《清世宗入承大统考实》，载孟森《明清史论著集刊》，中华书局，1959年，第519页。

② 《治史清源——王锺翰先生学术论著自选集》“序言”，第3页。

③ 杨启樵在《雍正帝及其密折制度研究》（上海古籍出版社，2003年，第54页）一书中说：“王锺翰先生的雍正篡立论，共有两文:《清世宗夺嫡考实》和《胤祯西征纪实》，这两篇似较孟文影响更深：孟文间有剪裁失当之处，如上谕、传记整篇照抄，以至散漫芜杂，眉目不清。王文则以丰富的史料作后注，使本文精炼可读，是不可多得的佳构。”杨先生又在《康熙遗诏与雍正篡立》一文（《清史论丛》，辽宁人民出版社，1992年）中说，先生“四十余年前有关雍正夺嫡的两篇宏文，时至今日，依旧是探讨这个问题的必读之作。”

④ 余英时:《顾颉刚、洪业与中国现代史学》：“洪先生晚年对他在燕大所培养出来的几位史学家常常称道不置，如齐思和先生的春秋战国史、聂崇岐先生的宋史、翁独健先生的元史、王锺翰先生的清史，都是洪先生所激赏的”，载《文化传统与文化重建》，生活·读书·新知三联书店，2004年。

⑤ 参见《王锺翰手写甲丁日记》，中央民族大学出版社，2005年。

取得了颇令人瞩目的成果。

在这个阶段，先生开始将注意力集中于东北民族史包括满族史的研究之上，相继发表数篇力作。一是《明代女真人的分布》[①]。女真人从辽、宋、金时代起即为东北地区主要民族之一，迭经元、明，与清朝的满洲仍有渊源关系。明政府曾在女真地区广置卫所，但后人对其具体方位若明若暗，也就很难对女真诸部的分布迁徙及其与明政府的隶属关系有比较清晰的认识。而先生此文初步探明了14—16世纪近200年间女真人的分布状况，不但有裨明代女真史、东北疆域史研究的深入，且成为1960年代后日趋高涨的东北史地研究的热点课题。而先生因各种原因，最终未能将这项研究做完，这篇未完成稿，也因此没被收入《清史杂考》，而是在数十年后才收入到《清史新考》之中。

1956年，先生先后发表了《满族在努尔哈齐时代的社会经济形态》与《皇太极时代满族向封建制的过渡》[②]两篇文章。其中《社会经济形态》一文认为，在努尔哈齐崛起建国时代，即16世纪70年代以迄17世纪20年代的50年间，满族社会已处在奴隶制阶段，天命六年（1621）满族南迁辽沈农业区之后，开始了向封建制过渡；后文则对皇太极时代（1627—1643）封建制度的发展从物质基础和阶级结构等方面进行了比较翔实的剖析和论证。在这两篇文章中，每论一朝，必先述满族具备的生产力水平、生产生活状况、生产关系，包括对生产资料和劳动力的来源、占有，继而论及分配关系，然后进而论述建立在物质关系之上的社会阶级结构以及法律关系。这显然是先生以历史唯物主义理论为指导，对满族入关前社会性质进行研究的突破性的尝试。两文所征引的史料相当丰富，包括了明朝、朝鲜的官私记载，以及清朝所修《实录》《满文老档》，而在研究中运用满文史料还是首次。满汉文的丰富史料，为先生提供了进行细致分析的坚实前提。

以上三篇论文，代表了在这样一个新时代，先生在学术上的重大转折：从正统

---

① 《清史新考》，辽宁大学出版社，1990年，第21页。

② 《满族在努尔哈齐时代的社会经济形态》，载《清史杂考》，第1–39页。《皇太极时代满族向封建制的过渡》，载《清史杂考》，第40–98页。

的王朝史上溯到清开国的前期史，从传统的通史，政治史而转入民族史、满族史，这既是对过去研究领域的拓展，也促使先生从新的视角、新的立场上，对清朝的历史进行新的理解和思考，而民族史尤其给了先生一个新的思考维度，这是当时那代其他学者不具备的条件，他日后独辟路径地将清史满族史融为一体的研究，也正是以此为起点。

1957年夏，先生将第一部学术论文集《清史杂考》交人民出版社，这部结集除了收入《胤祯西征纪实》与《夺嫡考实》两文以及此前撰写的几篇考据文章之外，特别将《满族在努尔哈齐时代的社会经济形态》与《皇太极时代满族向封建制的过渡》置于最前，足见先生对自己解放后以崭新姿态进入学术研究领域的欣喜和重视。除了这几篇之外，收入文集的还有《达呼尔人出于索伦部考》，此文为配合当时国家开展的大规模少数民族社会历史调查而作，文中论到，明末清初的达斡尔是索伦部之一部，有时又被称为“萨哈尔察”，而萨哈尔察与明代东北边区的“哈喇察卫”（约设于15世纪30年代至16世纪初）有渊源关系，是说迄今仍获中外学者认同。另一篇《清初八旗蒙古考》，详述了后金建国前与蒙古诸部的关系、从蒙古牛录至八旗蒙古的成立和发展过程，考订了八旗蒙古的规制与特征，加深了人们对清初满蒙关系、八旗制度内容等问题的认识。这都是先生调入中央民族学院之后，积极主动地开始对民族史努力探索的表现。这些有益尝试，在《杂考》一书中已经有充分体现，并在一定程度上成为开启清史学界的风气之先。

此时的先生正当壮年，精力充沛，本是多有建树之际。令人无限惋惜的是，1957年那场人所共知的运动扫地而来，先生也蒙受其冤，好在《杂考》一书在他正式被批为“右派”之前侥幸得以出版，实乃不幸中之万幸了。

此后直至彻底被平反以前的20年间，先生寂然无闻，再未发表过一篇文章。但这期间仍有三件事值得一提：一是1959年参加辽宁少数民族历史调查组，其间完成了前述20万字的《朝鲜李朝实录中之女真史料汇编》；二是1971年至1976年参与中华书局的《清史稿》点校；三是1976年至1980年，独力完成了80卷《清史列传》

的点校[①]。多年的亲身社会实践和基本史料的沉潜浸淫，为他日后的学术飞跃积淀了雄厚的基础。

第三阶段：1978—2007年，将满族史清史熔铸一炉

1978年，先生获得政治上的彻底平反，多年的学术积累和沉淀终于迎来丰厚的回报。他晚年追述："从此予又可以加倍努力，笔耕不辍，而且予私自立志，争取每年多写一两篇，来补偿予过去失去二十年来未写文章的损失。"[②]从那时起直到20世纪初以90高龄撰写最后一篇学术论文，20余年的辛勤耕耘，为后人留下丰厚的学术遗产。

1990年，继《清史杂考》之后，先生的第二部论文集《清史新考》问世。1993年第三部论文集《清史续考》出版。2001年，当先生88岁高龄时，又出版了第四部论文集《清史余考》。2004年，中华书局结集为《王锺翰清史论集》全四册，洋洋二百万言。先生的这些论著，大部分是在65岁之后完成，其生命力和学术创造力令人惊叹。

20多年时间，先生的主要精力和最大贡献，无疑都是在清史和满族史方面。而对于这两个学科，迄今为止论者也大多是将其视为两个领域、两个学科而分别论述的，其中最具代表性的，就是在先生逝世不久，众弟子以"仲棣梓"之名，发表在《燕京学报》上的《王锺翰先生的学术成就及其在史学领域中的地位》一文。[③]文中提道："在先生看来，清史与满族史是互相关联又不尽相同的两个学术领域。满族史既是清史中不可或缺的重要的组成部分，又构成'满学'的重要内容。就研究方法而言，满族史既可以从民族学的角度进行研究，又可以将其置于清史研究的框架下来探讨。"该文还为先生未能继续原来的清史研究而深感婉惜。但细究先生自己的

① 详见《王锺翰学述》一书中相关章节，浙江大学出版社，1999年。

② 《王锺翰清史论集》第一册，中华书局，2004年，第3–4页。

③ 见《燕京学报》2008年新25期。

说法，却与弟子们的理解不尽相同，在他看来："清史与满族史密不可分，但两者之间一为断代史、一为民族史究竟有所不同，将两者融为一体，亦非一朝夕之功。我几十年来从中尝到的酸甜苦辣，同行人当知个中滋味。"① 由此可知先生在学术上的前瞻性和他为此所作的尝试和努力，乃至于自觉地、有意识地探索如何将其融铸一炉的"个中滋味"的坎坷艰辛。

从今天的眼光来看，作为一个统一多民族国家中诸多族群之一，满族史（当然清朝衰亡之后满族的发展不属此类）本身就是清史不可或缺的组成部分，更何况有清这个王朝，其创立者和统治者并不是人们通常所说的"汉人"，而是明朝时僻处于辽东边墙外的女真–满人，这个由满人建立的王朝统治中国的时间长达三百年之久，并始终以八旗制度将自己置于"国中之国"的地位，作为清朝的历史主体，满人的历史怎么能够脱离于清朝的历史之外，随之而来的，对他们历史的研究又怎么能够脱离开"清史"这个领域而自成一门呢？

正是从这个原则出发，我毋宁将先生对清史和满族史的研究视为一体，也将其视为他之所以能在清史研究中取得成就的原因，并从这样一个角度，叙述先生1978年之后在学术研究上的贡献。而这样做还有另一个原因，那就是先生在这一阶段尤其是后半期撰写的许多文章，究竟应该归类到所谓的清史还是满族史，其实也难于区分。

将清史与满族史两者融为一体，的确如先生所说，非一朝一夕之功，而有个相当漫长曲折的探索过程。20世纪70年代末，当先生"右派"问题被改正并重获工作机会时，整个学界还未完全摆脱学术为政治服务的束缚，先生的研究重心，主要是集中于"民族史"之上的，而这时期的民族史包括满族史，从总体来说并不是继承于孟森、萧一山乃至日本诸多学者研究清史的传统，而是从20世纪50年代国家组织的满族社会历史调查起步的，而主要由各高校和研究机构抽调的年轻师生组成

① 《治史清源 —— 王锺翰先生学术论著自选集》"序言"，第1页。按类似的话先生说过不止这一次，在翌年出版的《王锺翰学术 —— 当代人文社会科学名家学述》（浙江人民出版社，1999年）中他再次提道："建国初，方投入清史研究领域，即转入满族史研究领域。二者本为一体，内部联系极为密切，但究竟断代史与民族史各有不同之处，融会贯通，互为补充，相得益彰，尤非一朝一夕之功"（第1页）。

的调查组，大多数并未接受过清史和满族史的任何专业训练，几乎一切都是白手起家[①]，而事后写成的、被列入《民族问题五套丛书》中的《满族简史》，基本构架就基于这场调查。其间特别值得提到的，是1962年由国家民委牵头，曾就满族历史问题专门召开的5次会议，国内史学界几乎所有的知名学者，都应邀出席了这几次会议，其官方的重视程度和参与此事的学者规格之高，至今罕见，从会议之后编写的《满族历史问题讨论情况辑要》中，即可清楚地看到满族史这种由官方出面定调并建构的过程。

这几次关于满族历史问题的会议，围绕几个议题展开了激烈讨论，这些议题是：1.满族的族源族体主要是满族的构成（重点讨论的是汉军旗人是否算满族）；2.入关前满族的社会性质（奴隶制、农奴制还是封建制）；3.清军入关后是以民族矛盾为主还是阶级矛盾为主；4.满族内部的阶级关系；5.辛亥革命与满族；6.如何评价满族的贡献与作用。这正是《满族简史》编撰的基础，也构成了这部简史的主要架构、主题和内容。

由于先生当时的处境，这些会议都没能以正式代表身份参加，但1979年先生重新出山之后所做的第一个重要工作，就是为这部《满族简史》做最后的通纂。该书成为我国少数民族简史正式出版的第一部，1986年再版，此后多次再版，成为学习和了解满族历史的必读书，它为满族历史上最重要的事件和人物所下的结论，也成为几十年来的不替之论。

不了解这个特定的历史的和政治的背景，是无法明了先生在这个阶段学术活动的选题、思路和成果的。

先生在1980年代初撰写的两篇文章《满族形成中的几个问题》[②]和《清代八旗中的满汉民族成分问题》[③]，就都是围绕1962年会议以及为编写《满族简史》而提出

① 参见《杨学琛访谈录》，载中央民族大学民族博物馆编《中国少数民族社会历史调查》（上），学苑出版社，2018年，第131–136页。

② 《满族形成中的几个问题》，载《清史新考》，辽宁大学出版社，1990年，第44–58页。

③ 初载《社会科学战线》1981年第1期。见《满族史研究集》，中国社会科学出版社，1987年，第1–16页。

的问题所作的。前者是先生在“右派”问题改正后发表的一系列满族史论文中，最重要的一篇。着重探讨了满族族源与明代女真的关系、新老满洲的区别、汉军旗人的从属、内务府旗人的旗籍等问题。先生在文中特别强调“民族是历史范畴，是历史上形成的具有很大稳定性的人们共同体。作为满族的族源，不但应把女真最早先民的肃慎包括在内，也包括挹娄、勿吉、靺鞨以至金代的女真人，承认其世代相承的亲属关系，但又不能把它们等同起来”。后一篇文章中，则对于汉军旗人的从属问题提出了只能按当时是否出旗为民作为一条唯一的划线标准，他认为这一条标准大概是符合一个民族在长期不断形成发展过程中的民族特征的。这些见解都建立在1962年会议时学者们激烈争辨的基础上，但也有着先生自己的思考。

先生对满族社会经济形态问题早就开始关注，主要侧重点在旗地，他认为旗地的发展过程最能表现满族社会性质的变化情况。《清代旗地性质初探》[①] 一文虽然是1978年才得以正式发表，却是20世纪60 年代初即已脱稿的，当时还是围绕20世纪60年代关于满族社会性质的讨论而作，是从各种旗地的不同形态、旗地中地主土地所有制是主导形式及庄园中存在的地主所有制成分三方面，对顺、康、雍、乾时期旗地从领主经济向地主经济转化过程进行考证。但先生在1970年代末回归学术队伍之后，对这个问题的深入挖掘探讨却迄未停止，乃至将其作为自己的几大主攻方向之一。1987年发表《满文老档中计丁授田商榷》[②] 一文，也仍然是这一讨论的延续，只不过，先生已经察觉自己1950年代初的某些论断存在失误，故而写文进行“自我检讨”和修正。接着，先生又据自己早年私藏的四份满汉文合璧的京旗房地契约，尤以其中康熙三十二年（1693）残缺不全的满文卖房地契约为最早，作《康雍乾三朝满汉文京旗房地契约四种》[③] 一文，分别考释了各朝房地契约的特点和旗地的交易情况。先生关于旗地的这些研究，从入关前“计丁授田”，到清代中叶各种旗地制的演变，不仅揭示了满族社会在这一历史时期社会形态的各种变化，更使以往被划

① 《清史新考》，第71–86页。

② 载《清史续考》，华世出版社，1993年，第198–217页。

③ 载《北方民族》1988年创刊号；并见《治史清源——王锺翰先生学术论著自选集》，第170–179页。

入满族史因而并未收入清代经济史研究的成果，进入到清史研究的领域，成为清代历史尤其是经济史中不容忽略的内容。

能够将民族史用这样的方式引入到清史之中，并使之成为清史中不可或缺的环节和内容，这在先生的那代学者之中是独一无二的。事实上，那个时代所有从事清史研究（而不仅仅是民族史）的学者所发表的论著和文章，围绕的几乎都是诸如阶级矛盾与民族矛盾、奴隶制与封建制社会等等所谓的宏大选题，而在这个特定时期为数众多的这类学术成果之中，以先生的成果最为突出，堪称最高学术水平的代表，他也因此成为这个领域的领军人物。数十年后再回首，我们会发现当年的这类文章几乎都已被岁月无情淘汰，唯先生的相关论述不仅没有湮没无闻，反而成为学术界无人能够发出质疑的定论，乃至被写入教科书中，影响了一代又一代学人。而他能够做到这一点，首先是因为，当时投入民族史研究者虽众，但像先生这样已具备深厚的断代史研究功底并已卓然有成的学者却并不多。而他在被划为“右派”并沉入人生谷底的漫长的20年中并没有沉沦，而是长期埋首于《满文老档》等相关档案以及参与点校一系列清代典籍，使他具备了丰厚坚实的满汉文史料基础，须知在当时条件下，不是随便什么人都可以接触到这些史料并能有大段的时间研读的。

1980年代以后，随着学术环境的日益宽松，学者的思想逐渐摆脱各种有形或无形的束缚，先生的研究也日益进入佳境。传统史学中的考据，本是先生的一技之长，据他回忆：“我素嗜考据，因接受思想改造，服从国家需要，不能不受新时代之潜移默化，繁琐考据少了，理论性话语多了，应该说是我的一点进步。”① 虽有自谦成分，但也切中肯綮。对清代文献、清代典章制度史的深刻体会，对考据方法的熟练掌握，是他形成自己独特的学术风格和成就的决定性因素。也正因如此，他才能开创清史研究的新局面，成为这个领域的奠基者和开拓者。

事实上，早在建国前作《清世宗夺嫡考实》一文时，先生即已意识到清朝政治中某些因素与满族传统文化之间的联系，晚年更在一篇序文中，对这一探讨的宗旨作了进一步的揭示：“尝读清史，总觉有同于元史者一点，即由帝位继承而起的纠

① 《王锺翰学述》，第2页。

纷。盖满洲风俗似蒙古，多立爱立少，不立嫡长，与之不无关系。康熙为清最隆盛之时代，而夺嫡之争最烈。父子兄弟之间，视同敌国。后来引为殷鉴，不立太子。然乾隆以后，每当爰立，则有龃龉。关系爱新觉罗一家盛衰者甚大。”① 可见先生很早就已经关注到有清一代政权中特有的满洲性质。这既是论断这一问题的点睛之笔，也给他日后的清史研究提供了一个重要的启示。

1980年代中期，先生接续30年前对雍正夺嫡问题的探讨，再作《清圣祖遗诏考辨》② 一文，与原来不同之处是，此时他对存世的满汉文档案史料更加重视。该文将仅存的满汉文合璧的《遗诏》原件，与《上谕内阁》《实录》中所载《遗诏》《面谕》及《起居注》等材料详加比勘，不仅进一步证实了雍正即位时所颁《遗诏》为其本人伪造，还使伪造《遗诏》的具体过程展现得细致入微。先生证明，玄烨死去当日隆科多所宣遗诏，及三日后对诸王廷臣宣读的遗诏皆为满文诏，仅有传位之语。而迟至二十三日以后，才由《面谕》抄写成汉文诏，而后又有满文诏。此一过程的彻底澄清，使雍正伪造遗诏一案终于水落石出，足以定谳。

展读先生作品时即可发现，对于一些疑难历史问题，先生往往一而再、再而三地考察，几十年锲而不舍。他于20世纪80年代所作《胤祯与抚远大将军王奏档》③，不仅对50年前撰写的《胤祯西征纪实》做了较大补充，对考察康熙帝晚年招抚蒙古、进军西藏等决策，以及用人得失、施政成败，以及雍正夺嫡内幕等问题，都有至为重要的关系。为撰写此文，先生收罗了国内外五个版本，使《胤祯奏稿》这一重要文献的版本源流获得清理。该文与《年羹尧西征问题——兼论雍正西北民族政策》④ 三文，均是对雍正夺嫡与胤祯西征有关问题的有力补充证实之作，亦颇受海内外学术界的广泛认同。

① 《王锺翰学术论著自选集》，中央民族大学出版社，1999年，第298页。

② 《清史新考》，第309页。

③ 《王锺翰清史论集》第2册，第1194–1210页。

④ 《王锺翰学术论著自选集》，第1237–1255页。

《释马法》① 与《释汗依阿玛》② 两文，是先生用满文名称铨释清史迷案的得意之作。在《释玛法》一文中，先生追溯满族先世，指出在《明实录》、朝鲜《李朝实录》、明人私家著述以及《清太祖武皇帝实录》《清史稿》的大量记载中，皆有将玛法以“酋长”作解之惯例，或为“年高者”“长老”之通释，又引宋史专家聂崇岐《满官汉译》以玛法释为“老翁”为据，证明福临之称汤若望为玛法，亦只能于此求解。至此，强以福临称汤若望为玛法即尊其为祖父之说，实不足以成立。先生此文不但澄清了对清初史实的误解，尤其是通过玛法一词的历史变迁，折射出满族入关前后礼法、风气的差异。

《释汗依阿玛》一文发表于1990年。“汗依阿玛”，满文Han i ama，即汗之父，或皇父。顺治五年（1648年）遗存的摄政王多尔衮满文题本批红为“doro be aliha han i ama wang ni hese”，汉译为“皇父摄政王旨”可以为证。而当时耶稣会士掐头去尾，简称为“amavan”即“ama wang”，音译为“阿玛王”，意译为“父王”，非是。先生此文不仅在考察的精确性上已经超过前人，更重要的是根据史料，做出了“皇父摄政王”就是一代帝王的解释。多尔衮既可称为“皇父”，则孝庄皇太后当可下嫁多尔衮。先生认为：弟妻兄嫂，是清代的收继婚旧俗犹存，又何渎伦之有？

太后下嫁、雍正夺嫡这类历史疑案，表面看来是一些个案，或者是一类历史趣题，实则包含极为丰富复杂的内容，先生之所以能得出为学术界广为认同的结论，一在于征引的满汉文献档案史料之宏富，为他人所不及；二基于深厚的考证功力；还有一点更重要，就是多年积累的、对满洲历史和社会的理解，这一点，正是研究清史无法避开的基础和前提。

关于清代尤其是清初历史人物的评价，是近几十年来清史学界的热点问题，先生对此也有积极的关注与回应。其中于1985年发表的《论袁崇焕与皇太极》③ 一文，尤其值得注意。

① 《清史新考》，第87–95页。

② 《清史新考》，第96–111页。

③ 《清史新考》，第112–131页。

1984年先生带领研究生到东北实习时，曾专程前往黑龙江省齐齐哈尔市的龙沙公园，寻访日俄战争中以身殉国的黑龙江将军寿山之祠“寿公祠”，而寿山，正是明清之际的抗清名将袁崇焕的七世孙。先生对此感慨系之[①]，翌年便撰写了这一长篇论文，文中有两个重要论点，一个是“随着时间的推移，袁的后裔早已编入旗籍，从改名和心理状态看，毫无疑问，他们都是完全满化的了。从这个例子中可以充分体会到，汉族与满族间的关系，真是成了‘你中有我，我中有你’不可分割的血肉关系”。另一个，“三百多年前的‘兄弟阋于墙’，到后来终于共同‘外御其侮’了”。先生虽然坚决反对将满族视为外来民族的论调，但也明确地表述：“当然，兄弟交恶和相争，是家庭间内部的事，但是也有个谁是谁非的问题。”坚持了史学家的客观立场。

先生一生著述宏富，这里限于篇幅，无法一一尽述。1999年出版的《王锺翰学述》中，除了由先生撰写的个人学术经历之外，还将自己在学术上的5个专攻方向，分别找了5个弟子撰写。这5个方向是：1.关于清史研究；2.关于满族史研究；3.关于满族社会经济形态；4.清代各民族与宗教政策；5.关于清代史籍的标点和校勘。其中第4、第5个，在本文中都没有提及，而第5个即清代史籍的标点和校勘，主要包括了点校《清史稿》、校注《清史列传》、校订《清鉴易知录》和校读《道咸以来朝野杂记》[②] 等，这些无疑是先生倾注心血最多、也令学界尤其是后学者受益最大的工作，但在这部文集中，只能忍痛割爱了。

本来编选文集，在字数、篇幅上就有诸多限制，何况先生早已有各种全集、学述和自选集出版，这部文集应该如何编选，是一件颇费踌躇的事。为此，我先将先生生前编选的几部文集拿来对比参照，按出版时间排列如下：

1.《王锺翰学述》，浙江大学出版社1999年版。

---

① 王锺翰：《东北考察记》，初载谭其骧主编《历史地理》第5辑，1987年。又载《王锺翰学术论著自选集》第二册，第738页。

② 5个专攻方向，参见《王锺翰学述》。关于史籍标点校勘的具体内容，可参见《清心集》“叙言”，新世界出版社，2002年。

2.《王锺翰学术论著自选集》，中央民族大学出版社1999年版。

3.《清心集（王锺翰自选集）》，新世界出版社2002年版。

4.《王锺翰清史论集》（全四册），中华书局2004年版。

这几部文集编选的原则并不一致。其中第一部《学述》撰写时，先生的学术创造力正当旺盛之期，书中提到几个专攻方向，表明他还仍然朝着这几个方向努力。而2002年出版的《清心集（王锺翰自选集）》，是该出版社推出的《名家心语丛书》中的一种，季羡林先生在为这套丛书写的序中声称，这套丛书所收的文章，都不是这些名家的学术专门著作，而是"与他们专门研究领域藕断丝连，既有通俗的一面，又有专门的一面"。为符合本书编写要求，先生将自己的研究分为12个大问题一一述之，其中很多与《学述》中的分类近似，如将满族史与满族社会形态分成两个部分等等，而在满族社会形态这部分中，又分4个小题，即努尔哈齐时期、皇太极时期、关于计丁授田问题和顺康雍乾时期，可以肯定，这些都不是从学术史的角度做的分类。

另外两部的分类则值得参考。一部是1999年由中央民族大学出版社出版的《王锺翰学术论著自选集》，书中文章，都是先生本人精心挑选的，编排布局，均由先生亲自审订，"依自选集丛书的体例，从上述（指《清史杂考》《清史新考》《清史续考》）三部结集中挑选出一小半，共21 篇，自以民族史为先，清史次之，余则附焉"[①]。此书20年后作为中央民族大学史学经典系列，取名《治史清源——王锺翰先生学术论著自选集》再版，而结构、内容未变。这是将民族史与清史分为两类，分别编排的。

2004年中华书局为先生出版全集，名为《王锺翰清史论集》，"将几十年来已发表的和未发表的长篇短什，将近二百篇，三百余万字，汇为一集，略加区分，列为五目：一为清前期，二为康熙时期，三为清晚期，四为其他（明以前），五为附录。五目中自以康乾时期的论文为大宗，清前期次之，清晚期又次之，附录则略附自述之什而已"。这部书的编排有两点与1999年的《自选集》迥乎不同，第一是题目只

① 《王锺翰学术论著自选集》"序言"，第1页。

称“清史”而未及其他，这有可能是为标题简明和突出重点起见而无他义；第二是将近二百篇文章，按照发表（出版）时间编排而不再分类，事实上，也只能这样编排，因为如果像《自选集》那样，将许多文章硬分成清史与民族史，也是很难办到的。而除了这些客观因素之外，先生应该已经明确认识到，他所做的民族史，本来就是清史的一部分。

本书就是遵循先生这部全集的精神，不再将他的论著分为民族史和清史，而完全是从时间先后来编排的，我希望从这部文集中能够体现先生的两点：第一，是他一生专注一事、为学术上下求索而不悔的经历。第二，是借助先生这个文集，强调民族史在断代史研究中所应具有的不可忽略的地位，满族史于清史如此，其他民族史于其他断代史也如此，如果能够使学术界对民族史有更多的关注和投入，庶几不愧先生为此而奋斗的一生。

【本文引用了仲棣梓《王锺翰先生的学术成就及其在史学领域中的地位》（载《燕京学报》新25期，2008年11月）及刘小萌《王锺翰先生的学术成就》（载《清史研究通讯》1990年版，第50–53页）以及定宜庄《一部清史研究的力作——〈清史新考〉》（载《中国社会科学》1992年第5期）的部分文字和内容，特此说明。】

清世宗夺嫡考实

引 言

尝读清史总觉有同于元史者一点，即由帝位继承而起纠纷。盖满洲风俗似蒙古，多爱立少，不立嫡长①，与之不无关系。

康熙为清最隆盛之时代，而夺嫡之争最烈。父子兄弟之间，视同敌国。后来引为殷鉴，不立太子②。然乾隆以后，每当爰立，辄有龃龉。关系爱新觉罗一家之盛衰者甚大。本文即着眼此点，对世宗夺嫡始末加以推勘。

从来论世宗事者，疑似之间，不免依违。本文则从隐显之际，断其得位全由阴谋。阿、塞、年、隆诸狱，本为泯灭图谋之迹，而不知其迹愈显。正赖有此，始

① 参见内藤虎次郎:《清朝初期の继嗣问题》(谢国桢译:《满清初期之继嗣问题》，载《国学丛编》第一卷第一期)，见《史林》第七期第42–56页；今西春秋:《清の太宗の立太子问题》，见《史学研究》第7期，第1–2页。以上二文皆只讨论太宗以前之继嗣问题，顺治入关以后则未之及。

② 《上谕内阁》(雍正九年刊本)，雍正元年八月十七日云:"建储一事，必须详慎……今朕特将此事，亲写密封，藏于匣内，置之乾清宫正中世祖章皇帝御书正大光明匾额之后，乃宫中最高之处，以备不虞。"是为密建之制。据王闿运《湘绮楼日记》(商务本)卷1，第21页上有云:"点《魏书》一卷……波斯王即位之后，密书其子贤者之名，封之于库。王死，发书视名立之。此世宗立嗣之法，未知为见史而效之，为暗与之合也?"聊备一说。迨乾隆四十八年敕撰《古今储贰金鉴》(乾隆四十九年刊本)，首引是年十月十九日上谕云:"因建立储贰致酿事端者，不可枚举，自当勒成一书，以昭殷鉴……书成，名为《古今储贰金鉴》。"其实密建之制，自乾隆以后，并未见诸施行。如翁同龢《翁文恭公日记》(商务影印本)卷8，第43页下云:"荫轩(即徐桐)校书二卷，内谕建储宜早云云，窃以为与我朝故事未合。"同书卷18第30页下云:"己卯三月二十五日……是日召见东暖阁，首问书房功课，以近日不甚静穆对；次问吴可读折，具次古今典礼本朝不建储之说对。上意踌躇良久，则又以大统所归，即大宗所系。次第详陈，仰蒙首肯再三。"又《越缦堂日记》(商务影印本)卷32，第33页上下引光绪五年四月初十日邸钞两宫皇太后懿旨:"我朝圣圣相承，皆未明定储位，彝训昭垂，允宜万世遵守，是以前降谕旨，未将继统一节宣示，具有深意。吴可读所请大统之归，实于本朝家法不合"云云，可与翁记相参证。证以嘉庆、道光、咸丰、同治、光绪诸帝之立，并未预建，自是事实。

能得其端倪。故本文以允礽再立再废始，以阿、塞、年、隆终。宫禁事秘，传闻多误，下语必慎。取材未充，拾遗补阙，期以时日。

康熙朝嫡位之争

1. 皇太子之再立再废

康熙十四年十二月十三日（1676年1月27日）册立皇子允礽为皇太子[①]，是为清代立皇储之始。太子立且三十余年矣，何以四十七年九月初四日（1708年10月17日）忽有废斥之举[②]？又何以有四十八年三月初九日（1709年4月18日）再立，五十一年十月初一日（1712年10月30日）再废之举[③]？苟始以“赋性奢侈”“暴虐淫乱”“语言颠倒，竟类狂易之疾”，坐致废黜；继以虽被镇压，“已渐痊可”，复立为皇太子；终以“狂易之疾，仍然未除”，“狂疾益增，暴戾僭越，迷惑转甚”[④]，再行废黜禁锢；似不足以塞后人之疑窦！须知太子髫龄诵书，即承父教[⑤]，六岁就傅，

---

① 《大清圣祖仁皇帝实录》(《大清历朝实录》影印本，以下简称《圣祖实录》。又《大清世宗宪皇帝实录》简称《世宗实录》,《大清高宗纯皇帝实录》简称《高宗实录》)，卷58，第19页下、第21上。又按同书卷56，第1页下-2页上，同年六月癸亥已有欲以嫡子允礽为皇太子之谕，则早在半年以前。

② 《圣祖实录》卷234，第1页下-4页下、第10页下-12页下。按皇太子被执在九月初四日，而帝决定废斥太子，则在九月十八日 。

③ 《圣祖实录》卷237，第4页上；卷251，第7页下-12页下。

④ 《圣祖实录》卷234，第3页上、第2页下、第10页上；卷237，第3页上下；卷251，第8页下；卷252，第5页下；卷252，第9页下。

⑤ 《圣祖实录》卷234，第11页上。按王士禛《居易录》(原刊本）卷3，第8页下有云：“闻上在宫中，亲为东宫讲授四书、五经。每日御门之前，必令将前一日所授书背诵复讲一过，务精熟贯通乃已。士大夫家不及也。”可相印证。

多属名师[①]，通满汉文字，娴骑射；每从行幸，赓咏颇多[②]。三十五年（1696年）帝亲征噶尔丹，命其居守，处理政务；明年行兵宁夏，亦然[③]。足证三十六年以前帝之于太子，教之诲之，且试之以政者再。不特此也，大抵在四十七年未废之前，太子

① 《圣祖实录》卷234，第11页一一云："继令大学士张英教之。又令熊赐履教以性理诸书。又令老成翰林官随从，朝夕纳海。"又《清史稿》（联合书店缩印本）第1002页于张英、熊赐履之外，多李光地、汤斌、耿介三人。按《古今储贰金鉴》乾隆四十八年九月三十日上谕特云："皇祖时理密亲王亦尝立为皇太子。且特选公正大臣如汤斌者为之辅导。乃既立之后，情性乖张，即汤斌亦不能有所匡救。"今《望溪先生集外文》（《四部丛刊》本）卷6，第1页上–3页下"汤司空遗事"条亦云："汤某以理学为时所崇，辅教太子，非某不称。"再汪琬《尧峰文钞》（康熙三十二年刊本）卷14，第4页上–8页下有"工部尚书充经筵讲官汤公墓志铭"亦及此事。惟《居易录》记东宫会讲之事最详，如卷3，第12页上–13上东宫讲官有：张英、尹泰、艾肃、李铠、魏希徵、许汝霖。此外东宫讲官尚有："顾八代、努黑（又作努赫）、耿介、常在、杨大鹤、特默德、汪灏、巢可托、胡任舆、来道、常寿辈（见卷19、20、22、29、30、31、34），可补正史之阙。再如卷31，第10页下有云："（康熙三十八年）二月初三日……命吏部尚书熊赐履、礼部尚书张英日侍东宫，进讲性理"；第7页上亦云："（康熙二十八年）闰七月十七日，驾幸古北口。命吏部尚书熊赐履、礼部尚书张英侍东宫，日讲《周易》。"足为实录佐证。

② 《圣祖实录》卷234，第11页下；《清史稿》，第1002页。参《圣祖五幸江南全录》（《振绮堂丛书》本）第22页上皇太子赐山阴耆民王锡元对联：五枝荆树起今代，百秩仙寿萃一门。盖以其兄弟五人，年岁均在七八十以上故也。又第33页上赐灵谷寺对联：沧池影静千潭月，碧树香传五叶花。其他类是者甚多。又高士奇《蓬山密记》（《古学汇刊》本）第4页下皇太子赐高五言律诗一首，但未及载。今按《居易录》卷31，第1页下–2页上云："皇太子赐（徐）嘉炎睿书'博雅堂'大字。又一联云：'楼中饮兴因明月，江上诗情为晚霞。'又赐睿制诗一首云：'玉台词藻重徐陵，经笥由来博雅称。每见趋陪鸩鹭侧，神仙风度在觚棱'。"东宫诗之遗留于今而尚可考者，如《晚晴簃诗汇》（得耕堂本）卷5，第2页上–3页下录其《过开山庙》《黄河》《陪驾幸五台》《恭侍圣驾阅视河堤》《菩萨顶雪月及瞻仰盛京宫阙念祖宗创业艰难恭赋》凡五首。小注云："诗话理密亲王居东宫，三十二年以疾黜；既乃复立，又三年终黜。圣祖聪明睿知，家庭父子间，非事有至难，必不至若是。诗载'文颖'中，述祖勤民，其言悱恻，固未尝有不克负荷之征。渔洋尝举其赐致仕内阁学士徐嘉祥绝句云……亦复斐然可诵。"此中所云"三十二年以疾黜；既乃复立，又三年终黜"者，盖未之深考。又同书卷7，第9页下云："辅国公弘日燕，号思敬，理密亲王允礽子，官宗人府右宗人，谥恪僖，有《石琴草堂集》"；卷8，第1页上云："辅国公永璥，字文玉，一字益斋，号素菊道人，理密亲王允礽孙，袭封，有《清训堂集》。"据此知皇太子之子孙均有著述。

③ 《圣祖实录》卷171，第20页上，康熙三十五年二月甲寅谕大学士等有云："此次各部院衙门本章，停其驰奏。凡事俱著皇太子听理。若重大紧要事，著诸大臣会同议定，启奏皇太子。"又同书卷235，第23页上谕曰："朕初次中路出师，留皇太子办理朝事。举朝皆称皇太子之善。"同上卷180，第7页上，康熙三十六年二月丁亥："是日上行兵宁夏，命皇长子允禔随驾。"同书卷183，第21页下："五月壬辰皇太子允礽……等迎驾。"虽未言留守而云迎驾，则皇太子居守可知。

之眷宠未尝一日少减，声望未尝一日少堕，仪制亦未尝一日少损。[①] 何以知之？证之南巡至德州之回銮，宋荦之颂扬，高士奇之陛辞及李炳石之觐见[②]，可知也。

然则四十七年突然之变，大捕太子党羽，且拘太子于上驷院旁，继而幽禁咸安

① 《圣祖实录》卷277，第9页上谕："前允礽为皇太子时，一切礼仪，皆索额图所定。服用仪仗等物，逾越礼制，竟与朕所用相等。"参《清史列传》（中华本）卷8，第12页下"索额图传"末引上谕："昔允礽立为皇太子时，索额图怀私倡议：凡服御诸物，俱用黄色。所定一切仪制，几与朕相似。骄纵之渐，实由于此。"可证太子之仪制仅次于天子。其实太子既立之后，凡元旦冬至诸节，群臣亦行朝贺之礼。《居易录》记载最为明晰。如卷17，第18页云："礼部会同内阁、内务府议得：凡遇元旦、冬至、万寿庆贺令节，皇太子随皇上于皇太后宫行礼，皇太子率众皇子诣乾清宫皇上前行礼。又臣等伏睹睿龄（指太子）滋茂，敬德日新。凡属臣僚，宜行朝贺之礼。嗣后元旦、冬至、千秋节，设皇太子仪仗于文华门外，皇太子于主敬殿升座作乐。王以下、入八分公以上，排班于主敬殿阶下；文武各官，排班于文华门外；进笺，行二跪六叩头礼。其谢恩诸王各官于皇上前行礼毕，俟驾还宫后，诣昭德门前，于皇太子前行二跪六叩头礼。每月六次常朝官员，免诣皇太子前行礼可也。其行礼仪注，届期具题；乐章，翰林院撰拟；陈设仪仗，交与銮仪卫。奉旨：谢恩官员启皇太子前行礼着停止，余依议。"故卷22，第18页上云："（康熙三十二年）十一月二十五日冬至，上亲祭南郊。次日，御太和门行庆贺礼毕，诸王群臣诣昭德门行东宫庆贺礼。"及卷23，第2页下云："甲戌（康熙三十三年）元旦，上御太和门，受朝贺。诸王百官仍请昭德门行贺东宫礼。"据此知太子仪仗亚于天子，康熙三十三年仍然如此，固不得追罪索额图一人。

② 《圣祖实录》卷209，第23页上，康熙四十一年九月癸酉："上巡视南河，命皇太子允礽……随驾。"同书卷210，第2页下，同年十月壬午："上以皇太子允礽患病，驻跸德州行宫。"又第6页下同月戊戌："谕扈从诸臣：朕因阅河南巡，今以皇太子允礽患病，朕驻跸此山，为时已久，应即回銮，明岁再阅视河工。允礽病体虽稍愈，尚须调理。著暂留此，俟大愈后回京。"参宋荦《西陂类稿》（康熙五十年刊本）卷41，第3页下"迎銮二纪"所引上谕："朕乘冬月巡阅河工，途中皇太子抱恙，耽延数日，今已痊愈。但身体尚弱，宜加调理。朕不便遽舍前往。若再候数日起行，恐河冻天寒，水夫纤夫未免苦累。朕因此停往阅河。江南官员各有职守，不必越省迎接，俱著回去。来岁春，朕巡阅河工，应备各项俱著于来春预备。可作速行文晓谕。"圣祖于太子之宠眷如此。

《圣祖实录》卷237，第6页上，康熙四十八年复立允礽为太子，诏有"皇太子允礽久践青宫，夙标誉望"之言。再证以《西陂类稿》卷41，第16页上，康熙四十二年二月二十三日驻跸苏州，宋荦对曰："臣幼蒙先帝恩遇如此。及臣之壮也，蒙我皇上破格简拔，扬历中外，滥竽旌节。今又得瞻观皇太子。臣何人斯？遭逢之盛，无以加矣！"可知。

《蓬山密记》，第4页下康熙四十二年四月十九日高士奇自西苑（指畅春园）出，"午刻至皇太子处时，皇太子将至御前，见臣士奇，仍回辇入宫。召至榻前，慰问再四。赐五言律诗一首，南陔春永扁额，绒帽一顶，有金刚石宝蓝龙缎袍、红青四团龙褂各一袭。又欲赐鞍马，以舟行辞。复命侍卫四格与近侍周进朝送至。又令备皇太子自骑走骡送至通州。少顷，又追赐鼻烟合四枚，鼻烟一罐。"再参以《圣祖五幸江南全录》及《西陂类稿》，其中所载太子赏赐之频繁，殆与圣祖相埒。可以想见太子体制之隆。

《圣祖五幸江南全录》，第6页上，康熙四十四年三月初九日驾幸江南，至清江闸口，"有扬州丁卯举人李炳石恭迎圣驾。皇太子云：'你是何官？'回：'左都李柚子。'皇上又问：'你是谁？'回奏：'臣是扬州举人李炳石，是左都李柟的儿子'"云云。可见人臣朝帝之前，得觐太子；即陛辞之后，亦得一辞太子，高士奇即其一证。

宫[①]。骤视之殊不可解。仔细案之，太子结党，密谋大事，其关键恐在索额图一人。索于四十年已告老矣，逾年太子病于德州，帝召之侍疾一月，未半载而被逮[②]。谕中云："伊等结党，议论国事"，凡五六见。岂有相处一月而不相告者乎？索固拥戴太子之党者，"施威吓人"，徒众极夥[③]。所谓结党"议论国事"，必是胁帝让位于太子一事无疑。如拘索谕中有"背后怨尤之言，不可宣说""朕若不先发，尔必先之"之语，与废斥太子谕中所云："从前索额图助伊潜谋大事，朕悉知其情，将索额图处死"[④]，可相印证。意者胁帝退位，索为主动之人，太子不过被动耳。帝虽明知，或牵于天生父子之情，迟迟未发；孰知一逮主动之人，而被动之人亦汲汲不可终日。故四十七年上谕，一则曰："鸠聚党与，窥伺朕躬"；再则曰："今允礽欲为索额图复仇，结成党羽，令朕未卜，今日被鸩，明日遇害，昼夜戒慎不宁"；三则曰："置索额图于死，而允礽时蓄愤于心。"[⑤]是太子由被动一变而为主动之人，帝自为计，遑论父子之情，故一旦有"逼近布城裂缝，向内窃视""中怀叵测"[⑥]之事实发生，太子之不被废，其可得乎？

太子之所以废而复立者，实非因被镇魇而痊可之故[⑦]。当时"太子党"外，尚有皇子诸党。其最著者为"皇长子党""皇四子党""皇八子党"是矣，彼此勾心斗

① 《圣祖实录》卷234，第4页下–7页下，四十七年九月丁丑圣祖垂涕下谕废皇太子。谕毕，复痛哭仆地。又谕："其允礽党羽，凡系畏威附合者，皆从宽不究外，将索额图之子格尔芬、阿尔吉善，暨二格、苏尔特、哈什太、萨尔邦阿，俱立行正法。杜默臣、阿进泰、苏赫陈、倪雅汉著充发盛京。"既废允礽而圣祖未尝安寝者凡六夕。第10页下–11页上："先是拘执废太子允礽时，沿途皆直郡王允禔看守。至是抵京，设毡帷，居允礽于上驷院旁。上特命皇四子胤禛同允祉看守。"第16页上。

② 《圣祖实录》卷205，第16页下，四十年九月戊申："正黄旗领侍卫内大臣索额图以老乞休，允之。"卷210，第2页下–13页下。卷212，第13页下–16页。

③ 《圣祖实录》卷212，第13页下谕中有云："举国之人尽惧索额图之人乎？"又第14页上云："至索额图之党，汉官亦多。朕若尽指出，俱至灭族。"又第16页下云："索额图施威吓人，议论国事。伊之大党，尽已锁禁。"则索党之众可知。

④ 《圣祖实录》卷212，第15页下、第16页上；卷234，第3页下、第19页下。

⑤ 《圣祖实录》卷234，第2页下、第3页下–4页上、第19页下。

⑥ 《圣祖实录》卷234，第3页下、第19页下。

⑦ 《圣祖实录》卷235，第16页，卷237，第3页。

角，互相倾轧，无有已时[①]。不有太子，无以阻诸阿哥之野心。明诏欲于诸子中推举一人[②]，昭然若揭。储嗣之位未正，诸子党争尤烈。圣祖未逾年而再立太子，即所以弹压诸子之党，去其觊觎之念；而以一切暗中搆煽，悉推之索额图父子，盖以主动罪索之子孙，而废太子为被动耳[③]。

苟明乎此，则太子再立再废之故，不难迎刃而解。何则？盖再立太子，不特不能解散诸子之党，反而加深太子之党，主动被动，合为一体[④]，图谋不轨，日甚一日，故谕中有云："允礽……与恶劣小人结党……但小人辈惧日后被诛，倘于朕躬有不测之事，则关系朕一生声名"；"数年之间，隐忍实难"；"今众人有两处总是一死之言"[⑤]。洵以"皇帝"一念，横亘胸中，于是父子之间亦不能相容，圣祖年逾

---

① 《圣祖实录》卷180，第4页下–第5页下，三十六年二月初四日谕吏部、都察院云："自皇子诸王及内外大臣官员有……交相比附倾轧党援理应纠举之事，务必大破情面，据实指参。"又卷234，第13页，四十七年九月庚寅谕云："今允礽事已完结，诸阿哥中倘有借此邀结人心，树党相倾者，朕断不姑容。"又卷236，第11页下–12页上，四十八年正月甲午谕目："嗣后舅舅（佟国维）及大臣等，惟笃念朕躬，不于诸王阿哥中结为党羽。谓皆系吾君之子，一体看视，不有所依附而陷害其余。"又《上谕内阁》二年七月十六日："圣祖仁皇帝亦时以朋党训诫廷臣，俱不能仰体圣心，每分别门户，彼此倾陷，分为两三党。"其"皇长子党"，见《圣祖实录》卷237，第16页下云："大阿哥党羽甚多……再闻大阿哥之席北驻扎乌拉伯都纳者一二百人……又闻各处俱有大阿哥之人。"至若皇四子、皇八子两党，详后。

《圣祖实录》卷234，第3页下谕云："允礽……不遵朕言，穷奢极欲，逞其凶恶，今更滋甚。有将朕诸子，不遗噍类之势。"戴铎奏折（《文献丛编》第三辑）第1页下亦云："昔者东宫未事之秋，侧目者有云：'此人为君，皇族无噍类矣！'此虽草野之谚，未必不受此二语之大害也。"可相印证。又卷234，第20页下–22页上谕诸皇子云："尔等护卫官员……并随从人等多系下贱之人，必有各为其主，在外肆行者。"又第23页下谕："当废允礽之时，朕已有旨：诸阿哥中如有钻营谋为皇太子者，即国之贼，法断不容……允禩……党羽早相要结，谋害允礽。"又"上谕内阁"二年八月二十二曰："从前大阿哥畏人暗害，每夜各门加锁。侍卫夸色亦恐人杀之，窗楞俱用板钉。此等人生在世，日恐见杀于人，虽生何为？"彼此防范如此，其互相倾轧之烈可知。无怪乎圣祖有"观伊等以强凌弱，将来兄弟内或互相争斗，未可定也"（见《圣祖实录》卷235，第2页下）之叹。

② 《圣祖实录》卷235，第19页；卷236，第4页上。

③ 《圣祖实录》卷236，第8页下–9页上谕满、汉诸臣："皇太子虽缧绁幽禁，并不怨恨。乃谆切以朕躬为念，故今释之……所以拘执皇太子者，因其获戾于朕耳，并非欲立允禩为皇太子而拘执之也。……且果立允禩，则允禵将大肆其志，而不知作何行事矣。朕悉观其情形，故命亟释皇太子。"又卷261，第8页下–9页上谕皇诸子："朕前患病，诸大臣保奏八阿哥。朕甚无奈，将不可册立之允礽放出。"

《圣祖实录》，卷235，第16页下–17页上，卷248，第17页下–18页下。如蔡升元之革任，即是一例。"五十一年十月谕吏部曰：'学士蔡升元前以皇太子恶之，革任'。"见《汉名臣传》（菊花书屋巾箱本）卷9，第2页上。

④ 《圣祖实录》卷248，第15页上；卷250，第6页上–7页下。

⑤ 《圣祖实录》卷251，第9页下、10页下、11页上。

六旬，盖世称雄，于此则束手无策[①]。自是太子再废之后，无复有敢言之者，王掞、朱天保等请立东宫之得罪，徐倬《道贵堂类稿》"应皇太子教"诗及朱彝尊《曝书亭集》青宫再建诗之削去，即其明证[②]。

2. 允禩之阴谋

皇八子允禩希冀为皇太子者久矣，与皇九子允禟、皇十四子允祯（即允禵）结

① 意大利人马国贤："Mcmotrs of Father Ripa"（London，1855），p. 83，于描述皇太子被废之后，随云："On the fourth day of Apri1，1713 ……" 按1713年即康熙五十二年。则知马书所云，当是皇太子再废之事。尤以所记诸皇子立成一行，皆脱帽露头，两手缚于胸际。皇太子当亦如是。此则马所目睹，所记必为实录。然则因废黜皇太子而捆缚诸皇子，彼此倾轧争夺之烈，尤可想见。今按弘旺《皇清通志纲要》（邓文如师五石斋钞本）卷5，第60页上云："五十年十二月畅春园复废皇太子允礽圈禁。"与马记之所在地畅春园相吻合。或者拘禁允礽在五十年而正式颁布废斥之诏在五十一年十月耶？

《圣祖实录》卷235，第4页上、第19页上，卷236，第9页上；《世宗实录》，卷18，第6页上。

② 《圣祖实录》卷251，第12页。

《圣祖实录》卷253，第8页上–10页上：康熙五十二年二月赵申乔请册立太子。谕以皇太子事未可轻定，将原折发还。又卷275，第19页下–21页下：至五十六年十一月大学士王掞及御史陈嘉猷等八人又密疏奏请建储。谕掞等勿为名起见，不许。又卷277，第6页上–12页下：五十七年正月己巳翰林院检讨朱天保疏请复立允礽。圣祖御行宫正门亲问天保，语及其父都纳。天保斩决。又卷291，第25页下–30页上：六十年二月十八日王掞又具折复请建储。随又有御史陶彝、陈嘉猷等十一人亦会衔上疏。而《文献丛编》第四辑"康熙建储案"案语谓："六十年庆贺元旦典礼王掞又具折"者，误读"六十年大庆大学士王掞等不悦，以朕衰迈，谓宜建储"之故。《皇清通志纲要》卷5，第72页下云："六十年辛丑三月十五日王掞奏保皇太子。"亦误。同年三月圣祖手谕诸王大臣斥之。群臣请议王掞等罪。奉旨发往西陲效力。时掞年已七十，由其子奕清代往。其王掞奏请建储原折四件，陈嘉猷等原折二件，存故宫懋勤殿内，今刊于《文献丛编》第四辑页一下至八上。又按王奂曾亦有请复东宫一折（载《旭华堂文集》，乾隆十六年刊本，卷1，第18页上–20页下）未载年月。既有"既经复立之后"一语，则在五十一年以后可知；又云："皇上敬事圣母"，圣母崩于五十六年十二月丙戌，见《圣祖实录》卷276，第8页上，则知此折必在五十一年与五十六年之间无疑。王奂曾官御史，今其名不见六十年御史陶彝等十二人之中，或在五十六年十一月御史陈嘉猷等八人之内耶？故雍正四年五月十四日《上谕内阁》斥之云："及二阿哥废为庶人，已见斥于皇考。又有一等奸宄之徒妄思复立，以图侥幸。此又背纪乱伦之罪人也。"

徐倬：《道贵堂类稿》，乾隆刊本，卷中第14页下–15页上恭诵杜鹃花应皇太子令，第17页下恭诵皇太子咏自杜鹃花诗敬和原韵应教，第18页下淮上送驾蒙皇太子召至舟次赐诗扇一柄敬和睿制原韵，第20页下–22页下纪恩词有序；卷下第21页下及23页恭进东宫《全唐诗》录刻样剳子及第37页恭跋睿书后；各首涉及废太子者均已划去，当在康熙五十一年以后。其康熙四十二年恭跋睿书后有云："及端视帧端，有'恭临御书之章'，为之欢欣忭舞。盖皇太子视膳问安，既尽孝于凤寝龙楼之内；而承欢养志，自洋溢于临池饮墨之间。乘露偃波，无非愉色；悬针倒薤，总出小心。此实国家万年之有庆，非止臣一家之私荣也！"云云。此则尤见皇太子于未废之前，已微露动摇不安之状。不然。倬何以谆谆以小心谨慎为丁宁耶？至《曝书亭集》刻于四十八年，成于五十三年。《四部丛刊》本系涵芬楼影印原刊本，故卷23，第2页有（四十八年）三月十日诏下青宫再建喜而赋诗。诗云："震惊由地奋，巽命自天申。复睹重光日，毋烦四老人。堂悬银榜旧，笥出纻衣新。愧远青云路，难扬蹈舞尘。"而重刊之本（五十三年以后？）卷23，第2页下其诗皆已剜去，痕迹尚存。则削板必是五十一年再废以后事，其为忌讳之故可知。

为死党[①]。其聚集党羽，欲杀害太子，早始于太子未废之前，且有势将及于圣祖之虞，是即所谓张明德谋刺之案，由皇长子允禔告发之[②]。其实允禔何尝不有希冀皇储之意，故拘禁太子时，竟有"欲诛允礽，不必出自皇父之手"之奏[③]。争夺之烈，骨肉相残，有如是者！只以皇三子允祉告发喇嘛巴汉格隆为允禔厌胜太子事，帝斥其行事比废太子更甚，计不得售，不得不与允禩结成一党矣[④]。

太子既废，诸子觊觎之志加剧，而谋害之念如故，性命可谓危殆之至[⑤]。诸党以允禩为最横，皇子自允禔、允禟、允祯、允䄉[⑥]而外，满大臣有佟国维、马齐、

① 《圣祖实录》，四十七年十月丙午谕："允礽自幼，朕亲为教养，冀其向善。迨年长，亲近匪类，薰染恶习。每日惟听信小人之言，因而行止悖乱至极。允禩乘间处处沽名，欺诳众人，希冀为皇太子……允禩自幼性奸心妄，其纠合党类，妄行作乱者有故。"

《皇清通志纲要》卷5，第16页下："二十七年戊辰正月初九日皇十四子祯生。"又第55页上："四十八年己丑……三月初十日封……皇十四子讳祯贝子。"又67页下–68页上："五十七年戊戌……三月中旬命皇十四子祯授王、抚远大将军。"又第71页上："五十九年庚子……二月十六日命抚远大将军王祯以西宁进兵，驻札穆鲁乌苏。"再按弘旺《皇清通志纲要元功名臣录》（五石斋藏绥福堂珍藏本）卷上一，页16下："恂勤郡王讳允祯，圣祖皇十四子，改名禵。"同书卷1，第23页上："多罗贝勒固山贝子抚远大将军王讳允祯，改讳禵。"知允禵本名允祯，以迄五十九年尚未改易，则改名禵必在六十一年世宗即位以后无疑。

② 《圣祖实录》卷235，第3页下–5页下、8页上、23页。

③ 《圣祖实录》卷234，第4页下–5页上谕："朕前命直郡王允禔善护朕躬，并无欲立允禔为皇太子之意。允禔秉性躁急愚顽，岂可立为皇太子？"圣祖虽无立允禔之意，而允禔希冀皇储可知。卷234，第20页下。

④ 《圣祖实录》卷235，第12页；卷237，第16页上–18页上。按卷234，第6页上谕："三贝勒允祉平日与允礽甚相亲睦"云云，知允祉或系党于太子者。

《圣祖实录》卷235，第14页下–15页上，四十七年十月壬申谕："大阿哥允禔素行不端，气质暴戾。朕尝对众屡加切责。尔等俱悉闻之。九月初四日谕旨内，亦曾决绝言之。今一查问其行事，厌咒亲弟及杀人之事，尽皆显露。所遣杀人之人，俱已自缢。其母惠妃亦奏称其不孝，请置之于法。朕固不忍杀之。但此人断不肯安静自守，必有报复之事。当派人将允禔严加看守。略有举动，即令奏闻。伊之身命犹可多延数载。其行事比废皇太子允礽更甚，断不可以轻纵也。"翌日革去允禔王爵，即幽禁于其府内。

《圣祖实录》卷236，第4页下，四十八年正月癸巳圣祖曰："允禩乃允禔之党。曾奏言：请立允禩为皇太子，伊当辅之。可见伊等结党潜谋，早定于平日矣。"

⑤ 《圣祖实录》卷235，第23页下–24页上谕："皇太子既执之后，在途中行时，若非朕委任亲信侍卫，加意防护，废皇太子必为允禔害矣。到京后，令废皇太子居咸安宫，朕亦熟筹及此。凡彼处宦侍，俱责令小心守护。"《上谕内阁》雍正四年五月十四日："二阿哥旧在东宫，失储君之道。故阿其那、允禟等潜萌希冀之心，而阿灵阿、揆叙、鄂伦岱等又复相附和，将二阿哥百计倾陷，以便遂其私愿。"可相印证。

⑥ 散见《上谕内阁》，雍正二年四月初八日、八月二十二日，三年二月二十九日，四年正月四日、五月十四日、七月十七日、九月二十九日。

阿灵阿、鄂伦岱、揆叙辈，汉大臣有王鸿绪辈[①]。声势之大，党羽之众[②]，莫能与之抗衡。平日沽名，传播众口[③]。办事之材，诸大臣无出其右者，即圣祖及世宗亦尝称誉不已[④]。故东宫之废，以为舍我莫属，俨然以皇太子自居[⑤]。先之以允禵之推荐，及事败露，允祯至以死保；继则满汉大臣为之荐奏[⑥]，复被黜落，其铺谋设计，都成泡影。岂真以“身婴缧绁……母家微贱”[⑦]而致落第耶？

细按之不然。此次推选太子，允禩之所以失败，其咎似在马齐一人。自表面观

① 《圣祖实录》卷236，第8页下，卷235，第19页下，卷236，第4页下。

② 《上谕内阁》，四年五月初九日：“从前阿其那、允禟、允禵等结党营私，每好造言生事。凡僧、道、喇嘛及医、卜、星相，甚至优人、贱隶，以及西洋人、大臣官员之家奴，俱留心施恩，相与来往，以备其用。”又同年七月二十八日：“魏廷珍向日是阿其那家西席。”又六年十月初五日：“高成龄……原系在阿其那门下书馆行走过。据此则高成龄平日必与阿其那、塞思黑之党与往来情熟。”按允禩书馆行走之最有名者为何焯。焯为人短小，麻胡，绰号“袖珍曹操”（见《徐星伯先生小集》,《烟书堂小品》本，第23页上“义门小集跋”）。其入八府在康熙四十一二年间，见沈彤《义门何先生行状》(《义门先生集》，宣统元年平江吴氏刊本，附录第2页下）有云：“四十一年冬……李光地……以先生荐，召直南书房……寻命侍读皇八子贝勒府。”集中卷7，第9页上“与某书”云：“昨者追随师（即李光地）席，意外天语，下询幽微。忽有随从藩邸读书之命。”及卷4，第7页上“与友人书”云：“至京师为藩邸伴读。”所谓藩邸即皇八子允禩也。今《掌故丛编》(1928年故宫博物院出版）第六辑刊有允禩致何焯书二影片，内云：“先生女儿在内极好。”据《秦道然口供》(见《文献丛编》第一辑第5页上下）：“允禩将何焯小女儿养在府中。府中之事，俱是福金做主。允禩实为福金所制。”《上谕八旗》(雍正十三年刊本）卷4，第33页上则云：“将何焯一幼女私养于宅中，以为己女。”其关系之深可以想见。再按《上谕内阁》四年三月三十日：“向来如钱名世、何焯、陈梦雷等皆颇有文名。可惜行止不端，立身卑汙。”今姚范《援鹑堂笔记》(道光刊本）卷46，第9页上有云：“安肃黄芽欲作茎，如饴辇运入神京。晴窗泼墨缘何事？偏动忧葵贱女情。”此长洲何编修焯为友人扇头墨笔生菜题句也。时值景陵倦动，储位久虚，虽宪皇当璧，天眷所归；而中外臣民，未测渊旨，何故托寄漆室之忧云尔。”考焯卒于六十一年六月九日，见沈彤行状，适在圣祖崩之前半年。不然。焯之获罪，必重于钱名世、陈梦雷辈，可断言也。

③ 《圣祖实录》卷234，第23页上；卷235，第8页上。参《上谕八旗》卷4，第32页下;《上谕内阁》，元年十一月二十九日，三年八月二十一日及四年正月初五日第三谕。

④ 《圣祖实录》卷235，第25页上谕：“乃若八阿哥之为人，诸臣奏称其贤。裕亲王存日，亦曾奏言：八阿哥心性好，不务矜夸。允礽若亲近伊等，使之左右辅导，则诸事皆有箴规矣。”是圣祖亦尝称许允禩矣。世宗诋毁之余，仍赞不绝口。如《上谕内阁》二年四月初七曰：“朕之此弟较诸弟颇有办事之材，朕甚爱惜，非允禟、允䄉等可比。”又三年四月十六日：“廉亲王允禩果肯实心任事，部务皆所优为。论其才具操守，诸大臣无出其右者。”又四年正月初五日第三谕：“允禩平日素有才干。”皆可参证。

⑤ 《上谕内阁》，四年五月十四日：“当时伊等（指允禩、允禟等）见二阿哥废黜，妄以为伊等奸讦之所致，邪党愈加坚固。公然欲仗邪党之力，以东宫之位为可唾手而得，慢无忌惮，竟有敢与皇考相抗之意。”《圣祖实录》卷234，第23页上谕：“八阿哥到处妄博虚名，凡朕所宽宥及所施恩泽处，俱归功于己。人皆称之，朕何为者？是又出一皇太子矣。”

⑥ 《圣祖实录》卷234，第23页下、24页上；卷235，第19页下–20页上；卷236，第12页上。参《上谕内阁》二年八月二十二日：“从前众皆保廉亲王为皇太子，视为奇人。”既有“奇人”之称，其得众心可知。

⑦ 《圣祖实录》卷235，第20上；卷236，第4页下、8页下–9页上。

之，马齐固亦禩党，决无破坏之理。乃马齐起自微末之员，纯系贪得之人[①]，躐至高位，图谋专擅，必先已探得消息。不然，帝何以有“勿令马齐预之”[②]之谕？及其所举皆同，无一异议者，不得不招圣祖之疑，反复究问，查出马齐必系暗通消息之人[③]。盖圣祖意属于允禩，确已胸有成竹。读四十七年之谕：“今立皇太子之事，朕心已有成算”；与四十八年帝自谓：“此事必舅舅佟国维、大学士马齐以当举允禩，默喻于众”；及上谕云：“马齐……乃潜窥朕意而蓄是心，殊为可恶”[④]，则知帝心目中之皇太子，舍允禩其谁？参以允禩落选之后，而佟国维犹以“总之将原定主意，熟虑施行为善”为言，尤可证也[⑤]。唯帝以大权在握，不能旁落[⑥]；于是允禩之图谋大位，竟由马齐一手断送。

五十一年太子再废后，圣祖绝口不谈此事。允禩辈果能为之绝念乎？[⑦]此又不然。证之五十三年谕云：“允禩仍望遂其初念，与乱臣贼子等结成党羽，密行险奸。谓朕年已老迈，岁月无多，及至不讳，伊曾为人所保，谁敢争执？”及雍正二年上谕：“伊等结成朋党，竭力钻营……巧行贿赂，收服人心……偏置耳目，以愚弄人。专欲待间乘时，成伊大志”，与夫允禟寄书允䄉内称：“事机已失，追悔无及”云云[⑧]。可见圣祖储位尚虚，则诸子之野心不死，固昭昭然也。

---

① 《圣祖实录》卷236，第10页上-11页上。

② 《圣祖实录》卷235，第19页下。

③ 《圣祖实录》卷236，第5页上下、6页下、8页下。按马齐喜暗递消息，大抵习性早成，晚年亦未能改。如《上谕内阁》雍正二年五月二十日：“今朋党之人，尚犹未息。即如抄没石文桂家产时，大学士马齐不知从何处得信，于先一日晚间密告之，俾得预为之地。伊系皇考任用大臣，年高如此，岂宜如此行事？”可以为证。

④ 《圣祖实录》卷235，第3页上；卷236，第5页下、11页上。

⑤ 《圣祖实录》卷235，第20页上；卷236，第7页下。

⑥ 《圣祖实录》卷236，第6页上谕：“今尔诸臣乃扶同偏徇，保奏允禩为皇太子，不知何意。岂以允禩庸劣，无有知识；倘得立彼，则在尔等掌握中，可以多方簸弄乎？如此则立皇太子之事，皆由于尔诸臣，不由于朕也。”

⑦ 《圣祖实录》卷251，第12页上谕：“前废皇太子之时，朕所诛不过数人，皆系皇太子恶劣所致。今锁拿之人虽多，朕惟将一二怂恿皇太子为恶者诛之。其余概不深究，不忍令臣庶无辜受戮也，嗣后众等各当绝念，倾心向主，共享太平。”又卷261，第10页下-11页上谕诸皇子：“允禩甚是狂妄，竟不自揣伊为何等人，于复废二阿哥之时，来朕前密奏云：‘我今如何行走，情愿卧病不起。’朕云：‘尔不过一贝勒，何得奏此越分之语以此试朕乎？’伊以贝勒存此越分之想探试朕躬，妄行陈奏，岂非大奸大邪乎？”其未“绝念”可知。

⑧ 《圣祖实录》卷261，第9页上；《上谕内阁》，二年八月二十二日，三年二月二十九日、七月二十九日，四年正月初四日及五年四月十八日。

帝之所以始欲立禩而中变者，固惧大权之旁落于大臣之手，尤患重蹈允礽之覆辙。诚如上谕所云："朕恐后日必有行同狗彘之阿哥，仰赖其恩，为之兴兵搆难，逼朕逊位而立允禩者……不然，朕日后临终时，必有将朕身置乾清宫，而尔等执刃争夺之事也……二阿哥悖逆，屡失人心；允禩则屡结人心，此人之险，实百倍于二阿哥也。"[①] 则允禩之不得立与太子之再废，实同一命运。

3. 世宗之继承

雍正元年（1723）上谕内阁："朕在藩邸……皇考知朕中立不倚，断无杀戮之事，是以命朕继承大统"；同年又谕："我圣祖仁皇帝为宗社臣民计，慎选于诸子之中，命朕继承统绪"；此外屡言："历年身居藩邸，享安闲之福"；"坦怀接物，无猜无疑，饮食起居，不加防范，死生利害，听之于命"；"并无希望大位之心"；"不特不与人结仇，亦不与人结党"。[②] 据此知世宗之继承，纯出于圣祖一人之授与，似已无疑意者矣。

夷考其实，则大不然。雍亲王之为人，"喜怒不定"四字，足为定评；"戒急用忍"，尤其天性险诈，似远出诸阿哥之上[③]。试举一二例以证之："平昔小心谨慎，能体父意，殷勤恳切，竟获诚孝"之美名，固无论矣；太子初废，目击诸邸公然角逐，

① 《圣祖实录》卷261，第9页上下。

② 《上谕内阁》，元年四月十八日。二年七月十六日亦云："皇考深知朕从无偏党，欲保全尔诸臣名节，故命朕继承大统。"按此谕中之"欲"字，据《世宗实录》卷22，第12页上已改作"必能"二字，其为后来修改之痕迹显然。同上元年八月十七日、二月初十日。同上二年四月初七日。同年八月二十二日亦云："朕向者不特无意于大位，心实苦之。"按此句《世宗实录》卷23，第16页下已删去。同上二年八月二十二日："朕未登大位之先，不但朕之兄弟宗室，即八旗大臣官员，并无一人与朕有仇，通国所知。所以方可于尔等之前下此谕旨。即日有之，今便与尔等明言之，以共改此陋习，岂非美事？朕在藩邸时，不特不与人结仇，亦不与人结党。尔宗室等，一家骨肉，视若仇雠。反将母党、妻族、子婿及漫不相干之人，视为至戚，亲密往来。朕在藩邸有年，与舅族、皇后族及诸姻戚之家，并无一亲密太过者。亦众所共知也。且亦并无与满汉大臣及内廷执事人、侍卫等一人交结亲密往来者。"按《世宗实录》已将"通国共知"至"在藩邸时"凡四十四字及"亦众所共知也"一句删去。细味已删之"即日有之"一句，则世宗结仇结党又明明自认也。

③ 《圣祖实录》卷235，第25页上。按圣祖批评在康熙四十七年，由世宗恳求免予记载。迨雍正四年始谕实录馆添人。参《上谕内阁》四年十月初八日第二谕及《世宗实录》卷49，第8页上–9页下。《上谕内阁》二年闰四月十四日："皇考每训朕：诸事当戒急用忍，屡降谕旨。朕敬书于居室之所，观瞻自警。"又《朱批谕旨》（光绪十三年上海点石斋缩印本）卷12，第13页下："急快二字圣祖当日常以此训诫朕躬。朕现今将'戒急用忍'四字悬诸座右，时自警惕。"可以互证。

乃反其道而行，阳若不争，且为之保奏，复得“伟人”两字之褒语①。不特此也，且于众前强辩其无此奏②。非矫饰之人，不克臻此。果友于兄弟，何以圣祖在日，有“二阿哥恐有妨于己，遂至以非理相加”之事；又何以太子临死，有“二阿哥断不可放出”，及其既死，有“其身若在，仍属负罪之人；今既如此，其罪已毕”③之语？真情忽吐，乃知其阴险诈伪之极，不能矫饰于平时。

若谓雍邸向日并无希望大位之心，又无结仇结党之事，谁复信之？虽世宗尝自为之辩曰：“倘如伊等营谋，朕亦不让伊等；伊所纠合之人，朕岂不能纠合？伊能市恩小义之名，朕岂不能邀取？朕素无此志，他人容或不知，深知朕者，无过允禩也”；又谓：“朕在藩邸，甚恶此风（指朋党），断不为其所染。廉亲王至今与朕结怨，亦即此故。”④一概推托，且举允禩为证。而不知其结党邀名，与诸阿哥如出一辙，且有过之而无不及。观雍正三年四月二十八日上谕明云：“沈竹、戴铎乃朕藩邸旧人”，而四年八月三十日上谕竟云：“巴海、戴铎、沈竹皆八阿哥属下之人。”⑤似此推诿，可谓欲盖弥彰。更证之以阎若璩之客于雍邸，几为当时掩饰殆尽，终难逃后世明人之勘断也。⑥

---

① 《圣祖实录》卷235，第52页上、27页下–28页上。

② 《圣祖实录》卷235，第8页上。按《上谕内阁》二年二十二日：“戊子年（康熙四十七年）二阿哥得罪，令伊保全者，谁之力欤？虽二阿哥亦知感激也。”末一句虽见删于《世宗实录》卷23，第16页上，而世宗强辩其无保奏太子于圣祖之前者，即位二年之后又自居其功。

③ 《上谕内阁》，二年八月二十二日、十二日十三日第二谕、十二月十五日。又五年闰三月二十九日：“当日二阿哥在东宫时，广蓄奇巧珍贵之物，数倍于皇考宫中之所有。朕仰思皇考恭俭至德，实可垂法万世。钦服之诚，切于五内。益觉二阿哥之所为，可轻可鄙。人人当以为鉴戒也。”按《世宗实录》卷55，第38页上改“可轻可鄙”为“实属无益”，删“人人”及“以”三字。则知世宗于太子死后四五年，犹有余恨也。

④ 《上谕内阁》，二年四月初七日。按《世宗实录》卷18，第8页下–9页上删改为：“亦不效伊等营谋，有所纠合之人，以市私恩小义之名。他人容或不知，深知朕者无过允禩也。”语气轻重，大不相同。《上谕内阁》二年五月二十日。按《世宗实录》卷20，第22页下同。

⑤ 《上谕内阁》，三年四月二十八日。按此谕不见《世宗实录》。再证以《朱批谕旨》卷15，第3页上：“不但尔（沈廷正）为其（沈竹）叔，不能化诲；朕昔在藩邸时，何言不加训诫。”《文献丛编》第三辑刊有戴铎奏折，凡十件。戴铎自称“奴才”，称世宗为“主子”。沈戴二人俱为雍邸旧人无疑。又《上谕内阁》四年八月三十日第二谕。按此谕亦不见《世宗实录》。

⑥ 邓文如师：《骨董三记》（三联书店，1955年），卷6第612—613页“阎百诗客于雍邸”条。

雍邸之腹心，自以鄂尔泰、田文镜、李卫三人为最。[①] 倚赖之深，信任之专，始终如一，人莫能与之抗。鄂，满洲也；李，汉人也；田，汉军也。[②] 世皆知田曾为藩邸之"庄头"，乃上谕于擢用田之原委，竟谓："朕在藩邸时，不但不识其面，并不知其姓名"，其谁欺乎[③]？此外藩下人有年羹尧、傅鼐、博尔多、诺岷、戴锋、沈廷正、沈竹、金昆、黄国材、黄炳、魏经国、党赉、官达[④] 辈，皆在康熙时，各为总督、巡抚、提督，遍布于四方。而上谕云："朕在藩邸，懒于交接。"[⑤] 不知由马

---

① 世宗自言："朕之所以信重鄂尔泰、田文镜、李卫者，正在此等处。"（见《朱批谕旨》卷15，第55页下）又云："朕每品评督抚优劣，辄以卿（田文镜）、鄂尔泰、李卫三人，指为标准。"（《朱批谕旨》卷32，第11页下）又云："目今天下督抚诸臣中，朕所最关切者鄂尔泰、田文镜、李卫三人耳。"（《朱批谕旨》卷40，第44页下）其他散见各篇，不可枚举。兹举三例以概之，如《上谕内阁》七年十月初六日第二谕有云："李绂曾在朕前密参田文镜，朕降谕旨训诲开导。伊情亏词屈，但云：'不知皇上何以信任田文镜至此？'朕此时谕之曰：'尔若如田文镜之居心奉职，则朕之信尔自亦如待田文镜矣。'乃李绂毫无愧悔之心。"（按此段《世宗实录》卷87，第8页下已删去）同年同月二十二日第二谕亦云："若谓朕能推心置腹以信用鄂尔泰，使得尽展才猷，悉心教养，以成风俗之美，受上天之恩，此则朕所不辞者。"（按《世宗实录》卷87，第20页上下同）又《无益之谈》（缪荃孙藕香簃钞太）第11页下有云："一日又玠（即李卫）上折，愿改授总兵，以展所长。以稿示宾阳子（即顾陈垿字玉停，太仓人。观其所著书，知亦系诚邸之人，于雍正三年十月三日离京，即在诚亲王被幽之前三年，自云：'吾于虎（指年羹尧）几相值'，虽不敢必断其'相值'，然终未罹祸者，未始非离诚邸；甚早之功也。曰：'君知吾所求否？'曰：'不知。'乃附耳言：'吾能豫决折回批语如是云云。'既而有旨：'李卫总督两浙，加兵部尚书。'又玠密示朱批云：'朕知卿善用兵，惜承平无事，屈卿坐镇浙江。'盖悉如耳语所料焉。"知三人为世宗之腹心则一。

② 《清史列传》卷14，第16页上。按鄂尔泰后来与怡亲王允祥联姻，见《朱批谕旨》卷25，第20页下–21页上。《上谕内阁》六年八月初九日。

③ 《批本随园诗话》(中国图书公司，1914年）卷1，第15页下："田文镜，宝坻人，世宗藩邸庄头也。"又同书卷上，第1页下："鄂西林以寒士起家，深于阅历。能容众，能知人。由举人初为拜唐阿，贫甚。因世宗在藩邸相识，为心膂中第一人。"鄂、田既均为雍邸人，疑李卫亦是藩邸之人，尚待考耳。《上谕内阁》四年十二月初八日；按《世宗实录》卷51，第9页上改"不但不识其面"为"从不识田文镜之面"，微异。

④ 《上谕内阁》三年四月二十八曰："朕藩邸属下人中可用者惟年羹尧、傅鼐二人。论才情，年羹尧胜于傅鼐；论忠厚，年羹尧不及傅鼐。"（按此谕不见《世宗实录》。）按年羹尧于康熙四十八年任川抚，五十七年任川督，五十九年二月授将军，六十年五月管川陕，见《皇清通志纲要》卷5，第64页下。傅鼐参《啸亭杂录》(《掌故丛编》本）卷5，第11页下–12页下"傅阁峰尚书"条。博尔多见《朱批谕旨》卷9，第9页下、第91页上，卷13，第53页上；参《永宪录》(五石斋钞本）卷4，第60页上下。诺岷见《朱批谕旨》卷45，第19页上。戴锋、沈廷正、沈竹见《上谕内阁》三年四月二十八日；参《朱批谕旨》卷29，第32页上、46页下。金昆见《上谕内阁》二年十月二十四日。黄国材、黄炳见《朱批谕旨》卷7，第102页下。按黄国材任福建巡抚在康熙六十一年十月，见《皇清通志纲要》卷5，第73页下。魏经国见《上谕内阁》五年十二月十五日："魏经国系藩下至微极贱之人，蒙圣祖仁皇帝高厚深恩，由末弁屡次超迁，用至湖广提督。"参《朱批谕旨》卷23，第82页下，卷39，第83页下。按魏经国任提督在康熙六十年，见《皇清通志纲要》卷5，第69页下。常赉见《上谕内阁》六年六月十四日："常赉系朕藩邸属下，因其为人谨慎安静，平日尚有上进之志，是以用为外任，升授巡抚"；参《朱批谕旨》卷13，第55页上。官达见《朱批谕旨》卷4，第105页下。

⑤ 《上谕内阁》，七年十月初六日第二谕。

尔赤哈之荐，于园中一见蔡珽，即加优礼；复由蔡珽而拔用李绂①，非广事交接结纳羽党而何？他如与禅僧相接，致后来有“密用僧人赞理”②之流言，岂偶然之故哉？此其所以登基两年之后，犹谆谆谕以：“尔等应以大统视朕躬，不应以昔日在藩之身视朕躬也”，及“诸宗室家毋妄与外边汉人来往……伊等但诱人多事，从中侥幸得利，遂其志愿。尔等敬识之”③。若非亲身经历，何能深悉情伪以为叮咛告诫如此？

雍亲王既结党邀名，亦不可谓不“僭越”矣④。潜萌希冀，预谋攘夺，决非一朝一夕之故。其所以能于圣祖晏驾之日，安然绍承大宝者，隆科多一人之力为多。盖隆时为步军统领，身操警卫京师之兵权，然则榻前受命，口衔天宪，谁敢不从⑤？

---

①《上谕内阁》，七年十月初六日第二谕：“因马尔赤哈通晓医理，常在府中行走。后马尔赤哈补授清江理事同知，朕向伊访问明于医理之人。马尔赤哈则举蔡珽以对，且言相交甚好。朕因令伊邀来一见。而蔡珽辞以职居学士，不便往来王府。且医理粗浅，不能自信。朕深为嘉重，亦未强之。后年羹尧来京，在朕前力称蔡珽、塞尔图二人才守识见，出众超群，我所不及。朕向年羹尧告以前马尔赤哈言蔡珽深通医理，朕曾令相招而伊未来之故。年羹尧乃云：‘我传王谕，伊必来效力行走也。’朕言：‘若来见亦可。’后伊见蔡珽面言，而蔡更仍坚辞如前。彼时朕心不但不生嗔怪，且更器重之。次年蔡珽补授四川巡抚。是时朕扈众避暑热河，蔡珽以身属外官，远行在即，向年熙转求欲到朕园中一见。朕相见时，观其相貌言论似有才识，优礼待之。彼时蔡珽则极称李绂才品操守，为满汉中所少。是时朕才知李绂之姓名也。朕御极之初，延访人才，以资治理；因记蔡珽之言，起复李绂原官，旋授侍郎。”（按《世宗实录》卷87，第6页上–7页上略有删改，大意相同。）观世宗所云，无非掩饰。问医而马尔赤哈以“医理粗浅，不能自信”之蔡珽对；述珽数次不相见矣，而方授四川巡抚即求一见；世宗必有嘱托指授可知。

②《上谕内阁》，四年十二月初八日第二谕：“朕在藩邸时，披阅经史之余，每观释氏内典，实契性宗之旨。因是与禅僧相接。”按此谕不见《世宗实录》。《上谕内阁》三年五月二十五日：“朕在藩邸时，因府第与柏林寺相近。闲暇之时，间与僧人谈论内典，并非以僧人为可信用也。况今临御天下，岂有密用僧人赞助之理?”按《世宗实录》卷32，第22页上–23页上全同，惟“弘”字作“宏”，避高宗讳耳。证以阿、塞、年、隆诸狱，文觉禅师实为主谋（详后），则世宗之言无往而不自为掩饰。

（64）《上谕内阁》，二年八月初三日。（按此句《世宗实录》卷23，第2页上已删。）又同月二十二日：“尔等毋犹视朕躬为昔日之雍王。”按此句《世宗实录》卷23，第17页上亦删。自是高宗有意为之掩饰。不知《朱批谕旨》卷6，第93页上所批：“今日此身非当日雍亲王可比”及卷6，第89页上批：“当今皇帝即昔日之雍亲王也”与卷6，第100页上批：“昔日雍亲王即当今皇帝”云云，皆可参证。

③《上谕内阁》，二年八月二十二日。按此段《世宗实录》卷23，第20页下–21页上删改为：“尔等宗室如有读书作文等事，欲资讲习，当用汉人中举人进士。此辈皆吾国家考取录用之员，其心本自无他。有一种考试不中之人，不安本分，在外各处寅缘，诱人不善，从中觅利。乃汉人中之贱流，断不可与之亲近。尔等敬识之!”两相比较，意味迥乎不同。

④《上谕内阁》，“朕初为贝勒时，人称为王，辄为赧颜。”虽赧颜而仍受之，非“僭越”而何？

⑤《清史列传》卷13，第7页上隆科多传：“康熙五十年授提督九门步军巡捕三营统领；五十九年擢理藩院尚书，仍管步军统领事；六十一年……十二月授吏部尚书，仍兼步军统领。”按《圣祖实录》卷299，第12页上下页六十一年十月辛酉著和硕雍亲王胤禛带领弘升、延信、隆科多等查勘仓粮事。是世宗与隆科多已有交接，于此得一旁证。受命事见《上谕内阁》五年十月初五日，《世宗实录》卷62，第9页–10页上同。

上谕所云："仓卒之间，一言而定大计""授受之际，太平无事"①，虽平淡数语，最能探出当时消息。何以征之？圣祖于六十一年十一月十三日（1722年12月20日）戌刻崩于畅春园，亥刻回都，是夕铁骑四出，用以弹压②。翌日之命，在内以马齐、隆科多总理事务，在外以年羹尧代理允禵西陲军务③。马固禩党，反复搆煽其间，卖

① 《上谕内阁》元年八月十七日，《世宗实录》卷10，第15页下同。《上谕内阁》二年八月二十二日："朕向者不特无意于大位，心实苦之。前岁十一月十三日皇考始下旨意，朕竟不知；朕若知之，自别有道理。皇考宾天之后，方宣旨与朕。朕岂可明知而任国家之扰乱乎？不得已继承大业。皇考圣明，凡事预定。所以大业授受之际，太平无事。以成国家之善庆。"按《世宗实录》卷23，第16页下删改为："前岁十一月十三日皇考宾天之后，朕继承大业，授受之际，中外敉宁，以成国家之善庆。"其掩饰之迹，显然明白。再证以"朱批谕旨》卷20，第29页下："尔（石云倬）今日之苦（其父石琠病故），即朕六十一年十一月十三日之苦也。然朕之苦，更有甚于汝者，其间难以言悉！"真情忽吐，其中自然大有文章在。

② 《圣祖实录》卷300，第7页上；《皇清通志纲要》卷五，页七四上。又详见马国贤："Ripa"，p.119，描写圣祖崩命之夕，无数之铁骑四出，殆若当时北京城内发生一大变乱之状。而是夕世宗登基，人人为之慑服。则马为身临其境、目击其事之人，所记必为实录。按《永宪录》卷1，第54页上云："甲午（十三日）戌刻，上崩于畅春苑。上宴驾后，内侍仍扶銮舆入大内。相传隆科多先护皇四子雍亲王回朝，哭迎，身守阙下。诸王非传令旨不得进。次日至庚子（十九日），九门皆未启。"所录虽不及马记之详，而马与Angelo，Scipel三人往吊未得人城，尤与录中所云相合。惟隆科多先护雍亲王回朝之传闻为不足据。因《世宗实录》卷1，第页上-7页上云："甲午戌刻圣祖宾天。…… 十三阿哥允祥、尚书隆科多备仪卫，清御道。上亲安奉大行皇帝于黄舆，攀依号哭，欲徒步扶辇随行。诸王大臣以大行皇帝付托至重，神器攸归。当此深夜，执事繁杂，请上前导以行。上乃前导，哭不停声。"与马记雍王骑马相符。再者马记所云铁骑四出，必是隆科多所指挥之步军巡捕三营，用以弹压诸王者。证以《上谕内阁》二年四月初七日有云："朕若果欲将允禩治罪，当令其不及措手。"（按末句《世宗实录》卷18，第8页上已删。）及四年正月初四有云："倘若机会不失，伊等首领尚得保乎？"（按《世宗实录》卷40，第7页上同。）可知世宗潜谋已久，临事周详，岂有不预为之备以防万一者乎？

③ 《世宗实录》卷1，第8页下-第9页上，康熙六十一年十一月乙未："命贝勒允禩、十三阿哥允祥、大学士马齐、尚书隆科多总理事务。"据《永宪录》卷1，第54页下："传大行皇帝遗诏命领侍卫内大臣总理銮仪卫事嗣三等公马尔赛、提督九门巡捕三营统领兼理藩院尚书隆科多、武英殿大学士兼户部尚书马齐辅政。"则马、隆辅政是实，禩、祥徒有其名。年羹尧代允禵事见《世宗实录》卷1，第9页上-11页上。

禩求荣，任马即足以制禩死命；隆、年俱兵权在手，任隆、年即足以控制反侧[①]。故能“中外敉宁”[②]，此即所谓“太平无事”也。至十六日宣读遗诏，并未宣布汉文，而以“宣读清字诏书……即与宣读汉字诏书无异”为谕，良足以骇天下人之听闻[③]。此即所谓“一言而定”也。观其临事之周密，即事前之深谋可知。乃以轻言细语了之，深心人作浅语，固知其语更深。虽巧不可阶，其如难逃天下后世之明鉴何！

后来种种传闻，散播人口，并非事后野人之语，如云：“圣祖皇帝在畅春园病

① 《皇清通志纲要》卷5，第65页上：“五十五年五月初二日马齐入阁办事二次。”又同书卷5，第74页上载六十一年十一月之前，马尔赛为领侍卫内大臣六人之一，马齐为大学士五人之一。参以《永宪录》卷4，第58页上所云：“八年秋，因怡亲王薨，降旨矜卹允禵，欲加委任。相传令大学士马尔赛谕以圣意，回奏有‘杀马尔赛方任事’语。”则允禵辈之恨马齐辈必与传位事受其掣肘有关。

《文献丛编》第四辑戴铎口供二有云：“奴才自汤山叩送，蒙主子天恩教诲。至今四五年来，刻刻以心自勉。虽不敢谓希贤二字，而天地神明可鉴，各处官民可访。在任时几十万钱粮不清，奴才终始不避嫌疑，为主子出力。及闻主子龙飞九五，奴才曾向巡抚蔡珽说：‘恐怕西边十四爷与总督年羹尧有事，当以死自誓。’倒借给兵丁钱粮，冀用其力。此奴才之愚衷也。”据此知世宗用年羹尧以箝制允禵，而并年亦防范之。再证以《上谕内阁》三年四月二十八日第二谕：“年羹尧因皇考大事来叩谒时，曾奏：贝勒延信向伊言：‘贝子允禵在保德州遇延信，闻皇考升遐，并不悲痛。向延信云：如今我之兄为皇帝，指望我叩头耶？我回京不过一觐梓宫，得见太后，我之事即毕矣。延信回云：汝所言如此，是诚何言！岂欲反耶？再三劝导，允禵方痛哭回意’。”则允禵之为年所扼可知。即世宗亦尝自谓“陕西地方复有总督年羹尧等在彼弹压。允禵所统者，不过兵丁数千人耳。”（《大义觉迷录》，香港书局本，第181页。）而林语堂乃谓：“焉知康熙非重用允禵以监视年羹尧?”（见《人间世》第30期，第36页）未免失之过诬，与事实适相反也。

② 《朱批谕旨》卷21，第51页上所批四川巡抚蔡珽十二月十二日叩接遗诏后之奏折，亦云：“尔不必过虑，中外平安景象，皆赖我皇考六十年来煦妪仁恩之所致也。”则实录改“太平无事”为“中外敉宁”四字，固为有据。

③ 《上谕内阁》，康熙六十一年十一月十六日第一谕及《世宗实录》卷1，第12页。而《永宪录》卷1，第54页下谓颁遗诏在戊戌即十七日者误。详见同上第三谕，前云：“御史杨保等参奏鸿胪寺官宣读大行皇帝遗诏时，未宣汉文。”据马国贤“Ripa”，pp.120—121之记载，知其中所谓“An act of justice”谅必指“宣读遗诏”一事而言。按《上谕内阁》康熙六十一年十二月初四曰：“奉皇太后懿旨：‘予自幼入宫，蒙大行皇帝深恩，备位妃列，几五十年。虽夙夜小心，勤修内职，未能图报万一。钦命予子继承大统，实非梦想所期’。”梦想一语又世宗故意借此掩其图谋之迹者。再参以《永宪录》卷1，第61页下所录皇太后懿旨：“我自幼入宫为妃，在先帝前毫无尽力之处；将我子为皇子，不但不敢望，梦中亦不思到。”知《永宪录》所据系录自邸报，自是本来面目。若《上谕内阁》必经后来删改润饰，即是一证。

重，皇上就进一碗人参汤，不知何如，圣祖皇帝就崩了驾”之传说①，岂皆禩党所能捏造？证之意大利人马国贤身临其境目击其事之记载，驾崩之夕，号呼之声，不安之状，即无鸩毒之事，亦必突然大变，可断言也。

三、阿、塞、年、隆之狱

1. 阿、塞之诛

康熙六十一年十一月二十日世宗登基，颁诏大赦，有云：“朕之昆弟子侄甚多，惟思一体相关，敦睦罔替，共享升平之福，永图磐石之安。”②据此可知世宗于即位之初，固尚以“保全骨肉”相号召。曾几何时，乃报复旧怨，翦除兄弟，务绝根株，大兴朋党之狱。上谕所云：“朕之弟兄及诸大臣……百日之内，淆乱朕心者百端。伊等其谓朕宽仁，不嗜杀人，故任意侮慢乎？此启朕杀人之端也”，及“朕当以社稷为重，虽系兄弟，亦难顾惜”③，即其明征。然则初以允禩总理事务为四大臣之一，继而封廉亲王，授理藩院、工部尚书，无非借以乂安反侧，牢笼天下人心，姑且容忍于一时④。不然，何以防范之严，甚于往时，致招诸大臣之不平；而竟有“即让以

① 《大义觉迷录》记之颇详，如第177—178页：“据曾静供称：伊在湖南，有人传说：先帝欲将大统传与允禵，圣躬不豫时降旨召允禵来京。其旨为隆科多所隐。先帝宾天之日，允禵不到。隆科多传旨遂立当今……据耿六格供称：伊先充发在三姓地方时，于八宝家中，有太监于义、何玉柱向八宝女人谈论：圣祖皇帝原传十四阿哥允禵天下，皇上将‘十’字改为‘于’字。”张孟劬师“答梁任公论史学书”（《遯堪文集》，上海张氏刊本，1948年，卷1，第28页）有云：“世宗夺嗣事，某仅于宗室弘旺《皇清通鉴》中得一条。其书于抚远大将军皇十四子允禵下注云：‘原名允祯。’由此以推，则遗诏改十四为于四（原注：此已见雍正谕旨，详《大义觉迷录》）改祯为禛，固自易易。”可以证改字之说十分近于情理者矣。兹据《上谕内阁》六十一年十一月十六日御史杨保之参奏，知当时宣读遗诏，并未宣布汉文；则其遗旨为隆科多所隐显然明白，更无论其改字否也。《上谕内阁》第178—179页。

② 《上谕内阁》六十一年十一月。

③ 《上谕内阁》，元年二月初十日，按自“百日之内”以下，《世宗实录》卷4，第10页下已删。《上谕内阁》二年四月十八日。按《世宗实录》卷18，第13页下略同。

④ 《世宗实录》卷1，第8页下–9页上；卷1，第10页上，卷2，第17页下；卷2，第26页下，卷4，第20页下。《朱批谕旨》卷21，第51页上蔡珽奏折有云：“至八旗之人，诚为股肱；然近居肘腋繁多不齐，俱宜令其心安为最要”，可作一旁证。《上谕内阁》元年二月初十日：“朕承皇考大统，自临御以来，诸王大臣人人得享太平之福。朕并无此时姑且容忍，待一二年后渐加诛戮之心。如朕果怀此心，天地宗社皇考神灵鉴之！”按此段《世宗实录》卷4，第11页上全删。世宗言虽如此，证之事实不然。则知所言在牢笼天下人心，正姑且容忍于一时。

此位，不少迟疑"之愤语耶[①]？

其实允禩之才力，本与世宗相当[②]。只以大位已落人手，生杀予夺之权，操之在人。明知"过为贬损""小心谨畏"，仍不得免于诛戮；然犹委蛇柔驯，正欲使其兄负屠杀兄弟之名，蒙天下后世之不韪[③]。此时世宗所以不遽致之死者，不外散其党孤其势，且隐示禩在掌握，得免与否，全视其徒党敛迹与否为断[④]。以允禟、允䄉为

---

① 《上谕内阁》二年四月初七日："朕既受皇考所付重任，则朕之一身，上关宗庙社稷，不得不为防范。以皇考之圣神，犹防允禩等之奸恶，不能一日宁处。朕身视皇考何如耶？且于皇考则为父子，于朕则为兄弟；父子与兄弟，相去甚远。伊等在皇考时，毫不逊顺，恣意妄行，匪朝伊夕，至今犹然不止，所当深虑。朕可不念祖宗肇造鸿图，永贻子孙之安乎？"按自"以皇考之圣神"以下，《世宗实录》卷18，第9页下删改为："且允禩于皇考时，毫不逊顺，姿（应作恣）意妄行，匪朝伊夕，至今犹然不止。朕可不念祖宗肇造鸿图，永贻子孙之安乎？"又四年十月初二日第三谕："盖以朕之兄弟阿其那、塞思黑等密结匪党，潜蓄邪谋，遇事生波，中怀叵测。朕实有防范之心，不便远临边塞。此朕不及皇考者也。"（按此段《世宗实录》卷49，第3页下全删。）于防范之迹，一概抹去。然此自为安全计，犹可说也。乃三年二月十四日"朕每事俱令众人观看。若与较论，则罪名甚大。朕尚有难以喻众而隐忍不出诸口者，亦复不少。"（按此段《世宗实录》卷29，第12页上亦全删去。）然则每事令人观看，谓非监视凌逼而何?《上谕内阁》二年十一月十三日及三年四月十六日。《上谕内阁》二年四月初七日："尔诸臣内但有一人，或明奏，或密奏，谓允禩贤于朕躬，有足取重之处，能有益于社稷国家，朕即让以此位，不少迟疑。"按此段《世宗实录》卷18，第9页下全删。

② 《上谕内阁》，三年四月十六日："无如朕心如此，而允禩惟欲行其诈伪，显伊一己之是，仍冀遂其大志，使众人议朕之不是，以见皇考之付托于朕为误。允禩虽具此深心大力，但向既遇皇考睿照烛奸之圣父；今又遇朕才力能与相当之兄，不能逞其伎俩，益自增其愧恨耳。"按此段《世宗实录》卷31，第21页上全删。

③ 《上谕内阁》，二年十一月初二日；三年四月十六日。《上谕内阁》二年十一月十三日："朕曾降旨与廉亲王：'汝心既有不服，便当令汝代理政事。'廉亲王奏云：'若如此，我惟有一死而已。'揣其意，若彼时诸臣顺从，廉亲王亦直任而不辞；若诸臣不容，则竟舍身以成其名。朕岂肯明知而坠其术中，逼致死地乎？朕此一举又万不可也。"按此段《世宗实录》卷26，第12页下全删。

④ 《上谕内阁》上，二年十一月二十二日："允禩百般激朕之怒，使朕治伊罪，朕岂肯坠其术中？但将伊行事谬妄之处，俾众闻之耳。自亲王以下，闲散人以上，若有归附允禩结为朋党者，即为叛国之人，必加以重罪，决不姑贷，亦断不姑容也。"按此谕不见《世宗实录》。《上谕内阁》二年四月初七日："诸凡事务，不实心办理，有意隳废，使朕受不美之名。且每遇奏事，并不身到，亦不检点，苟且草率，付之他人。故激朕怒，以治伊罪。朕断不使伊志得遂也。朕之此弟较诸弟颇有办事之材，朕甚爱惜，非允禟、允䄉等可比。朕今惟加以教诲，令其回心改过，至诚佐理政治，堪为得力之人。斯不但成朕友于之谊，亦以全皇考慈爱之衷。伊果抒忱于朕，即无异尽力于太祖、太宗、世祖、圣祖矣。如此则诸王大臣诸复外视伊者，不但伊自受恩，传之子孙，亦永永勿替。若仍不知悛改，肆行悖乱，干犯法纪，朕虽欲包容宽宥，而国宪具在，亦无可如何，当与诸大臣共正其罪。"按《世宗实录》卷18，第7页下–8页上删改为："诸凡事务，不实心办理，有意隳废。且每遇奏事，并不身到，亦不亲加检点，苟且草率，付之他人。岂非欲故激朕怒，以治伊罪，加朕以不令之名乎？允禩较诸弟颇有办事之材，朕甚爱惜之，非允禟、允䄉等可比。是以朕屡加教诲，令其回心改过，殚厥至诚，佐理政治，为国家得力之人。不但成朕友于之谊，亦以全皇考慈爱之衷。伊果尽心国事，即尽心于太祖、太宗、世祖、圣祖也。岂惟身受隆恩，且传之子孙，亦永永勿替。若仍不知悛改，肆行悖乱，干犯法纪，朕虽欲包容宽宥，而国宪具在，亦无可如何，当与诸大臣共正其罪矣。"皆可参证。

禩死党，又皆数百万之富，其权谋术数，足以要结人心，煽惑众听[①]。故于父死未满百日之际，即先迫允禟远徙西宁，著都统楚宗加以约束，旋即拘禁允禵于汤泉，以李如柏为之监视[②]。观后来上谕所云："朕即位以来，离散伊（指允禩）党，令居远地，惟望伊等改悔前行。朕今日岂惧此等匪人党与，所惧者万一事生，必致杀戮多人耳"；"设使当日允禵、允禟俱留在京，必致相济为恶。欲如今日之安宁无事，其可得乎"，惩治弟辈，得心应手，见于词色，毫无手足之情；而禵则一母所生者也[③]。忍哉！

即如碌碌庸才之允䄉，亦必逐往张家口外严寒之地，抱病而返，立加拘禁；至若已拘禁十数年之大阿哥、二阿哥，均禁锢终身，死于监所；允祉亦以幽死；允禑命守景陵，不数年而卒[④]，谓非良死，自无确证，然以世宗之残忍，决不肯听其苟延。至若崇任怡亲王允祥，厚奖果郡王允礼，则别有故。世宗之所以任允祥者，正以其未尝"纠党邀结一人"，而又能为其穷治邪党，"彻底审出"；所以奖允礼者，正

① 《上谕内阁》三年二月二十九日，按《世宗实录》卷29，第26页下已删。同上四年七月二十八日第二谕，按此段不见《世宗实录》。

② 《上谕内阁》，元年二月初十日，《世宗实录》卷4，第9页下同。同上三年二月二十九日，《世宗实录》卷29，第24页上同。按《掌故丛编》第九辑卷首影印雍正朱批年羹尧密折有云："贝子允禟近日行事光景，颇知收敛。臣此次路过西大通（即西宁）……已留人在彼。凡贝子允禟有何行事之处，臣皆得闻知也。"批："第一要紧，如此方好！"其监视之严可知。《上谕内阁》元年五月二十四日，不见《世宗实录》。

③ 《上谕内阁》，二年八月二十二日，按自"朕今日"至"多人耳"凡二十五字，《世宗实录》卷23，第19页上改作："不致生事，罹于国法耳。"同上三年四月十六日，按此段《世宗实录》卷31，第20页上全删。唐邦治《清皇室四谱》（上海聚珍仿宋书局，1923年）卷3，第15页下-16页上。

④ 允䄉事见《上谕内阁》二年四月初八日（《世宗实录》卷18，第11页下-13页下同）；四年九月二十九日（《实录》卷48，第29页上-30页下同）及五年四月十八日（不见《实录》）；同上二年四月初八日及同月二十六日（《世宗实录》卷18，第23页同），五年四月十二日（《实录》卷56，第13页下同）。允禔、允礽事见同上二年十二月十五日（《世宗实录》卷27，第12页下-13页下略同）。二阿哥允礽卒于雍正二年十二月十四日，见《实录》卷27，第12页上及《清皇室四谱》卷3，第12页下。大阿哥允禔卒于雍正十二年十一月初一日，见《实录》卷149，第1页下及《清皇室四谱》卷3，第12页上。允祉拘禁于景山之永安亭，以雍正十年闰五月十九日卒，见《世宗实录》卷——第19页-11页下至第12页上及《清皇室四谱》卷3，第13页上。允禑卒于雍正九年二月初一日见《世宗实录》卷103，第3页上及《清皇室四谱》卷3，第16页。

以其能参奏抬写廉亲王之处①。既得其用，复博友于之名，以掩盖一切杀弟丑事。

世宗尚恐廉亲王素怀大志，其心不死；于是穷治党羽，谓之“整理变化”，自谓即被人加以“苛刻严厉”之名，亦受之不辞②。如其所云：“暗附朕之兄弟者，朕必明正其罪，置之重辟。使向日结党之弟兄，无附会济恶之人”；又云：“党援必由众人附和而成，若人人皆知廉亲王之非，则党援自散，廉亲王一人又何所恃而如此行为乎？”③故费尽苦心，必划除罄尽而后已。如苏努、勒席恒、七十、秦道然、陈梦雷、陶赖、张廷枢、吴尔占、普奇、经希、色亨图、阿布兰、马尔齐哈、常明、德宁、佛格、汝福、阿尔松阿、阿灵阿、鄂伦岱、满都护、噶达浑、栾廷芳、武正

① 《上谕内阁》元年十一月二十五日（《世宗实录》卷13，第21页下-22页上略同）。再参以张廷玉奉敕撰和硕怡贤亲王行状（《澄怀园文存》，光绪十七年刊本，卷14，第1页下）亦云：“同侪中有以诈术煽诱诸王者，王独不为所动。皇上（指世宗）肇登宸极，恭己以临，特授封怡亲王，命总理事务。盖稔知王忠孝纯挚故也”，足资佐证。《上谕内阁》二年十一月二十五日（《世宗实录》卷26，第21页下-22页上略同）。允礼事见《上谕内阁》三年三月十三日第三谕，不见《世宗实录》。

② 《上谕内阁》，二年四月初七日：“由此观之，其大志至今未已也。”（《世宗实录》卷18，第7页下删“由此观之其大志”七字。）又三年十一月初二日：“廉亲王允禩与年羹尧居心相类，期于必遂其缘木求鱼之大志，主意断不改悔也。”（按此段《实录》卷83，第6页上全删。）其所删必为世宗掩饰泯灭之迹显然易见。同上四年七月二十八日第二谕：“朕之诸弟中，如阿其那、塞思黑、允禵者，权谋术数，足以要结人心，煽惑众听。故恶习濡染甚深，至今尚未悛改。数十年来，朕亲知灼见。是以即位以后，费尽苦心，欲为整理变化。为世道人心久远之计，非苛刻以为能，察察以为明也。”按此谕《世宗实录》不载。同上：“故谓朕过严，朕所不受；谓朕过宽，朕亦不受也。若加朕以苛刻严厉之名，冀朕闻知，遂曲为宽纵，任若辈之作奸犯科。此岂帝王治天下之道乎？”

③ 《上谕内阁》，三年二月二十九日；按《世宗实录》卷29，第31页上改作：“暗附其党者朕必明正其罪，置之重辟。使伊等党援解散，无附会济恶之人”，仍是为其掩饰之笔削。同上二年十一月十三日；按《世宗实录》卷26，第12页删为：“党援必由众人附和而成。若廉亲王一人何所恃而如此行为乎？”

安、鲁宾、揆叙、五格、二德、阿尔逊、郭允进、徐元梦、巴海辈[①]，莫不坐以“邪党”。或谴责，或降级，或革职，或削籍，或除名，或监禁，或禁锢高墙[②]，或充军边地，或正法，或立斩枭示，或已死而犹追治其罪。凡此皆在禩、禟生存之时，恐其助之为害，犹可说也；追禩、禟既死之后，仍有鲁尔金、乌尔陈、苏尔金、库尔陈、法海、佛保、达尔当阿、托时、查弼纳、萧永藻、高成龄、董永芠、四格、李凤翥辈[③] 之放流诛殛，谓非怨毒之深而何？

---

① 苏努见《上谕内阁》二年五月十四日，《世宗实录》卷20，第11页下–13页上略同。勒席恒、七十见《上谕内阁》元年二月初十日，《世宗实录》卷4，第7页下–11页下略同。秦道然见《上谕内阁》及五年六月十六日第二谕。陈梦雷见《上谕内阁》六十一年十二月十二日第四谕。陶赖、张廷枢见《上谕内阁》元年二月初十日。吴尔占、色亨图见同上元年三月十三日，《世宗实录》卷5，第10页下–11页下略有删改。普奇、经希见《上谕内阁》二年闰四月初五日第二谕，《世宗实录》卷19，第4页上–6页上略同。阿布兰见《上谕内阁》二年闰四月十四日，《世宗实录》卷一九页一二下至一四上略同。马尔齐哈、常明见《上谕内阁》二年五月二十日，《世宗实录》卷20，第20页下–23页下略同。德宁见《上谕内阁》二年五月二十八日，《世宗实录》卷20，第39页下–40页上略同。佛格、汝福见《上谕内阁》二年十二月二十二日，不见《世宗实录》。阿尔松阿见《上谕内阁》二年十月二十六日第二谕，《世宗实录》卷25，第17页删改甚多。阿灵阿、鄂伦岱见《上谕内阁》三年二月二十九日，《世宗实录》卷29，第24页上–31页下删改颇多。满都护见《上谕内阁》三年七月二十九日，《世宗实录》卷34，第23页下–25页上略有删改。噶达浑见《上谕内阁》三年九月三十日，不见《世宗实录》。栾廷芳见《上谕内阁》三年十月二十三日，不见《世宗实录》。武正安见《上谕内阁》三年十二月初一日第三谕，不见《世宗实录》。鲁宾见《上谕内阁》四年三月十六日，《世宗实录》卷42，第12页略同。揆叙见《上谕内阁》四年五月初九日第二谕，《世宗实录》卷44，第14页下–16页上全同。五格见《上谕内阁》四年五月十四日，《世宗实录》卷44，第20页下–23页下略同，二德见《上谕内阁》四年七月十五日，不见《世宗实录》。阿尔逊见《上谕内阁》四年七月二十八日第二谕，不见《世宗实录》。郭允进见《上谕内阁》四年七月二十九日第二谕，《世宗实录》卷46，第33页略同。徐元梦见《上谕内阁》四年八月初十日，《世宗实录》卷47，第10页下删削殆尽。巴海见《上谕内阁》四年八月三十日第二谕，不见《世宗实录》。

② 《永宪录》卷4，第43页下云：“圈禁之制：为屋数间，宽不满丈，高倍之。墙之厚数尺，留穴以通饮食。家人亦得随从，后多物故。”自是禁锢高墙之制。又同书卷3，第69页下有云：“闻国法圈禁有数等：有以地圈者，高墙固之；有以屋圈者，一室之外，不能移步；有坐圈者，接膝而坐，莫能举足；有立圈者，四围并肩而立，更番迭换，罪人居中，不数日委顿不支矣。又重罪，颈、手、足上九条铁链，即不看守，亦寸步难前也。”则知禁锢高墙不过圈禁中之一种。然证以李绂奏报为允禟在保定预备住处折（刊于《文献丛编》第二辑“允禩允禟”案第13页上下）所云：“预备小房三间，四面加砌墙垣，前门坚固。俟允禟至日，立即送入居住。前门加封，另设转桶传进饮食。”与禁锢高墙之制相吻合。

③ 鲁尔金见《上谕内阁》四年十月二十七日，不见《世宗实录》。乌尔陈、苏尔金、库尔陈见《上谕内阁》五年四月十九日第二谕，不见《世宗实录》。法海见《上谕内阁》四年十二年十九日，不见《世宗实录》；按《永宪录》卷5，第4页下–第7页上列此谕于五年正月逮尚书法海之下，其中异同甚多。佛保见《上谕内阁》五年二月三十日，不见《世宗实录》。达尔当阿见《上谕内阁》五年二月二十八日，不见《世宗实录》。托时见《上谕内阁》五年四月初三日，不见《世宗实录》。查弼纳见《上谕内阁》五年六月十六日第二谕，《世宗实录》卷58，第27页下–28页上略同。萧永藻见《上谕内阁》五年十一月二十三日，《世示实录》卷63，第24页下–25页下略同。高成龄见《上谕内阁》六年十月初五日，不见《世宗实录》。董永芠见《上谕内阁》六年十二 月十四日，不见《世宗实录》。四格见《上谕内阁》七年正月二十七日第四谕，《世宗实录》卷77，第15页上–16页上全同 。李凤翥见《上谕内阁》七年五月初二日第二谕，不见《世宗实录》。

当禩、禟之未死也，世宗即折磨之凌辱之，无以复加。兄弟骨肉之间，"情如水火，势如敌国"[①]。观其以一都统约束允禟，令之下跪听诏；因遣人买草，竟革去贝子[②]。而允禩之掌工部也，节省不可，推诿亦不可，即无心之过，亦莫不推之允禩一人[③]。即以梓宫奉移山陵，减省一半，为不遵例矣；而供奉御容，自我作古，又以"悲思罔极"为合法[④]。又如诸母妃迎养廉王府之初，允祹不时请入宫相见而不见许矣；乃三年后，又以诸母妃未尝一造殿下为"系允禩从中阻挠"[⑤]。似此自相矛盾，令人何所适从？

世宗欲杀禩、禟之心，早已蓄于同为皇子之时，决不肯贷其一死。如康熙四十八年即奏："此等悖逆之人，何足屡烦圣怒。乱臣贼子，自有国法。若交与臣，便可即行诛戮"；雍正元年亦谕："但迫朕于不得已之时，将凭皇考之威灵，执法诛戮，谁曰不可乎？"及三年三月又谕："廉亲王……每事烦扰朕之心思，阻挠朕之政事，惑乱众心，专欲激朕杀人"[⑥]可证。三年十二月，拘禁允禩，并革去亲王，严行禁锢；四年三月，废允禩、允禟为庶人；旋改允禩名阿其那，其子弘旺名菩萨保；

① 《上谕内阁》三年四月十六日，《世宗实录》卷31，第18页上–21页上略同。

② 《上谕内阁》，三年二月二十九日，《世宗实录》卷29，第24页上–31页下略同。又《世宗实录》卷一八页二二上。

③ 《上谕内阁》，二年十月初十日第三谕（《世宗实录》卷25，第6页上下大部删去），世宗不受山东修理文庙银四万两之公捐。《上谕内阁》三年六月初二日，不见《世宗实录》。《上谕内阁》二年五月十四曰："廉亲王今日具奏贝子允禟事，又将议处满丕事，一并具奏。谓之无心可乎？……由此观之，伊等党与尚自与朕为仇。朕又岂可默默而已？岂有数日一次扰乱朕心之理？即曰无心，亦必允禩身有获罪于天之处。冥冥之中有莫之为而为者！"按《世宗实录》卷20，第11页下于廉亲王下添允禩二字，自"由此观之"以下凡60字删减为：是以间日一次，欲以扰乱朕心耳"十三字，情景迥殊。

④ 《上谕内阁》，三年二月十四日，按《世宗实录》卷29，第10页下–12页下颇有删改。《上谕内阁》四年正月初五日第三谕，《世宗实录》卷40，第8页上–16页下略同。

⑤ 《上谕内阁》，第二谕，《世宗实录》卷40，第16页下–18页上全同。

⑥ 《上谕内阁》，三年二月二十九日有云："戊子年（康熙四十七年）拿问允禩。开赦后，次年春皇考从霸州回銮。自行宫起身，至南红门，言及鄂伦岱等结党之事，皇考震怒……朕遂泣奏云：'皇父圣体初愈，此等悖逆之人，何足屡烦圣怒。乱臣贼子，自有国法。若交与臣，便可即行诛戮'。"（《世宗实录》卷29，第24页上–31页下略同。）《上谕内阁》元年四月十八日，按此段《世宗实录》卷6，第18页上已删。同上三年三月二十七日，按《世宗实录》卷30，第34页下删"专欲激朕杀人"一句。

五月改允禟名塞思黑①。八月二十七日（1726年9月22日）塞死于保定，九月初八日（10月3日）阿死于监所，阿、塞之死，决非良死②，下手者李绂，而授意者则世宗也。请以事实为证：世宗先差胡什礼往西宁，带领塞思黑回京，塞“一路……谈笑如常”，固强健也；途过保定，留住两月，饮食亦如常，犹无恙也；乃李绂忽以“腹泻”奏闻，随即痊愈，不数日而病故矣③。证以李绂有“俟塞思黑一到，我即便宜行事”之语，及世宗已有“俱交与李绂，尔不必管”之明旨；而七年上谕又责李绂“并不将塞思黑自伏冥诛之处，明白于众”④，真所谓狐埋狐搰。塞死才旬日耳，

① 《世宗实录》卷39，第25页上，卷42，第2页下、11页上；参《永宪录》卷4，第17页上。允禟改名见《世宗实录》卷44，第23页下；按《永宪录》卷4，第23页上以改名塞思黑列在四月之末。或者改名在先，五月始为正式宣布之期耶？至于《上谕内阁》三年七月二十九日，于上谕之首，已有塞思黑一名（《上谕八旗》卷3，第33页上、《永宪录》卷3，第48页上及《世宗实录》卷34，第23页下均作贝子允禟），显然为后来修改之印痕。不然，何以此谕中仍称允禟，即在四年五月以目前之一切上谕中，未一提及塞思黑之名耶？

② 按《世宗实录》卷37，第23页上云：“直隶总督李绂以塞思黑于八月二十四日病故奏报。”谓死于二十四日者误。《永宪录》卷4，第47页上载于九月，尤误。据《皇清通志纲要》卷4，第8页上云：“雍正四年八月二十七日薨，葬东便门外”，及其《元功名臣录》卷上一，第30页上云；“雍正四年八月二十七日卒于保定府。”再参以李绂奏报塞思黑病故折（《文献丛编》第二辑“允禩允禟案”第17页）称“塞思黑于本月二十七日卯时已经身故”，及《上谕内阁》四年八月二十八日“今日李绂奏报塞思黑病故”之语，足证实录之失。至于允禩之卒，按《世宗实录》卷48，第13页上云：“初十日病故”，恐误。因《元功名臣录》卷上一，第10页下云：“雍正四年九月初八日薨”，著者弘旺即允禩之子，所记月日当可信。节本《永宪录》（《古学汇刊》本）第7页上云：“塞思黑死于正（保）定”，小注云：“李卫（绂之误）毙之于行台”；又云：“阿其那死于监所”，小注云：“非良死也。”两注均不见足本《永宪录》，不知何人所加。

③ 允禟之罪状不过“视朝廷如同敌国，造作字样，巧编格式，密缝于骡夫衣袜之内，暗传信息”（即《上谕内阁》四年八月二十八日谕中语），详见《允禩允禟案》，刊于《文献丛编》第一、二辑中。其一路情事见《上谕内阁》四年八月二十八日、《世宗实录》卷47，第23页上–25页下及《永宪录》卷4，第47页上–48页下，三书互有异同。按允禟于五月十五日至保，见《允禩允禟案》第14页下李绂奏报查出年羹尧与塞思黑往来密书折。又页一六下李绂奏报塞思黑病笃折中有“塞思黑在于保定圈住，从前饮食如常。至七月十五日忽患泄泻，随即痊愈”之语。知自五月十五日至七月十五日两月之间，饮食如常，固无恙也。其李绂奏报塞思黑病笃折续云：“至八月初九日以后，饮食所进甚少，形容日渐衰瘦。至二十二日……语言恍惚。至二十五日早上，声息愈微，呼亦不应。至晚更觉危笃。”据此知允禟病势剧增，在腹泄已痊半月之后。其死固非腹泄之故，可谓彰明昭著者矣。再参以李绂《穆堂别稿》（道光十一年刊本）卷32，第15页上–18页上有雍正四年五月十七日谢赐端午锭子药、八月初四日谢赐荔枝佛手柑及八月二十九日谢赐香水梨三劄子，适在允禟抵保及其既死之第三日之间，赏赐频颁，谓非世宗酬劳而何？

④ 《上谕内阁》四年八月二十八日第二谕，《世宗实录》卷47，第25页下–26页下及《永宪录》卷4，第48页上下，三书颇有详略。参《允禩允禟案》第15页上–16页下李绂奏报塞思黑晕死复苏折 。同上四年八月三十日；按《世宗实录》卷47，第28页上下已将此句删改为“已有旨交与李绂矣”八字，与原文意味迥乎不同。同上七年十月初六日第二谕；《世宗实录》卷87，第6页上–8页下删改甚多。

阿又以病故闻，何其巧也！[①] 以世宗迫允禩“若欲同死，悉听尔意”[②] 之谕推之，则阿之暴卒，非世宗授意杀之而何？

阿、塞死且百有余日矣，五年四月十八日之煌煌上谕，因李恒荣之案谕及阿、塞之死曰：“阿其那、塞思黑二人之恶，不可枚举，实逆党之渠魁也。二人一日不除，则逆党一日不散，国家一日不安，是以无奈将伊二人拘禁。比时诸王大臣奏请即行正法，而朕未即俞允者，乃一时小不忍，意略迟回耳。不意二人遂服冥诛。然朕为宗庙社稷计，若二人不死，将来未必不将伊明正典刑，以彰国宪。盖朕受皇考付托之重，不得顾小节而忘大义，亦不得顾一身之毁誉而忘国家之安危。朕只论阿其那、塞思黑有必可诛之罪，有必当诛之理，而断不避诛阿其那、塞思黑之名也。诸臣试思：此二人者，宽以容之，不可；严以待之，不可；放纵之，不可；禁锢之，亦不可；果如何措置而后可以除国家之大患乎？”[③] 世宗必死其兄弟，特不欲负杀兄弟恶名。允禟明知不能免死，但不欲独死，欲世宗多杀兄若弟，以负千载骂名。观世宗前后上谕，种种忸怩，及允禟种种言辞，皆以此一念为关键。至于既死其弟之后，知骂名不可避免，乃明明自认，向来特小不忍，非避恶名，其实仍是掩饰，用心亦良苦矣。世宗尝责廉王曰：“外市慈厚之虚名，而内忍行惨酷杀人之实事；虽工于掩饰，而欲盖弥彰。”[④] 若以此评还诸世宗，尤觉至确至当。两人智术相等，不过一成一败。圣祖一生弄术，而诸子若此，知其后半生之苦恼不少。世宗既殁，高宗即位，首先将主谋助凶之文觉禅师，驱逐回籍；后来阿、塞二人仍复原名，收回玉

① 《大义觉迷录》第199页上谕云：“阿其那、塞思黑……不料旬日之间，二人相继俱伏冥诛。实奇事也！”是世宗亦自知之。

② 《上谕内阁》四年九月二十九日、《世宗实录》卷48，第29页上–30页下及《永宪录》卷4，第57页下–58页上，三书稍有异同。

③ 《上谕内阁》，五年四月十八日，不见《世宗实录》。

④ 《上谕内阁》，三年十一月初二日，《世宗实录》卷38，第3页下–7页下同。

牒①。是世宗之行事，又不见谅于其子矣。

自是而后，诸邸停止阿哥行走，改为上书房，以课皇子②，遂为一代定制。

2. 年、隆之狱

世宗之立也，年、隆最为有功。隆以是封一等公，复加“舅舅”之称；年则封三等公，悉付以西陲之寄③。其所以信任之尊崇之者，蔑以加矣。隆之入朝，见亲王不过起立，亲王则欠身微趋而过④。其于年“赐爵、赐金、赐第、赐园、赐世职、赐佐领”；年在外，督抚跪道迎接，受之不辞；每入京，公卿跪接，策马而过，不稍为之动容；即王公下马问候，亦颔之而已⑤。复谕将年之子熙过继与舅舅隆科多为子，而隆竟有“我二人（指隆与年）若少作两个人看，就是负皇上矣”⑥之言。是又暗示隆、年并重，毫无轩轾，其尊宠若此。满朝望风承旨，孰敢不媚此二人？后来

① 《永宪录》卷5，第30页下–31页上云：“文觉日侍宸扆，参密勿，上倚之如左右手。是年（雍正五年）腊，七十。…… 十三年冬，今上降谕，严饬僧人。其侍帷幄者，皆放还山。文觉独令沿途步行，归长洲。敕地方稽查管束，无致生事。传闻隆、年之狱，阿、塞之诛，皆文觉赞成，故圣心隐痛。”

《高宗实录》卷7，第37页，高宗于即位之初，即雍正十三年乙卯十一月癸亥下旨：“将阿其那、塞思黑之子孙给与红带，收入玉牒。”又同书卷1048，第17页下–19页上在乾隆四十三年正月甲戌（《清史稿》第1003页引高宗谕同），亦可参证。唯据《皇清通志纲要》及《元功名臣录》两书成于乾隆十四年，著者不称菩萨保而称弘旺，似“仍复原名”亦在乾隆之初。

② 按《白田草堂存稿》（葛堂本），卷首有“雍正元年十一月十六日吏部尚书、公、舅舅隆（科多）传旨王懋竑授为翰林院编修着在三阿哥处行走。”知阿哥行走之制，雍正初年尚存，其停止自在五六年以后。又《清史稿》第448页“詹事府”条小注云：“皇子在上书房读书，选翰林官分侍读、讲，简大臣为总师傅。总师傅之称，自乾隆二十二年以介福、观保等为总师傅始。”

③ 《上谕内阁》六十一年十一月二十一日第三谕只言著袭舅舅佟国维公爵，《世宗实录》卷1，第25页上于“公”上则增“一等”二字。《世宗实录》卷1，第26页下云：“（康熙六十一年十一月）丙午谕内阁：隆科多应称呼舅舅，嗣后启奏处书写舅舅隆科多。”则加“舅舅”之称在封公爵二日之后。《世宗实录》卷5，第8页上云：“（元年三月戊子）封川陕总督年羹尧为三等公。”而《永宪录》卷二上页二七下列于戊戌之后，戌字自是子字之误。唯云：“是月进隆科多、马齐、年羹尧太保阶，登基恩也。”可谓实录。《上谕内阁》三年十二月十一日谕年羹尧：“授尔为川陕总督，又用尔为抚远大将军，将西陲之事全畀于尔，事事推心置腹。文官自督抚以至州县，武官自提镇以至千把，俱听尔之分别用舍。”《世宗实录》卷3，第9页–14页下全同。

④ 《上谕八旗》卷3，第21页上及《永宪录》卷3，第12页下–31页上。

⑤ 《文献丛编》第六辑《年羹尧奏折》第16页下。《永宪录》卷3，第79页上，《世宗实录》卷39，第8页上同。《啸亭杂录》卷5，第12页下–31页上《年羹尧之骄》条。

⑥ 《年羹尧奏折》，第10页下。

乃独责诚亲王“待隆科多、年羹尧越礼致候，作谄媚卑污之举动”①，而不知皆自己过于隆重，有以启之也。

阿、塞在必诛之列，尽人皆知。独年、隆以功首而就夷戮，且年之显戮，犹在阿、塞之前，则不得其故。世或以年恃功骄蹇，不缴朱谕②，为致死之由，当属皮相之论。若深察世宗之为人，则年、隆之戮辱，诚为不可避免之事。盖年、隆皆反复无常之人，非得其力，不足以成事，而对于其人，则早有戒心，用毕即杀之除之，早已预有成算，即使二人恭顺自矢，亦决难免祸 。不然，年尚可以骄蹇目之，隆则何说乎？此外则年、隆赞佐密谋时，必有许多不可告人之隐，若留活口，终是后患。此亦不得不亟亟加以诛戮之一理由欤？今即由世宗先后谕旨比勘，知不只字字深险，极盖操纵抑扬之能事。于年尤甚。年之才能，远在隆上，故年显诛而隆瘐毙。观其二年十一月十五日谕：“夫为君难，为臣亦不易……即如年羹尧建立大功，其建功之艰难辛苦之处，人谁知之？隆科多受皇考顾命，又谁知其受顾命之苦处?”备示牢笼，正所以暂安其心；同年十二月十一日未刊朱批年羹尧折忽云：“凡人臣：图功易，成功难；成功易，守功难；守功易，终功难。为君者：施恩易，当恩难；当恩易，保恩难；保恩易，全恩难。若倚功造过，必致反恩为仇，此从来人情常有者”，已略露抑制端倪；及三年未刊朱批年折则云：“可惜朕恩！可惜己才！可惜奇功！可惜千万年声名人物！可惜千载奇逢之君臣遇合！若不知悔，其可惜处不可枚举也”，明明道破即将下其毒辣之手③。而年、隆不悟，年犹有“夕惕朝乾”之语病，有类讥刺；而隆则私抄玉牒，存贮家中，授人把柄④。

今考隆之罪案凡四十一款，其中有云：“妄拟诸葛亮奏称：白帝城受命之日，即

① 《上谕内阁》六年二月初五日，按此段《世宗实录》卷66，第5页下已删 。《宾阳子年谱》（见后）中下页二八下有云：“宾阳子曰：年公起家词林，宜通缟纻，况曩者曾下明诏：有敢不敬，王子且以不孝论。”可证年之尊宠，实世宗有以启之。

② 《上谕内阁》，三年五月十七日，《世宗实录》卷32，第14页下–16页上全同。

③ 《上谕八旗》卷2，第36页下；《年羹尧奏折》第17页上；第31页上 。

④ 《上谕内阁》三年三月二十三日第二谕，《世宗实录》卷30，第31页下–32页上略有删减；五年六月初八日第三谕，《世宗实录》卷58，第14页下–15页上略有删减。

是死期已至之时”；与“狂言妄奏：提督之权甚大，一呼可聚二万兵”①。证以雍正五年上谕内阁：“皇考升遐之日，大臣承旨者，惟隆科多一人”，则隆此二语，不啻李斯临死上书之以罪为功，触犯世宗所忌，安能免于“永远禁锢”②？年之诛也，尤早于隆。罪状至九十二款之多③，实皆非必杀之罪。盖年之入雍王府，早在康熙四十八年前；而抚川时，世宗即责其有“今日之不负皇上，即他日之不负王爷”之语为“无法无天”④。所谓“无法无天”，即此等密谋，只能存之于心，不能宣之于口。迨世宗即位之后，年恳请陛见折云：“臣受恩最深，忠君之念不自今日，我皇上至孝本乎性成，自古帝王所未有，此臣平日所深知者。”⑤可见年早预夺储之谋。读雍正元年正月初二日未刊朱批年折云：“舅舅隆科多，此人朕与尔先前不但不深知他，真正大错了！此人真圣祖皇考忠臣，朕之功臣，国家良臣，真正当代第一超群拔类之希有大臣也！”⑥可见世宗篡夺之谋，年、隆实预腹心之寄。所谓“先前”二字，至少当在年为川抚之时，与年折“不自今日”可相印证。故谓世宗蓄谋过二十年，即此可以为证。后来遂责年“今日之功，岂能及鳌拜之大？而所犯之罪情，则甚于鳌拜”⑦。以鳌拜为此，不杀何待？甚且谓其居心“期于必遂其缘木求鱼之大志，主意断不改悔也”，则疑年由怨望而萌异志矣；所以有此疑，则由于预断其人必反复也⑧。而年

① 《世宗实录》卷62，第6页下、7页上。

② 《上谕内阁》五年十月初五日，《世宗实录》卷62，第9页上-10页上略同。按隆之议罪四十一款在五年十月初五日，上谕与实录同；而《永宪录》卷5，第98页九八列于“秋七月乙卯朔”之下，非。

③ 《世宗实录》卷39，第6页下-13页上及《永宪录》卷3，第77页上-83页下。

④ 按孟森《世宗入承大统考实》（《清初三大疑案考实》第三篇）第12页下据年羹尧康熙五十六年五月二十日回奏孟光祖至川情形折（《掌故丛编》第四辑《年羹尧奏折》第8页下）有“臣属雍亲王门下，八载于此”之语，断定年入雍府在康熙四十八九年间者误。盖年之抚川，即在四十八年二月（见《皇清通志纲要》卷5，第64页上）；自是十数年，久任川陕，升至总督。果年于四十八年始登雍府之门，岂有立谈间外放巡抚，即属门下之理耶？以傅鼐年十六（见《啸亭杂录》卷5，第11页下）入藩邸例之，则年之入邸，必在幼年无疑。世宗此谕见《上谕内阁》三年六月初七日第二谕，按此谕《世宗实录》今已删去，而《永宪录》卷3，第18页上-19页上所引，大致相同。无法无天语见《文献丛编》第一辑雍亲王致年羹尧书真迹。

⑤ 《年羹尧折》（《掌故丛编》第十辑），第71页上。

⑥ 《年羹尧折》，第70页下。

⑦ 《上谕内阁》三年七月十八日。按此段《世宗实录》卷34，第15页上已删，亦不见《永宪录》卷3，第38页上下所引论中。

⑧ 《朱批谕旨》卷1，第72页下云：“近日隆科多、年羹尧大露作威福、揽权势光景，朕若不防微杜渐，此二臣将来必至不能保全。”按此批在二年十二月十三日齐苏勒折，先于年之议罪一年。

犹不悟，于奏折中“故意隐约其辞，以启天下之疑”，尤足以激世宗速杀之心。不知所谓大功告成，正是死期已至之日，犹斤斤以功自诩，卒致杀身并杀其子①。

年、隆皆以兵权在握，得为佐命。世宗初登大宝，即封隆阳尊其名位而阴夺其实权②。年则储之以制允禵、允禟，独处西秦，手握重兵，而竟一车两马，仆从数人，布帏轿车，帖然受命赴任杭州者，实由任年之始，即早储岳钟琪以制年矣③。而昧昧如王安国者，乃奏称：“皇上既烛年羹尧之奸，夺其权而调之内地，在今日不过

① 未刊朱批《年羹尧奏折》（第13页下谢赐荔枝折）有云：“大功告成，西边平静，君臣庆会，亦人间大乐事。”在二年七月十八日。又同年八月初五日批（第14页上谢赐鲜枣折）：“大功告成多日，君臣庆会在迩”云云，表面视之，所谓“大功告成”，似指平定青海而言。然证以二年八月十五日《年羹尧奏折》（第14页下）内有：“今年直省以及口外耕种之处，并获丰收，咸书大有。此诚所谓普天同庆，而因以知造物视一人为转移。内外诸臣，身际唐虞，共沾化育。未矢报于万一，复何功之可言？”之语，则年所谓功，明明归之世宗承袭一事。而世宗于此下朱批云：“卿奏可保皆出于至诚。”又自已默认矣。赐年羹尧自尽，见《永宪录》卷3，第84页上。按《无益之谈》第19页下–30页上云：“雍正乙巳（三年）十月初三日申时，京师忽有虎突入齐化门，登城。人噪逐之。行至宣武门下西米巷，入年遐龄家就擒。遐龄即太保大将军羹尧之父也。羹尧败，赐死之地，即虎就擒之地也。”年之子甚多，惟年富立斩。余子充军。见《世宗实录》卷39，第13页下–14页上。

② 隆之尊崇已详前矣，其实于六十一年十一月十四日命总理事务之同一日，即以乾清门一等侍卫拉锡暂管理藩院事务（见《世宗实录》卷1，第10页上）；因此前隆科多实兼理藩院尚书也（见《圣祖实录》卷300，第3页下）。再如六十一年十一月二十三日加称“舅舅”之同一日，谕“步军统领隆科多总理事务，甚属繁剧，著护军统领衮泰署理步军统领事”（《世宗实录》卷1，第26页下），虽逾月而仍以隆兼管步军统领事务（《世宗实录》卷2，第26页下），不过徒有其名；迨三年正月终解步军统领之任（《清史列传》卷13，第7页上），而以阿齐图实授矣（见《世宗实录》卷28，第7页下）。

③ 年之制禔、禟见《年羹尧奏折》第37页下。按后来李绂虽有奏报查出年羹尧与塞思黑往来密书折（《允禩允禟案》第14页），而朱批：“二人各有所犯不容诛之罪，何必牵连一事？”是世宗以年制禟，不复疑也。又《上谕内阁》五年四月十八日，不见《世宗实录》。年之受命赴杭见《上谕内阁》三年六月二十一日，与《永宪录》卷3，第25页下–26页上颇有异同。同上五年闰三年二十一曰：“至于平定青海，实系岳钟琪之功，年羹尧不过坐镇指挥而已。若非岳钟琪智勇超群克期决胜，则年羹尧亦不能成功如此之速。然岳钟琪之所以奋勇直前者，乃为国家殚忠宣力，以靖边疆。岂因年羹尧之私情而遵其调度乎？”按此谕不见《世宗实录》。最近文如师托王剑英同学从太仓图书馆钞得《宾阳子年谱》，其中可资考证者甚多。尤以世宗于用年之初即存去之之念，与锺翰所持之说相吻合。如谱中下22页下–23页上雍正二年甲辰云：“初冬龚念伦入京，云：‘闻年太保声势喧赫，欲一识其人。’宾阳子曰：‘不足见也，行败矣！上之崇之，乃所以踣之也！吾乡张大复泰基为年入幕宾，亦吾戚也。求附年者，必梯于张；求援张者，必即吾门。吾门限欲断，则谢客曰：如当往者，宜莫吾先！君辈但谨伺我！苟我举足，君辈踵之，何后之有？我戒大复，亦当见几，无与其难。昨年之人，有敕朝臣毕迎，吾以疾不出。太保之门不通名纸者，应未有两也！’”云云，可为佐证。又文如师跋云：“《宾阳子年谱》六卷，顾陈垿撰。陈垿字玉停，太仓人。康熙乙酉举人。负王佐之才，通知天文、律历、占算、声韵之学，尤精于医。以大学士王掞荐，入内府湛凝斋纂修秘书。诚亲王胤祉总裁其事，颇被礼遇，叙行人司行人。未几，告归。雍正之初，诸邸宾客多获重谴。独陈垿萧然物外，不与党祸。李卫亦故人也，礼为上宾。见其治狱株连，去之若浼。盖知其时君相无能用之者，甘心匿影远患。诸王角立，记载多阙。谱中所具，虽词旨隐约，而大端已见。昔年缪艺风丈藏钞本‘无益之谈’，即自此谱摘录，别本单行，不免错讹。疑未睹全书，故无从校正。太仓图书馆存此谱钞本，从之借钞。从此人间有第二本矣！己丑（1949年）十月大雪节文如居士识于成府村居。”此谱关系康雍两朝史事之大，可想而知，故亟引跋语以为介绍于此。

釜鱼几肉耳。正法亦可，放流亦可”，致遭世宗“笑而鄙之”[①]。明明道出世宗心事，不能怒骂，乃以此“笑而鄙之”四字解嘲耳。

年之羽党，似多于隆。如胡期恒、金启勋、边正烈、彭振义、刘世奇、张泰基、黄起宪、武正安、周仲举、郎廷槐、白讷、常玺、朱炯、赵成、阮阳璟、黄焜、张适、李世倬、彭耀祖、杨廷柏、张梅、王希曾、周文泽、靳树榛、梁奕鸿、马灼、王持权、金式训、靳光祚、高世禄、董正坤、魏世瑛、杨书、葛继孔、李继泰、赵健、许启盛、刘子正、严世杰、金德蔚、周元勋、王国正、杨文斌、崔鸿图、张纯、周仁举、年悦、王景灏、王嵩、宋师曾、王允猷、汪景祺、邹鲁、净一道人、田帝育[②]辈，皆获谴责或诛戮。至于钱名世以党年致负“名教罪人”[③]之骂名，又处分之罕见者。以视阿、塞，“年之结党，为时尚浅，是以易于解散”[④]。乃隆于年案，有意扰乱，亦得严加议处[⑤]。所谓“隆党”，不过牛伦、程光珠、张其仁、姚让、吴达礼、查嗣廷、马武、塞尔图、塞楞额诸人，其交结揆叙、阿灵阿、菩萨保[⑥]，菩萨保即允禩之子弘旺，后来撰《皇清通志纲要》者也；并为敌党，又罪之大

① 《上谕内阁》五年四月十八日。

② 胡期恒至杨书见《永宪录》卷3，第84页下-85页上。葛继孔见《上谕内阁》三年六月十六日、《世宗实录》卷33，第19页上-20页下及《永宪录》卷3，第24页上-25页上，三书异同之处甚多。李继泰至年悦见《上谕内阁》三年七月十二日，《世宗实录》卷34，第7页下-8页下同。王景藏见同上三年十月二十九日，《世宗实录》卷37，第15页同。王嵩见《朱批谕旨》卷24，第95页上。宋师曾见《永宪录》卷三页一一。王允猷见《上谕内阁》三年十二月十八日，不见《世宗实录》。汪景祺见同上五年三月十一日，《世宗实录》卷54，第14页上-18页上同。邹鲁、净一道人见同上六年四月二十九日，不见《世宗实录》。按邹鲁与年富立斩，见《上谕内阁》三年十二月十一日第二谕及《永宪录》卷3，第84页。田帝育见《上谕内阁》五年四月十八日，不见《世宗实录》。

③ 《上谕内阁》四年三月三十日，《世宗实录》卷42，第20页上-21页上及《永宪录》卷四页一八略同。惟《永宪录》列此谕于四年夏四月癸亥朔之下者误。

④ 《上谕内阁》，五年正月十五日。按此段均不见《世宗实录》及《永宪录》卷5，第3页下。

⑤ 《上谕内阁》，三年六月初七日第四谕，《世宗实录》卷33，第8页下-9页上同。

⑥ 牛伦至姚让见《上谕内阁》四年正月二十八日第二谕，《世宗实录》卷40，第33页下-34页上略同。惟《永宪录》卷4，第8页下-9页上列此谕于四年春二月甲子朔之下为稍异。吴达礼见《上谕内阁》四年七月二十八日第二谕，不见《世宗实录》。查嗣廷见《上谕内阁》四年九月二十六日、《世宗实录》卷48，第24页上-27页上及《永宪录》卷4，第52页上-54页下，三书异同甚多。马武见《上谕内阁》五年七月初四日，《世宗实录》卷59，第5页上-7页上删减甚多。塞尔图见《上谕内阁》五年七月初五日，不见《世宗实录》。塞楞额见同上六年十月十八日，不见《世宗实录》。揆叙、阿灵阿见《上谕内阁》四年五月初九日第二谕，《世宗实录》卷44，第14页下-16页上全同。菩萨保见《上谕内阁》五年五月二十八日，不见《世宗实录》。

者。盖世宗时时心目中有反复两字在[①]。攻击年党最力者为李绂、蔡珽，皆深仇也，故世宗赐以所籍年之服物赀财，年赐自尽时，特派蔡珽监刑，使珽快心，兼使年痛心[②]。然未久绂、珽又皆得咎，凡甘为鹰犬者下场往往如是。

依据上面所列论证，知世宗之用年、隆，识其反复，早预存欲杀之心。制之之法：先削其兵权，后则按定步骤；初若隆重，继示裁抑；又继则吹求无所不至。先后历时四五年，始了其事。重视之，殆与阿、塞相等。所以不遽诛戮，意在离其党羽，兼为用人取舍之资。惟世宗自谓亲理万机，不假手于人，不似督抚之有幕宾[③]。然《永宪录》谓阿、塞、年、隆诸大狱，皆由文觉禅师主谋。高宗初立，严饬僧人，皆放还山；独令文觉徒步南行，且年逾七十矣[④]。《永宪录》著者萧奭[⑤]，亲见亲闻，所述如此，自足取信。然与世宗无幕宾之言，大相谬刺矣。文觉能为世宗主谋，其人本领可知。惜其事不详，遍考诸书，竟无所得，仅得其所为文一首[⑥]。信能文之高手也。

---

① 《朱批谕旨》卷5，第87页下有云："深信二字不可，亦何必乃尔。若过于深信，必受深欺……如隆科多等，朕若过于深信，未必能如此一旦觉察也。"不特世宗不深信隆科多等，并藩邸一切门下人，从来不之信也。同上卷27，第42页下–43页上又云："从上观人原易，朕当年藩邸门下人，知之甚确……其不敢轻信人一句，乃用人第一妙诀。朕从来不知疑人，亦不知信人。"可证。

② 《穆堂别集》卷39上，第24页上–26页下有议覆请诛逆臣年羹尧疏。年参蔡珽，见《上谕内阁》三年正月二十二日（《世宗实录》卷28，第4页上–5页上同）及五年三月十一日（《世宗实录》卷54，第14页上–18页上同）。《永宪录》卷3，第33页，卷5，第24页下。

③ 《朱批谕旨》卷1，第21页上有云："朕日理万机，刻无宁晷，毫不体朕。且值岁底事繁，那得工夫览此幕客闲文？"同上卷1，第27页下又云："似此无故烦渎，宁不念朕日理万机之劳乎？在尔（范时绎）未必出于至诚，在朕实费心目观览。即此数行硃字，殊乏幕宾门客代为书写也。"可以为证。

④ 参第40页注①。按《永宪录》雍正五年腊，文觉年已七十，至十三年之冬，应为七十有八岁矣。唯据文觉所为《花影庵杂记序》（见后）末谓"雍正癸丑，时年七十"，知癸丑即十一年，至十三年不过七十有二。此则足纠萧奭传闻之误。

⑤ 《永宪录》6卷，江都萧奭撰。卷首纪清初列朝创造制度，卷一纪康熙六十一年事，卷二纪雍正元年事，卷三纪二年事，卷四纪三年事，卷五纪四年事，卷六纪五年至六年二月以前事。吴庆坻《蕉廊脞录》（求恕斋本）卷5，第15页下–17页下并摘录其自叙。知是书成于乾隆十七年。本文所据者为五石斋钞本，前有文如师题识云："'艺风藏书记'有此书云：'江都萧奭龄著。原稿十三钜册，只残存一卷，后以印丁《古学汇刊》'。今以此本相校，艺风所见，亦记康熙六十一年至雍正六年事，惟有纲无目。此本缺三年一年事，亦因知同出一本矣。六年以后及乾隆初事皆已随时叙及，知原书断自六年止，意在详叙年、隆、阿、塞诸狱。然则云十三钜册者，恐未必真有其书也。"锺翰按钞本实缺雍正二年一年事。盖卷三之首虽云"二年岁在甲辰"，而自第一页第二面以后即纪三年事。

⑥ 《花影庵杂记序》一首，一作于雍正癸丑三月，自署文觉禅师元信，其姓待考。此序载于查为仁《蔗塘外集》（乾隆八年刊本）中。查，宛平人，号心谷；一名成勋，号莲坡；固以诗鸣于时者也。

四、余论

此文作就，尚有可得而论者，综括为三：第一，世宗篡立，确凿有据。即年羹尧为川抚时“他日不肯负王爷”，及雍正元年二折，不啻自书供招，已足为世宗图谋大位逾二十年作一铁证。而旁证若康熙四十七年太子之废，雍王亦在与诸子同被圈禁之列[①]。又康熙五十二年戴铎有“诸王当（太子）未定之日，各有不并立之心”之语，所谓“诸王不并立”，其中自有世宗；及康熙五十七年李光地奉旨进京，系为立储之事，乃语戴铎云：“目下诸王，八王最贤”，而铎密告之曰：“八王柔懦无为，不及我四王爷聪明天纵，才德兼全；且恩威并济，大有作为。大人如肯相为，将来富贵共之”[②]，虽事实不详，而图谋两字已有注脚。再证以世宗即位后，四五年间，皆为清除敌党，苏努、七十之追罪，鄂伦岱、阿尔松阿辈之正法，以及阿、塞之死。苟非数十年以死相搏之仇恨[③]，何必一一置之死地而后快意？即年、隆之不可容，卒致或诛或禁，固有种种衅端；而非虑当初密谋，留为他日话柄，又何必过为已甚？凡此皆可作篡立之最好证据也。故分言之，则篡立为一事，阿、塞为一事，年、隆又为一事；合言之，则前者为主，后两者为余波。必合而考之，其事始明，其迹自显[④]。

第二,《大义觉迷录》不足置信。此则雍正七年因曾静、张熙之案而刊布。世人皆知为讨论“华夷”之见而发，不知其所以“明目张胆，宣示播告”，正为“更有大奸大恶之徒（指允禩允禟）捏造流言”，而加以强辩耳，如云：“若非因曾静之事，则此辈（允禩允禟）之谣言，展转流布，朕何由闻知为之明白剖晰俾家喻而户

① 《皇清通志纲要》卷5，第54页下云：“四十七年九月皇太子、皇长子、皇十三子圈禁。…… 十一月上违和，皇三子同世宗皇帝、五皇子、八皇子、皇太子开释。”既云开释，其被圈禁可知。

② 《戴铎奏折》(《文献丛编》第三辑)，第1页下、4页下–5页上。

③ 《上谕内阁》七年六月二十六日(《世宗实录》卷83，第1页下–15页上略同)。世宗于陆生楠细书《通鉴论》十七篇，其中有“蓄必深，发必毒”两语，即以为“此陆生楠指阿其那等而言”，是世宗必先有长期以死相搏之事实存在，然后一见此两语而连想及之；不然，此两语何所见而必系指允禩等而言耶？

④ 孟森:《世宗入承大统考实》，第1页上云：“世称康熙诸子夺嫡，为清代一大案，因将世宗之嗣位，兴雍正间之戮诸弟，张皇年羹尧及隆科多罪案，皆意其并为一事，遂坠入五里雾中，莫能瞭其实状。”此则适得其反，故舆本文立论迥乎不同 。然则读本文者或不以为重复繁琐耶！

晓耶?"[①] 即可印证。今请就谋父、逼母、杀兄、屠弟四端，举其事实抵触处，为之驳正，以证其诬。圣祖之崩，世宗尚在南郊，乃云："驰至问安，皇考告以症候日增之故"，而一字未及传位之事，固可疑矣；证以遗诏之不在寅刻，果亲王允礼之不在寝宫，则录中所云，必非当日实事[②]。此谋父之终可疑者也。自谓为仁寿太后"孝顺之子"，已宣言欲慰母后之心晋封允禵为郡王矣，终未赐封号，仍称贝子；乃母死之日，欲一面同胞之弟而不可得；即如诸母妃三年中不许入宫一见，而录中犹云："无不尽礼敬养"，所言与所行自相抵触[③]。此逼母之又可疑者也。以大阿哥、二阿哥曾有"断不可放出"之谕旨，此录则改为"二人断不可留"，虽一字之易，其相去不可以道里计；录中又云："将来二阿哥亦可释其禁锢"[④]。证以二年上谕："其身若在，仍属负罪之人"之语，则录中所云，何可为信？即以锡赉及临死之言而论，前后亦复不同[⑤]。是杀兄之名欲盖弥彰也。至若屠弟一事，世宗自云："不辩亦不受"[⑥]。谓之明明自认，亦无不可。惟录中涉及此事，纰缪百出。如阿死于四年九月，塞死于同年八月。乃录中云："不意此际阿其那遂伏冥诛，塞思黑从西宁移至保定，

---

① 《大义觉迷录》，第10页。《上谕内阁》七年十月初六日，《世宗实录》卷87，第4页下–6页上略同。又按《朱批谕旨》卷27，第48页下鄂尔泰奏："逆贼曾静捏造浮词，恣意狂悖，暗布匪党，耸动大臣。其所以能如此得如此者，臣以为其事有渐，其来有因：如诬谤圣躬诸事，若非由内而外，由满而汉，谁能以影响全无之言据为可信？此阿其那、塞思黑等之本意，为逆贼曾静之本说也；如毁诋天朝等语，则江湖恶类、山野狂愚、不识天日者皆能造伪说，而不至若此之甚，此怀疑贰、蓄怨望诸汉人等之隐意为逆贼曾静之藉口也。"最足说明当时情事。意者《大义觉迷录》或即刊布于七年十月之际耶?

② 《大义觉迷录》，第12页。参《世宗入承大统考实》第3页、37页上。按隆科多之言自较世宗之论为可据。

③ 《大义觉迷录》，第13页。《永宪录》卷2上第52页下、49页上。《大义觉迷录》第15页。

④ 《大义觉迷录》，第16页。

⑤ 《上谕内阁》二年十二月十五日："二阿哥奏曰：'臣当日与皇上虽无好处，亦无不好处。臣得罪皇考，系大不孝之人，应将臣弃置不问。乃蒙皇上种种施恩甚厚，臣心实深感激！臣今福薄，病已至此，安敢虚言？前若赐臣二寸白纸一条，岂能延至今日乎？臣心稍有知识，岂不知之？仰蒙圣恩，别无他愿，惟望病愈而已。'又训伊子理郡王（弘皙）曰：'于尔君父之前，有一分之能，即竭尽一分之力，有二分之能，即竭尽二分之力。若能一心竭诚效力，以事君父，方为令子'等语。"（《世宗实录》卷27，第12页下–13页下删为："二阿哥奏曰：'臣蒙皇上种种施恩甚厚，臣心实深感谢！'又训伊子理郡王曰：'尔着能一心竭诚效力，以事君父，方为令子'等语。"）而《大义迷觉录》第16页–17页则云："二阿哥感朕深恩，涕泣称谢云：'我本有罪之人，得终其天年，皆皇上保全之恩也。'又谓其子弘皙云：'我受皇上深恩，今生不能仰报。汝当竭心尽力，以继我未尽之志！'"两相比较，不同自见。

⑥ 《大义觉迷录》，第22页。

交与直隶总督李绂看守，亦伏冥诛”[①]。两人之死，其间相去虽止旬日，而一先一后，故意颠倒，决非健忘；不过佯若不知其实情，以图掩饰授意之迹而已。再如允禵于元年四月留驻汤山，越数日而逮其家人，永远枷示，五月复革其禄米，平日亦不许往拜陵寝；即母后临死之前一日召见，以部文未载谕旨而中止[②]。非拘禁而何？乃录中云：“允禵之拘禁，乃太后升遐三年以后之事。”[③]岂非欺人之语？然而屠弟自是实事，而复诪张为幻如此。此录之不足置信，彰彰明矣。

第三，实录有意删改上谕之处，历历可考。关于上谕诋斥阿、塞之处，竭力为之掩饰，当出高宗有意为之。兹分全删及润饰两端，各举一二例以明之。其全删者，如：雍正四年十月二十九日上谕：“如阿其那、塞思黑之在皇考时，悖逆之心固已显然昭著，尚不敢于大庭广众公然肆行其悖逆之语。此与四凶之在尧世，有不臣之心，而尚无不臣之迹同也。是以皇考姑容之。朕以藩封，继承大统。彼阿其那、塞思黑之视朕，犹四凶之视舜也。遂肆其欺罔，恣其傲犯，种种逆迹，不可枚举。且敢公然于王公大臣之前，诅咒詈骂。此与四凶之在舜世，悍然肆其不臣之迹同矣。夫舜之去四凶，岂有些微嫌隙私怨于其间哉？盖殛放奸回，为世道人心计耳。故史称：舜流四凶族，于是四门辟。言无凶人也。朕在藩邸四十年，从旁观看，凡党恶渠魁，潜蓄邪谋，背公枉法之事，靡不洞悉。今受皇考付托之重，既知习俗流弊，关系甚钜，如坐视而不为整理，朕实不忍。是以屡降谕旨，谆切开导，冀其悛改，四年于兹矣。而阿其那、塞思黑及同党之巨恶数人，自知平日叛逆之罪，为朕所深知，必不能逃于诛戮，而怙恶之念愈坚。不但不肯悛改，且至肆无忌惮。正如左氏传所谓四凶者，告之则顽，舍之则嚚，诬盛德而乱天常也。朕荷宗社之重寄，念经国之远图，不得已将伊等同党巨恶数人置之于法。而阿其那、塞思黑为天地所不容，相继俱伏冥诛……”[④]云云。此全段之被删者；其他类此者甚多，不胜枚举。

---

① 《大义觉迷录》，第20页。

② 《永宪录》卷2上，第33页上、34页下、46页下。《上谕内阁》元年五月二十四日，不见《世宗实录》。参《永宪录》卷2上，第51页下–52页上。

③ 《大义觉迷录》，第184页。

④ 《上谕内阁》四年十月二十九日第二谕，不见《世宗实录》。

向来修实录，于上谕有删减，无笔削，意在存真，犹可说也，乃润饰斧削之处，屡见于篇。如二年四月初七日上谕原云："朕即位后，不念旧恶，惟笃兄弟之谊，恩予包容，指示教诲，冀其改过，以期终始保全。伊等不知感恩，罔悛旧恶，益复妄行。在昔皇考时，朕尚以兄弟之故，如彼周旋；岂今绍承大宝而有凌逼兄弟指瑕求疵之理乎？"改云："朕即位后，惟笃兄弟之谊，曲予包容，指示教诲，冀其改过，以期终始成全。此朕向在皇考时，即志愿如此。岂今绍承大宝而于兄弟间有指瑕求疵之理乎？"又如三年二月二十九日上谕有云："总因伊（指鄂伦岱）私相推戴之人（指允禩）未得大位"，改作："总因伊私相依附之人未遂其愿。"[①] 此字句之删润者。《世宗实录》成于乾隆六年。前此《上谕内阁》颁于雍正九年。《永宪录》撰成在乾隆十七年，其凡例自谓皆录自邸钞。尝以三者对勘，《永宪录》虽间有漏遗删节，而语句尚保有最初之真面目。《上谕内阁》则已有修改痕迹。《实录》则又加修改[②]。若以《实录》字字皆为信史，岂非谬误？不特此也，《圣祖实录》成于雍正九年，《实录》中从来未见允祯之名。若非见于《皇清通志纲要》，后人决不知允祯为允禵之本名矣。修《实录》时，必将康熙时上谕提及允祯者一一改正。此可改正，其他何不可

① 《上谕内阁》二年四月初七日。《世宗实录》卷18，第6页。《上谕内阁》三年二月二十九日。《世宗实录》卷29，第30页下。

② 兹举一例以为证：如《永宪录》卷3，第24页引上谕云："乃（葛）继孔于年羹尧入觐时，又私纳贿赂请托。朕降旨诘问，始供：'原识年羹尧。去冬拉臣手，索古董。臣将青绿花瓢一、寿窑瓶一、图书一匣、宋人尺牍册页一、宋本书二，宋元书六，共十二件，送与羹尧，遂约臣往见。及见，又云：久知你才情好，自然照看。还要给我几件古董。臣又将玉杯一、元人尺牍一、明画三，共五件，送与羹尧'等语。葛继孔人品不堪，夤缘钻营，殊属可恶？著革职，发与李成龙，令开浚河道。如推诿，必治以重罪……"今以《上谕内阁》三年六月十七日对勘之，则云："乃葛继孔于年羹尧来京时，又私往纳贿请托。及朕降旨诘问，始一一供出云：'向原认识年羹尧。去冬年羹尧入京，向臣携手叙旧云：尔是辨识古玩之人，今番从江南来，应送我几件古玩，且来见我。臣因将铜器、磁器、书、画共十二件，差家人送去。羹尧随约臣往见。又云：我久知你才情肆应，今后自当留心照看。但还要送我几件古玩，臣又将玉器、字、画共五件，差人送去。前后俱交羹尧家人魏之耀收受，等语。葛继孔人品不堪，夤缘年羹尧，至今尚各处钻营，殊属可恶！著革职，发与李成龙，开浚安庆府河道工程效力，若少推诿，必治以重罪……"知上谕必加笔削，如不曰"拉臣手"而目"向臣携手"，不曰"才情好"而曰"才情肆应"之类，其较《永宪录》为文雅可知。何况十二件、五件古董之名目，一一见之录中；而谕中只以铜器、磁器、玉器、书、画总数了之，更足证《永宪录》录自邸钞为最初之真面目。再校以《世宗实录》卷33，第19页下–20页上乃云："乃慕继孔于年羹尧来京时，又私往纳贿请托。及朕降旨诘问，始供：年羹尧向索古玩。既经馈送，随订往见，且夸奖才情，许其留心照看。前后两次送铜器、磁器、玉器、字、画等件，俱交年羹尧家人魏之耀收受。葛继孔人品不堪，夤缘年羹尧，至今尚各处钻营，殊属可恶！著革职，发与李成龙，开浚安庆府河道工程效力。若少推诿，必治以重罪……"云云。是实录本于《上谕内阁》而又加以修改，其修改之痕迹显然易见。余详各注中。

以修改？以是疑《实录》中盛奖世宗及唾骂禩、禟之处，未必皆能得实。现在故宫所存文献，关于废太子者，从未发见，殆皆焚毁无遗矣。[①] 然则为灭迹而无不焚毁者，当无限量。因考世宗事，除上谕外，几于无征。而上谕又有足信有不足信。又因世人喜论康、乾间修改前代实录，而未注意康、雍两朝实录初修时已有若干讳饰，故略及之。

① 前托孙子书先生访求故宫所存康熙朝起居注，并得故宫博物院方面张德泽先生复书，有云："故宫所藏起居注全部，已于二十一年（1932）南运。以后内阁大库复发现一部分残本，康熙朝有十年、十一年、十六年、十八年四年者，并不完全。"因其与本文无大关系，故未往借。然两先生之热忱相助，仍属可感，兹亦于此一并致谢。

胤祯西征纪实

一、引言

燕京大学图书馆藏传抄本《抚远大将军奏议》[①]一册，不知何人所辑。凡奏议26首。以年论，康熙五十七年（1718）3首，五十八年16首，六十年3首，六十一年4首，缺五十九年一年，当非全璧。而即此以观，已足见当时西征规模之大，任寄之专。因纠集他书，成为此文。不特与前撰《清世宗夺嫡考实》互相印证，兼欲将实录、官书所埋没之一段西征史实予以表彰，庶几讨论不厌求详之义。

二、大将军之特命

清圣祖第十四子固山贝子胤祯即允禵之拜命抚远大将军，在康熙五十七年冬十

① 钞本，一册。不分卷，凡44页。1940年6月燕京大学图书馆系据北京图书馆传钞本转钞。以下所引均简称《奏议》。

月丙辰（十二日）（1718年12月3日），乃特命也，废太子胤礽求之而不可得[①]。其纛用正黄旗之纛，遵亲王例也；其随征之王、贝子、公等，凡16员，皇三子诚亲王胤祉即其中之一[②]。当其未起程也，圣祖亲诣堂子行礼，其出征之王等以下，俱戎服；其不出征之王、贝勒等以下，俱蟒服；以从[③]。及其率兵起程之日，即是年十二月乙卯（十二日），颁大将军敕印于太和殿。其出征之王、贝子、公等以下，俱戎服，齐集殿前；其不出征之王、贝勒、贝子、公并二品以上大臣等，俱蟒服，齐集午门外；大将军胤祯上殿，跪受敕印，谢恩。行礼毕，随敕印出午门，乘骑出天安门，由德胜门前往。诸王、贝勒、贝子、公等并二品以上大臣，俱送至列兵处；大将军胤祯望阙叩首，行礼，肃队而行[④]。其庄严隆重若此，清初以来所未有也。

---

① 参见拙著《清世宗夺嫡考实》注（27）。顷又从清圣祖《御制文》（武英殿本）第三集卷14，第14页得一证，即康熙四十八年三月初十日谕宗人府有云："兹值复立皇太子大庆之日，胤祉、胤禛、胤祺俱著封为亲王，胤祐、胤䄉俱著封为郡王，胤禟、胤祹、胤祯俱著封为贝子。"按胤祯即允禵本名，为现存官书中之仅可考见者。又张孟劬师著《清列朝后妃传稿》（绿樱花馆本）卷1，第90页上于皇十四子允禵下小注引弘旺《皇清通志纲要》作"皇十四子抚远大将军多罗恂勤郡王讳允祯，改讳禵"是也。至若Arthur W.Hum-mel，Eminent Chinese Of the Ching Period（United States Government Print-ingOffice，Washington，1944），Vol.丘，P915于世宗Yin-Chen作"胤祯"，则又不知演、祯二字之有别：一为皇四子胤禛即世宗，一为皇十四子胤祯即允禵，张冠李戴，为大误也。按诸亲王阿哥等名上一胤字，因与世宗御名同，故于康熙六十一年十二月辛未由礼部奏请改为允字（见《世宗实录》卷2，第34页）。本文仍用本名者，以此段西征史实在康熙六十一年十二月以前之故。

《圣祖实录》卷281，第16页下。按《皇清通志纲要》卷5，第71页上云："五十九年庚子……二月十六日命抚远大将军王祯以西宁进兵，驻札穆鲁乌苏。"指既驻西宁以后而言。而魏源《圣武记》（中华本）卷3，第40页上云："于五十八年命皇十四子为抚远大将军"者误。关于大将军之授命与出征礼仪，详参《大清会典事例》（光绪三十四年商务印书馆石印本）卷580，第5页上-7页下"命将出师"条。

《圣祖实录》，卷277，第10页上圣祖有曰："伊（二阿哥胤礽）于拘禁处，以矾水作书致普奇，嘱其保举为大将军，有齐世、扎拉克图皆当为将军之语。朕遣内监往询，伊直认矾水之书，系其亲笔。"时康熙五十七年正月间事也。可知胤礽固尝求为大将军而不可得，则胤祯之拜命为特命尤可想见。

② 《圣祖实录》卷281，第22页上。

《奏议》，第1页下。按《圣祖实录》卷281，第22页只谓简亲王之子永谦带伊父之纛前往，将上三旗侍卫派出三十员。又不出征之王等，亦各选护卫三员，贝勒、贝子各二员，公等各一员，随十四阿哥前往效力。不及王等。但起程之前以及起程之日，均有出征之王等行礼，其有亲王随行可知。

按《奏议》，第1页下康熙五十七年十二月初五日之奏有云："臣带领内廷三阿格。"此系于起程之前七日所奏请者。"三阿格"即"三阿哥"，必为诚亲王胤祉无疑。又同书第19页上五十八年四月十六日之奏有云："驻劄西宁。王、阿格等及大臣等所部之军，应如何拨驻？"此"阿格"似亦指胤祉而言。唯据《圣祖实录》卷238，第20页上五十八年三月乙酉云："皇三子和硕诚亲王允祉恭请上幸王园，进宴。"知胤祉于未抵西宁以前，已半途而返。则抵西宁之阿哥为另一阿哥，其名待考。

③ 《圣祖实录》卷282，第4页上。

④ 《圣祖实录》卷282，第10页下-11页上。

至于大将军之权力，胤祯于起程之前两日，即疏参正红旗副都统祖维新；既行，复疏参吏部侍郎色尔图及都统胡锡图[①]；盖借此以振军威。及驻扎西宁，关于作何料理以及留兵若干、所留官兵马匹于何处牧放等事，均由胤祯一人酌量而行[②]。再证以圣祖特旨曾云："此次大兵在外，如遇章京并护军校、骁骑校缺出，令大将军即行补授"，以及五十八年降旨有云："现在大将军王带领大兵驻守西宁，由此（北京）降旨，相隔甚远。军事当相机调遣……大将军王是我皇子，确系良将，带领大军，深知有带兵才能。故令掌生杀重任。尔等（青海盟长亲王罗布藏丹津等）或军务，或巨细事务，均应谨遵大将军王指示。如能诚意奋勉，即与我当面训示无异"[③]，是圣祖固畀胤祯以专征重寄，生杀予夺之权，集于一人之身，又为清代绝无仅有之事。

后来世宗反谓：胤祯所行为僭妄非制，又谓：圣祖令胤祯出征西宁，无非置之远地[④]，实蔑弃事实，欲为图谋夺位掩饰。雍正十年续纂圣祖《御制文第四集》，其中无一谕与大将军胤祯者[⑤]。凡圣祖所以隆重胤祯之处，概从删削。惟恐贻留于后，成为口实。实录、官书更讳其事。所不能泯灭者，大将军之特命一端。故圣祖《御制文集》敕谕中言及"大将军王"者，则屡见不一见；即雍正九年刊布之《上谕内阁》

① 《圣祖实录》卷282，第10页下；时康熙五十七年十二月癸丑也。又《圣祖实录》卷283，第21页下-22页上；卷285，第4页上。

② 《圣祖实录》卷248，第2页上。参《奏议》第19页上。

③ 《圣祖实录》卷248，第6页；卷290，第16页上-17页下；卷298，第12页下。

《奏议》，第32页上。又同书第16页下康熙五十八年四月十六日之奏亦云："窃维国之大法，惟有一君；军中惟有一将。一切语言，皆载在使臣所特（持字之）书内。"尤为圣祖畀胤祯专征特权之一有力证据。

④ 《上谕内阁》三年六月初七日第三谕有云："昔年用兵，有诸王掌大将军印者，有大臣掌大将军印者。惟允禵妄自尊大，种种不法，我朝大将军如此行事者后未之闻也！年羹尧不但踵而行之，且杀戮过焉。今乃云循照俗例。夫允禵所行悉僭妄非制，自可云例？假若云例，则系国家大将军之定制，岂可云俗？此语狂悖已极。在年羹尧职分，即当年诸王掌大将军所行之例，伊尚且不应比拟，而乃效法允禵狂妄不法之举，是诚何心？"（《世宗实录》卷33，第10页上略有删改。）世宗所言，完全与事实不符；惟于胤祯之被命大将军，其权力为清代绝无仅有一点，得一强有力之反证。又同上二年八月二十二日。

⑤ 若以康熙三十五六年圣祖亲征噶尔丹例之：离京未逾二年，而《御制文第二集》（康熙五十年刊本）卷19-24凡6卷，专载"北征敕谕"谕皇太子者，都七十六首；则胤祯在外凡五更寒暑，意者敕谕颁赐之频繁，必有过之无不及者。而今不见一谕，必由世宗授意删削。

尚沿称“大将军王允禵”及“大将军允禵”者，凡两三见[①]。此则无可如何之事也。

三、远征之目的

世宗之言曰：“皇考……令允禵出征西宁，置之远地。无知之人反谓：试用允禵，将定储位。遂妄生觊觎。举国之人尽知皇考年高体弱，置继统之子于数千里之远，有是理乎？”[②] 用意在否认胤祯之重命。而不知适足证明胤祯之出征，其目的在“将定储位”之说为可信。盖圣祖尝言：“朕万年后，必择一坚固可托之人，与尔等（诸臣）作主。必令尔等倾心悦服。”[③] 此“坚固可托之人”虽无法确知其所指，而圣祖既许胤祯为良将，复深知其有带兵才能，砥砺之以兵事，俾其邀誉于西陲[④]，然则圣祖所指望之人，舍胤祯而谁属？

再就此次远征之事实而论，自表面观之，远征目的不外讨灭准噶尔及振兴黄教两点而已。准噶尔之始祖为额森，乃元室之部众处于西北边远之地，历有年所，浸至繁衍，于是侵入青海，攻取蒙古，奄有西北，威胁京师以西700里之地，此圣祖之

---

① 《御制文第四集》卷14，第18页上；卷18，第3页下；卷23，第16页下。即《上谕内阁》雍正元年二月初十日言“大将军王允禵”者，凡两见；又二年闰四月十四日有“大将军允禵”及四年十二月十九日有“允禵为大将军”字样。

② 《上谕内阁》雍正二年八月二十二日。参《上谕八旗》卷4，第22页下–23页上、48页下。

③ 《上谕内阁》，元年八月十七日。

④ 《允禩允禟案》（《文献丛编》第一辑）第10页上“何图供词”一云：“大将军天资英毅，礼贤下士。”此或何图转述允禟之语，原系允禟有意为之鼓吹宣扬，不足深信。证以同案第6页下“秦道然等口供”云：“再何图兄弟从西边来说：十四爷初到时，声名还假得好。”又第32页三二上“秦道然口供”有云：“还所得何图的兄弟从西边回来，说：十四爷初到时节，声名还好。”则必非虚伪捏造之言。今考《戴铎奏折》（《文献丛编》第三辑）第5页上于康熙五十七年有云：“又闻十四王爷虚贤下士，颇有所图。即如李光地之门人程万策者，闻十四王爷见彼，待以高坐，呼以先生。”戴铎系雍王藩下人，所言如此，自属可信。

所以三征噶尔丹也[①]。迨噶尔丹既衰，策妄阿喇布坦又兴；策，噶之侄也，假黄教为名，攻入藏地[②]。五十七年胤祯遂有抚远大将军之命，诫以“不行翦除，实为众蒙古之巨害，且恐为国家之隐忧”，与圣祖之三征“为万年之计”[③]同一重要。且利用

① 额森 Essen 即也先，同音异译也。温达等纂《亲征平定朔漠方略》（康熙四十七年武英殿本）卷1，第9页下–11页上：“厄鲁特西北大国也，分部散处，各立名号，然实本一姓。至本朝有顾实汗者……其属……噶尔丹之父曰和多和亲，自号巴图尔台吉，驻牧北方阿尔台之地，是之谓北厄鲁特。和多和亲死，子僧格嗣。噶尔丹为僧格同母弟，时尚幼，弃家投达赖喇嘛，习沙门法。未几，其异母兄车臣及巴图尔以争属产，故与僧格有隙，乘夜劫杀之，部内大乱。达赖喇嘛遣噶尔丹归，统其众……杀车臣、巴图尔，遂自袭为台吉。肆其凶锋，稍稍蚕食西北诸部，渐至猖獗。”又《上谕内阁》雍正七年二月十八日第一谕于准噶尔一部落之始末，阐述尤详。其言曰：“准噶尔一部落，原系元朝之臣仆，其始祖曰额森。额森之子托浑，渐至大员。因扰乱元之宗族，离间蒙古，恐获重罪；遂背负元朝之恩，叛逆逃遁，藏匿于西北边远之处。元末又煽诱匪类，结成党与，遂自称准噶尔……迨至我朝有噶尔丹、策妄阿拉布坦二人……噶尔丹身为喇嘛，不守清规，不遵佛教，破戒还俗。娶青海鄂齐儿图车臣汗之女为妻。后又潜往青海地方，贼害伊之妻父鄂齐儿图车臣汗，掳其属下人众。续因喀尔喀七旗内彼此稍有嫌隙，奏恳圣祖仁皇帝为之和解。因遣大臣同达赖喇嘛使者前往，为之和议。噶尔丹遣人暗探消息。遂以喀尔喀等卑视达赖喇嘛使人为辞，遣伊族内微末台吉多尔济查布前往将喀尔喀汗台吉等肆行凌辱。喀尔喀汗等怒其狂背无礼，会众将伊杀害。噶尔丹遂称杀害伊弟多尔济查布，与喀尔喀搆隙。掩其不备，发兵猝击，喀尔喀众溃，纷纷来投。圣祖仁皇帝深为轸念，施恩育养……讵噶尔丹……借追袭喀尔喀之名入犯边泛。”可补“方略”之阙。又按《朔漠方略》卷48，第43页所载康熙三十六年四月庚戌朔“狼居胥山碑文”略云：“噶尔丹乃独狂逞于朔漠之地，恣行无忌。盖噶尔丹者西北塞外习于战斗之劲寇也。初，厄鲁特有四部落，噶尔丹戕害其兄，兼而并之。劫服诸番部，攻克回子，千有余城，破降喀尔喀七旗。数十万众，其焰日张，其志日侈。康熙二十九年借辞追喀尔喀，阑入乌兰布通。”乌兰布通今赤峰市地，离京七百里，如敖福合译《圣驾亲征噶尔旦方略》（宫内红格钞本）第26页下云：“庚午（康熙二十九年）年，曾引诱噶尔旦（旦即丹）至乌兰布通地方，离京止七百里”亦可参证。至于圣祖三征：第一次在康熙三十五年二月，驻跸拖陵，达克鲁伦河；第二次在三十五年冬月，驻鄂尔多斯；第三次在三十六年二月，由云中直抵宁夏，复循贺兰山出边，次狼居山麓。详见《朔漠方略》卷48，第45页下–48页上。

② 噶尔丹于康熙三十六年仰药自杀，策妄阿喇布坦以其骸骨及其女来献。参《朔漠方略》卷48，第48页下。唯策妄阿喇布坦《方略》作策旺喇布滩，固一人异译也。又《上谕内阁》雍正七年二月十八日第一谕云：“策妄阿拉布坦者，噶尔丹之侄也。与伊叔噶尔丹不相和睦，带领七人潜逃至吐鲁番地方居住。圣祖仁皇帝以策妄阿拉布坦向与伊叔不睦……不忍遣兵将噶尔丹余剩部落悉行剿灭；恩加格外，遣使赏给策妄阿拉布坦。彼时策妄阿拉布坦力弱势微，甚为恭顺。其后离间伊之妻父图尔古忒之阿玉气汗与其子三济扎布，诱三济扎布携带万余户至伊住牧之处，因此强占入己。从此遂不安分，肆意妄行，窥伺青海，扰害生灵，率领贼兵前进，被哈密驻防轻兵击败遁回。策妄阿拉布坦又假黄教为名，潜兵入藏。无故害伊妻弟拉藏汗，毁坏寺庙，杀害喇嘛，抢掠供器。是以特遣大臣前往询问，乃伊愍不畏死，阻兵抗命。使臣率师甚少，兵力单弱，伊得以愈肆猖狂。”此为康熙三十六年以后之事，《方略》不及载入。

③《上谕内阁》雍正七年二月十八日第一谕。又《清圣祖谕旨稿》（《掌故丛编》第一辑）卷1，第5页下云：“谕顾太监（问行）：朕此一举，虽为残贼嘎尔但（即噶尔丹）；亦欲西边外厄鲁特种类甚多，必收之后，方为万年之计。出门时，纵未明言；自离京后，即使人各处宣布朕意。”此康熙三十六年闰三月十八日特谕，与《亲征噶尔旦方略》第1页上所云：“噶尔旦……势力强横，妄自志大；虽捐其躯，断不免于窥伺中原。岂容泛常视之，置诸度外？若听碌碌庸流避辞劳苦之言，恐后日各省脂膏有似前代之填溢于边塞。”可相印证。

小呼弼勒罕，借以牢笼西北诸部落，即所谓“收复藏地，以兴黄教”[①]，目的显然，尽人皆知。所不可解者，胤祯久处西陲，边外所设两路大兵屡次缓进，而图谋大举者，又年复一年[②]。岂真如世宗所云：“准噶尔弹丸之地，又在极北之区。得其土不足以耕耘，得其民不足以驱使，且人穷地瘠，又无出产之物。今何所利而用兵于远边乎？即使灭此朝食，亦不足以夸耀武功”[③]乎？然则劳师于外，凡五更寒暑；藏事既了，何以犹命坐守甘州，不即班师？仔细考之，胤祯曾于六十年十月回京，面受“来年进兵”大计；翌年四月，复返任所；而临行对胤禟之种种嘱托，及圣祖崩时

① 《奏议》，第7页下、17页上、18页、27页下、30页上、42页上。

② 《上谕内阁》雍正七年二月十八日第一谕云：“圣祖仁皇帝仍赐包容，谕令边外所设两路大兵缓进。屡次遣使前往，示以圣意，谓策妄阿拉布坦果能悔过，恳恩具奏，其时另降谕旨。若仍怙恶不悛，断不可留，然后将此部落人众悉行剿灭。此我圣祖仁皇帝之本意也。”据此知圣祖命胤祯屯兵西边，于军事征讨之外，仍寓招抚牢笼之意。

《圣祖实录》卷290，第16页上–17页下；卷292，第17页下–18页上、21页下–22页下；卷296，第17页下–18页下；卷297，第16页上–18页上。

③ 《上谕内阁》雍正七年二月十八日第一谕。

忿极不屈之状，与夫后来致恨年羹尧之语①，始知胤祯远出及久留，正如诸葛亮为刘琦谋，所谓“申生在内而危，重耳在外而安”。揆圣祖之意，胤祯兵权在握，何事不可有为？而不料世宗能运用一年羹尧，即足以摧其本根。胤祯徒拥虚号，竟成束手矣。

四、军队之布置及兵数

此次出征之兵，分三路而进。胤祯拜命之后四日，圣祖指定：吴世巴、噶尔弼

① 《奏议》，第35页上。参《圣祖实录》卷295，第6页下，卷297，第10页下。

《允禩允禟案》（《文献丛编》一至三辑）第1页下《穆景远口供》云：“到后来十四爷出兵的时节，他（允禟）说：十四爷现今出兵，皇上看的也很重。将来这皇太子一定是他。”第5页下–6页上《秦道然等口供》云：“又允禵出兵时，允禟日至其家，二三更方回。所商之事，总是要允禵早成大功，得立为皇太子。……又听见姚子孝说：十四爷向我们爷（允禟）说：皇父年高，好好歹歹，你须时常给我信息。这个差使想来是我的了！允禵出门后，果常常差姚子孝往西宁来往。到圣祖欠安之时，闻得要差人去通信。后来去了没有，我不知道。又从前允禟要差人往西宁去，想着一种战车式样，细细地告诉我，叫我托人画了个图样。给允禟看过。随寄与允禵了”。第7页下秦道然又供：“允禩、允禟、允禵三人原是结成一局，造作好名，收拾人心。意在相机而动，自然非此即彼要得东宫之位……及允禵有大将军之命，允禟便喜欢之极，指望他立了大功，早正储位……允禟要知道圣祖皇帝内庭消息，厚结太监陈福、李坤，叫他伺察圣祖喜怒动静，不时通知他。如此用心，就可知他的心迹了。”第29页下–30页上《秦道然口供》：“允禵出兵之时，允禟隔一二日便至其家，傍晚而去，二三更方回，是实……至允禟与允禵所商之事，不过要允禵早成大功，得立为皇太子……我又听见姚子孝说：十四爷托我们爷说：“皇父年高，好好歹歹，你须时常给我信儿。这个差使想来是我的！到允禵出门后，果然差姚子孝来往不停，到家不过一月半月就去了。到圣祖欠安之时，闻得要差人去通信，但不知去了没有。从前还有一次，允禟要差人到西宁去，曾对我说：我想着一种战车式样，要寄与十四爷。我细细告诉你，你画个图样来。我依样托人画了，给允禟看。允禟将此式样寄与允禵去了”。按最后所引《秦道然口供》系初在江南被拘由刑部左侍郎黄炳等审讯，前引之供系多罗果郡王允礼等在京所审讯者。两者字句口气虽略有异同，而所指全为一事而发，尤足见其真实确凿可据。所谓“这个差使想来是我的了”一语，出之胤祯之口，最堪玩味。意指皇太子而言，固已自信其将继承大业矣。

《上谕八旗》卷4，第23页有云：“朕即位后，即降恩旨将允禵唤回。允禵未到京之间，即露种种狂悖；于到京之日，向朕轻躁妄行，状类棍徒”。同书卷4，第49页下–50页下又云：“（允禵）到京之日，往寿皇殿叩谒圣祖仁皇帝梓宫，并不哀痛。至皇上向伊哭泣相见，伊并不向前跪抱皇上双膝痛哭。拉锡微加扶携，令请上安。反肆咆哮，奏称：拉锡侮慢我！求连我交与宗人府等语。皇上降旨开谕，伊愈加忿怒。退出，将拉锡痛骂，辱及父母……皇上谒陵时，回跸行宫。遣拉锡等在城内向伊降旨训诫。允禵并不恭聆，亦不下跪，反行使气抗奏”云云。可见胤祯希冀储位之望已空，中心愤懑，咆哮不屈之状，俨然可睹。

《上谕八旗》卷2，第41页上有云：“去年（雍正元年）皇太后宾天时，外间谣言：朕欲令允禵总理事务，允禵奏云：若欲令我总理事务，须将隆科多、年羹尧二人摈斥。再发库帑数百万，赏赉兵丁，我方任事。因朕吝此数百万，又不肯斥此二人，故允禵不从任事。其荒诞无稽，骇人听闻，至于如此。”又按《永宪录》卷4，第58页亦云：“（雍正）八年秋，因怡亲王薨，降旨矜恤允禵，欲加委任。相传：令大学士马尔赛谕以圣意。回奏有杀马尔赛，方任事语。上置之。”两者虽系谣传，无风不成浪，由此可推胤祯痛恨隆、马在内、年在外以箝制之之心。

带领第一起兵，于是年十一月十五日起程，驻扎庄浪；赫石亨、宝色带领第二起兵，于十一月二十九日起程，驻扎甘州；胤祯带领第三起兵，于十二月十二日起程，驻扎西宁[①]。今据《抚远大将军奏议》，知胤祯于是年十二月十七日抵上花园，二十八日抵代遥，于次年正月初八日驻扎保德州，二月初六日至恒城渡口，追及第二队伍，初十日同抵宁夏，自此率第二队以行；十九日驻扎枣园浦，三月初一日至庄浪卫，三路之兵，不约而会于此；四月初，始抵西宁，本拟四月二十日带兵出口，以都统延信谏而止，遂驻扎焉[②]。

自西宁派往索罗木驻防者，有策旺诺尔布、宝色、楚宗三人；继而派往博罗和硕者，又有旺乌哩、伊里布、和什和恩、宗扎布，以及讷尔苏、诺安都呼、奎惠、永谦、敬顺、舒尔臣、华斌、乌勒珲诸人。自阿什罕至索罗木，分15站；由索罗木斜对之路，又分五站。站设马匹，各派兵20名驻扎。而青海八盟均归调遣[③]。此初抵西宁时军队布置之大概也。

当五十九年春进兵西藏之际，胤祯移驻穆鲁斯乌苏，管理进藏军务粮饷，而以宗查布、讷尔素分驻西宁、古木等地方。大兵既入藏，仍派兵2000驻防青海附近形胜之地。战役既终，留蒙古绿旗兵3000驻彼，而以策旺诺尔布总统之。已仍回驻西宁，后以征取吐鲁番，进驻甘州，为其声援。此六十年五六月间事也。自后屡谋进兵，迄未他徙[④]。

至于兵数问题，从来秘密。时逾两世纪，复经世宗有意抹杀泯灭，其实数不可

① 《圣祖实录》卷281，第18页云："先是议政大臣等奏请：派出之兵，由何路发往？奉旨：往西安一路，为第一起；往宁夏一路，为第二起；往宣府、大同、神木、榆林沿边一路，为第三起。"时康熙五十七年冬十月庚申，正在胤祯受命之后四日耳。

② 《奏议》，第2页上，又第42页下"遥"一作"尧"，第3页上下，第4页下，第12页下，第8页下–9页上，第19页上。

③ 《奏议》，第19页，参《圣祖实录》卷284，第8页下–9页上；《奏议》第20页上，参《圣祖实录》卷284，第9页；《奏议》第22页，又第32页下有云："尔等（青海盟长亲王罗布藏丹津等）受皇父厚恩多年，无分内外，予（胤祯）皆视同兄弟。惟此次受任以来，不敢存有私见；良者，我必奏明皇父；如有恶劣不遵法者，我亦无计，当以法律治之。"亦可为胤祯专征重寄操生杀予夺大权之一证。

④ 《圣祖实录》卷287，第8页，按宗查布即宗扎布，讷尔素即讷尔苏，皆一名异译耳。同书卷289，第20页；卷291，第11页下、30页；卷292，第15页、20页上；卷293，第4页下、7页。据《奏议》第44页页上下康熙六十一年十月二十七日最后一折，知胤祯仍在甘州。

得而知，固事势之必然也。唯就其奏议约略言之，所云“三十余万”大军，或者稍嫌夸大；至谓“今皇帝之子带领十万重兵”①，似又失之传闻之误。盖罗布藏那木启亲见之兵营，绵延凡20里，若以“靖逆将军”富宁安所辖兵33490名②推之，合“振武将军”傅尔丹、“征西将军”祁里德、“定西将军”噶尔弼、“平逆将军”延信而言，总数自在15万以上，可断言也。

五、西藏之被侵

五十九年春进藏之兵：一由拉里路，则噶尔弼所统辖者也；一由启哩野路，则延信所统率者也。余如傅尔丹、祁里德、富宁安领三路兵，袭击准噶尔边境之地，以牵制之。此则出之圣祖一人独断③。唯均归胤祯节制。于是傅、祁、富三将屡困准人于西北，以扰其后；西南则副将岳钟琪先一年已攻取里塘、巴塘，故噶亦得从容推进；中路延则三败策零敦多布④。未半载而毕其役，入藏之日，是年八月二十三日（1720年9月24日）也⑤。

入藏之役，固由于圣祖指授，诸将奋勇；及读《抚远大将军奏议》，尤见胤祯

① 按《奏议》第9页上有云：“大将军王领兵三十余万，在各处驻扎。”而第9页下延信则云：“今遵圣主深谋，宣扬三十万军威。”（《圣祖实录》卷284，第2页上同）既曰“宣扬”，难免夸大。所云“十万重兵”，见第30页上。

② 《奏议》，第5页，《圣祖实录》卷297，第17页。

③ 《御制文》第四集卷15，第7页上–8页下，参《奏议》第22页上。又《奏议》第4页下、8页下、10页上延信均作延新。按《奏议》第6页上富宁安作富宁阿，祁里德《上谕内阁》雍正二年正月二十九日作奇立德。参《圣祖实录》卷287，第5页下，卷298，第12页上。

④ 《圣祖实录》卷第291，第31页下–32页下；卷294，第12页上；卷287，第18页；卷288，第8页上、19页上、22页上、23页下；卷289，第2页上–3页上、5页；卷284，第6页上；卷284，第19页、22页；卷287，第16页。参《御制文》第四集卷15，第8页下。

⑤ 《圣祖实录》卷293，第4页。其参赞延信军务者，为策旺诺尔布、阿琳宝、阿宝、常授、马见伯、李麟（见《实录》卷287，第8页下）及武格（见《实录》卷293，第8页下）诸人。又同书，卷289，第20页。

之能纳小呼弼勒罕[①]，为争取西北人心之有利条件。与其谓“收复藏地以兴黄教”，毋宁曰“利用宗教以取西藏”，更为近乎事实。至于调遣军队、转运粮饷、牢笼回藏[②]，又其余事。

乃藏事既了，立碑招地。后来世宗以阿布兰所撰，“并不颂扬皇考功德，惟称赞大将军允禵”者为诬谬[③]，自是世宗一人之见。今存之“御制碑文”，只“爰命皇子为大将军王”一语，言及胤祯，似已经世宗之修改[④]。然则阿布兰所称赞者，必为圣祖所许，惜已磨去，不可复睹矣！

六、结论

胤祯手握兵权，坐镇西北者，四五年。乃一旦变起萧墙，竟恬然听命于一介之

① 《御制文》第四集卷15，第6页下、卷23，第17页。按小呼弼勒罕即新胡必尔汗，参《圣祖实录》卷285，第16页上–18页上。今据《奏议》第4页上下康熙五十八年二月二十日一折所云：“奏为请旨事：窥臣等（起）程之前，奏请皇父训示：臣如顺路，可否会见小呼弼勒罕？见时应如何会见等因具奏请旨。奉旨著叩见等因，训示在案。今闻古木布木庙距西宁五十余里。臣至西宁后，前往古木布木庙不便。可否专往会见之处，谨请皇父训示……为此谨奏请旨。”知能纳小呼弼勒罕之决策，胤祯早定于未起程之前。故后来小呼弼勒罕即于是年四月十六日张贴布告（《奏议》第18页）曰：“驻锡古木布木庙小呼弼勒罕谕：传知巴尔喀木地方首领等：现在准噶尔人背逆无道，混乱佛教，贻害杜伯特生灵。上天圣主，目不忍睹，扫除准噶尔人，收复藏地，以兴黄教，使杜伯特众生太平如恒。特派皇子封为大将军，不分轮域，率领大军，至西宁驻劄。不日大军由各路进讨。鄙自驻锡古木布木庙以来，仰蒙圣主重视黄教，举凡衣服饮食，无不受恩甚重。今大将军钦奉上谕，来至西宁。不日新临本庙会见，受恩尤深。况圣上振兴黄教，普济杜伯特众生。溯念厚恩，尤当尽力报效圣主军事，再以雄壮兵一队由打箭炉前进，驻札喀木、里塘、巴塘等处。此军之举，借期仰副圣主振兴黄教，普救天下众生深仁之至意。大军所到之处，凡杜伯特人众，皆一致顺从，妥为辅助，仍旧安居，断不至有所骚扰。此举确为杜伯特众生，尔等尚不知此中情节。兹恐尔等畏惧，以致妄行躲避天兵。故特遣使速为晓谕尔众。勉之勉之！”其利用小呼弼勒罕以争取西北人心，昭明彰著若此。

② 《圣祖实录》卷293，第15页；卷291，第11页下–12页上。参《上谕内阁》雍正六年十二月初十日及二十一日，两谕均不见实录。

③ 《圣祖实录》卷294，第21页上–22页下。《上谕内阁》雍正二年闰四月十四日（《世宗实录》卷19，第12页下–14页上略有删改）谕中又云：“前大将军允禵自军前回时，伊（阿布兰）出班跪接。从来宗室、公于诸王阿哥并无此例也！”足为胤祯拜命乃清初以来所未有之一证。再按同书雍正四年七月二十八日第二谕有“阿布兰原系苏努之党”一语，阿固党于胤祯辈者，无怪乎见罪于世宗也。

④ 《御制文》第四集卷23，第16页下。按《圣祖实录》卷294，第21页下删去“王”字。再如碑文中原作“朕以何功焉”（《第四集》卷23，第18页上）删一“以”字（《实录》卷294，第22页下），末作“绥众怀远”（“第四集”卷23，第18页上）改作“绥众兴教”（《实录》卷294，第22页下）。此而可改，其他关涉胤祯之处何不可以改正？

使①。半生禁锢，忧愤老死于牖下。拙著《清世宗夺嫡考实》一文，于其受制于年羹尧一点，固已明白指出；唯祯大将军也，而年一总督耳，年何以能制祯？祯何以失败于年手？则一尚待详加探讨之问题也。

简括言之：年之所以能制祯者有三：熟悉西边情形信息，一也；阻止河东粮运于甘凉，二也；藏内差使，及川陕两省缺出，均以军前效力人员题补，三也②。祯之所以失败于年手者亦有三：局处甘凉，兵马减十之六七，一也；人才不为其用，二也；亲信叛离，三也③。蠡县李塨自负王佐之才，胤祯三遣使，以重币招之不就；且远避之江南④，为不可解。然胤祯之不可辅，或大势已去，二者必居一于此，宜乎其为年所制也。

---

① 《世宗实录》卷1，第9页上–10页上。时康熙六十一年十一月乙未也。自是禁锢半生：于雍正元年四月拘禁汤山（见《永宪录》卷2上，第33页下）。二年七月遣守景陵，四年五月自景陵拘禁于寿皇殿。后来又幽禁于圆明园旁关帝庙（见《永宪录》卷4，第58页下）。（考今海淀南头有一关帝庙，双桥旁又有一关帝庙。双桥之关帝庙尤靠近圆明园，或者即是胤祯拘禁之所乎？）直至十三年高宗登基，十一月始行释放。年已四十有八矣。乾隆二年授辅国公。十二年封贝勒。十三年晋恂郡王。卒年六十有八，时乾隆二十年正月初六日酉刻也。参唐邦治《清皇室四谱》（排印本）卷3，第15页下–16页上。

② 《年羹尧折》（《掌故丛编》第七辑），第30页，同上（《掌故丛编》第九辑）第62页上，同上（《掌故丛编》第八辑）第51页下。

③ 《年羹尧折》（《掌故丛编》第九辑），第62页上。《戴铎奏折》（《文献丛编》第三辑）第5页上胤祯之见程万策，"待以高坐，呼以先生"云云。程万策虽为李光地之门人，而世宗于折尾批云："程万策之傍，我辈岂有把屁当香闻之理?" 其非人才可知。真人才如塨辈，虽三遣使以重币招之而不就。

年羹尧不必论矣，其他部将如都统延信、楚宗辈皆随胤祯西征最得力之人，屡见于《奏议》（第4页下、7页下、10页下、19页上、33页下）之中。又拉锡（《奏议》第44页上作拉什）于康熙六十一年为乾清门头等侍卫，本亦与胤祯辈往来亲密（《上谕内阁》雍正四年七月二十八日第二谕）。乃曾几何时，祸起萧墙，收拾胤祯辈者，皆此等部将以及平日往来亲密之人。亲信叛离为胤祯失败之最大原因。

④ 冯辰：《李恕谷先生年谱》（《国粹丛书》本）卷5，第18页下云："（庚子六十二岁，康熙五十九年）齐燧侯自西边来，言十四王使人访先生（李塨）。先生慄然畏声闻之过情。六月陕西武举杨兰生来，出蔡瑞寰书，言十四王聘先生，车马在后，使渠先来问讯。先生答以老病不能行。复瑞寰以字，托为代陈，车马之来，务求中止。杨慎修、鲁圣居、张潜夫皆有来书，先生各复以字，各有规勉。" 又同书卷5，第20页下云："（辛丑六十三岁，康熙六十年）知十四王又差潘、杨二人来聘，不遇而去。" 可以互证。塨自负之才，兹举一例即可想见其为人之不凡。如同书卷1，第8页下–9页上有云："赵锡之问平海寇郑国信之策。先生为策略曰：以中国攻海寇则难，以海寇攻海寇则易……诚重购航海商贾，使之出入海寇间，以携其酋目，而煽其党与；必有为我所动，阴为内助。或率众而来者，即不次官之。丽宫室，美妻妾，厚赉与，使党自诱其党，众自惑自众。腹心内溃，然后以大兵加之，势如拉朽耳。此以海寇攻海寇之道也。后姚企圣平海上，卒如所策。" 时康熙二十年，塨才二十三岁耳。

冯辰：《李恕谷先生年谱》（《国粹丛书》本）卷5，第19页云："时先生欲南迁，而灵皋（方苞）为戴田有事入旗，将北居。因以其南方田宅赠先生，先生即以北方田宅易之。故先生将往江南相宅。灵皋寄字与其侄付先生带回……（康熙五十九年）十一月……十七日渡江……入仪凤门，至方宅，投灵皋字。" 即在胤祯遣人来聘四五月之后而已。

满族在努尔哈齐时代的社会经济形态

一、序言

目前我国史学界存在着一个亟须解决而又一时不容易解决的问题，即对国内各个兄弟民族在历史上所处的社会发展阶段如何划分的问题。这一问题之所以重要是因为：一方面，自中华人民共和国成立以来，我国各兄弟民族进入了一个新的历史时期，即在祖国民族大家庭内平等团结，并向社会主义过渡的时期，因而在各个自治区或民族地区开展的一切措施和工作中，必须充分估计到各个兄弟民族的社会特点和当前存在的历史特点；另一方面，在解放了的新中国，各族人民在党和毛主席的领导教育下，坚持友爱、互助、团结，形成了“谁也离不了谁”的密不可分的亲密关系——民族大家庭。可是，过去所有兄弟民族在历史上确曾错误地被贬为“夷、狄、戎、蛮”而列入“四夷传”之中。今天如果不对各个兄弟民族在历史上某一时期的社会经济结构做出具体的研究分析和说明，而只是笼笼统统地将他们都说成是某个同一的社会形态，显然也不解决任何问题。因此，对各兄弟民族在历史上某一时期的社会经济形态进行个别的具体的研究和分析，成为今天一个十分重要而又迫切的课题，有它的现实意义。

关于满族在努尔哈齐时代的社会经济形态问题，近年来有些史学家认为是处在氏族社会末期的家长奴役制阶段[①]，他们指出当时满族的“基本经济生活还是渔猎”[②]，或者说它“很早就进入一种农业、畜牧、采猎、混杂交错的生产”[③]。到底是否如此？这是有待大家来反复商讨辩论和再进一步深入分析研究的一个问题。不可否认，满族进入到辽河平原后，处于进步的汉族、蒙古族和朝鲜的封建国家影响之下，特别是在进入到广大汉族人民居住的高度农业化的辽沈地区，对于它从一个社会形态过渡到另一个社会形态是具有十分重要的促进作用的。但是，外因必须通过内因才起作用，这是一切人类社会发展的总规律，抹煞一切外来的因素固然不对，忽略了它本身的内在因素同样也是不正确的。那么，当时满族社会可以不可以不经过奴隶占有制而飞跃性地转入封建制社会呢？

根据恩格斯关于社会发展规律的理论：“最初的大规模的社会分工，随着劳动生产率的提高，从而随着财富的增加，以及随着生产活动场所的扩大，在特定的历史条件的总和之下，必然地引起了奴隶制。”[④] 满族社会的确也并不例外。因为，从作者目前所掌握的材料来考察，大约在16世纪70年代到17世纪20年代（1577——1627年）的50年间，即在努尔哈齐（nurhaci）进入辽河平原的初期，满族当时社会发展的内在因素确是曾经经历过奴隶占有制这一阶段。下面我们便就这个时期满族奴隶制形成的物质基础和阶级结构各方面进行具体的分析和研究。

二、满族出现前的情况

要了解满族出现前的情况，首先必须对满族和它的前身女真族的关系加以说

---

① 尚钺主编:《中国历史纲要》，人民出版社，1954年，第358页，小注中说：“当努尔哈齐兴起时，满洲族正处于氏族社会末期。”而在他所著的《清代前期中国社会之停滞、变化和发展》(《教学与研究》1955年第6期）一文中，也说：满洲族“未经过奴隶制阶段，即由原始公社转入到封建社会”（第29页）。又张维华教授《满洲未统治中国前的社会形态》(《文史哲》1954年第10期）的专篇论文，其结论也是：“进入到满洲历史范围的满洲社会，一般地说，在奴隶使用上，只发展到家长奴役制的阶段，即奴隶使用仅是起着助手的作用。”（第44页）

② 《教学与研究》1955年第6期，第28页。

③ 《文史哲》1954年第10期，第39页。

④ 恩格斯:《家庭、私有制和国家的起源》，人民出版社，1955年，第155页。

明。众所周知，满族原来是女真系统中的一个部落。可是，女真的范围很广，在中国历史上出现过由女真人建立的地跨华北平原、历时一百二十年的金王朝；金亡之后，东北地区的女真部落，归蒙古统治者统治一百余年；元亡以后，又归明统治者统治达二百五六十年之久。如此说来，是不是所有这些女真集团都是后来的满族呢？他们彼此之间的关系究竟怎样呢？

应该指出，女真族诚然是后来满族的前身，但这并不等于说在明以前的所有女真集团都属于后来的满族，因为属于女真系统范围以内的部落很多，满族只不过是其中的一个而已。历史事实证明，以完颜氏一族为首的金王朝虽然灭亡了，但是已经进入华北平原和居住在辽河平原的一些女真人民，并没有全部退回到他们很早很早以前曾经居住过的东北边远的水滨和山岳地带去。他们在金亡之后，绝大部分落户在汉人居住地区而不再重返他们的故乡了。显而易见，所谓明末的满族并不是指留住在华北与辽河平原的已经失去原有特点的这一部分女真人，它所指的是远处在东北边境上“却又向前发展”起来的另一部分女真人。

就向前发展的一部分女真人满族来说，无疑应该是以清帝国的奠基人努尔哈齐所属的爱新觉罗氏（aisin gioro）一族的兴起作为它的起点。关于爱新觉罗氏一族的兴起，撇开它的始祖布库里雍顺（bukūri yongšon）为神女所生的神话部分不谈外，其有历史可考的，实自猛哥帖木儿（mengge temur）始。第一，《朝鲜实录》中的猛哥帖木儿① 即是《满洲实录》中的孟特穆（mentemur）②，孟特穆为努尔哈齐的六世祖。第二，猛哥帖木儿是“建州左卫”的创始人，在《朝鲜实录》③ 和《明实录》④ 中是有明文记载的；而努尔哈齐在1596年（明万历二十四年）给朝鲜国王的回帖，用的就是“建州左卫”的印信，见于当时朝鲜使者中目击者的记述⑤。第三，16世纪下

① 孟森:《明元清系通纪》（以下简称《通纪》），北京大学，1934年（铅印本），卷1，第7页下、8页上及17页上引。

② ［日］今西春秋:《满和对译满洲实录》（以下简称《满洲实录》），“日满文化协会”1938年刊本，第6–7页。

③ 《通纪》卷1，第24页下引。

④ 《明太宗永乐实录》，影印江苏国学图书馆传抄本，卷100，第7页上。

⑤ 《兴京二道河子旧老城》，伪满洲建国大学刊本，以下简称《旧老城》，第99页。

半期努尔哈齐兴起地赫图阿拉（hetu ala）的人口是由黑龙江省的依兰一带的老家迁徙而来，在《朝鲜实录》和《明实录》中的记载，亦均斑斑可考：猛哥帖木儿原来是住在依兰一带的“依兰豆漫”（ilan tumen）[①]，即“三万户”中的一个“万户”，曾于1372年（明洪武五年）一度迁入朝鲜东北部的庆源、镜城地方[②]。到1405—1406年间（明永乐三、四年间）才入“朝”于明，被封为“建州卫都指挥使”[③]，建州卫就在今吉林省的珲春与朝鲜交界的会宁一带。这时候，他们的人数将近一万[④]。不久以后，因为要想避免朝鲜的复仇以及蒙古的向东发展等种种原因，以猛哥帖木儿为首的一部分人（约千余户）南迁到辉发江上游的凤州，几经转徙，回到了朝鲜东北部的阿木河一带[⑤]。与此同时，以李满住为首的另一部分人（约千余户）先搬到了婆猪江[⑥]即佟佳江附近，最后在1438年（明正统三年）才在浑河上游苏子河畔灶突山东南的赫图阿拉（今辽宁省新宾满族自治县附近）定居下来[⑦]。在这以后不久，即1440年，这时猛哥帖木儿已死[⑧]，凡察（猛哥的弟弟）和童仓（猛哥的次子）分别率领着共五百余户的“家属”从朝鲜境内跋涉来到赫图阿拉，与李满住所领导的一千余户“完聚”在一起了[⑨]。

从上面的事实我们可以看出，在漫长的两个世纪之中，原先在蒙古统治者统治下受过“万户”封号的居住在当时辽远的依兰地方的这一女真集团，由于几经迁徙，先去朝鲜，后回中国，不能不受到各方面外来的影响。所以，他们本来以“打围放

① 《朝鲜实录》(《通纪》卷1，第6页上下引）云：“如女真即斡朵里豆漫火温猛哥帖木儿，火儿阿豆漫古论阿哈出，托温豆漫高卜儿阏。”又《龙飞御天歌》注（日本矢野仁一《满洲史》第442页引）云：“斡朵里、火儿阿、托温三城，其俗谓之移兰豆漫，犹言三万户也。盖以万户三人分领其地，故名之。”可以为证。

② 《通纪》卷1，第33页下–34页上引《朝鲜实录》。

③ 《通纪》，第24页下引。

④ 《通纪》，第67页上下、69页下引。

⑤ 《通纪》，第67页上下、69页下引。

⑥ 《通纪》，第67页上引。

⑦ 《明英宗正统实录》卷43，第7页下–8页上。

⑧ 猛哥帖木儿死于1433年，见《明宣宗宣德实录》卷100，第4页上及《朝鲜实录》,《通纪》卷3，第63页下引。

⑨ 《通纪》卷4，第87页下、88页下、90页上引《朝鲜实录》。而童仓在《明英宗正统实录》卷73，第11页上下、12页上作“董山”。

牧各安生业”[①] 的渔猎、畜牧经济为主要生产部门，到朝鲜以后，也就兼营农耕生活了。这在《朝鲜实录》中有明确的记载。

女真披发之俗，（到朝鲜后）尽袭冠带……与（朝鲜）国人相婚，服役纳赋，无异于编户，且耻役于（女真）酋长，皆愿为（朝鲜）国民。

童仓（后为建州左卫都督同知）曾说：“我辈与（朝鲜）会宁人并耕而食，若会宁人夺我旧田，后虽与争，亦无及矣。”

朝鲜人杨熙止也说：“野人（泛指女真人而言）惟知射猎，本不事耕稼。闻近年（1492年）以来，颇业耕农，其农器皆出于我国（朝鲜）。”[②]

特别是定居在明边缘上的赫图阿拉以后，他们与广大的汉族人民形成了经济上和文化上的日益密切的相互联系。有事实为证：

李“满住自移浑河（赫图阿拉）之后……其管下人，或持土物，往来开原，买卖觅粮；或往辽东，取保居住；或买粮米酱；如此者络绎不绝”。[③]

明统治者方面也在凡察迁到赫图阿拉以后的第三年，即1442年（明正统七年）曾“敕凡察曰：……所缺耕牛农器，准令如旧更易应用”[④]。

明的“礼部”衙门于1459年（明天顺三年）也曾奏请：“建州等卫野人头目，乞于沿途买牛，带回耕种。”得到了明英宗的采纳[⑤]。

到努尔哈齐兴起之际，即以1612年（明万历四十年）为例，建州等卫和他们的邻居们到明的首都北京去“朝贡”的，“先后辐辏，计九百人。……（回时）行李多至千柜，少亦数百，恣买违禁货物，迁延旬月不回。宴赏，程廪、车马之数，费以数万。”[⑥]

所有这些，都对这一女真集团的满族社会的向前发展，毫无疑义地曾经起过很

① 《通纪》卷1，第9页下引《朝鲜实录》。

② 《通纪》卷1，第6页下引，卷4，第61页下–62页上引，卷13，第12页上下引。

③ 《通纪》卷4，第59页下引。

④ 《明英宗正统实录》卷87，第7页下。

⑤ 《明英宗天顺实录》卷300，第7页上。

⑥ 《明神宗万历实录》卷494，第6页上。

大的推进作用。因此，到了16世纪的下半期，在努尔哈齐兴起之际的满族社会已经进入到相当高程度的发展阶段，并不是一件偶然的事情。

三、奴隶制形成的物质基础

努尔哈齐所领导的满族，在16世纪70年代到17世纪20年代（1577—1627年）的50年内，分布于辽宁省东南与朝鲜交界的鸭绿江边一带，人口由大约十余万增至四五十万左右[①]，居住地区由九百五十余里扩展到四千里[②]左右，其中以旧老城、赫图阿拉为其中心聚居区。

旧老城建于1587年（明万历十五年），位于浑河支流之一的苏子河上游赫图阿拉东南名叫二道河子的村落附近[③]。苏子河发源于长白山之西，西流至今抚顺东的营盘地方与浑河合流。在这合流地点以东都是些重叠连绵的山岳地区。苏子河即从这些山谷里缓慢地流奔出来，形成了一块宽敞平坦的大平野，但在赫图阿拉附近就是其中最大的土地肥沃的浑河平原[④]。从15世纪40年代起，向前发展的一部分女真人，长期就在这里生活着发展着，努尔哈齐作为满族的缔造者，即肇兴于此。

首先，以努尔哈齐为首的满族社会，无可置疑地是以农业为主、畜牧为副的农业经济社会。在农业方面，由于耕作技术的不断提高和生产工具的不断改进，土地虽然膏瘠不一，旱田多于水田，农作物一般每年仅能收获一次，但大部分耕地的收

① 据《旧老城》第83–88页申忠一于1596年沿途所见的"胡家"，统计共一二七三座，加上"内城中胡家百余，外城中胡家才三百余，外城外四面胡家四百余"的八百余家，两者合计，凡二千余家。家以五口计，在一万人以上。此仅系申忠一沿途所目见者，其所未见，当不止此数。又据《筹辽硕画》（北京图书馆善本丛书本）卷首页二上程令名《东夷奴儿哈赤考》有云："门外见居人家约二万余户。"户以五口计，已在十万人以上了。至1621年另一目击者则云："一柳累（即牛录）所居三百名，或云多莽不均，共通三百六十柳累云"，小汴亦云：努尔哈齐的兵数"前日长甲八万余骑，步卒六万余名；今则长甲军十万余骑，短甲军亦不下其数云。"见《建州闻见录》，转抄北京大学图书馆所藏《栅中日录》传抄本，第2页上。是知1621年的兵数至少为二十万，再加上妇女老少，全人数当在四五十万。

② 《旧老城》，第98页；《明神宗万历实录》卷569，第5页上。

③ 《清太祖高皇帝实录》（以下简称《太录》），《大清历朝实录》本，卷2，第6页上；《皇清开国方略》，广百宋齐本，卷2，第1页上。参见《旧老城》，第4–5页。

④ 《旧老城》序，第3页。

获量已经达到了相当高的水平。

根据1596年（明万历二十四年）去过旧老城的目击者朝鲜使臣申忠一的记述①，当时在努尔哈齐的势力下，从蔓遮川（佟佳江的支流新开河）经婆猪江（即佟佳江）至诸川（佟佳江的支流富尔江），从林古打川（即苏子河）的上游到小星川（即索尔科河）这一带地方，可以看出：

无野不垦，至于山上，亦多开垦。

田地品膏，则粟一斗落种，可获八九石，瘠则仅收一石。

秋收后，不即输入，埋置于田头。至冰冻后，以所乙（疑系藏字）外输入。②

过了二十三年，在1619年（明万历四十七年），另一目击者而且在赫图阿拉被拘留过一年多的朝鲜人李民寏亦有同样的记载：

土地肥饶，禾谷甚茂，旱田诸种，无不有之。绝无水田，只种山稻。

秋后，掘窖以藏，渐次出食，故日暖便有腐臭。③

特别值得指出的是，从1573年（明万历元年）起，由明统治者经营了三四十年之久的“山林丛密”“土地膏腴”“延袤八百里”的已经“开垦耕种”起来的宽甸等六堡④，到1609年（明万历三十七年）作为满族的领导者努尔哈齐，在无能的明的边疆大臣赵楫、李成梁的自动放弃和退却下，很容易地把它接收过来⑤。因而到1615年（明万历四十三年）时，努尔哈齐与明统治者所争的“耕种之地”已经不再是宽甸等六堡，而是更向西发展，紧靠着广大汉族人民居住的高度农业化的辽河平原的柴河、抚安、三岔儿三堡了⑥。与此同时，在征服乌拉、辉发和哈达三个部落以后，在西北方开原附近，一批一批的满人和汉人被“群驱耕牧，罄垦猛酋（即哈达

① 申忠一书启及图录原文，影印于《旧老城》第80–81页之间，又第81–110页为“写定申忠一图录本文”。另有朝鲜铜字单行本《建州纪程图记解说》，《清芬室丛刊》第一，不分卷，凡32页。

② 《旧老城》，第83、103页。参见[日]周藤吉之:《清代满洲土地政策的研究》，河出书房本，第39页。

③ 《建州闻见录》，第2页下。

④ 《明神宗万历实录》卷16，第8页上下；卷34，第6页下–7页上。

⑤ 《明神宗万历实录》卷455，第9页上下。

⑥ 《满洲实录》，第128、152页。

的原有首领蒙格布禄）旧地”，不能不震惊了明的“开原边垒”[①]。

不到四五年，在给明统治者所发动的企图扑灭整个满族的“萨尔浒之役”的大举进攻以歼灭性的回击后，努尔哈齐即以胜利者的姿态很迅速地反守为攻，在1617年夺取了开原、铁岭[②]，在1621年（明天启元年）攻下了沈阳、辽阳，辽河以东的大小七十余城“俱削发降”[③]。于是努尔哈齐“徙诸堡屯民出塞（指建州），以其部落分屯开、铁、辽、沈”[④]。同时，“招集辽人（指汉族）、辽人或挈家还人……不杀一人，尽剃头发，如前农作”[⑤]。所以，在这一年内，只海州、辽阳两地，“计口授田”的就有“三十万日”[⑥]，日或作晌，以五亩计，合一百五十万亩之多。到这时，努尔哈齐领导的满族更加大踏步地跨进了辽河平原的广大农业地区，这是众所周知的。

关于满族在农业生产上所使用的各种铁制生产工具如“农器”[⑦]“铁物”[⑧]“锄”[⑨]“铧子”[⑩]“斧”“镰”[⑪]，不可否认大半都是从明与朝鲜交换来的。值得注意的是，到16世纪下半期，他们自己确实已有“矿冶匠”“冶匠”“冶工”，而且还有“风炉”[⑫]即鼓风炉，可以改造“正铁”（即铁器）了。但开始冶炼铁矿，制造大量铁器，据说是起于1599年（明万历二十七年）：

ilan biya de，aisin menggun feteme urebure，sele wereme urebume deribuhe。

三 月里， 金 银 掘出 被炼， 铁 选出 被炼， 开始了。

① 《明神宗万历实录》卷507，第3页下。

② 《清太祖武皇帝实录》（以下简称《武录》），1932年故宫博物院印行本，卷3，第5页上下、6页上。

③ 《清太祖武皇帝实录》卷3，第12页上下、13页上-14页上。

④ 《山中闻见录》，上虞罗氏刊本，卷3，第9页下。参见[日]周藤吉之：《清朝入关前旗地的发展过程》，《东方学报》第12册之二第7页引，但引文中“塞”作“寨”，不知是排印之误抑引者别有所本？

⑤ 《燃藜室记述》卷21“废王光海君故事本末深河之役”条，《东方学报》第12册之二第59页引。

⑥ 《满洲老档秘录》（以下简称《老档秘录》），《瓜圃丛刊》本，卷上，第22页下-23页下。

⑦ 《通纪》卷10，第19页下引《朝鲜实录》；《明英宗正统实录》卷89，第7页下。

⑧ 《通纪》卷14，第17页下；卷15，第17页上下引《朝鲜实录》。

⑨ 《通纪》卷10，第29页上引。

⑩ 《明孝宗弘治实录》卷200，第3页上；《全辽志》，《辽海丛书》本，卷2，第14页上。

⑪ 《朝鲜宣祖实录》三十四年（1601年）二月己丑条。

⑫ 各见《通纪》卷10，第19页下、23页上；卷11，第49页上；卷12，第68页下引《朝鲜实录》。

再证以一位逃至朝鲜的女真人所说的一段话：

往年（1601年以前）……（朝鲜）北道人物被掳者善手铁匠，今在老酋（努尔哈齐）城中。……一自铁人入去之后，铁物生产以此。老酋欣然接待，厚给杂物，牛马也给。[①]

从而我们知道，在其中心聚居区赫图阿拉一带，冶铁的开始，只是16世纪之末的事，但在当时得到了努尔哈齐的极端重视，这在女真人与朝鲜人的谈话里充分地反映出来。无疑的，他们当时大量制造的铁器，首先应当是兵器，然后才会广泛使用于农业。这从后来努尔哈齐经常不断地将“田器”“耕具”（tetun agūra）大量赏给他部下人民的事实[②] 也可以得到证明。但仍须指出，有了大量的铁制农具，满族同时还长期使用着一种用长木含锹一样的往前推耘田的“关东锁”（dargūwan）[③]。

从农业生产技术上来看，如前所述，我们并不否认在当时的满族社会里还有人使用以人力推动的木制关东锄这一原始田野操作的事实存在，但必须承认已大量使用畜力犁田却是当时田地耕作的主要方式。至于用来犁田的牲畜，有牛和马“takūrara（使用的）ihan（牛）morin（马）”[④]，主要的当然是牛。不过，有时用马去“踏田”就像有时也可以用牛去从事运输一样[⑤]。

在畜牧方面，虽然它已经不是当时满族的主要生产部门，但仍然占有相当重要的地位，家畜的驯养非常发达。申忠一曾有：“家家皆畜鸡、猪、鹅、鸭、羔、羊、犬、猫之属”[⑥] 的记载，李民寏也指出了当时满族社会里：“六畜惟马最盛，将胡（指满族贵族）之家，千百为群；卒胡（指满族自由民）也不下十数匹。”[⑦] 由此可见，

---

① 《朝鲜宣祖实录》三十四年二月己丑条。

② 此类事实甚多，不胜枚举，遍见于《满洲实录》全书中。

③ 《御制增订清文鉴》（以下简称《清文鉴》），乾隆三十六年刊本，卷20，第33页上；《清文汇书》，四合堂刻本，卷6，第14页上。

④ 《满洲实录》，第163页。满文于ihan morin之前用一takūrara（使用的）的形容词，系用来形容牛和马的，故汉文可以省去takūrara不译；而在同书第310页因只有ihan 一字，故汉文译成“耕牛”。可见牛是田野耕作中的主要畜力了。

⑤ 日本藤冈胜二译：《满文老档》太祖卷，第492页。

⑥ 《旧老城》，第103页。

⑦ 《建州闻见录》，第3页上。

当时的满族畜牧业，以放牧马群为主，而且大半在五谷收获之后，才放牧到无耕田的旷野处[①]。同时，牛马使用于农业生产上，促进了农业的向前发展。

其次，采集、狩猎经济，在当时满族的生产部门中，仍然占着相当重要的地位。不错，在很长的期间内，他们的这种打猎和集体打围的习惯，其目的固然也在获得部分的生活资料，但猎取的各种兽皮，主要是当作商品出售。这些猎取的兽皮，在属于通商性质的经济交流的对明“朝贡”中重要的一项。这从原来的满文记录里可以看出：

tere fonde，daiming gurun i wan li i han de aniya dari elcin takūrame
其 时， 对大明 国 的 万 历 汗 年 每 使 遣
hūwaliyasun doroi sunja tanggū ejehei ulin be gaime gurun ci
和平的 常例的 五 百（道） 敕书的 财物 取得 （满洲）国从
tucire genggiyen tana，orhoda，sahaliyan boro furgiyan ilan hacin i dobihi，
输出 明 珠， 人参， 黑、 白、 红 三 种 的 狐、
seke，silun，yarga，tasha，lekerhi，hailun，ulhu，solohi hacin hacin i
貂、猞猁狲、 豹、 虎、 海獭、 水獭、 青鼠、 黄鼠 种 种 的
furdehe be beye de etume，fušun šo，cing ho，kuwan diyan，ai yang duin
毛皮， 在抚顺 所、清 河、 宽 甸、 瑷 阳 四处
duka de hūda hūdašame ulin nadan gaime.
关口， 互市 交易， 财 宝 获取。[②]

其中从满族方面出售的，除各种兽皮外，还有人参和东珠，也是对外交换中的

---

① 在1612年叶赫的首领锦台什和布扬古曾对明统治者说：努尔哈齐将要“取辽阳为都城，开原、铁岭为牧地”（见《满洲实录》，第123–124页）。此乃诋毁之词，不足为信。事实上，满族人牧马是在收获之后的旷野地方，见之于《满洲实录》第140、203页的两段明文记载：

adun ulha be usin i jeku be bargiyaha manggi，alin bigan de cihai sindafi
马群 牲畜在 田 的 粮食 收获 后， 在山 野 随意 地放牧
tereci han i beye usin akū sula bade，baime morin ulebume
从此，汗 自己选择没有庄稼的空地 上 马 喂。

② 《满洲实录》，第56页。

重要商品。此外，次于人参和东珠的有松子、蘑菇、木耳等①，同样是他们所注意的，也是当作商品采集而不是当作生活资料。

大家知道，采猎经济在当时满族社会中之所以占着比较重要的地位，是与他们所处的地理环境分不开的。因为人参、貂皮、东珠等物是鸭绿江和长白山一带的特产，可供他们采猎。明人的记载即云：

建夷产珠及参与貂，最下赤松子。界鸭绿江而居，珠，江出也，其鱼最肥。…… 东多茂松，貂巢其上，张弓焚巢，则貂坠于罗。②

虽然如此，但代表当时满族社会生产发展的主要方面，还是农业生产。

其次，当时满族的手工业已经从农业中分离出来，手工业者主要靠出卖自己的劳动力为生，从事的手工业不再是副业。手工业愈益分化，手艺和产品的多样性也日益发展了。这从又一目击者即1596年随申忠一到旧老城去当“女直通事”（翻译）的河世国的报道可见：

老乙可赤（即努尔哈齐）兄弟所住家舍…… 书员二名，瓦匠三名，则天朝（指明朝）命送之人云。…… 甲匠十六名，箭匠五十余名，弓匠三十余名，冶匠十五名，皆是胡人（指满族言），无日不措矣。③

与1619年李民寏所云：

银、铁、革、木，皆有其工，而惟铁匠极工。女工所织，只有麻布、织锦、刺绣，则唐人（指汉族言）所为也。④

与此同时的明人程令名亦云：

北门外则铁匠居之，专治铠甲；南门外则弓人、箭人居之，专造弧矢；东门外则有仓廒一区，共计一十八照，每照各七八间，乃是贮谷之所。⑤

---

① 《全辽志》卷2，第13页下–14页上，按《满洲实录》，第141页：hūri即松子，megu即蘑菇，sanca即木耳。

② 黄道周：《博物典汇》，明崇祯刊本，卷20上，第16页下。

③ 《旧老城》，第42–43页。

④ 《建州闻见录》，第3页上。

⑤ 《筹辽画硕》卷首，第2页上。按文中的“照”字疑即“窖”字，或均系从满文eye一字译来。

前些年日本学者鸳渊一在旧老城实地调查，发现了外城内的北部是铁匠住宅的遗址，南部是弓匠、箭匠住宅的遗址[①]，与明人所述完全吻合。特别是这些手工业者住宅区的划分，充分证明了当时城市正在兴起和发展。

同时，也应当指出的是，当时的手工业，可以说发展得不够充分，依然是极分散的小手工业，主要分散在八旗各牛录中。每一牛录有银匠五名、铁匠六名、弓匠鞍匠若干名[②]，这些匠人都要受到满族贵族们严格的控制，完全为军事上的需要服务。因而这种生产基本上属于加工生产，而不是商品生产。也就因为这样，民间手工业必然不容易很好地发展起来。以纺织手工业为例，更是如此。李民寏所说：

胡中衣服极贵，部落男女，殆无以掩体。近日则连有抢掠，是以服着颇得鲜好云。战场僵尸，无不赤脱，其贵衣服可知。[③]

由此完全可以印证。所以后来努尔哈齐的继承者皇太极也不得不承认他们自己“不以织布为意”而“向以取资他国之物为生”[④]的这一客观事实。由此可见，当时满族的手工业生产还处在落后状态中。

最后，在满族的商业方面，虽然手工业生产发展不够充分，但畜牧与采猎是生产部门中占有相当大比重的商品经济，因而贸易相当发达起来，交换物有牲畜、各种兽皮、人参、东珠和奴隶等。到这时，已经出现了脱离农牧业的商人。有事实作证：

先是，（1619年以前，朝鲜国）王密令会宁府来市商胡（即指满族商人），通报此举。商胡未返。[⑤]

昔承平时（1625年以前）满洲、汉人贸易往来，汉官员妻子及下人之妻子等，不令见满洲人，且不使满洲人立于其门，或至无故乱打，轻视欺厌；而汉之小官及平人前往满洲地方者，得任意径入诸贝勒大臣之家，同席饮宴，尽礼

① 《满洲的今昔》，目黑书店本，第150页。
② 《清太宗实录》卷55，第27页下–28上，直到1641年每牛录中仍保留银匠、铁匠各一名。
③ 《建州闻见录》，第3页上。
④ 《清太宗实录》卷15，第20页上下。
⑤ 《光海君日记》（节抄本）卷2，第38页注。

款待。[1]

不过，仍应指出，当时经营商业的特权是操纵在少数满族贵族的手里，前面引过的明统治者颁给特许“朝贡”即通市凭证的“五百道敕书”被努尔哈齐所掌握，就是这一事实的具体例证。而且努尔哈齐在商品生产的技术改革上，还有过一定贡献。原先因“以水浸润”“难以耐久”的水参，仅在1609—1610年（明万历三十七、三十八年）这两年间，由于明统治者的停止互市，就腐蚀了十余万斤。努尔哈齐从中吸取经验教训，发明了将水参“煮熟晒干”的办法，可以“徐徐发卖，果得价倍常”[2]。就这样，大大地保证了满族商人的利益。

伴随着商业出现的还有金属货币，努尔哈齐开始了铸币。直到今天还可以见到的用红铜制造的“天命汗钱”[3]即是一个有力的物证。这“商品之商品”是被努尔哈齐掌握着。

与此同时，也出现了市场和城市。对朝鲜的贸易，主要是在会宁[4]和满浦[5]；对明的互市，原先只有抚顺一处[6]，后来增至抚顺、清河、宽甸、叆阳四处关口[7]。

城市则在进入沈阳、辽阳以前，早就筑有“外城周仅十里、内城内二马场许”[8]的旧老城，其次筑有“可容数三万众”[9]的赫图阿拉，再次筑有“令农夫得耕于境内”[10]的坚固堡垒界凡城和萨尔浒城[11]。

---

① 《老档秘录》卷上，第42页下。

② 《武录》卷2，第2页下。

③ 贾敬颜同志赠我一枚，一面无字，一面有无圈点满文：abkai（左，天之意），fulingga（右，命之意），han（上，汗之意），jiha（下，钱之意）四字，命之即系“天命汗钱”之意。

④ 《太宗文皇帝致朝鲜国王书》，“史料丛刊初编”本，第5页下。

⑤ 《旧老城》，第99页。

⑥ 《明神宗万历实录》卷4，第6页上。

⑦ 《明神宗万历实录》卷524，第5页上；《满洲实录》，第56页。

⑧ 《旧老城》，第91页。

⑨ 《建州闻见录》，第1页上。

⑩ 《满洲实录》，第203页。

⑪ 《满洲实录》，第248页。按今西春秋在全书中将tere boo一词都译成“その家”，系那个家的意思，显然是一大错。因满文tembi（居住的意思）之形动词亦为tere，与指词tere（那个）仅形状相似。故tere boo的正译应为“住舍”或“住房”，在汉文中有时可以省去“住”字不译。

根据上面所述，我们可以看出当时满族社会的经济特点：第一，农业与畜牧业已获得发展，手工业与农业分离，采集狩猎主要为了交换，交换已不是个别现象，商人、市场和城市相继出现，人们也懂得了冶铁和开矿。第二，与上述情况同时存在的铁器如“铧子”“锄”“斧”“镰”等已得到广泛使用，畜力亦被应用到农业生产上，耕田等技术已被掌握，广大面积的田野耕作占据了生产的主要地位。第三，生产活动不再是为了自己消费生产，而主要是当作商品生产。同时也出现了货币。因此，当时的满族经济是一种已经超出家长制经济范围的自然经济。

四、阶级结构的分析

与上述经济情况及外来各方面影响相适应的满族社会生产关系是奴隶占有制，时间跨度为16世纪70年代至17世纪20年代的50年间。

当时满族社会除了对荒地、森林和牧地尚保持着公共所有制即氏族的公有制外，其他如耕地、牲畜、农具等均已确定了家庭和个人的私有制。

在这种生产工具与生产资料私有制的基础上建立起来的基本剥削方式，即生产资料与生产工具的所有者迫使买到的或掠夺来的并且可以任意鞭打与屠杀的奴隶进行劳动，并全部占有他们的劳动生产物。另外出租土地，以实物地租或赋役的形式占有田地耕作者的全部或部分剩余劳动，这就是当时满族社会生产关系的简要描述。为了进一步弄清楚当时满族社会的生产关系，我们现在来仔细考察一下当时满族社会的阶级结构。

基本上，当时的满族可分为奴隶主与奴隶两大阶级，如果从他们对生产资料的占有与分配关系及其在生产中的地位来考察，奴隶主与奴隶两大阶级中又各有其显著的阶层分化。

一般说来，奴隶主中有贝勒、额真、伊尔根、降民，奴隶中亦有阿哈、诸申、尼堪等几个阶级和阶层。兹分述如下：

贝勒（beile）、贝子（beise）：汉译作王或诸侯[①]。贝勒、贝子为当时满族社会中之“天生”贵族，努尔哈齐初起时即以淑勒贝勒（sure beile）[②]自称，同时也以贝勒或贝子称他的子侄[③]。

额真或厄真（ejen）：汉译作家主、主人或主[④]。额真一般当爵位名用，但它实质上为当时满族社会中的奴隶主，地位仅次于贝勒、贝子。

伊尔根（irgen）：汉译作部民、百姓或民[⑤]。伊尔根为当时满族社会中的自由民。

降民：除满族外，无论出于自动或被迫而降于满族统治者的其他各族人民，包括蒙古族人、朝鲜族人和汉人在内，都是降民[⑥]，换言之，都是当时满族社会中的被保护民。

贝勒、额真、伊尔根和降民占有大部分耕地、牲畜和生产工具，并占有可以买卖、鞭打、屠杀的阿哈，也不同程度地占有诸申与尼堪。特别是贝勒和额真本身不参加任何劳动，而靠剥削他们阿哈的全部剩余劳动物、收地租、放高利贷为生。可以引证两段史实：

> 陈大供称：年二十九岁，系金州小河山之人。原于辽阳失陷之时（1621年）被奴（指满族兵）虏去，在四王子（皇太极）帐下，发作庄农。今年奴将屯种粮米尽行粜卖买马，因无食用，又连年苦累不堪。[⑦]

> 辽沈农民，将一年所收之谷，尽入于八高山（即固山gūsa，为后来八旗之旗，意指贝勒而言）之家，贫不能自食，岂有余资可以贸谷乎？[⑧]

---

① beise本为beile之复数形，久而久之，贝勒、贝子演变而为爵位的等级，参见《满洲实录》第371页“注记”引《大清全书》。又在《武录》卷4，第11页下的“八固山"小注下，则有“四大王、四小王”的译法。

② 《满洲实录》，第12页。

③ （明）陈仁锡：《山海纪闻》，《无梦园集》本，卷1，第22页上。

④ 《满洲实录》，第110、253页等。

⑤ 《满洲实录》，第106、270页等。

⑥ 据《满洲实录》统计：降民最多的一次是“万家”（第119页），其次“三千余户”的一次（第291页），“一千户”的二次（第159、205页），“六百四十五户"的一次（第283页），“五百户”的四次（第95、107、134、298页），“三百户”的一次（第123页），“二百户”的一次（第127页），“百户”的一次（第345页）。以上共计18645户。户以五口计，凡90725人。

⑦ 《明清史料》，1930年刊本，甲编第八本，第765页上。

⑧ 《朝鲜仁祖实录》卷41，庚辰年十二月壬戌条，《东方学报》第十二册之二第53页引。

贝勒、额真、伊尔根和降民都轻视劳动，认为劳动是可耻下贱的工作，正如恩格斯所指出的那样："用自己劳动获取生存资料的行为认作只有奴隶应当去进行而比掠夺更可耻。"① 他们所关心的除去管辖自己的阿哈以外，还有骑马、打猎。李民寏曾这样描写过：

马性则五六昼夜绝不吃草，亦能驰走。女人之执鞭驰马，不异于男；十余岁儿童亦能佩弓箭驰逐，少有暇日，则至率妻妾畋猎为事，盖其习俗然也。②

特别是他们关心掠夺性的战争。李民寏亦有很清楚的记载：

出兵之时，无不欢跃，其妻子亦皆喜乐，惟以多得财物为愿。如军卒家有奴四五人，皆争偕赴，专为抢劫财物故也。③

显而易见，这种"全赖兵马出去抢些财物""都以蛮子家为奇货"④ 的抢劫行为，连他们自己也不讳言"抢"⑤ 之一字。恩格斯说得对："掠夺，在他们看来，是比创造的劳动更容易甚至更荣誉的事情。"掠夺"战争成为经常的职业了"⑥ 。因而当时满族男子以善于骑马或能于作战来博取巴图鲁（baturu，勇的意思）的称号⑦ 。

根据当时贝勒、额真、伊尔根、降民对生产资料的占有情况及其在生产中所占地位来看，他们当中一部分已具有奴隶主与封建主的双重属性。

"阿哈"（aha）意即奴隶，亦可称作"包衣"（booi），全称为"包衣阿哈"（booi aha）⑧ 。包衣或包衣阿哈意即"家里的"或"家里的奴隶"即"家奴"。这一词语的含义说明了他们最初的工作性质和工作范围。

---

① 《家庭、私有制和国家的起源》，第158页。

② 《建州闻见录》，第4页上下。

③ 《建州闻见录》，第4页下。

④ 《天聪朝臣工奏议》，《史料丛刊初编》本，卷上，第11页上、17页上。按"蛮子家"三字在《老档秘录》卷下，第36页上改作"汉人"二字，当系转从满文nikan一字译出。

⑤ 《天聪朝臣工奏议》，《史料丛刊初编》本，卷上，第18页下有云："出兵之际，人皆习惯，俱欣然相语曰：去抢西边（指辽河以西）！汉人闻我动兵，亦曰：来抢我矣！"足证当时满族人不以"抢"字为讳。

⑥ 《家庭、私有制和国家的起源》，第158页。

⑦ （清）奕赓：《东华录缀言》，《佳梦轩丛书》本，卷2，第3页上云："巴图鲁，译言勇也。国初赐巴图鲁号者，俱系满洲、蒙古人员，然非亲历军旅者弗赐也。今之汉官亦得赐。每观大吏等奏言，若叙某人履历有号者，必曰蒙赐勇号。是直以巴图鲁为勇矣，殊失本来之意旨。"可为巴图鲁一字的最初的正确解释。

⑧ 《满洲实录》，第87、163页等。

包衣阿哈有男有女，男的称“包衣捏儿麻”（booi niyalma）即“男仆”，女的称“包衣赫赫”（booi hehe）即“女奴”[①]。他们与主人同居一室，有李民寏的记载：

窝舍之制，覆以女瓦，柱皆插地，门必向南，四甓筑东、西、南面，皆辟大窗户。四辟下皆设长炕，绝有遮隔，主仆男女混处其中。[②]

可以为证。阿哈被迫进行劳动，劳动的产品全部归主人所有。李民寏又说：

自奴酋（努尔哈齐）及诸子，下至卒胡皆有奴婢、农庄。奴婢耕作，以输其主。[③]

与《老档秘录》所载：

仆夫力耕，以供其主，不敢自私。[④]

即是明证。主人对阿哈有生杀予夺之权，并且可以随时将其出卖。亦可以引证两段史实：

taidzu …… juwan uyun se baha manggi, delhebure de aha ulha be
太祖 满 十 九岁 后， 分家 时奴仆 牲畜 把
ambula buhekū
大大地不给。[⑤]

多之（努尔哈齐部下对申忠一）曰：我王子（即努尔哈齐）与你国（朝鲜）将欲结为一家，故你国被虏人，厚价转买，多数刷还，我王子毋负于你国。[⑥]

这充分说明了阿哈即奴仆是与牲畜同等看待，当作家产的一部分，并且“厚价转买”，可以随便处理的。

阿哈的工作包括田野劳动及汲水、伐木[⑦]等家务劳动。田野耕作是他们的主要工作，因此，汉文译作“农夫”或“田卒”二字的，在原来的满文里本作：

---

① 《满洲实录》，第34、35页。

② 《建州闻见录》，第2页下。

③ 《建州闻见录》，第2页下。

④ 《老档秘录》卷上，第16页下。参见《太录》卷7，第12页下。

⑤ 《满洲实录》，第14页。

⑥ 《旧老城》，第95页。

⑦ 《满文老档》太祖卷，第676页。

usin weilere aha

田　耕　奴仆[①]

意即“耕田的奴隶”；又汉文中的“仆所事之农业”，在满文里本作：

ahai weilehe jeku

奴隶的所收获的粮[②]

完全可以证实这一点。其次是放牧马群的人，一直到入关以后尚有库图勒（kutule）即“控马奴”[③]之称。不管做什么样的工作，他们所得到的待遇是极菲薄的。如前面所引的“辽沈农民，将一年所收之谷，尽入于八高山（贝勒）之家”，自己则“贫不能自食”；控马奴亦是常受凌辱，衣食每每不足。阿哈逃亡，如被捉回，则被主人施以拷打，但一般不将阿哈打死，因为阿哈是主人的重要财产之一。

阿哈可以随时买卖，其价格因年龄大小、体力强弱和性别而有所不同[④]。一般说在努尔哈齐时代，每名阿哈值银十八两或牛一头[⑤]。但较之以往“一人之价，牛马则二十余头”的价格[⑥]，则相差在二十倍左右。这时奴隶价格之日见降落，足以说明奴隶数量日益增长与奴隶制日趋发展。

阿哈的来源有三：最主要的来源之一是俘虏汉人和朝鲜人。努尔哈齐晚年攻下抚顺时，竟俘虏人畜达三十万之多，都把他们“散给众军”[⑦]，这是努尔哈齐一生中

① 《满洲实录》，第171页译作“农夫”，第310页译作“田卒”。

② 《满洲实录》，第253页。

③ 《清文鉴》卷10，第10页下译作“跟马人”。按《满洲实录》第215页译为“牧马者”，而第216页则译“仆厮”。又《柳边纪略》(《国学文库》本）卷1，第9页作“苦独力”，《黑龙江外记》(渐西村舍本）卷3，第14页下作“库图勒”转为“库特勒”，译言“控马奴”。都是一名异译。《太录》卷5，第18页下译“厮卒”及卷6，第22页下译“厮养卒”，较合原意。

④ 按《清崇德间与朝鲜往来诏敕章表稿薄》(《明清史料》甲编第七本第632页上）载有崇德五年（1640）分朝鲜国王与户部咨文，系为平定价值以赎俘口之事，其中有云：“何独于论值之日，不分男女老幼高低唱价，只从本主所欲，使不得赎还乎？"则前此应分男女老幼高低唱价可知。

⑤ 《旧老城》，第104页。证以后来的奴隶价格，如1641年“汉人能为耕作，以此处开城廉价计给，则一人之价，不过十余两银”。见《沈阳状启》,《奎章阁丛书》本，第390页。又1642年“又买男丁四十六名，女人二十四名，而价本则依前，或给二十五六两，或给三十余两"。见同书第415页，大致与前相同。

⑥ 《通纪》卷12，第41页下引《朝鲜实录》。又按同书卷13，第36页上引，有“以牛马十四匹”易一“被虏人口”而不可得，则当时奴隶价格之高可知。

⑦ 《满洲实录》，第159页；《太录》卷5，第16页下－17页上。

俘虏汉人最多的一次。后来明方虽曾提出过“送还所虏之人”的要求，终遭到努尔哈齐声言“吾征战所得者，虽一人何可还哉”的严厉拒绝[①]。

阿哈的第二个来源，也是比较重要的一个来源，是阿哈被允许结婚后所生的子女。满文中有“乌津”（ujin）一字译作“家生子”，此外又有futahi（一辈奴）、furna（二辈奴）、bolhosu（三辈奴）、genggiyesu（四辈奴）等字[②]，均系指阿哈而言。

阿哈的第三个来源，亦即最后一个来源，是因债务关系或其他关系被降为阿哈的伊尔根。在申忠一的记载中有这样一条：

> 渭原采参胡人（指伊尔根）等，奴酋乃令其各部落刷出每名或牛一头，或银十八两征收，以赎其私自越江（鸭绿江）之罪。其中贫不能措备银或牛者，则并家口拿去使唤云。[③]

这是一个强有力的例证。

根据上面所述，阿哈可以说是一种典型的奴隶，而且这种奴隶的性质已经由属于奴隶的最初形态即“包衣阿哈”的家庭奴隶发展为大量农耕奴隶。他们的劳动剩余产品不仅供给主人家庭的消费，还投入了市场。当时存在大量农耕奴隶这一特征，与满族社会对阿哈的剥削已经发生在私有土地上的农业经济相适应。

诸申（jušen）译作满洲，或编氓，或部属，或民间[④]。诸申一语系从女真（jučen）变化而来，本来是指自由民的女真人而言。这里所说的是指属于奴隶性质的一些女真人。首先《清文鉴》里就明白解释为“满洲臣仆”[⑤]，《清文类书》里也同样解释为“满洲之奴才”[⑥]。其次证以《满文老档》：

---

① 《满洲实录》，第166页–167页；《太录》卷5，第23页下。

② 《清文鉴》卷10，第11页上。

③ 《旧老城》，第104页。

④ 《满洲实录》，第284页译作“满洲”；第25页译作“编氓”；第26页译作“部属”，第354页译作“民间”。

⑤ 《清文鉴》卷10，第3页上。

⑥ 《清文汇书》卷9，第24页下。

aha wajici，ejen adarame banjimbi，jušen wajici，beile adarame banjimbi.

若无奴仆，　主人何以　为生？　若无诸申，　贝勒何以　为生？[1]

一方面既说“若无奴仆，主人何以为生？”另一方面又说“若无诸申，贝勒何以为生？”从而可以知道诸申与奴仆相似。而且在另一处苏克苏浒部内诺密纳的四个部长更明确地对努尔哈齐说出：

membe yayaci neneme dahame jihe be gūnici，jušen ume obure，ahūn

我等　比众　先　归　来了　念，　诸申不要作为，　应照

deo i gese gosime uji.

兄弟的样子仁慈地养着。[2]

从诺密纳四个部长的话里，我们可以看出：他们希望努尔哈齐考虑到他们比所有的人都先来“归附”了，不要把他们当作“诸申”看待，而要把他们看成兄弟一般去抚养。不言而喻，则“诸申”一词，自是属于奴隶的性质了。再证以蒙古人民亦有屡次被称为“诸申”的记载[3]，则诸申自然不再指女真人的原来含义，不然的话，怎么可以把蒙古人民也称为诸申呢？从这里我们也可以推想，诸申是由破了产的女真自由民逐渐演变而成为泛指属于奴隶性质的人的代名词。

诸申的人身是比较自由的，对自己的财产具有所有权，对其子女亦具有亲权，但仍依附于原来的主人，似乎是一种隶农和领主的隶属关系。因而他们对主人承担一定的义务：应征兵役之外，还有许许多多的无价劳役等。皇太极对努尔哈齐时代的诸申情形的追述里就明白地记载着：

满洲（jušen下同）三丁抽一为兵。……每年牛录出守台人八名，淘铁人三名，铁匠六名，银匠五名，牧马人四名，固山下听事人役二名。凡每牛录下当差者十有四家。又每年耕种，以给新附之人；每牛录又出妇人三口；又耀州烧盐；畋猎取肉；供应朝鲜使臣驿马；修筑边境四城；出征行猎后，巡视边墙；

① 《书香》第15卷，第11号第8页。参见《满洲实录》，第110页。

② 《满洲实录》，第25页。

③ 《满洲实录》，第217、283、284页等。

守贝勒之门；又每牛录派兵一名，防守巨流河；每牛录设哨长二匹，遇有倒毙，则均摊买补；遇征瓦尔喀时，每牛录各喂马二三匹；从征每牛录又派摆牙喇兵十名，兵丁二三十名；往来驰使差回，又令喂养所乘马匹；遇有各国投诚人来，拨给满洲现在屯堡房屋，令满洲展界移居；又分给粮谷，令其舂米纳酒；每年猎取兽肉，分给新附之人；又发帑金于朝鲜，贸易布疋，仍令满洲负载运送；边城满洲，又有窖冰之役；每年迎接新附之虎儿哈于教场，看守貂鼠、猞猁狲等皮；兼之运送薪米；朝鲜、蒙古使臣至沈阳，摆牙喇章京出一人，逐日运给水草；若夏月至，更有采给青草之役；又每年采参，并负往朝鲜货卖；每固山以一户驻英格地方，巡缉踪迹；又以一户驻沈阳渡口，看守船只。[①]

由此可见，一般满洲即诸申所承担的差役，多至三十余项，其被超经济的剥削如此之重。

富裕的诸申可以占有土地和阿哈甚至尼堪。这在皇太极的追述里，有：

旧满洲（即诸申）……凡贫穷者，则又给与妻室、奴仆、庄田、牛马、衣食、赡养。[②]

之语，完全可以得到证实，但这仍不否认诸申之属于奴隶性质这一特征。

尼堪（nikan）译作汉人[③]。除去那些属于上层分子的汉族的尼堪不计在内以外，一般说，尼堪是指主要从事农业生产的汉人。其中富庶的尼堪也还可以占有土地和阿哈甚至尼堪。像皇太极所追述的：

汉人（即尼堪）……凡贫穷者，则又给与妻室、奴仆、庄田、牛马、衣食、赡养。[④]

即是明证。但尼堪并不因此而改变其为农耕奴隶这一特征。请再看皇太极追述

---

① 《清代满洲土地政策的研究》，第420页引《清三朝实录》中的《太宗实录》，与影印的《清太宗实录》卷17，第15页下–16页下详略不同。

② 《清太宗实录》卷17，第13页下–14页上。

③ 《清文鉴》卷10，第3页下。又《清文汇书》卷2，第21页下于“汉人”之外，尚有“蛮子”的别译。当系汉人旧称如此。

④ 《清太宗实录》卷17，第13页下–14页上。

努尔哈齐时代尼堪的实际情况：

> 初尔等（即尼堪）俱分隶满洲大臣，所有马匹，尔等不得乘；而满洲官乘之；所有牲畜，尔等不得用，满洲强与价而买之；凡官员病故，其妻子皆给贝勒家为奴。既为满官所属，虽有腴田，不获耕种，终岁勤劬，米量仍不足食，每至鬻仆典衣以自给。①

显而易见，尼堪的人身仍受主人支配，随时听主人召唤去承担无价劳役，其所生的子女（包括妻在内）仍然是主人的阿哈。不过，对于尼堪，主人、国家租予或分给一小块土地，这样，尼堪与主人、国家建立了实物地租或赋役的租佃关系。1621年努尔哈齐对尼堪“计口授田”一事，曾这样规定：

> 自谕之后，本年所种之粮，准其各自收获。嗣后每一男丁给地六日（一日合五亩），以五日种粮，一日种棉，按口均分。家有男丁，不得隐匿不报，致抱向隅之恨。乞丐、僧人，皆给以田，务使尽力耕作，勿自暴弃。其纳赋之法，用古人彻井遗制，每男丁三人，合耕官田一日。②

因此，尼堪已经开始获得财产权，在生活中亦较阿哈获得了某些自由，并能从劳动中取得一点利益，但其地位仍然低于诸申，经常受到诸申的欺压和勒索榨取。这在努尔哈齐的一次谈话里就明显地表露过：

> 曾著满（即诸申）汉人（即尼堪）等合居一处，同住同食同耕。今闻满洲以汉人之牛车，执汉人令运粮草，并索取诸物，岂令汉人给满洲为仆乎？③

由此可见，虽然这些尼堪就其阶级地位来看仍没有脱离奴隶的范围，但进入农业高度化的辽东地区后，在广大汉族封建制度影响之下，满族统治者不可避免地要开始将尼堪向隶农或农奴的方向转化了。

以上便是当时旧老城、赫图阿拉地区满族社会阶级结构的大概情况，至于他们的人口比例，目前因为材料的限制，不可能提出一个准确数字，所能提出的还只是

---

① 《清太宗实录》卷17，第11页上。

② 《老档秘录》卷上，第23页上。参见《满文老档》太祖卷，第283–284页。

③ 《老档秘录》卷上，第29页下。

一个估计数字。即在努尔哈齐时代，满族自由民的总数，包括女性及儿童在内，共约四五十万人①，而男女奴隶为四五十万人②，被保护民为一万八千多户，约十万人③。这样，每个成年的男性满族自由民，至少有四五个奴隶与一两个被保护民。这与当时目击者李民寏所说“军卒（指自由民）家有奴四五人”④的话完全吻合。大量奴隶出现是由于满族统治者在广大的辽东农业地区的迅速扩展，俘虏了好多汉族农民，并且把他们驱使在田野耕作。

总的来说，当时满族社会的阶级结构具有以下几个特点：

第一，由于奴隶制的日益发展，大部分的奴隶主脱离生产、轻视劳动，特别在努尔哈齐后期，由于进到了汉族居住的辽东农业地区，俘虏了大量的农耕奴隶，满族社会不得不开始向封建制转化。

第二，不但诸申可以占有阿哈和尼堪，而且尼堪也可以占有阿哈和尼堪。

第三，阿哈不能当兵，诸申则有当兵的义务，但尼堪服兵役的比例较少，大约占尼堪壮丁总数的二十分之一⑤。

① 据《旧老城》第83–88页申忠一于1596年沿途所见的“胡家”，统计共一二七三座，加上“内城中胡家百余，外城中胡家才三百余，外城外四面胡家四百余”的八百余家，两者合计，凡二千余家。家以五口计，在一万人以上。此仅系申忠一沿途所目见者，其所未见，当不止此数。又据《筹辽硕画》（北京图书馆善本丛书本）卷首页二上程令名《东夷奴儿哈赤考》有云：“门外见居人家约二万余户。”户以五口计，已在十万人以上了。至1621年另一目击者则云："一柳累（即牛录）所属三百名，或云多寡不均，共通三百六十柳累云”，小注亦云：努尔哈齐的兵数“前日长甲八万余骑，步卒六万余名；今则长甲军十万余骑，短甲军亦不下其数云”，见《建州闻见录》（转抄北京大学图书馆所藏《栅中日录》传抄本）第2页上。是知1621年的兵数至少为二十万，再加上妇女老少，全人数当在四五十万。

② 据《满洲实录》统计：战俘奴隶最多的一次是三十万（第159页），其次“万余人”的三次（第80、105、134页），“二千余人”的四次（第92、99、104、107页），“千余人”的四次（第106、127、170、203页）。再次，有提到“所获人畜五万六千五百"（第346页）的“人畜”，满文原作olji ulha。按满文文法如两字连用，应用“获得的牲畜”解；如一字单用，则olji作“俘虏”解。而此处汉译为“人畜”，是两字皆系单用。但不知其中所获人数究竟有多少。此外，也有只言“人畜”（olji）而不知其数的三处（第119、166、288页）。总之，即就战俘奴隶一项而论，人数已超过四十万；若再加上旧有的家内奴隶，以十万估计，总数当在五十万左右。

③ 据《满洲实录》统计：降民最多的一次是“万家”（第119页），其次“三千余户”的一次（第291页），“一千户”的二次（第159、205页），“六百四十五户”的一次（第283页），“五百户”的四次（第95、107、134、298页），“三百户”的一次（第123页），“二百户”的一次（第127页），“百户”的一次（第345页）。以上共计18645户。户以五口计，凡90725人。

④ 《建州闻见录》，第4页下。

⑤ 《老档秘录》卷上，第23页上有“每男丁二十人，以一人充兵，一人应役”一语可证。

五、庄园制“拖克索”及其他

从上面的分析，在努尔哈齐时代，确实存在着数以十万计的农业奴隶。这些奴隶既是被驱使在田野中从事农业劳动，其组织形式是怎样的呢？其内部实际情况和性质又究竟怎么样？

在《满文老档》和《满洲实录》里有两处提到“拖克索”（tokso）这个名词，一处是用来当作专门地名的“拖克索寨”（tokso gebungge gašan），另一处是与另一地名合用而成一村落单位的“佛纳赫拖克索”（fenehe tokso）[①]。按拖克索一词汉译为“庄子”“屯里”[②]“屯庄”[③]或“庄屯”，而在《清文鉴》里对庄屯说得比较清楚些：

usin weilebume niyalma tebuhe ba be tokso sembi.

田 耕的 人 所住的 地方叫作 拖克索。[④]

这“田耕的人所住的地方叫作拖克索”即是汉文里叫作“庄屯”的意思。

1596年去过旧老城的目击者申忠一的记述中曾经提到“农幕”有六处之多，如努尔哈齐的农幕为王致所掌，舒尔哈齐的农幕为双古所掌[⑤]。这“农幕”无疑就是拖克索。但在另一处申忠一却说：

奴酋等各处部落，例置屯田，使其部酋长掌治耕获。[⑥]

显而易见，这里所谓屯田也就是前述的农幕即拖克索了。然则拖克索在努尔哈齐时代的普遍存在这一事实，是谁也不会否认的了。再证以《满文老档》中关于1613年的屯田情形的记载：

emu nirui juwan haha duin ihan be tucibufi，sula bade usin tarime deribuhe.

每 牛录 十 男 四 牛 出 在空地上 耕田，开始了。[⑦]

① 《满洲实录》，第69、99页。
② 《清文汇书》卷7，第4页上。
③ 《音汉清文鉴》，雍正十三年刊本，卷13，第163页下。
④ 《清文鉴》卷19，第33页上。
⑤ 《旧老城》，第83、84、86、87页。
⑥ 《旧老城》，第102页。
⑦ 《书香》，第15卷，第12号，第13页；《满洲实录》，第133页。

这"各牛录每十人出牛四头于旷野处屯田"的耕地，显然最初属于集体所有。所可惜的是申忠一的记述和《满文老档》都没有谈到农幕或屯田的具体内容。幸而在朝鲜人当时的记录《光海君日记》里有关于1619年萨尔浒一役，被俘的朝鲜兵全部被强制编制到农业生产上的报道。现在摘录几段于下：

奴酋部立我军（朝鲜兵），择其手掌柔滑及形体壮实者，别置他处；其余分属于农人，散遣各处部落。

先是从（姜）弘立渡鸭江者，精兵凡一万三千余人，投降（努尔哈齐）之后，将士被厮杀殆尽，军卒皆部分于农民以守之，故逃还相继。

被掳之后，分派于奴酋旧城外寨居胡家，作农为事。

军兵则以农军各处分置。①

另一目击者李民寏在1619年也有过这样一段十分扼要的记载：

自奴酋及诸子，下至卒胡，皆有奴婢（互相买卖）、农庄（将胡则多至五十余所）。奴婢耕作，以输其主。军卒则但砺刀剑，无事于农亩者。无结卜之役，租税之收。②

在这以后不久，1626年，努尔哈齐的继承者皇太极对在这以前的庄屯情形也曾作过简要介绍：

先是汉人（即尼堪）每十三壮丁，编为一庄，按满官品级，分与为奴。③

但明人"辽东巡抚"方一藻于1637年亦云：

看得两河（指辽河以东和辽河以西）沦陷以来，辽之被掳者，不知凡几。然奴性猜忌，皆令夷目押之，使居庄屯，农种为活。④

证以1641年朝鲜太子李溰有关于在沈阳附近所目击的庄屯情形的记载一则：

---

① 《光海君日记》卷2，第36、59、117、142页。

② 《建州闻见录》，第2页下。按"结卜"一词不见汉文经传，据中央民族学院朝鲜族同学文东奎君查得金和明所注释的《要路院夜话记》，朝鲜国立出版社，1956年，第68页有"结卜"一条，译出为"历代封建王朝田地的租金之谓"。与此正合。

③ 《清太宗实录》卷1，第10页下。

④ 《明清史料》，乙编第二本，第179页上。

> 诸王设庄，相距或十里，或二十里。庄有大小，大不过数十家，小不满八九家，而多是汉人及吾东（朝鲜）被掳者也。大率荒野辟土不多。至于（十月）十六日、十七日所经，则土地多辟，庄居颇稠，而亦皆汉人、东人或蒙种云耳。①

与前面引的《光海君日记》和明人方一藻所述，完全可以互相印证。无疑，在努尔哈齐时代的庄屯情形即是如此。

再证以17世纪下半期被充军到宁古塔一带所见到的庄屯情形的汉人记载两则：

> 每一（官）庄共十人，一人为庄头，九人为庄丁，非种田即随打围、烧炭。每人名下责粮十二石，草三百束，猪肉一百斤，炭一百斤，石灰三百斤，芦一百束。凡家中所有，悉为官物，衙门有公费皆取办官庄。②

> 每站庄头一，小头一，壮丁不为限，大抵业农贯。小头者，役于拨什库者也；庄头者，管壮丁者也。③

这里引的两条材料，在时间上较为晚了一点，按其实质，与努尔哈齐时代的拖克索情况不会相差太远；当然宁古塔地处稍北，所负担的劳役和土产，与辽沈一带自有区别。不管怎样，拿来作一比较，是有好处的。从这里我们可以看出，在努尔哈齐时代拖克索的实际情况是“庄有大小，大不过数十家，小不满八九家”。庄丁多半是汉人和朝鲜人，也有蒙古人。农业为其主要生产部门，但因地域不同，在生产上亦有“打围”和经商的区别。每庄设“庄头”一人，庄头之上又有“拨什库”一人。

现在让我们进一步来分析一下拖克索的性质问题。

第一，拖克索内部的所有制及其阶级关系。很显然，其中所谓“诸王”和“将胡”是指奴隶主贵族，大的奴隶主贵族竟拥有农庄五十余所；“军卒”是指自由民，并不参加农业生产劳动；从事田野耕作的都是“奴婢”。这样，土地集体所有制就

① 《沈馆录》,《辽海丛书》本，卷3，第19页上下。

② 《宁古塔记略》，渐西村舍本，第3页下。

③ 《柳边纪略》卷3，第87页。

进一步受到私人的、主要的奴隶主贵族的土地占有制的排挤。从而我们可以看出，这拖克索是属于奴隶制社会里的庄园制类型，在拖克索内部，奴隶是剥削的主要对象，奴隶主和奴隶是两个基本的对抗阶级。

第二，拖克索的组织及其职掌。拖克索的首领多是由努尔哈齐指派的，如前所述，努尔哈齐“使其部酋长掌治耕获”，就是明证。再证以1615年所设置的“村领催”（gašan bošokū）即屯拨什库或屯堡拨什库[①]，他们已是国家的下级官吏，而不是社会的公仆了。值得我们注意的是，这些在拖克索里掌握实权的人（领催和庄头）已经不是普通的公社社员，而是拖克索内奴隶主阶级的代表人物了。

第三，拖克索是奴隶主的组织，它的管辖范围非常广泛。例如“酋长”或领催应该管辖的事宜，有“军猎、警卫城池，以及管理乡村的一切事务”[②]，换言之，行政、司法、警务各方面的事务都包括在内。十分明显，这时庄园制的拖克索已经不是什么农村公社一类的独立自治单位，而是奴隶主国家政权机构的组成部分了。

此外，当时满族的婚姻关系，根据李民寏所说“嫁娶则不择族类，父死而子妻其（庶）母”[③]，完全是一种不按辈分的婚姻关系。其最明显的例子，努尔哈齐起先娶过布占泰的侄女，到后来布占泰又娶了努尔哈齐的侄女，最后努尔哈齐还将自己亲生的女儿嫁给了布占泰[④]。这一实例充分说明了氏族制组织的解体。因此，在努尔哈齐时代，妇女已处于附属地位，男性对女性有绝对支配权力。例如1611年努尔哈齐将大批女子配给数千“寒苦旷夫”为妻，不够时还出钱购买女子，使之完配[⑤]。正如恩格斯所说，妇女“成为生孩子的简单工具了”。

最后，关于当时满族社会的阶级斗争，从形式上来看不是很显著，实际上被剥削者阶级中间蕴藏着极大的反抗力量。依据作者目前所掌握的材料来看，被压迫者主要的反抗形式是逃亡。即便是努尔哈齐本人也并不否认这一客观事实。他曾这样

---

① 《清太宗实录》卷1，第10页上；卷34，第14页上。

② 《满文老档》太祖卷，第45–46页。

③ 《建州闻见录》，第3页下。

④ 《武录》卷2，第2页上、第4页上。

⑤ 《满洲实录》，第105–106页。

说过：

今汉人（即尼堪）、蒙古并各国，杂处国中。其逃叛、盗贼、诈伪、横逆者，当细察之。[①]

他的继承者皇太极说得更为明显：

先是（努尔哈齐时代），汉人每十三壮丁，编为一庄，按满官品级，分与为奴。上（即皇太极）即位，念汉人与满洲同住，不能聊生，叛亡殆尽，深为可惜！[②]

从皇太极的话里，可以充分看出，当时庄奴“叛亡殆尽”的主要原因是汉人战俘不愿甘心作奴到底。下面所引即是这类庄奴逃亡的一个典型例证：

崇祯六年（1633）十一月二十九日监视登岛太监魏相题本：

陈大称：年二十九岁，系全州小河山之人。原于辽阳失陷之时（1621年）被奴虏去，在四王子帐下，发作庄农。今年奴将屯种粮米尽行粜卖买马，因无食用，又连年苦累不堪。是以自辽阳沿边要逃奔南朝（指明朝），即死亦甘心。[③]

至于当时集体暴动的事件，是较为少见的。其见于记载的，有东山、十三山[④]、镇江、海洲[⑤]等数次较大的反对薙发为奴和反抗奴隶主压迫剥削的集体暴动。这些暴动，一方面固然引起了满族统治者的血腥镇压，另一方面也迫使着统治阶级不得不采取一些让步政策来欺骗被征服的广大汉族人民。在东山暴动事件发生以后，努尔哈齐就这样对在镇江参加暴动的汉人说：

曩者炼银地方（即东山）之人，不肯薙发，杀朕所遣拥旌之士。朕故令督堂一员，副将二员，率兵讨之。杀其为首之一二人，余众悉遁匿山中。我军并不抄剿，仅令薙发归诚、安居乐业。今尔等（指在镇江参加暴动的汉人）若

① 《满洲实录》，第306页。

② 《清太宗实录》卷1，第10页下–11页上。

③ 《明清史料》，甲编第八本，第765页上。

④ 《山中闻见录》卷3，第6页上；卷4，第4页上。

⑤ 《清太宗实录》卷8，第6页下–7页上；卷9，第16页上下。

有畏惧之意，可执献首逆之数人，余众悉数薙发归降，朕一视同仁，决不株连无辜。①

其实，努尔哈齐晚年刚刚进攻到辽东地区的十年里，曾经将大批的降人都统统杀掉，他所采取的政策是一种无情的血腥镇压政策。这样，没有被杀的汉人必然"痛心切齿，宁死不降"而"往往思逃"②，甚至被迫起而举行暴动了。1631年被俘的张春就曾当面对满族统治者指出：

尔国（指满族统治者）杀人已极，所获亦富，衣食皆足；不识天时，不爱人民，用兵已十五年（包括努尔哈齐的天命十年和皇太极天聪的前五年在内），专事杀掠，岂能成事？……天下之人，孰为畏死？从尔者杀，不从尔者亦杀，虽田野农夫，亦欲持锹镢而战矣！③

这就不能不引起满族统治者的"不胜追悔"④而口口声声说要以"养人"为事⑤。这被养的人，就是在战争中被强迫变为奴隶的人，不仅是被俘虏的兵士，还有被征服地方的很大一部分汉族农民。正如恩格斯所指出的，奴隶占有制即"起先曾是野兽的人，为着自己的发展，需要运用野蛮的，差不多野兽似的手段，来从野蛮状态中脱离出来"⑥。而当时以努尔哈齐为首的满族社会就是曾经采用这种奴隶占有制的社会。

① 《老档秘录》卷上，第19页下。

② 《天聪朝臣工奏议》卷上，第19页下、14页上。

③ 《老档秘录》卷下，第30页上下。

④ 《老档秘录》，第3页一下。

⑤ 《清史列传》，中华书局版，卷3，第1页下–2页上云："天聪五年十月，明总兵祖大寿请降，以子可法质。……因问：尔等死守空城（大凌河城）何意？曰：畏屠戮耳。岳托曰：辽东以久不降，故诛之。杀永平人，乃贝勒阿敏所为，已论罄之矣。……六年正月（岳托）奏言：前克辽东、广宁，汉人拒命者诛之，复屠永平、滦州汉人，纵极力抚谕，人怀疑惧。今天与我以大凌河汉人，正使天下知我善养人也！"文中关于辽东、广宁的杀降，即指努尔哈齐进入辽东初期时事。

⑥ 《反杜林论》，人民出版社，1956年，第187页。

六、结束语

如前所述，历史事实充分证明了：大约在16世纪70年代到17世纪20年代（1577—1627年）的50年间，努尔哈齐领导的满族的社会发展阶段是属于奴隶占有制而不是属于氏族社会末期的家长奴役制。

现在仍须加以补充说明的有下列三点：

第一，早在14世纪末，满族在作为一个向前发展的女真人集团尚未定居于赫图阿拉地方以前，即在搬到今吉林省东南的珲春一带的时期，它的社会内部已经有奴隶的存在。请看当时明朝人的记载：

> 洪武十八年（1385）九月甲申，女直（即女真）高那日、捌秃、秃鲁不花三人，诣辽东都指挥使司来归，自言：高那日乃故元奚关（珲春边）总管府水银千户所百户，捌秃、秃鲁不花乃失怜（浦监斯德东方）千户之部人也，皆为野人获而奴之，不胜困苦。辽东，乐土也，愿居之。乞圣朝（指明朝）垂恩，得以琉璃珠、弓弦、锡蜡遗野人，则可赎八百余家，俱入辽东。事闻。赐高那日等衣人一袭、琉璃珠五百索、锡五斤、弓弦十九。①

这种“获而奴之，不胜困苦”的奴隶，多半就是“包衣阿哈”即“家奴”，或者叫作“包衣捏儿麻”即“家人”或“家子”，系指奴隶社会最初形态的家内奴隶，这是毋庸置疑的。所以，从这以后，经过两个世纪的长期发展，“从最初的大规模的社会分工中，产生了社会的最初的大分裂——主人与奴隶、剥削者与被剥削者二大阶级”②。不可否认，这是满族社会阶段发展中的必然结果。

第二，在当时满族社会里，同时还存在着“由氏族制度中发展起来的军事民主主义”，据努尔哈齐所说：

> 征战之时，八旗贝勒属下与他旗下，凡有事故，经众审理而后入告，勿独

---

① 《明太祖洪武实录》卷175，第3页下。参见[日]和田清：《明初女真社会的变迁》，《史学杂志》第48卷第9期，他对这段略有注释。

② 恩格斯：《家庭、私有制和国家的起源》，第155页。

自入告；若独自入告，是非之间，必相争执矣。若经众审理以告，则自无怨尤。贝勒处若欲放鹰行围以取乐，须众议皆允，始可行之。①

完全可以得到证实。当时满族的实际情况即是“每有征伐，俘获人物，无问多寡，悉令均分，不使偏颇，故士卒无不感奋用命”②。这种军事民主主义一直维持很长的时间，在皇太极时代仍然十分显著。当时人胡贡明的两段话可以作证：

我国（指满族社会）地窄人稀，贡赋极少，全赖兵马出去抢些财物，若有得来必同八家平分之；得些人来，必分八家平养之。譬如皇上出件皮袄，各家少不得也出件皮袄；皇上出张桌席，各家少不得也出张桌席。

有人必八家分养之，地土必八家分据之，即一人尺土，贝勒不容于皇上，皇上亦不容（于）贝勒，事事掣肘，虽有一汗之虚名，实无异整黄旗一贝勒也。③

另一件史实是：

崇德三年（1638），上与诸臣论兵事，以吕尚训勉诸臣。（石）廷柱奏言：吕尚能专制阃外生杀，故所向有功。今臣等若有过，下部逮讯，虽佐领以下，亦当与之比肩对薄，其何以堪？诸大臣以其戆，请下刑部议罪，上特宥之。④

石廷柱是八旗汉军的都统，认为与“佐领以下比肩对簿”，即是丧失了自己的身份，他不能理解这种军事民主主义，是不足为怪的。问题却在于，这种军事民主主义为什么保留在奴隶社会呢？恩格斯在《家庭、私有制和国家的起源》中的如下论述，可以帮助我们了解这个问题：“所以称为军事民主主义者，因为战争及进行战争的组织现在成了人民生活的正常的职能了。邻人的财富刺激了各民族（民族应作部族。——引用者）的贪欲，获得财富已成为他们最重要的生活目的之一。”⑤这就充分说明了军事民主主义保留在奴隶社会中的根本原因。

① 《老档秘录》卷上，第28页下。

② 《老档秘录》，第1页下。

③ 《天聪朝臣工奏议》卷上，第11页上、35页下。

④ 《满洲名臣传》，菊花书屋本，卷7，第34页上下。

⑤ 恩格斯：《家庭、私有制和国家的起源》，第158页。

第三，努尔哈齐领导的满族于1621年进入辽沈地区以后，直到他的孙子清世祖福临于1644年迁都北京，此20年间是满族社会从奴隶制过渡到封建制的一个极为复杂的重要阶段。不管满文或者汉文的现存材料都非常丰富，要想解决这一过渡性质的历史阶段的问题，仍有待更进一步地深入钻研和全面分析，这里姑且从略。

皇太极时代满族向封建制的过渡

一、引言

根据努尔哈齐时代（1577—1627年）的以旧老城、赫图阿拉为其中心聚居区的满族社会的经济基础、阶级结构等，都说明了当时满族社会经济形态是奴隶占有制。可是，就在以努尔哈齐为首的满族于17世纪20年代之初进入广大汉族人居住的早已高度农业化了的辽河平原的时候，我们已经看到当时满族社会内部同时还存在着早期封建制的生产关系。从这以后，在努尔哈齐的继承者皇太极统治了不到20年（1627—1643年）中，更明显地可以看出，正是满族社会从奴隶制生产关系过渡到封建制生产关系的一个急剧的而又十分复杂的重要阶段。

在研究这一时期满族社会内部的奴隶制和封建制两种生产关系并存以及由奴隶制的生产关系向封建制的生产关系过渡时，一方面固然要注意满族本身的发展情况，同时还要注意外来的影响。易言之，我们不但要注意它和自然兴发的民族一样在社会发展方面的一般规律，而且也要注意它处在四面受高度文化的其他民族包围中的发展特殊性。

满族社会发展的一般规律，依据作者个人的初步考察，和自然兴发的民族并不两样，是曾经经历过奴隶制，而在努尔哈齐时代还正处在奴隶占有制这一阶段。至于它受到的外来影响，如所周知，不但很大很多，而且为时很久。历史事实充分证明了，努尔哈齐领导的满族，虽然和以前的、已经深入华北平原和居住在辽河平原的那些女真人有所区别，然而他们仍是女真集团的一支，长时期生活在历时五六百年之久的辽、金、元、明四个王朝统治之下，不可避免地已经经受着、吸收着进步的其他各族的经济和文化。如果因为这一部分向前发展的女真人留住在东北边远的水滨和山岳地带，就说他们的生活和进步的其他各族绝了缘，仍然长期停留在落后的原始公社阶段，实在是令人不可想象的事。

我们说满族在努尔哈齐时代的社会经济形态还处在奴隶占有制阶段，这并不意味着这一时期满族社会内部已经完全没有氏族制的残余了，同时也不是否认在这一时期没有早期封建制因素出现。但也只有在进人辽沈地区以后大约二十年期间，满族社会由于它本身发展的固有因素，再加上不由人们意志所能自由改变得了的外来影响，所有这一切，才能促进它大踏步地、加速度地转向封建化这一历史过程。

下面举两个例子来说明这一时期满族社会的急剧变化：一个是在皇太极统治的初期，天聪二年（1628），汉人当时写道：

> 臣观我国（指满族社会）之中平人，有钱者得戴贝勒大人之帽，得穿贝勒大人之衣，扬扬得意，街头横行；有等贫穷官员（指满人），饿殍其色，悬鹑其衣，路人见之作践凌轹，詈驾棰笞，同于乞丐。①

另一个是在皇太极统治的末期，崇德八年（1643），满人也说：

> 昔太祖（努尔哈齐）诛戮汉人，抚养满洲；今汉人有为王者矣，有为昂邦章京（满语amban janggin“总兵官”之意）者矣。至于宗室（指满族贵族），今有为官者，有为民者，时势颠倒一至于此。②

不可否认，满族社会在皇太极时代内部急剧转向封建化的成分正在滋长着和发展着，因而和努尔哈齐时代有着显然不同的变化。

从历史虽短的大约20年的这一时期研究中，充分证实了早期封建因素在满族社会内部的长期存在，而进步的其他各族的经济来往和文化交流，对它的影响也是使其能迅速地、全面地转入封建社会的不可缺少的重要环节。将这两方面综合起来加以研究和分析，可以肯定满族之所以能够进行统治全中国竟达三百年的局面，不是

① 《明清史料》，甲编第一本，第49页下。

② 《清太宗文皇帝实录》（以下简称《文录》），《大清历朝实录》本，卷64，第8页上。

什么不可以理解的偶然现象，而是有它自己的经济基础和社会根源的。

二、关于生产力水平

我们都知道，封建私有财产的发展，是合乎客观规律的经济过程，是生产方式发展的必然结果。关于这一问题，马克思列宁主义的奠基人有着极为宝贵的指示。恩格斯写道："私有财产的形成，到处都是生产关系和交换关系改变的结果，是为了提高生产、发展交流的利益，所以是由于经济的原因。"① 这是必不可缺的经济过程，是生产及随生产变化而来的劳动生产率不断增长的结果。由此可见，要理解封建土地所有制的起源，就只有首先研究生产力的发展，因为生产关系经常是按照生产力的性质而"改造"着自己②。

当努尔哈齐时代的满族社会，无可争辩地是以农业生产为主、畜牧业生产为辅的农业经济社会。可是，到17世纪20—40年代这20年内，特别是已经进入到高度农业化了的辽沈地区以后，努尔哈齐的事业由他的儿子皇太极继续统治，在此期间满族社会经济获得了前所未有的发展。

首先，农业生产成为当时满族社会的主要生产方式；不可否认的是，原来从事农业生产而又有较高的农业生产技术的广大汉族农民，在这方面起了相当大的推动作用。这在努尔哈齐晚期即已如此。天命七年（1622）努尔哈齐曾这样说过：

> 曾著满汉人等合居一处，同住、同食、同耕……自此以后，满洲人与汉人合舍而居，计口合粮而食，所有田地，满汉人等务宜各自耕种……③

从天命九年（1624）亲自去过辽沈地区的目击者的报道里，更可明显看出：

> 游击朱尚元差人自虏中（指满族）来言：夷兵（指满兵）三万，汉兵四万，屯驻盖州、海州、辽阳、沈阳、铁岭之间，南北四百里，东西二百里，

① 《反杜林论》，人民出版社，1956年，第167页。

② 参见斯大林：《苏联社会主义经济问题》，人民出版社，1953年，第45-46页。

③ 《老档秘录》，《瓜圃丛刊》本，上编，第29页下。

汉人内耕，夷人（指满人）外卫……[1]

到皇太极时代，满族统治者重视农业生产的政策和措施，也促进了农业生产进一步巩固和发展。这种重视农业的政策在整个皇太极统治的将近二十年期间是始终如一的。

天命十一年（1626）八月丙子，上（即皇太极）谕曰：工筑之兴，有妨农务……嗣后……止令修补，不复兴筑，用恤民力，专勤南亩，以重本务。其村庄田土，八旗移居已定，今后无事更移，可使各安其业，无荒耕种，愿迁移者听之。至于满、汉之人，均属一体……在擅取庄民牛、羊、鸡、豚者，罪之……

天聪四年（1630）春正月……上以时方春和，命汉民乘时耕种，给以牛具。复榜示归顺各屯，令各安心农业。

崇德八年（1643）夏四月甲戌，多罗豫郡王多铎奏言：古昔之制，兵者不得已而用之也。若恃强取胜，非义妄动，天必不佑。臣窃思今日之势，似宜暂停师旅。至于国中兴作，俟规模既定，然后举行，总以农务为急。农务克勤，则庶民衣食丰足。衣食丰足，则举国庆豫……[2]

特别是辽河平原这一高度农业化了的地区和人民，到这时，已经成为满族社会经济中不可分割的组成部分。满族统治者皇太极在天聪八年（1634）写给朝鲜国王李倧的一封信中就明确指出了这一点：

……明之诸臣，辄欲索还辽东、广宁故地。夫以天赐我辽东、广宁之人民及各方归附蒙古，欲尽居于曩时狭隘之地，将使人众可以并室而居，地少可以不耕而食耶？其势有所不能也！……[3]

作为满族的统治者皇太极，对于农业生产技术各方面的改进也是极其重视的。天聪七年（1633）他的一篇很长的“告谕”中这样写道：

---

① 《朝鲜仁祖实录》（节抄本），第1册，第56页，仁祖二年（即天命九年，1624年）“甲子十二月丙戌”条。

② 《文录》卷1，第9页下–10页上；卷6，第10页上；卷64，第17页上。

③ 《文录》卷18，第8页下。

田畴庐舍，民生攸赖。劝农讲武，国之大经。尔等宜各往该管屯地，详加体察，不可以部务推诿。若有二、三牛录同居一堡者，著于各田地附近之处，大筑墙垣，散建房屋以居之。迁移之时，宜听其便。至于树艺之法：洼地当种粱稗，高田随地所宜种之。地瘠须加培壅，耕牛须善饲养，尔等俱一一严饬。如贫民无牛者，付有力之家代种。一切傜役，宜派有力者，勿得累及贫民。如此，方称牛录额真之职。若以贫民为可虐，滥行役使，惟尔等子弟徇庇，免其差傜，则设尔牛录额真何益耶？至所居有卑湿者，宜令迁移。若惮于迁移，以致伤稼害畜，俱尔等牛录额真是问。方今疆土日辟，凡田地有不堪种者，尽可更换，许诉部臣换给。如给地之时，尔牛录额真（满语nirui ejen，即后来八旗中的佐领）。章京（满语janggin，系次于额真的官）自占近便沃壤，将远瘠之地分给贫人，许贫人陈诉……[①]

崇德元年（1636）他又说：

……至树艺所宜，各因地利：卑湿者可种稗稻、高粱，高阜者可种杂粮。勤力培壅，乘地滋润，及时耕种，则秋成刈获，户庆充盈；如失时不耕，粮从何得耶？[②]

由于农业生产的进一步发展，本来只是直接为自身的消费而生产农作物，进而采取商品的形式。这从当时人鲍承先的一段话里可以得到证明：

官民有余粮者，官籴以给新人之用……若一闻官买粮用，必不上市，其价必长。价一高，穷民不免受此饿死……以后止可照市价给折色银两……若折银给散，籴买便易……[③]

而有粮之家，更囤积居大奇，乘时射利，满族统治者皇太极本人亦不以此为讳：

---

① 《文录》卷13，第4页上–5页上。据此可知当时的“牛录额真章京”是兼理民事、参加农业生产劳动的，与后来“佐领”只管档子、钱粮者不同。

② 《文录》卷31，第17页下。同书卷34，第13页下–14页上又云：“……凡播谷必相其土宜：土燥则种黍谷，土湿则种秫稗。各屯堡拨什库，无论远近，皆宜勤督耕耘；若不时加督率，至废农事者，罪之。”可以参证。

③ 《天聪朝臣工奏议》,《史料丛刊初编》本，卷中，第11页上。

> 米谷所以备食，市粜所以流通。有粮之家，辄自收藏，必待市价腾贵，方肯出粜。此何意耶？今当各计尔等家口足用外，有余者即往市粜卖，勿得仍前壅积，致有谷贵之虞。先令八家（指八个满族贵族之家）各出粮一百石，诣市发卖，以充民食。
>
> 朕闻臣家富室，有积储者，多期望谷价腾贵，以便乘时射利……向者国赋不充，已令八家各输藏谷，或散赈，或粜卖。今八家有粮者，无论多寡，尽令发卖，伊等何不念及于此？今后……官民富饶者，凡有藏谷，俱著发卖……令伊等得价贸易……①

就这样，在这一期间，“纳粟之例”甚为流行：“获罪之人，无银纳赎：愿轮粮者，准依时价算收；有余粮愿助者，量给奖赏；愿卖者，许其自粜”②。作为商品的农业生产物，可以流到最远的市场上去，变成了既可以赎罪又可以买官的万能之物。

在农业生产日益进步、日益发展的同时，畜牧业生产必然只能成为与小农经济相结合的家庭副业，同时也以商品的形式出现于市场之上。努尔哈齐于天命九年（1624）曾经这样规定着：

> ……售马、牛、骡、羊、鹅、鸭、鸡之人，务各以自养者售之，以图获利。其买他人之物而售者，人见之，可执售者来告，即以其物令执之者取之。凡售牲畜，以银核计；一两收税一钱，以二分令收税人取之，以一分令牛录额真、代理章京取之；汉人之税，以一分令所管备御及汉千总取之；蒙古人之牲畜，令蒙古人售之店舍之主，不准代售，以二分令收税之人取之，以一分令店舍之主取之。盖以街市所有之牲畜，盗卖者多，则国内盗贼起矣。故颁谕通知。③

为了保护农业生产的向前发展，到皇太极时代对于牛、马、骡、驴不得不采取

① 《文录》卷31，第17页上下；卷34，第13页上下。

② 《文录》卷58，第14页上–15页上。

③ 《满洲老档秘录》上编，第41页下–42页上。后以取税过重，至天聪之初减轻。

保护政策。皇太极于天聪元年（1627）颁布了这样一道禁令：

马骡以备驰驱，牛驴以资负载，羊豚牲畜，以供食用，各有所宜，非可任情宰杀也。嗣后自宫中暨诸贝勒，以至小民，凡祭祀、筵宴及殡葬市卖，所用牛、马、骡、驴，永行禁止。①

同时规定：

自宫中及诸贝勒，以至小民，凡祭祀、筵宴及殡葬市卖，止许用羊、豚及鸡、鹅、鸭等物。②

他跟着又说：

明国及朝鲜、蒙古之人，善于孳牧，以致蕃盛。我国人民既不善于孳牧，复不知撙节，过于宰杀，牲畜何由得蕃？今后务须加意牧养，以期蕃息。③

这是由这一时期畜牧业退到与小农经济相结合的家庭副业这个客观事实决定的。

其次，狩猎、采集经济在这一时期满族社会的生产部门中，仍然没有完全脱离目的在获得部分的生活资料的生产活动范围。这从满族统治者皇太极的话里就可明显看出：

人参、貂皮……我民所赖以为生者。④

又说：

我军往来甚便，耕种樵采，无所不可。⑤

① 《文录》卷3，第35页下。

② 《文录》卷3，第36页上。

③ 《文录》卷3，第36页上下。

④ 《文录》卷2，第4页上。

⑤ 《文录》卷4，第12页下。

其中“采参”[1] 和“采蜜”[2] 更是这一时期满族劳动人民将其当作商品出售的重要生产活动。关于这一点，皇太极也曾明确指出过：

我国满、汉、蒙古人等当采参……与之（指明国）交易。[3]

事实证明，在满族和朝鲜的经济交流（即“互市”）中，主要是以两国出产的“土物”或“土产”[4] 作为商品交换的。现在举两个实例于下：

仁祖六年戊辰十二月，胡差（指满族方面派到朝鲜去的使者）出给人参四百八十余斤，责换青布一万九千余匹。

仁祖十二年甲戌三月乙卯，胡差龙骨大（即英俄尔岱）马夫大（即马福塔）……率从胡百余以来……仍言人参八百斤、银子万余两交易之事云。[5]

可见人参在对外的土产商品交换中占很重要的一项。再拿皇太极于天聪元年（1627）向明的东北边防大员宁远巡抚袁崇焕谈和时提出的交换条件作例，皇太极提出的交换条件即是：

当以金十万两、银百万两、缎百万匹、布千万匹为和好之礼。既和之后……每岁我国以东珠十粒、貂皮千张、人参千斤馈送于尔；尔国以金一万两、银十万两、缎十万匹、布三十万匹报我。[6]

后来又略加修改：

---

① 《文录》卷65，第27页上下有云：“崇德八年（1643）秋七月戊午，上谕固山额真曰：凡勠力行间、勤敏素著者，准令其部下人自行采参。如有怠于戎事，素无勤劳，以不准采参。心怀嫉妒者，即系奸险之辈，必治以法。于是以鳌拜巴图鲁下五十九人，伊尔登下三十七人，承政车尔格下五十九人，格格里侍卫下三十四人，索浑下二十七人，达隆阿之子岳贝下三十二人，敖特下四十三人，厄参下二十三人，班什之子董世库下六十一人，达都护侍卫下四十三人，乌尔式侍卫下三十二人，护军统领图赖下二十七人，谭布下十四人，多罗额驸固山额真英俄尔岱下一百人，宗室赖慕布下五十人，诺穆洪下二十八人，马克图下三十六人，固伦董鄂公主下一牛录，哲尔本公下一牛录，俱准自行采参。”则其他牛录下人之“勠力行间、勤敏素著者”，亦准自行采参可知。

② 《文录》卷65，第32页下有“采蜜多人，原未奉禁”一语，则知采蜜亦系当时满族人民的主要生产劳动之一。

③ 《文录》卷5，第16页上。

④ 《朝鲜仁祖实录》第1册，第388–389、338页。

⑤ 《朝鲜仁祖实录》第2册，第93、340页。又同书第3册第3页云：“仁祖十三年（1635）乙亥四月乙巳，金差（亦指满族的使者而言）马夫达（即马福塔）率商胡赍银一万七千四百七十五两、参七十六斤以来。”可以互证。

⑥ 《满洲老档秘录》下编，第2页下。

初和之礼，可减其半：尔国送金五万两、银五十万两、缎五十万匹、梭布五百万匹；我国亦以东珠十粒、黑狐皮二张、元狐皮十张、貂鼠皮二百张、人参一千斤相答。既和以后 …… 每年尔国送金一万两、银十万两、缎十万匹、梭布三十万匹；我国以东珠十粒、人参一千斤、貂皮五百张相答。①

就这次谈和本身而论，固然没有成为事实；但从皇太极所提出的交换条件来看，其中数以千斤计的人参和数百张计的貂皮不是当作生活资料采集，而是当作商品采集，则是当时狩猎采集经济这个客观存在的具体反映。

同时也必须提出，到这时，在满族上层的贵族方面，由于日益脱离生产、轻视劳动甚至认为劳动是可耻的行为，所以他们把狩猎和采集的生产活动，看成一种寄生生活点缀的娱乐和消遣。一个明显的例子是满族贵族阿敏的出猎，即是为了娱乐：

阿敏于牛庄、张义站屡次出猎；又私自造箭，复欲行猎，不思急公，不守城池，惟耽逸乐。②

又如皇太极的"观渔纾忧"，则纯粹属于消遣：

上偕和硕礼亲王代善、和硕成亲王岳托，往浑河观渔。以萨哈廉（代善之子）薨故，纾代善忧也。③

相反地，满族统治者对广大满族劳动人民旨在获得部分生活资料，对当作商品采集的狩猎采集生产活动却加以种种限制。从天聪元年（1627）下的禁令即可证实：

其田猎采捕之事，立有规条：须先告知本旗贝勒，与贝勒属下人同往；凡边内狼、狐、貉、獾、雉、鱼等物，各听其采捕；惟狍、鹿不许逐杀，恐疲马力，有妨武事；并禁止边外行猎；违者均罪之。④

其次，这一时期满族社会的手工业生产，一般仍然是作为农业的副业，例如天

① 《满洲老档秘录》下编，第6页上。

② 《文录》卷7，第16页下–17页上。

③ 《文录》卷29，第8页下。这些例子很多，不胜枚举。郑天挺:《清史探微》，独立出版社，1946年，第35–36页，可以参考。

④ 《文录》卷1，第10页下。

聪八年（1634）的行军，曾规定“每牛录出铁匠一名，镢五、镩五、锹五、斧五、锛二、凿二，每人随带镰刀”①。又于崇德六年（1641）规定“每牛录原铁匠六名，王贝勒取一名，退去一名，止许留四名”②。其为副业性质，基本上和努尔哈齐时代并无两样。但城市手工业比起努尔哈齐时代，显然有着很大程度的不同。在清初的记载里常常提到“赏工部各色匠役四十五人”“八家匠役”“赏织造匠役三十二人”③等。无疑的，他们都是城市手工业的匠人。仔细考察这一时期的手工业者，除上面已列举的“织匠”以外，比如“瓦匠”“弓匠”“矢匠”“银匠”“铁匠”“铸匠”“鞍匠”“船匠”“磁匠”④等，是无一不齐全了。毋庸置疑，这些手工业者已经从农业中分离出来，主要靠出卖自己的劳动力为生，专门从事手工业生产而不再是作为副业。

我们已经知道，满族社会的冶炼铁矿虽然是从16世纪之末（1599年）才正式开始的⑤，但这不等于说在这以前并不知道有铁器的存在。历史事实证明，远在4世纪的“扶余”即已出“金”（指铁而言）为“高句丽”所采集⑥。到了10—12世纪的宋王朝，女真人居住的珲春、延吉、宁安、三姓（今依兰）等地确有“多金”的出产⑦。尤以“宁古塔地中尝掘出旧铁，多‘正隆’字样”⑧，正隆为金王朝第四代海陵王的年号，可以证明矿冶业至迟在12世纪的下半期确已出现。再说，从14世纪之初的明王朝起，铁器在满族社会的广泛使用是谁也不能否认的事实，虽然这些“耕牛农器”大半都是从明与朝鲜交换而来的。

冶铁业在努尔哈齐末年已经有了很大的发展，到皇太极时代更是突飞猛进。即

① 《文录》卷18，第24页下–25页上。

② 《文录》卷55，第27页下–28页上。

③ 《文录》卷39，第11页上；卷57，第40页上；卷62，第7页上。

④ 《文录》卷36，第35页上；卷47，第5页上；卷55，第27页下；卷8，第3页下；卷55，第28页上；卷33，第13页下；卷44，第28页下。

⑤ 《满洲实录》，满和对译本，第83页。

⑥ 《魏书》，百纳本，卷100，第5页下“高句丽传”。

⑦ 《契丹国志》，扫叶山房校刊本，卷26，第2页上“女真国”条。

⑧ 《绝域纪略》，见《吉林通志》，光绪年间刊本，卷31，第31页下–32页上引。

以“钢铁”一项来说，在这一时期也已经出现了。满人浑塔亲自这样供认：

我携钢铁，只送贝勒阿济格，不送我本贝勒（多尔衮）。此事荆古尔代可证。①

因为冶铁业的发达，所以满族不但自己能够制造“炮子”“火药”，而且还会制造“大炮”“火箭”②。当时制造“炮子”和“火药”的数量很大，例如在1639年（崇德四年）的对明战役中，“汉军所需炮子一万，火药五万斤”③，就动辄以万计。“红衣大炮”的铸造，开始于天聪五年（1631）。清初人有过明确的记载：

天聪五年春正月……造红衣大将军炮成。镌曰：天佑助威大将军，天聪五年孟春吉旦造。督造官总兵官额驸佟养性，监造官游击丁启明，备御祝世荫，铸匠王天相、窦守位，铁匠刘计平。先是我国（指满族社会）未备火器，造炮自此始。④

“红衣大炮”的初次铸造，即以“数十”“百”计⑤，数量之多可知。铸造大炮、炮子、火药的中心地点，是在当时满族的首府“盛京”（今沈阳）⑥。后来在“归化城”（今内蒙古呼和浩特市）和“锦州”（今辽宁凌海市）⑦两地同样也可以铸造。

此外，这一时期的纺织业主要是织布，大体上能够自给自足，虽然还是作为农业中的副业，但也不像努尔哈齐时代那样“不以织布为意”而“以取资他国之物为生”的处于落后形态之中。从皇太极所说：

辽东原自产棉……下令督织，已经五载矣！其精粗绢帛，亦尝织造；特恐妨织布之工，是以禁止……⑧

---

①《文录》卷21，第19页下。

②《文录》卷9，第42页下。

③《文录》卷45，第19页上。

④《文录》卷8，第3页上下。

⑤《文录》卷9，第16页上云：“其随营红衣炮、大将军炮四十位。”是天聪五年秋七月的事；卷10，第2页下又云：“旧汉兵全军载红衣炮六位、将军炮五十四位。”是天聪五年冬十月的事。同在一年，只依所举两条记录合而计之，即有一百之数。此外不见记录者，必不在少数。

⑥《文录》卷9，第33页下、40页下–41页上；卷45，第25页上。

⑦《文录》卷56，第24页下；卷62，第1页下–2页上。

⑧《文录》卷15，第20页下。按此系天聪七年九月之事，由此上溯五载，则知督织始于天聪二年。

和朝鲜国王李倧的回信：

贵国（指满族社会）跨有全辽，麻、丝、布、帛，土产既饶，服用自裕……[1]

的两段话即可证实这一点。

满族人民原本不善于造船[2]，由于冶铁业的发达，到这一时期造船业也得到了相当的发展。天聪七年（1633）发生过这样一个事实：

佟克申随巴布泰出征时，于库勒讷林中造船八艘。即以所造船往征虎尔哈，克之而归。[3]

从这以后，就有“佟克申式样”“朝鲜式样”和“汉人式样”[4]三种不同的造船样式。其造船地点主要在“叆阳河边”和“黑龙江海滨诸处”[5]。

这里必须指出，当时的铸匠、铁匠、织匠和船匠，虽然绝大部分都是汉人[6]，可是他们十之八九是世代居住在辽沈地区之内，到这一时期又都参加或至少接受了满族统治者的统治，已经成为与整个满族社会血肉相连不分割的组成部分，从而不能再把他们都看作外来影响而不是内在因素了。

末了，商业在这一时代的进展，不仅有已经脱离农牧业的大批商人的存在，而且还出现了市容异常繁华的商业城市。试看努尔哈齐末年沈阳的繁荣情况：

无论满洲、汉人，凡设立店肆者，务将肆主之姓名，刻于石木之上，立于肆前。若不号记肆主之姓名，则治以罪；无店肆之记号而携物出售者，概行

---

① 《文录》卷16，第9页下。

② 《文录》卷9，第6页上下，皇太极写给朝鲜国王李倧的信中曾亲口承认："我军尚未谙舟楫，尔国人操舟之善，更胜于明。如念兄弟之好，宜与坚大战船，每船各拨给操舟之人。"即是明证。

③ 《文录》卷15，第26页下–27页上。

④ 《文录》卷33，第13页下–14页上；卷22，第25页下。

⑤ 《文录》卷33，第13页下–14页上；卷37，第28页上。

⑥ 《文录》卷16，第7页下–8页上有云："天聪七年冬十月丙子……授丁启明为二等参将（原为游击，官较小）。启明系明末弁，被擒收养，因善铸……故授是职。"其他像祝世阴、王天相、窦守位、刘计平等，无一莫非汉人。《文录》卷22，第25页下汉官沈佩瑞上书自荐：索习"汉人船艘样式"，愿为满族统治者修造坚固船只，并告当时由明投清的"孔有德、耿仲明之营中，皆有善于操舟之人，又万无一失者"。可证汉人的船匠当不在少数。

禁止……

（正月）初二日，上（努尔哈齐）率诸贝勒于戌刻出宫，御城西墙远处之慈爱门。上命肆陈百戏，燃放爆竹泥筒。既毕，至亥刻进宫……①

到皇太极时代，商业税在满族社会的国家财政经济中占着很大的比重。皇太极于天命十一年（1626）即位之初，在他下的“告谕”中即已指出：

通商为市，国家经费所出，应任其交易，漏税者罪之；若往外国交易，亦当告知诸贝勒，私往者罪之……②

在满族的对外贸易中，由于从努尔哈齐时代起，与明长期处于战争状态的缘故，和明的公开互市是不多见的。也就因为这样，所以在这一时期，主要是与朝鲜的经济交流特别发达。在《朝鲜实录》中，满族方面的商人被称为“金国商人”“商贾”“买卖人”“贾胡”和“商胡”③ 的，屡见不鲜。这些去朝鲜贸易的满族商人，经常是以数十计、数百计甚至过千④ 。在有规定性的互市之外，也常有“潜商”⑤ 的事实发生。

不但如此，尚在太宗崇德二年（1637）朝鲜完全“臣服”于满族统治者以前，

① 《满洲老档秘录》上编；第31页上、41页上下。

② 《文录》卷1，第10页下。如梅勒章京锡翰于1642年“违禁私令汉人贸易”，竟被革去梅勒章京之职（见《文录》卷61，第8页下–9页上）。即皇室贵族亦不例外，如1641年多罗郡王阿达礼的母亲违禁，遣人至明境贸易，后被告发，受到“出府，不许主家事，仍罚银五千两”（见《文录》卷55，第2页上）的处分。

③ 《朝鲜仁祖实录》第2册，第68页既明言“金国商人”，其为满族商人无疑。第三册第68页有云：“仁祖十四年丙子（1636）九月辛亥，虏将马夫大（即《清实录》中之马福塔）持商贾蔘价到中江。”商贾自是指满族商人而言。又第2册第230页有“去会宁督市金官狼革带领官使二十二人，买卖人数难以预定”一语，则“买卖人”亦系指满族商人而言。第30页云：“仁祖六年戊辰三月丙寅，备局启曰：龙（即龙骨人，为《清实录》中之英俄尔岱）、朴（即朴兰英）两胡，固请开市，不得已而许之。……贾胡及守护军兵所馈，初无所约。……”贾胡可为满族商人之证。第43页：“仁祖六年戊辰四月丙午，申景瑗驰启曰：商胡撤回未及沈阳一日，而义州、铁山、郭山被掳女人逃还，言：商胡辈以为朝鲜既请赎还，而不惟不即赎去，又从而使之亡走。”商胡亦可为满族商人之证。

④ 《朝鲜仁祖实录》第2册，第94页，云：“差胡者老等率商胡八十人出来会宁府。”及第336页，云：“差胡率商胡七十八人，来到会宁。”第3册，第4页，云：“仁祖十三年乙亥五月辛亥，金差马夫达率商胡一百六十人入京。”又第2册，第23页，云：“仁祖六年戊辰二月庚申，郑忠信启曰：龙骨大领开市胡人千余，所豆里领守护军三百余，出来于镇江。”可证。

⑤ 《朝鲜仁祖实录》第2册，第13、127页；第3册，第253页。

所谓“春秋信使之行，买卖无异于开市”① 。《朝鲜实录》中还有一个关于“通使”的总结性的报道，现在把它抄在下面：

仁祖十四年丙子（1636）二月己卯，自丁卯（1627）以来，输岁币于金国者：杂色铀合六百匹，白苎布二百匹，白布四百匹，杂色木棉二千匹，正木棉五千匹，貂皮五十张，水獭皮二百张，青黍皮一百六十张，霜华纸五百卷，白棉纸一千卷，彩花席五十张，花纹席五十张，龙席一张，好刀八柄，小刀八柄，丹木二百斤，胡椒、黄栗、大枣、银杏各十斗，乾柿五十贴，全鳆十贴，天池、雀舌茶各五十封。今年又因金国诘责，逐加白紬二百匹，白布二百匹，正木棉三千匹，青黍皮四十张，白棉纸五百卷，好刀十二柄，小刀十二柄。②

由此可见，朝鲜方面所输出的贡额之大、品类之多了。

除一般商人外，这一时期又有皇室的“包衣交易之人”，贵族的“八家商人”和“府内人”③ 等，经常到境外去贸易，是一种满族贵族经营商业的特权，特别受到国家法律的保护。

这一时期满族的主要市场，如果以它的首府沈阳作为商业中心的话，在东北方对朝鲜的贸易，主要是会宁、义州、中江④ 三处；在西南方对汉人的贸易，主要是张家口、沙河堡⑤ 两处；在西方对蒙人的贸易，主要是“归化城”⑥ 。一般说来，满族对外的商品交换，从汉人输入的是缎匹、布、茶⑦ ，从朝鲜人输入的是米、牛、

---

① 《朝鲜仁祖实录》第2册，第171页。第332页有“欲于本国（朝鲜）信使之行，略带商贾，以资通货”语，可为佐证。

② 《朝鲜仁祖实录》第3册，第19–20页。

③ 《文录》卷35，第26页下；卷23，第17页一七上；卷41，第3页上、7页七下；卷52，第23页下；卷58，第25页上。

④ 会宁见《文录》卷4，第9页上下；卷13，第11页上。义州见同书卷15，第19页上。中江见同书卷4，第3页上下。此外尚有连山，见同书卷61，第4页下，亦是两国互市之处。

⑤ 张家口见《文录》卷12，第10页下；沙河堡见同书卷24，第18页上下。

⑥ 《文录》卷52，第25页下。

⑦ 《文录》卷25，第7页上；卷48，第16页上；卷61，第8页下–9页上。

布、帛[①]，从蒙人输入的是马匹[②]，而从满族输出的主要是人参和貂皮[③]。

根据上面所述，我们可以看出这一时期满族社会经济的特征：第一，农业生产为主，本来只为自身消费而生产的农作物，进而采取了商品形式；畜牧业退到与小农经济相结合的家庭副业；狩猎、采集经济在这一时期内之所以仍然占有重要地位，主要是由于当作商品采集。第二，手工业一般是作为农业的副业，如纺织业就是“耕织”[④]并称；至于城市手工业，主要为统治阶级服务，特别是为军事生产服务，如冶铁业，能够自己铸造“炮子”“火药”“大炮”“火箭”；生产其他的日用品并不太多，所以虽有商品交换，但不起多大的作用。第三，这一时期满族社会中不但有商人阶级的存在，而且沈阳作为当时满族的商业中心也形成了。因此，这一时期满族社会中自然经济的统治地位似已开始动摇了。

三、大庄园制经济和租佃关系

满族在努尔哈齐时代，庄园制的“拖克索”确曾大量存在。无可争辩的，这些属于大土地所有者的庄园制是当时满族社会的主要力量。

早在努尔哈齐时代就固定下来的八旗旗地[⑤]，到皇太极时代基本上没有多大的变

① 《文录》卷4，第6页上；卷9，第18页下-19页上。

② 《文录》卷52，第25页下。

③ 《文录》卷31，第1页下；卷32，第20页下。

④ 《天聪朝臣工奏议》卷上，第28页上，“李栖凤尽进忠言奏”中有“我汗（指皇太极）所有旧人，编兵耕织”一语，可以为证。

⑤ 日本藤冈胜二译注,《满文老档》太祖卷，第467-468页，有着一段关于努尔哈齐时代八旗旗地分拨极其重要的记事。当时八旗旗地的分拨是这样的：正黄旗：Feala（兴京的正东）、尚间崖、Boo-wehe、札克丹、Hongko、抚顺、章嘉、德立石、奉集堡九城。镶黄旗：柴河、抚安、花豹冲、懿路、三岔儿堡、铁岭、宋家堡、丁字泊、Biyan、恰库站十一城。正红旗：温德享山、札克穆、清河、一堵墙、碱场、孤山、山羊峪、威宁营、东州、马哈丹十城。镶红旗：沈阳、蒲河、平虏堡、十方寺、上榆林、靖远堡、武静营、长宁堡、会安堡、虎皮驿、长勇堡、长胜堡十二城。镶蓝旗：旅顺口、木城驿、金州、石河驿、黄骨岛、归服堡、望海埚、红嘴八城。正蓝旗：岫岩、青苔峪、Makuwal-sai、Sui-cang-ioi、伊兰博里库、镇东、镇夷、凤凰城、汤站、险山、甜水站十一城。正白旗：复州、栾固堡、羊官堡、永宁监、五十寨、盖州、监场堡、天成堡、庆云堡九城。镶白旗：海州、东京堡、耀州、穆家堡、析木城、古城堡、长安堡、Cing-ceng-pu、鞍山九城。按以上汉译地名，系依据驾渊一氏所著《满文老档中关于清初旗地的记事》（载于日本《史林》二三之一）一文所译出，参周藤吉之:《清代满洲土地政策的研究》，河出书房，第47-48页引。

动。如皇太极于1626年刚刚即位的时期，即曾明白表示过：

……其村庄田土，八旗移居已定，今后无事更移，可使各安其业，无荒耕种。如各牛录所居，有洼下不堪耕种，愿迁移者听之。①

实际上，八旗中亦经常有“展边开垦”“越所分地界”的事实发生。兹举阿敏所管辖的两蓝旗为例：

太祖时，守边驻防，原有定界。后因边内地瘠，粮不足用，遂展边开垦；移两黄旗于铁岭，两白旗于安平，两红旗于石城，其阿敏所管两蓝旗分住张义站、靖远堡，因地土瘠薄，与以大城之地。彼乃越所分地界，擅过黑扯木地开垦。彼时曾定阿敏一旗罪，将所获之粮入官。后又弃靖远堡，移住黑扯木地。上见其所弃，皆膏腴良田，谕阿敏曰：防敌汛地，不可轻弃。靖远堡地，若不堪种，移于黑扯木地犹可；今皆附近良田，何故弃之？……阿敏不能答。②

这种属于大土地所有者的庄园制，到皇太极时代还是在继续发展着。证以被拘留在沈阳作为“人质”的朝鲜太子李溰于1641年有关沈阳附近所目击的庄屯情况的报道：

诸王设庄，相距或十里，或二十里。庄有大小，大不过数十家，小不过八九家，而多是汉人及吾东（朝鲜）被掳者也。大率荒野辟土不多。至于（十月）十六日、十七日所经，则土地多辟，庄居颇稠，而亦皆汉人、东人或蒙种云耳。③

和当时被迫投清的明人胡贡明所奏：

有人必八家分养之，地土必八家分拂之；即一人尺土，贝勒不容于皇上，皇上亦不容于贝勒。④

---

① 《文录》卷1，第10页上。

② 《文录》卷7，第16页上下。

③ 《沈馆录》,《辽海丛书》本，卷2，第19页上下。

④ 《天聪朝臣工奏议》卷上，第53页下。

以及在后来康熙年间编纂的《盛京通志》[①] 中关于河东地区所设置的旗地，做了一个综合性的记录：

兴京旗地	二、四四一日
奉天附近旗地	二五八、九三七日
开原旗地	一一、六六七日
凤凰城旗地	七、五九〇日
盖平旗地	一六、二七四日
南金州旗地	五、一五〇日
牛庄旗地	二八、一一四日
合 计	三三〇、一七三日

按日即垧，垧以五亩计，则三十三万余日合一百六十五万余亩。其中“奉天附近”即铁岭、沈阳、辽阳等地的旗地占二十五万余日合一百二十五万余亩为最多，牛庄的旗地占二万余日合十万余亩次之。据此以推，在皇太极时代的八旗旗地主要是以沈阳附近和牛庄等地为中心，此外不过有少量的旗地分布于其他各地而已。

一般说来，在这一时代和努尔哈齐时代一样，每一成年的在旗壮丁是按“每丁给田五日”[②] 的。如崇德三年（1638）因为“内院官石岱、塞冷、扈蓝代、塞棱、琐诸木、毕礼克图等家贫，各赏人十二名，牛二头，地六十垧”[③]。这里“赏人十二名”给“地六十垧”正是合乎“每丁给田五日”的一般规定。但超过这种规定而多得田

① 此据《清代满洲土地政策的研究》第58–59页所引康熙二十三年版的《盛京通志》卷18。今再证以乾隆年间重修的《盛京通志》卷38，第12页下–13页下所载顺治（1644—1661年）初年，兴京旗地二、四四一日，奉天附近旗地二五八、九三七日，开原旗地一一、六六七日，盖平旗地一六、二七四日，金州旗地二四、四三五日，牛庄旗地二八、一一四日，凤凰城旗地七、五九〇日，锦县旗地二九、九三八日，广宁旗地二二、〇七八日，义州旗地三三、〇五二日，山海关旗地二六、八五六日，以上八旗田亩共四四二、〇九七日（日原作亩，误）。其中锦县、广宁、义州、山海关等系河西之地，不见康熙本《盛京通志》，自是顺治以后所增置；又金州旗地二四、四三五日，康熙本作“南金州”五、一五〇日，则料后来增置为多。可知顺治初年河东地区之旗地，绝大部分必系皇太极时代所置无疑。

② 《满洲老档秘录》上编，第23页上“太祖谕计口授田”条云：“每一男丁给地六日，以五日种粮，一日种棉。”则知努尔哈齐时代种粮之田实为五日；与《天聪朝臣工奏议》卷上，第7页上高士俊于天聪六年（1632）所奏“我皇上立法，每丁给田五日”以及后来《盛京通志》，乾隆重修本，卷38，第12页下所载“定例每丁给地五日”的说法相符。

③ 《文录》卷41，第25页上。

地，也是常见的。如天聪八年（1634）“正白旗姚塔有庄田二，在撒尔湖（即萨尔浒）地方，离本牛录屯另住”和“正蓝旗戴噶尔拨给塞勒二屯、敖塔一屯、席白图一屯，田地浮于人丁，又令所拨给之人，离本牛录别住”[①]。又如崇德二年（1637）“户部取赛木哈牛录下地三十垧，给予本旗安肫牛录下猎户济赖”；而“赛木哈多占壮丁五百垧”[②]。从这里可以看出，既“离本牛录屯别住”必是“田地浮于人丁”，甚至有的还“多占壮丁五百垧”，所以每一在旗壮丁于给田五日之外，能够多占得一些旗地亦是事实。

从这一时期大土地所有者满族贵族所拥有的大量庄园来看，无疑比努尔哈齐时代更向前发展起来形成大庄园制。姑且举两个例子作证。一个是在天聪四年（1630）阿敏的因罪被幽禁：

> 夺（阿敏）所属人口、奴仆、财物、牲畜及洪科退（阿敏子）所属人口、奴仆、牲畜，俱给贝勒济尔哈朗。止给阿敏庄六所、园二所，并其子之乳母等二十人、羊五百、乳牛及食用牛二十；给洪科退庄二所、园一所，满洲、蒙古、汉人共二十名，马二十匹。[③]

阿敏既被幽禁，仍能保留“庄六所、园二所”；洪科退亦仍保留“庄二所、园一所”。则知他们被夺去给济尔哈朗的庄园，当不只此数。

另一个例子是在天聪九年（1635）瓦克达的因罪受罚：

> 应夺瓦克达仆从：满洲一百五十八人，蒙古二十人，并汉仆人一百九十六人，马二百九十三，骆驼十三，牛二十，羊三百二十，并库中财物及在外所属满洲、蒙古、汉人牛录，俱给贝勒萨哈廉。瓦克达夫妇，止给侍妾并现在衣服，令其与贝勒萨哈廉同住。仍罚瓦克达马八匹，雕鞍马二匹，给色勒阿格。其应入官银四千两，庄田二十三处，所有汉人一百九十九人，各色匠役人等三百四人，并其家口俱付户部承政英俄尔岱、马福塔、吴守进，内还其匠役人

① 《文录》卷20，第28页上；卷21，第9页下–10页上。

② 《文录》卷35，第19页下–20页上。

③ 《文录》卷7，第22页上。

等一百八十六人。①

瓦克达的仆从之多，多到好几百人；即以充公的庄园而论，已有二十三处之多。而退还给他的“匠役人等”仍有“一百八十六人”，势必还曾保有不少数量的庄园，才能维持这一大批匠役人等最低的生活水平。

人们可能要问，是不是像前面所举的阿敏和瓦克达两个例子，只是这一时期满族社会中的个别现象，还是一般情况都如此呢？这在天聪八年（1634）皇太极对当时汉官所颁布的“告谕”里可以得到答案：

从前分拨辽东人民时，满、汉一等功臣占丁百名；其余俱照功以次散给。如尔等（指汉官）照官职功次之言，果出于诚心，则满、汉官员之奴仆，俱宜多寡相均。乃尔汉官或有千丁者，或有八九百丁者，余亦不下百丁；满官曾有千丁者乎？计功而论，满洲一品大臣应得千丁。今自分拨人丁以来，八九年间，尔汉官人丁多有溢额者。若谓新生幼稚耶，何其长养之速？若谓他国所获耶，尔汉官又未另行出征，如许人丁从何增益也？尔等试思之。非朕加恩尔等，宥尔过愆，能任尔等多得乎？……②

答案当然是肯定的。因为从“告谕”中，可以看出这一时期满、汉官“占丁百名”，确系一般情况不是个别现象。但汉官可以有八九百丁，甚至过千，而满官无过千丁者，似汉官的待遇较优于满官。其实不然，分得人丁愈多，所负担的差徭愈重。究之实际，满官拥有数百个人丁和数十所庄园更是普遍存在的事实。当时大量土地，毫无疑义地主要都集中在少数汉族贵族的手里。

跟着要追问的，就是这一时期的大庄园制是属于奴隶制性质还是封建制性质呢？在回答这一问题之前，不妨举出1642—1643年间朝鲜太子李溰分得的“农所”来加以具体考察。这在当时李溰从沈阳写给朝鲜本国的报道《沈阳状启》一书中，有着很明确的记载：

壬午年（崇德七年，1642年）二月二十三日……当初，以沙河堡近处

① 《文录》卷25，第22页上下。

② 《文录》卷17，第14页下–15页上。

一百五十日耕，野里江近处三百日耕，士乙古（即萨尔浒）近处一百五十日耕，三处设农为定。而今日，野里江东南王富村及鲁哥村两处，各一百五十日耕分受，其间相距十余里，终不合给一处，则将为四处设农。

癸未年（崇德八年，1643年）二月初二日……上年受田时，以千日耕折受为言……衙门勒给六百日耕……又给四百日耕，以准千日之耕。

二月初十曰。……田四百日耕内：铁岭卫二百曰耕，方湖二百日耕，已为折受[①]。

头一年分得沙河堡、野里江、萨尔浒等三处农所，凡“六百日耕”；第二年又分得铁岭、方湖二处农所，凡“四百日耕”。六处农所合计，凡一千日耕，共有田五千亩。平均每一农所大约有田八九百亩，这些农所自然是一种大庄园制的形态了。

从参加这些农所的农业生产劳动的人们来看，当时朝鲜人叫他们“农军”，都是花银子买来的，他们的身份可以肯定都是属于奴隶性质。这在《沈阳状启》中也有着很详细而又明确的记录：

农节已迫，农军买银尚不来。衙门日日促买，馆中无路得银，不得已，姑贷宴需银、九王（多尔衮）马价银、朴吉男赎价等各样银子，仅买男丁二十三名，女人十名，而价本则或给三十两，或给二十五六两。

农军先为买得者，已为驰启……男十一名，女一名买得，而其价则亦贷各样银，或给三十两，或给二十五两。

农军先买之数，已及于前后状启中……其后，又买男丁四十六名，女人二十四名，而价本则依前。[②]

往后又有一些增加，共有“农军男丁一百四十五名，女人四十五名”[③]，统计一百九十人。这些买得的农人一无所有，身上穿的都是“百结单衣，不可忍见”[④]。

① 《沈阳状启》,《奎章阁丛书》第1本，第412、553、555页。

② 《沈阳状启》,《奎章阁丛书》第1本，第402、409、415页。

③ 《沈阳状启》,《奎章阁丛书》第1本，第457、473页。

④ 《沈阳状启》,《奎章阁丛书》第1本，第415页。

不言而喻，这“农所”里的一切设备，如耕牛、农具等，全都由庄园主购置。《沈阳状启》云：

农牛十六双，亦为买得，而价则或给十五六两，或给十七八两……农牛、农幕、器械诸具，买备之价，极其浩多……种子、农粮、牛太等谷，一时贸贩，五千之银用之垂尽。[①]

又云：

农军男丁一百四十五名，女人四十五名，每人长短襦衣、襦袴、襦裳、所木匹（即布匹）、木花（即棉花）等物，令该曹预为计口磨炼，趁速入送，俾无呼寒冻伤之患。[②]

这些一无所有的农人们，被强迫编制在土地上进行劳动，因而对于农业生产并不感兴趣，于是发生逃亡的事，也就司空见惯了。比如在“管屯黄务斤库新高力庄头金天吉家丁，壮丁二名”逃走不久之后，跟着又有“农军采参人金继男、金金伊、金承吉等三人”的逃走。从而庄园主不能不发生“若不穷寻捉来，则诸处农所之人，亦不无效此逃走之弊，尤为可虑”[③] 的恐慌了。

再从这些“农所”里所出产的农作物来看，“农军”被迫进行劳动，劳动的产品全部为庄园主所有，显然也是属于奴隶制性质。在《沈阳状启》中有着一张很详尽的1642年“四处农所”收获量的报销账单[④]：

老家塞屯所 各谷落种二十五石十三斗零所出各谷九百三十二石四斗二升

---

① 《沈阳状启》,《奎章阁丛书》第1本，第415页。

② 《沈阳状启》,《奎章阁丛书》第1本，第457、473页。

③ 《沈阳状启》,《奎章阁丛书》第1本，第445、456页。

④ 《沈阳状启》,《奎章阁丛书》第1本，第527–528页。按这是“极其丰稔”的一年（1642年），所以“以落种之数，较其所收，则未为不多”。但到第二年（1643年），田地虽增四百日耕，共为一千日耕，而同书第630–632页所载：“柳千户屯所：田二百零一日半耕，落种四十八石九斗八升，所出各谷一千四百零五石二斗五升；铁岭屯所：田一百九十四日耕，落种四十七石十四斗八 升，所出各谷九百四十石十三斗二升，木花六百二十斤；士乙古屯所伐木井：田一百三十四日耕半，落种三十三石八斗九升，所出各谷八百十五石六斗二升；王富村屯所：田一百四十九日耕，落种三十八石七斗八升，所出各谷六百三十五石十四斗；老家塞屯所：田一百三十六日半耕，落种三十四石十二斗五升，所出各谷六百二十五石六斗；沙河堡屯所：田一百二十四日耕，落种二十九石十斗九升，所出各谷六百零一石六斗；都已上：田九百三十九日半耕，落种二百三十三石四斗七升，所出各谷五千零二十四石二斗九升，木花六百二十斤。”则“比年前颇不实”了。

屯监禁军等私赁田　自备种子所出各谷数：各谷落种十斗零所出各谷三十二石

已上元屯田及屯监等私赁田并各谷落种二十六石八斗零

所出各谷九百六十四石四斗二升

士乙古屯所　各谷落种二十三石九斗零

所出各谷八百五十七石

王富村屯所　各谷落种二十三石二斗零

所出各谷七百六十一石十二斗六升

沙河堡屯所　各谷落种二十四石十三斗零

所出各谷七百三十六石

都已上各谷落种九十八石二斗

所出各谷三千三百十九石一斗八升，内各处明年种子及农军粮、

农牛太计除后，馆中应用皮杂谷一千四百七十八石。

这里很清楚地告诉了我们，除去必须留做明年种子和维持“农军”最低限度的生活资料“农军粮”以及喂养耕牛的饲料“农牛太”以外，剩余的全部产品一千四百七十八石扫数为庄园主所享用。

应当指出，这一实例不应该被看成是突出的某一庄园的个别现象，而应该把它看成是这一时期满族社会中所有庄园的典型之一。因为被拘留作“人质”的朝鲜太子，被分给的田地，只能按当时当地满族社会中所有庄园的一般规定设立“农所”，而不是任何其他。当时朝鲜人也已指出：“并作之事，此处之俗，本无此规。自我募耨，彼谁肯从？”① 就充分证实了这一点。

同时，从上述的那张“四处农所”收获量的报销账单，值得特别提出的是，其中有“屯监禁军等私赁田”一项。既明说是“私赁田”，又与“屯所”之田截然分别开，很显然的就是一种租佃关系了。按分量来说，这里的“私赁田”为数并不算多，“所出各谷三十二石”，比起“六百日耕”的总产量三千三百十九石一斗八升来，

① 《沈阳状启》，《奎章阁丛书》第1本，第561页。

仅仅占百分之一。可是从产量的绝对数字来看，私赁田落种十斗零（不到一石，因朝鲜的一石系按十五斗计）出谷三十二石，合四十八倍；而屯所之田，即以产量最大的老家寨为例，落种二十五石十三斗零才出谷九百三十二石四斗二升，只合三十六倍。由此可见，私赁田比屯所之田多出谷四分之一。从而说明了私赁田的租佃制比起奴隶制的庄园制来，显然是一种进步的生产关系。

也就因为这个缘故，在以朝鲜太子为首的庄园主方面不能不考虑到这“四处农所”的收入，在“极其丰稔”的头一年，即已“所费不如所得”是大不合算的。《沈阳状启》云：

上年（1642年）六百日耕所出皮谷，其农军二百名皆自食，赢余不多。四节衣服，亦皆自此入送，所费不如所得。[①]

所以在第二年（1643年）增加四百日耕为一千日耕的情况下，势必要采用进步的生产关系的租佃制了。《沈阳状启》又云：

今此四百日耕，则依我国（朝鲜）规例，或半分或三分之一取之可也。[②]

这里所说“或半分或三分之一”的朝鲜规例，毋庸置疑的是指封建制的租佃关系而言。很显然，如果不采用这进步的封建制生产关系而仍然坚持奴隶制的庄园制的话，对庄园主是完全无利可图的。易言之，庄园主之所以能够放弃奴隶制的剥削关系而改用封建制的剥削关系，不是为了奴隶的利益，恰恰相反，是完全为了庄园主本身的利益打算。从这一实例的具体分析，我们很清楚地就可以懂得这一点。

我们既然说分给朝鲜太子的“农所”是大庄园制，而且是这一时期满族社会中所有庄园的一般情况不是个别现象，那么，这种从旧的奴隶制剥削关系过渡到新的封建制剥削关系，当然也不是朝鲜太子设立的“农所”所特有的特征，而是当时当地满族社会中所有庄园所共同具有的特征。这从天命六年（1621）满族一开始进入到辽沈地区时即可得到证明。《老档秘录》云：

天命六年七月，为计口授田事，论曰：海州一带有田十万日，辽阳一带有

① 《沈阳状启》，《奎章阁丛书》第1本，第561页。

② 《沈阳状启》，《奎章阁丛书》第1本，第561页。

田二十万日，共三十万日。宜分给驻扎该处之军士，以免闲废。其该处人民之田，仍令其就地耕耘。辽阳诸贝勒大臣及素封之家，荒弃田亩甚多，亦宜归入三十万日之内。二处之田如不敷分派，可以自松山堡及铁岭、懿路、蒲河、范河、欢托霍、沈阳、抚顺、东州、马根丹、清河、孤山等处之田补之；若仍不敷，可令至边外。往者明国富户，大都广有田土，已不能遍耕，则佃诸人。所获粮米，食之不尽，则以出售。至于贫人，家无寸土，瓶无斗储，一餐之粮，亦出自沽买，一旦财尽，必致流离失所。夫富者与其蓄有用之粮，以致朽烂；积有用之财，徒行贮藏；何若散给贫人以资养赡，既获令名，又积福德也！自谕之后，本年所种之粮，准其各自收获。嗣后每一男丁给地六日，以五日种粮，一日种棉，按口均分。家有男丁，不得隐匿不报，致抱向隅之恨。乞丐、僧人，皆给以田，务使尽力耕作，勿自暴弃。其纳赋之法，用古人彻井通制：每男丁三人，合耕官田一日；又每男丁二十人，以一人充兵，一人应役……[①]

这里面说“所种之粮，准其各自收获”。可见被分给“以五日种粮，一日种棉”的六日田地的每一男丁，已经开始获得财产权。而被剥削的方式却是“每男丁三人，合耕官田一日”和“每男丁二十人，以一人充兵，一人应役”，很显然就是一种劳役地租的剥削关系了。必须指出，这种劳役地租的剥削方式固然比租佃制的剥削方式要落后得多，但在当时满族社会的单纯榨取奴隶劳动的剥削方式中，仍然是比较先进的。满族在努尔哈齐时代之所以不能马上采用当时最先进的明朝人那种贫富悬殊的“佃诸人”的实物地租或货币地租的剥削方式，而不得不采用了比单纯榨取奴隶劳动要进步一些的劳役地租的剥削方式的原因，也就在此。

在皇太极时代，大庄园制劳役地租的剥削关系基本上是在继续着。当时人高士俊于天聪六年（1633）即已指出：

我皇上立法，每丁给田五日。一家衣食，凡百差徭，皆从此出。[②]

可是，到这一时期，大庄园制劳役地租的剥削关系，已经很快成为阻碍满族社

① 《老档秘录》上编，第22页下–23页上。参见藤冈胜二译注:《满文老档》太祖卷，第283–284页。

② 《天聪朝臣工奏议》卷上，第7页上。

会生产力向前发展的桎梏了。高士俊又说：

民间已苦不足，况扯绳分田，名虽五日，实在止有二三日。其该管将官千总，又将近堡肥田占种；穷民分得，俱系窎远荒田。臣思将官既有应得田园，即不许在本堡中占种民田，且用民力、民牛耕耘收获，甚为不便。[①]

同时人胡贡明也指出：

但见每丁授地五日，且又不足五日。少者固当壮丁之差，其老至六七十岁而有残疾者，不能壮丁之免。土木之工日扰，聚首之乐时无；况山泽之利不与共，八门之市不与通。金（即满族）汉之民，两相困毙。[②]

杨方兴也说：

上等肥饶之地，或被本管官占种，或被富豪家占种；余剩薄地，分与贫民，名为五日，其实不过二三日。又兼连年缘地薄民疲，粮从何来？前年（1630年）新添壮丁，一陇地未得，今随众应差。此穷者益穷，富者益富。乞皇上亲谕户部，来岁分田，务要足五日之数；不论地之厚薄，务要贫富均分。不许管屯官与屯民一处分地，所以防侵占也。官与官在一处，则势力相敌；民与民在一处，则彼此无惧；若官民同种一处，犹如羊伴虎也。[③]

要解决这一时期满族社会的生产关系和生产力的矛盾，必然是废除旧的奴隶制的剥削关系而积极地采用新的封建制的剥削关系，才能符合当时生产力发展的要求，才不致使“穷者益穷，富者益富”的阶级矛盾日益尖锐化起来。当时人佟养性即已看清了这一点，并且很具体地、及时地向满族统治者提出了应当采用“照亩起科”或“什一取偿”的封建赋役制的剥削方式：

夫粮食关系民命，目今地少人多，无力者固计数授田，有力者又苦无地耕种。计所入官粮，每年尚不敷支给。况近日待哺者甚多，司农称匮，仓无积粟。如值年岁大收，官府民间仅足一年之用；年岁凶歉，各家糊口尚且不足，

① 《天聪朝臣工奏议》卷上，第7页上。

② 《天聪朝臣工奏议》卷上，第33页下。

③ 《天聪朝臣工奏议》卷上，第45页下–46页上。

又何暇以济人？国中百万生灵，原自关系不少。以臣愚见，合无谕令民间有力量者广为开垦，照亩起科；无力者牛具粜种，官为之贷，岁田所入，什一取偿。将见一年耕，有三年之积；三年耕，有九年之蓄；仓库陈积，食足兵强，其利何如！①

稍后，扈应元也提出了和佟养性一样的“照地纳税或十分取一”的封建赋役制剥削方式的建议：

以愚生言之，地宽人稀，足国足民有余；人稠地窄，不能足民，又何以足国？况东南一带，逃走者更无去路，地也宽广，土也肥厚。舍之边外，荒芜无用；收之边里，耕种有益。即令有力之家，放心开垦，广种薄收，或照地纳税，或十分取一，不几年就积万万余粮矣。②

历史事实证明，这一时期，封建租佃制在大庄园制中必定是得到逐步推行的。兹举崇德六年（1641）镶白旗巴颜牛录下外音图的一个庄园为例：

镶白旗巴颜牛录下外音图，讼其母曰：我家归外家，携去家人四十九，牲畜一十一匹，又所遗貂裘……皆携去。大同、昌平、朝鲜、山东军中所获衣货，屯中岁入豕畜三十，棉花六百斤，园地岁入银四十两，店内两年所得银二百两，并没后所买人二十五名，马五匹，牛、驴各一头，此等财物一无所存。我妇本和睦，已生二子，母不爱惜，致令外家首告，断亲离异时携赀而去。其余在家诸物，我母又尽挈以往，我将何以为生？于是法司勘外音图所告俱寔……③

这里面有“园地岁入银四十两”一项，应该说是作为属于货币地租的形态已经出现了。这充分说明满族到了这一时期，按着它本身社会发展规律的道路，势必从奴隶占有制阶段大踏步地、迅速地向封建制阶段过渡，而不得由任何人的自由意志所能改变得了的。虽然在统治全中国以后很长的一段时间，在作为满族统治阶级的

① 《天聪朝臣工奏议》卷上，第8页下–9页上。

② 《天聪朝臣工奏议》卷中，第41页下–42页上。

③ 此据《清代满洲土地政策的研究》，第435–436页，引《三朝实录》太宗卷五四“崇德六年二月丙寅”条。按今本《文录》卷54，第23页下–25页上同年、月、日内，不见此文。

基本队伍“八旗”中，仍然还保留着相当大程度的奴隶制的残余，但总的说来，满族在统治全中国之前，至少在皇太极时代，确已开始从奴隶制生产关系向封建制生产关系过渡则是事实。

总括一句，这一时期满族社会的生产关系是：第一，大庄园制和努尔哈齐时代一样，基本上仍然是属于奴隶制性质的。第二，早在努尔哈齐末期的大庄园制中，已经存在着劳役地租的剥削关系，不过到了这一时期，劳役制已经发展成为阻碍生产力的桎梏，所以不得不由封建赋役制和租佃制取而代之了。

四、社会变革中的阶级关系

随着皇太极时代满族社会生产力水平的提高和向前发展，这一时期的阶级关系也发生了相应的变化。

原来在努尔哈齐时代，从事农业劳动的有奴隶，也有农民。到这一时期，编制到大庄园土地之上进行劳动的基本上仍然是奴隶。这在天聪元年（1627）皇太极写给朝鲜国王李倧的信上就明确提出了这一点：

> 辽东之民，久经分给将士，谊关主仆。①

这些被“分给将士，谊关主仆”的人们，绝大部分是在对明战争中被掳的汉人，被迫编制在庄园里进行农业劳动。天聪九年（1637）明的东北边防大臣辽东巡抚方一藻在写给明统治者的报告中就说过：

> 臣看得两河（指辽东和辽西）沦陷以来，辽之被掳者不知凡几。然奴（指满族统治者）性猜忌，皆令夷目（指满官）押之，使居庄屯，农种为活……②

从后来逃回到明方的“久在奴中或貌类真夷”的被俘汉人的口供里，完全可以得到证实：

> 陈大供称：年二十九岁，系金州小河山之人。原于辽阳失陷之时（1621

① 《文录》卷3，第33页上。

② 《明清史料》乙编第二本，第179页上。

年）被奴虏去，在四王子帐下，发作庄农。今年（1633年）奴将屯种粮米尽行粜卖买马，因无食用，又连年苦累不堪。是以自辽阳沿边要逃奔南朝，即死亦甘心。

陈当子供称：年二十七岁，与陈大系亲兄弟，所供相同。

刘合上，年二十五岁，系辽阳东宁卫人。原失辽时虏去，亦发作庄农，与陈大所供相同。

季勋细供：…… 有四酋（皇太极）极喜克了一城，又得了许多官兵，随将各兵发各庄屯各王子下 ……①

朱大供：年三十一岁，系义州人。崇祯二年（1629）在滦（州）、永（平）被虏，分四酋部落 ……

刘变供：年三十六岁，顺德府人。崇祯二年在安定门被虏，分二酋（阿敏）做庄家 ……②

其妇女、幼童被俘虏之后，大半是当家内奴隶使唤。例如在1641年的对明战役中，皇太极即曾明确规定：

自兹以后，有从三城（锦州、松山、杏山）内逃出者，十五岁以下准留为奴。十六岁以上勿赦。③

挨骂挨打系常见之事：

葛答洪供：于辽阳初失，自八九岁即落夷地，生辰岁数俱不记忆，大约有十七八岁。三姐亦不记年岁，在石大鞑子家为奴，每日打骂，苦挨不过 ……④

甚至还有被挞死的：

石讷布库以其家人（满语booi niyalma，实系家内奴隶）克什特妻，小愆，

① 《明清史料》甲编第八本，第765页上下，乙编第二本，第110页上。

② 《文录丛编》，故宫文献馆刊本，第二十一册“明兵部关于奴夷事件”第6页下。

③ 《文录》卷58，第24页上下、5页上。

④ 《明清史料》甲编第八本，第765页下。

挞之死。①

家内奴隶的工作，有“扛水使唤”的：

陈五等被捉，分在西将王世选下，扛水使唤。②

也有被驱使到野外“放羊牧马”的：

海四年二十二岁，原系遵化抢出，那时（1628年）年十一岁。南朝乳名叫赛哥子，父姓刘，系民，兄弟四人，彼时被抢失散。夷人把兔掳去，送与他大人克甲代，在地名南套儿驻牧……

摆红代年一十九岁，亦系遵化抢出，彼时八岁……分在头目麻误下……在外日逐放羊牧马……

幼男一名……陈住儿供：（年十六岁），系永平府人。于崇祯三年（1630）正月内被东夷掳去，跟随大王子（代善）下做部落；于崇祯四年八月跟随长营至大凌河，与达贼（指满人）放马……③

因而奴隶仍然是作为奴隶主财产的一部分，和马、牛、骡、驴、羊一样看待，是可以自由买卖的。

天命十一年八月，诸贝勒拟定收取课税之规：人、马、牛、骡、驴、羊、羶羊七项，每值一两收税课一钱。分为三分：二分公取之，其余一分经纪之人与牛录额真、章京及署事者均分取之。汉人所属之人卖者，则游击、千总分取之。除此七项之外，其他物概免收税。④

天聪四年冬十月辛酉，上谕曰：……凡诸贝勒包衣牛录，或系置买人口，及新成丁者，准与增入，毋得以在外牛录下人入之。⑤

买卖奴隶还有一定的市场，就在当时沈阳城外的“开城”，大约在今巨流河附近。这在崇德六年（1641）满人对朝鲜人的谈话中即已明白指出：

① 《文录》卷57，第14页下。

② 《明清史料》乙编第一本，第83页下。

③ 《明清史料》乙编第三本，第239页上；第一本，第66页上。

④ 《满洲老档秘录》上编，第50页下。

⑤ 《文录》卷7，第28页上。

汉人能为耕作，以此处开城廉价计给，则一人之价，不过十余两银云。开城即城外市肆也。[①]

“一人之价，不过十余两银”，应该就是这一时期买卖奴隶的一般价格，和当时一只耕牛“十五六两”或“十七八两”[②]的价格大致相等。比起明中叶奴隶“一人之价，牛马则二十余头”的价格来，显然下降得多。但当时朝鲜人所买的“农军”，“或给三十两，或给二十五两”[③]很可能是对朝鲜人的勒卖，犹之乎这一时期定规朝鲜方面赎还俘虏的“公赎给价”，高到“一百两”“一百一十两”甚至“二百两”[④]的勒卖一样。

这一时期奴隶的来源，最主要的是靠从对外的侵掠战争中多得一些俘虏，把他们变卖为奴隶。这在天聪四年（1630）皇太极对他臣下的谈话中坦率暴露出来：

上因问达海等：是役（对明的永平之战）俘获视前二次如何？对曰：此行俘获人口，较前甚多！上曰：金银布帛，虽多得不足喜，惟多得人为可喜耳！……[⑤]

根据清初的记载，在这一时期的对外战争里，有数字可查考的俘虏人数，最多的有四次：第一次是在天聪九年（1635）“入明边驰略……计俘获人口、牲畜七万六千二百有奇”。第二次是在崇德元年（1636）入明内地，“过保定府至安州，克十二城，凡五十六战皆捷，共俘获人口牲畜十七万九千八百二十”[⑥]。这两次都是将“人口”与“牲畜”并举，现在不能知道其中俘获的人口究竟有多少了。姑且以三分之一计算，则两次俘获人口大概总不少于六七万吧。第三次是崇德四年（1639）左翼多尔衮的深入明地，“克城三十四座，降者六城，败敌十七阵，俘获人口

① 《沈阳状启》，第390页；参见《清代满洲土地政策的研究》，第109页，以开城即巨流河云。

② 《沈阳状启》，第415页“壬午年（1642）三月初三日”条。

③ 《沈阳状启》，第409页；又第415页云：“又买男丁四十六名、女人二十四名，而价本则依前，或给二十五六两，或给三十余两。”可作参证。

④ 《沈阳状启》，第224、219、320页。当时朝鲜人即已说出：“如此勒卖之事，愈往愈甚，无可奈何！”（见同书第461页）的话，可为勒卖之明证。

⑤ 《文录》卷6，第33页上。

⑥ 《文录》卷24，第16页下；卷31，第2页上。又卷31，第7页下云：“俘获人畜十八万。”卷32，第2页下亦同。自系举其成数而言。

二十五万七千八百八十”；右翼杜度则“共克十九城，降者二城，败敌十六阵……俘获人口二十万四千四百二十有三”①。两项合计共俘虏人口凡四十六万二千三百零三人，为最多的一次。第四次是在崇德八年（1643）阿巴泰的深入明地，“至兖州府，计攻克三府十八州六十七县，共八十八城；归顺者六城，击败敌兵三十九处……俘获人民三十六万九千名口”②次之。总计在四次对明的侵掠战争中，“俘获人口”已经将近百万；此外在对朝鲜、对蒙古和其他各族的多次侵掠战役中所俘虏的人口尚未包括在内。如果把努尔哈齐时代已有的男女奴隶四五十万人都加在一起的话，则这一时期的奴隶总数，估计很可能有二百万或比二百万更多。

这一时期“俘虏人口”之为奴隶，和努尔哈齐时代并不两样，文献里将降人与俘虏分别记录，就是强有力的证明。例如在天聪元年（1627）的对朝鲜战役中，满族统治者皇太极即曾明白宣布过：

> 归顺之民，俱已放还；惟我军临阵俘获者，赏给被伤士卒，诸所俘获，俱就彼处区处携回。③

同年在对明的战役中，“俘获人口”是“分给将士”的：

> 以击败明满桂兵及密云兵……籍所俘获人口马匹，悉赏阵亡将士。④

过一年，天聪二年（1628）在对察哈尔的战役中亦是如此。

> 往略察哈尔……俘获人口尽赏给往略将士。⑤

显而易见，俘虏“分给将士”是当作奴隶处理的，而归附之民则不然，却要编户与自由民一律看待。兹举天聪六年（1633）满族统治者分别处理被俘蒙古人和汉人的俘虏和“归附”人民作例：

---

① 《文录》卷45，第22页上–23页上。

② 《文录》卷64，第24页上下。即在同一年，皇太极向朝鲜宣示此次大捷的结果，则云：“共俘人畜九十二万三百。”（见同书卷65，第25页下）如果除去“俘获人民三十六万九千”，似所获牲畜为“五十五万一千三百有奇”（王先谦：《东华录》，光绪二十五年石印本，第二册，第45页下，即作此数）。但按之《文录》（卷64，第24页下）明云：“驼、马、骡、牛、驴、羊共三十二万一千三百有奇。”两者相差竟至二十三万之多。此则不是对朝鲜夸大了实际数字，就是前次所报之数低估了好些，二者必居其一。

③ 《文录》卷2，第25页上下。参见同书卷3，第12页下。

④ 《文录》卷3，第24页下。

⑤ 《文录》卷4，第8页上。

自归化城及明国边境所在居民，逃匿者俘之，归附者编为户口。[①]

也就在这一时期，固然有时还有将招降来的人民“半入编户，半为俘”[②] 的事实发生，但从俘获中挑选一部分人出来“编为民户”，已经相当普遍了。比如：

天聪二年二月丁未……察哈尔国多罗特部落多尔济哈谈巴图鲁中伤遁走，尽获其妻子，杀其台吉古鲁，俘获万一千二百人，以蒙古、汉人千四百名编为民户，余俱为奴。

天聪四年六月……先是上所养永平、迁安官民，阿敏尽杀之，以其妻子分给士卒。至是……命籍孤子嫠妇编为户口，给以房舍衣食，俾无失所。

又如：

崇德元年六月丁酉，以吴巴海曾率两旗兵往征厄勒约索、厄黑库伦地方，俘获人口甚多，编为户口，嘉其善于用兵，由一等甲喇章京（满语jalai janggin即翼长）升为三等梅勒章京（满语meiren i janggin即副都统）。

八月乙亥……是日，驻守海州河口伊勒慎、托克屯珠、傅代，驻守牛庄吴鲁喀，驻守耀州英格讷，闻明国有捕鱼船至，遂率甲士一百五十人，乘小舟自辽河而下，遇三船，获人三十二，并缎匹等物以献。即以所获赏同行将士，编其人为民。[③]

不但在俘虏方面是这样，即原先在努尔哈齐时代早已编制好了的属于农耕奴隶性质的尼堪即汉族农民，到这一时期，也从中挑选一部分出来“编为民户”了。当皇太极即位之初，就已开始实行。

先是（指努尔哈齐时代）汉人每十三壮丁、（牛三头）编为一庄，按满官品级，分给为奴。于是（与满人）同处一屯，汉人每被侵扰，多致逃亡。上洞悉民隐，务俾安辑，乃按品级，每备御（即牛录）止给壮丁八、牛二以备使令；其余汉人分屯别居，编为民户，择汉官之清正者辖之[④]。

---

① 《文录》卷11，第36页上下。

② 《文录》卷6，第29页上。

③ 《文录》卷4，第7页下；卷7，第24页下；卷30，第12页上下、24页下。

④ 《文录》卷1，第10页下–11页上。

稍后，在天聪六年（1632）“管兵部事贝勒”岳托对“编为民户”的办法又曾提出略加修改。

岳托奏言：……各官（指大凌河“降附”的汉官）宜令诸贝勒，人给庄一区，此外复令每牛录各取汉人男妇二名、牛一头，即编为屯，共为二屯。其出人口、耕牛之家，仍令该牛录以官值赏之。[①]

由此可见，从早先满汉“同住、同食、同耕”的农耕奴隶中解放出来的汉族农民，这时是每一屯有五个壮丁和一头牛，或者是“男妇二名、牛一头”。但不管怎样，他们不再与满人同处一屯，也不再受满人的侵扰了。这就充分说明这时候“分屯别居、编为民户”的汉族农民，已经从农耕奴隶的地位转化为农奴了。

毫无疑问，满族统治者之所以这样做，目的是在更好地将大批汉族农民束缚在土地之上进行农业生产，一方面可使汉族农民能获得一定数量的农产品，作为己有；另一方面更重要的是，满族统治阶级能从农民身上获得更多的东西。不然的话，本来用强力编制到庄园里的汉人农耕奴隶对农业劳动越发不感兴趣，大有“多致逃亡”之虞。然则汉人农耕奴隶之能转化为农奴，并不是出于满族统治阶级的慈悲心肠，恰恰相反，乃是满族统治阶级为了自身的利益打算而不得不采取这一步骤的。

一般说来，家内奴隶是不容易获得解放的，因为在一定条件下，一个家内奴隶虽然有时被准许脱离开他自己的主人，但同时又被强制到另一主人的家里，仍然当家内奴隶使唤。在天聪三年（1629）满族统治者对奴隶首告离主的，就是这样规定的：

八贝勒等包衣牛录下食口粮之人（即包衣阿哈，或简称包衣）及奴隶之首告离主者，准给诸贝勒家。至于外牛录下人及奴隶之首告离主者，不准给诸贝勒之家；有愿从本旗内某牛录者，听其自便。[②]

再举崇德元年（1636）的一个实例为证：

都察院承政阿什达尔汉等奏言：有一仆人告主，及审所告是实，将原告拨

---

① 《文录》卷11，第6页下。

② 《文录》卷5，第19页上下。

与他人为奴。①

这说明首告离主的“仆人”所告虽然属实，结果“拨与他人为奴”，是家内奴隶依然还是家内奴隶。

但这一时期，家内奴隶的“准其离主、听所欲往”的限度，比起努尔哈齐时代来，无论如何是扩大得多了。就天聪五年（1631）所规定的“离主条例”②来看，即可证实这一点。当时规定的“离主条例”主要有下面六条：

（一）除八分外，有被人讦告私行采猎者，其所得之物入官，讦告者准其离主。

（二）除八分外，出征所获，被人讦告私行隐匿者，以应分之物分给众人，讦告者准其离主。

（三）擅杀人命者，原告准其离主，被害人近支兄弟并准离主，仍罚银千两。

（四）诸贝勒有奸属下妇女者，原告准其离主，本夫近支兄弟并准离主，仍罚银六百两。

（五）诸贝勒有将属下从征效力战士隐匿不报，乃以并未效力之私人冒功滥荐者，许效力之人讦告，准其离主，仍罚银四百两。

（六）本旗人欲讦其该管之主，而贝勒以威钳制，不许申诉，有告发者，准其离主，仍罚银三百两。

这里面说的“八分”和前述的“八家”一样，是指当时最大的八个满族贵族的家族而言。他们享有国家法律特权，所以能不受这离主条例的限制。过一年，天聪六年（1632），满族统治者对“离主条例”又做了一些补充规定。其补充规定即是：

凡讦告之人，务皆从实。如告两事以上，重者审实，轻者审虚，免坐诬告罪，仍准原告离主。如告数款，轻重相等，审实一款，亦免坐诬告之罪。如所

① 《文录》卷30，第11页上。又卷65，第20页下–21页上云：“马克扎告穆尔祜，所告属实，而不准出户”，亦可参证。

② 《文录》卷9，第13页上下。

告之实，及虚实相等，原告准离其主；所告之虚，原告不准离主。所告两事以上，而轻者实，重者虚，与告一事而情轻诉重者审实，坐被告以应得之罪，其原告仍坐诬诉罪，不准离主。若子告父，妻告夫，及同胞兄弟相告，果系反叛逃亡，有异心于上及诸贝勒者，许告，其余不许。若有告者，被告照常审拟，原告罪亦同，不准离主。①

这里应当指出，在补充规定的“离主条例”中，除“果系反叛逃亡，有异心于上及诸贝勒者”以外，一般“子告父，妻告夫，及同胞兄弟相告”的案子是不予审理的；即使审理了，亦“不许离主”。这显然是封建的伦理关系在这一时期满族的阶级关系中的具体反映，从而说明了由奴隶制向封建制过渡，是这一时期满族社会变革中的主要方面。

依据上述的“离主条例”，再就这一时期的具体事实加以考察，我们很明显地可以看出，满族社会里奴隶首告离主的事件，确系罕见，如：因“私行采猎”被告发而判令出户的，有硕托的家人桑噶尔寨；因“私行隐匿”被告发而准其出户的，有杜尔祜之母福金（满语fujin，系夫人之意）的家人噶布喇；因“奸属下妇女”被告发而准其出户的，有罗托的家人都塔里、布牙达、俄黑内、布达席理、古式、萨门、吴塞七人；因“勒索马及绸匹”被告发而准其离主的，有阿巴泰的家人绰益达木；因“盗取金、银、财物”被告发而准其离主的，有韩大勋的家人李登；因“违禁遣人贸易”被告发而令其出户的，有阿达礼母福金的家人宋果托、伊木布鲁，及同事满洲十一人和汉人十七人；因“潜逃”被告发而准其出户的，有囊古的家人七塞、班济；等等②。这些多不胜举的具体例子，充分说明了这一时期奴隶的首告离主，正是满族社会中的家内奴隶或农耕奴隶转化为农奴的具体表现。

如上所述，凡是首告离主的奴隶，必然都转化为农奴，是毋庸置疑的。至于那些尚未脱离奴隶身份的奴仆和家下人等，到这一时期，也不是完全一无所有，而是

① 《文录》卷11，第19页上下。

② 以上见《文录》卷40，第20页上–21页上；卷55，第2页上–3页下；卷62，第12页上；卷64，第3页下–5页上；卷65，第19页上–35页上。

已经具有一定的财产权了。这从崇德七年（1642）皇太极下的一个“告谕”中可以得到证明：

> 凡有粮贷人及无粮求贷者，家长许互相称贷，勿得向奴仆称贷及私贷与奴仆。①

既云“勿得向奴仆称贷及私贷与奴仆”，即奴仆有粮可贷或贷粮于人，其具有一定的财产权无疑。同时，在这一时期的文献中，有扎喀纳“还其奴仆家财”② 的明文记载，当然是一个具有普遍性的典型例证。因而，最低限度我们可以说到这一时代，在奴隶这一阶级中已经有着显著的阶层分化。换一句话说，即奴隶正在向农奴的方向转化中。

我们已经知道，在努尔哈齐时代一般奴隶是不服兵役的；可是到这一时期，由于对外战争的增加，因而服兵役的范围也随着扩大了。在天聪七年（1633）扈应元的“条陈七事”中有一条就这样指出过：

> 一编壮丁，全在户部。户部比看得法，而老幼应差不怨。况自古及今，未长十五岁者不当差，年至六十岁者亦不当差。我皇上仁政普施，岂无怜老恤幼之恩？但众大人不问老者力衰头白，亦不问老者生子多少，一概混编。至于生三四个儿子都是壮丁当差，而老子差事不去，民心服不服？儿子当差，孙子又当差，至于爷爷差事还不去，民情苦不苦？如此验看人，公道不公道？……③

可以肯定这里说的“编壮丁”是指满族自由民而言，但同时可以看出“少者固当壮丁之差，其老至六七十岁而有残疾者不能壮丁之免”④，是与原来自由民“三丁抽一”的规定显然不同了。其实，在这一时期，家奴即家内奴隶也有代替家主服兵役的，为皇太极申斥过：

① 《文录》卷59，第2页上。
② 《文录》卷65，第33页下。
③ 《天聪朝臣工奏议》卷中，第42页上。
④ 《天聪朝臣工奏议》卷上，第33页上“胡贡明谨陈事宜奏”。

有旧披甲人（即服兵役的自由民）诈称年老，令家奴代披……罪之。[①]

甚至还能充当小军官。有事实为证：

吏部承政李延庚……凡催办一切事体，俱用家人（即家内奴隶）充骁骑校、小拨什库。[②]

更明显的是，原来在努尔哈齐时代所规定的尼堪（即汉人）服兵役的比例是二十分之一，而到这一时期，属于农耕奴隶性质的汉人服兵役的比例扩大到“十丁编兵一名”。当时人丁文盛等即曾明确指出：

我国汉人十丁编兵一名，原用好的；近有膂力闲熟者畏避不出，或雇人顶替。似此，何以克敌？不若令各家喇（即甲喇）并管屯将军，简选十名之内有年力精壮并身家相称者，定为实在身，以充行伍。[③]

汉人服兵役的比例，由二十分之一增为十分之一，充分说明了这一时期农耕奴隶正向农奴转化这一客观事实在军事组织中的具体反映，从而也说明了由奴隶制向封建制过渡是这一时期满族社会变革中的主要方面。

根据以上所述，我们可以看出这一时期满族社会变革中的阶级关系是：

第一，和努尔哈齐时代一样，基本上仍是奴隶主和奴隶两大阶级，肯定地说，农耕奴隶是这一时期满族社会的各个生产部门中的主要力量。

第二，原先属于农耕奴隶性质的广大汉族农民以及其他各族人民，到这一时期已经有一大批脱离了奴隶身份而转化为农奴了，即一小部分的家内奴隶也并不例外。

第三，即尚未完全转化为农奴的另一部分农耕奴隶和家内奴隶，在这一时期也已经具有一定的财产权，正在向农奴的方向转化中。

① 《文录》卷55，第28页上下。

② 《文录》卷30，第21页下。

③ 《天聪朝臣工奏议》卷中，第4页下。

五、政治制度及其他

第一，从政治制度谈起。

满族在努尔哈齐时代已经有统一的政治组织。统治的形式是以每个拥有大约三百名满洲人的牛录① 实现的。每一牛录的首领牛录额真则“皆以各部酋长为之，而率居于城中”②。显然是一种以地域为主、血缘为辅的组织形式。而且每一牛录额真对所属的满洲人、诸申、尼堪、阿哈进行经济剥削和实行政治上的统治，是必须向最高军事首领努尔哈齐请求和批准才能发号施令。这在当时当地的目击者申忠一的报道里，可以得到证明：

> 粮饷，奴酋（努尔哈齐）等各处部落，例置屯田，使其部酋长掌治畊获，因置其部。而临时取用，不于城中积置云。
>
> 奴酋除辽东地方近处，其余北、东、南三四日程内各部落酋长，聚居于城中。动兵时，则传箭于诸酋，各领其兵；军器、军粮，使之自备。兵之多寡，则奴酋定数云。③

再从努尔哈齐对外的交涉中，以写给朝鲜国的“回帖”作例，他自称“女直（即女真）国建州卫管束夷人（指满洲人）之主佟奴儿哈齐”④，后来称“金”“金国”“大金”，直到1636年（天聪十年）他的继承者皇太极改称“大清”为止⑤，也说明了努尔哈齐所领导的满族是以一个自主独立政权的姿态出现的。

---

① 《清太祖武皇帝实录》，故宫博物院1932年铅印本，卷2，第1页下–2页上。又《建州闻见录》(《栅中日录》本）页二上云：“一高沙（即固山）所属柳累（即牛录）三十五，或云四十五，或云多寡不均；一柳累所属三百名，或云多寡不均；共通三百六十柳累云。”可以参证。

② 《写定申忠一图录本文》,《兴京二道河子旧老城》本，第102页。

③ 《写定申忠一图录本文》,《兴京二道河子旧老城》本，第102页。

④ 《写定申忠一图录本文》,《兴京二道河了旧老城》本，第98页。

⑤ “大金”被改称“大清”，是在1636年（天聪十年）。在这以前，都是以“大金”自称，人亦以此称之。朝鲜即在这一年被征服，曾因改称“大清”，遭到该国大臣的反对。《朝鲜仁祖实录》第三本第74页记载：“仁祖十四年丙子九月戊辰，谏院启曰：谋国之道，必先明大义，不可回谲而知。经筵崔鸣吉曾于筵席之上，谓金汗为清国汗，以为定式云。谬哉鸣吉之言也！何其不思之甚耶？彼以清国为号者，实非偶然之称也。彼僭伪号，我因以称之，则是与其僭也。浸浸之弊，何所不至！鸣吉当公论方张之日，不顾大义，敢以不忍闻之说，仰溷于冕旒之下，其纵恣无忌，固已极矣！……”完全可以证实这一点。

由于满族社会经济的向前发展和对外战争的日益频繁，更需要一个强有力的稳固的国家，才能适应当时客观形势发展的要求。这就使得努尔哈齐不顾父子骨肉之情，本来和他地位相等的同母弟舒尔哈齐，只因“时有怨言”而家产被籍没，“遂抑郁而卒”；即预定继承自己事业的长子褚英，也因“褊狭如故”而被幽于高墙，“逾年而殒”[①]。从而表明满族的全部政权、兵权统收之于最高军事首领努尔哈齐掌握之中，奴隶主专制国家得到进一步的巩固和加强。

从1627年努尔哈齐逝世后，名义上虽由他的第四子皇太极继承统治，但在实际上仍由包括皇太极在内的“四大贝勒”共同处理国家事务。我们已经知道，在努尔哈齐时代，向专制国家的发展即是不可阻挡的客观趋势。所以，到了皇太极统治的初期，这种客观要求更是刻不容缓的亟须解决的一个问题。首先，皇太极于天聪三年（1629）废除了“四大贝勒按月分直”的制度，继而于天聪六年（1632）又取消了“上与三大贝勒俱南面坐受”的仪式而开始“南面独坐”[②]。结果三大贝勒：阿敏被幽禁十年，于崇德五年（1640）病死于监狱中；莽古尔泰以“酒醉露刃”，“降居诸贝勒之列”，郁郁不得志而死[③]；代善则处处唯皇太极之言是听，活到六十六岁，仅得善终了事[④]。所谓“生死予夺之权，一刻不许旁分”和“天无二日，民无二主”以及“天下定于一”等封建观念，成为这一时期满族社会中的唯一标准了。

第二，是进一步的封建主义化。

随着专制主义的巩固和增强，皇太极努力推行了与中央集权政治相适应的中央统一制度和进一步的封建主义化。

首先，是书词、名称的划一。

> 崇德元年六月，上谕：我国之人，昔未谙典礼，故言语书词，俱无上下贵贱之分；今阅古制，凡上下问答，各有分别，自今俱宜仿而行之。嗣后凡施之于皇上者，则谓之奏；施之于亲王、郡王及诸贝勒者，则谓之禀；施之于大臣

---

① 《满洲老档秘录》上编，第2页下、3页上下。

② 《文录》卷5，第3页上下；卷11，第2页上下。

③ 《文录》卷53，第14页上；卷10，第8页上；卷12，第39页上。

④ 《清皇室四谱》，上海聚珍仿宋印书局，卷3，第4页上。

者，则谓之呈。皇上之书词，谓之上谕；言语谓之降旨。臣工对上，无论问答，均谓之奏陈。各库分别定名，谓之曰银库、财库、仓库。桥谓之市井，铺谓之商家。各地方官用牲畜，谓之户部牧养。教场谓之演武厅。禁约者佛家之法，嗣后勿得称呼，谓之国家法律。不可以臣工之有职者，皆谓之官员。照样二字为蒙古之语，以后无论言语书词，照样二字永远禁止；谓之效法。外藩归顺之蒙古使者，不得曰使臣；若来进牲畜、财帛者，则谓之进献牲畜、财帛之人；若来告事，则谓之奏陈。内外和硕亲王、多罗郡王、多罗贝勒等彼此往来之使，则谓之使臣；若亲王、郡王、贝勒、贝子等所遣之使，则亦谓之使臣；未封王之大小贝勒、贝子等之使者，若来亲王、郡王处馈送者，则不曰使臣，谓之馈送之人。①

到这时，"和硕亲王、多罗郡王、多罗贝勒、固山贝子、固伦公主、和硕公主、和硕格格、多罗格格、固山格格、固伦额驸、和硕额驸、多罗额驸、固山额驸等，等级名号，皆有定制，昭然不紊"②。

其次，是行政机构模仿汉制。

最先设立的有"翻译汉字书籍"和"记注本朝政事"的文馆，为后来改设内三院（内国史院、内秘书院、内弘文院）③的张本。当时人宁完我在《请译四书五经通鉴奏》中即云：

臣观金史，乃我国始末，汗（皇太极）亦不可不知。但欲全全译写，非十载难成，且非紧要有益之书。如要知正心、修身、齐家、治国的道理，则有孝经、学、庸、论、孟等书；如要益聪明智识、选练战攻的机权，则有三略、六韬、孙吴素书；如要知古来兴废的事迹，则有通鉴一书。此等书实为最紧要大有益之书，汗与贝勒及国中大人所当习闻明知，身体而力行者也。④

这不啻是要满族统治者以明为师，把早已达到高度封建化的汉人的文化遗产和

① 《满洲老档秘录》下编，第43页上下。

② 《文录》卷42，第3页上。

③ 《文录》卷5，第11页下–12页上；卷28，第2页上–3页上。

④ 《天聪朝臣工奏议》卷中，第25页上下。

历史教训全盘搬运过来。

同时又有六部的设立[①]，更是全部抄袭于明王朝。宁完我十分露骨地指出过：

我国六部之名，原是照蛮子家（指明王朝）立的。

应当指出，在推行封建化政策的同时，满族统治者对本族固有的文化特点和当时存在的历史特点，是不愿轻易抛弃的。相反地，他们更愿意把这些特点和进步的汉人制度结合在一起，而使其继续保存下来。宁完我在天聪七年（1633）就看清了这一点，在讨论从明抄袭而来的六部时，提出了自己的看法：

其部中当举事宜，金官原来不知，汉官承政当看《（大明）会典》上事体：某一宗我国行得，某一宗我国且行不得；某一宗可增，某一宗可减；参汉酌金，用心筹思，就今日规模，立个《金典》出来。每日教率金官，到汗面前担当讲说，务使去因循之习，渐就中国之制。必如此，庶日后得了蛮子地方，不至手忙脚乱。然《大明会典》虽是好书，我国今日全照他行不得。他家天下二三百年，他家疆域横亘万里，他家财赋不可计数，况《会典》一书，自洪武到今不知增减改易了几番，何我今日不敢把《会典》打动他一字？……[②]

历史事实证明，满族统治者皇太极对早在努尔哈齐时代即已采用汉文的官名和城邑名，到这时全部“易以满语”。有他在天聪八年（1634）颁布的上谕为证：

朕闻国家承天创业，各有制度，不相沿袭，未有弃其国语，反习他国之语者。事不忘初，是以能垂之久远，永世弗替也。蒙古诸贝子自弃蒙古之语，名号俱学喇嘛，卒致国运衰微。今我国官名，俱因汉文，从其旧号。夫知其善而不能从，与知其非而不能省，俱未为得也。朕继承基业，岂可改我国之制而听从他国？嗣后我国官名及城邑名，俱当易以满语，勿仍袭总兵、副将、参将、游击、备御等旧名。凡赏册书名，悉为厘定：五备御之总兵官为一等公，一等总兵官为一等昂邦章京（amban janggin），上等总兵官为二等昂邦章京，三等总兵官为三等昂邦章京；一等副将为一等梅勒章京（meiren i janggin），二

① 《文录》卷9，第11页下–12页下。

② 《天聪朝臣工奏议》卷中，第35页上下。

等副将为二等梅勒章京，三等副将为三等梅勒章京；一等参将为一等甲喇章京（jalai janggin），二等参将为二等甲喇章京，游击为三等甲喇章京；备御为牛录章京（nirui janggin），代子为骁骑校，章京为小拨什库，旗长为护军校，屯拨什库仍旧名。凡管理不论官职：管一旗者，即为固山额真（gūsai ejen）；管梅勒者，即为梅勒章京；管甲喇者，即为甲喇章京；管牛录者，即为牛录章京；管护军纛额真（bayarai tui ejen），即为护军统领；管护军甲喇额真（bayarai jalai ejen），即为甲喇参领。其沈阳城，称曰天眷盛京；赫图阿喇城，曰天眷兴京。毋得仍袭汉语旧名，俱照我国新定者称之。若不遵新定之名，仍称汉字旧名者，是不奉国法，恣行悖乱者也，察出，决不轻恕。①

这不能看作是满族反对汉人制度即抵拒封建主义化的后退现象，只能看作是满族为了企图继续保持住自己的“民族形式”而脱胎换骨地接受了汉人的封建制度的精神实质的一种表现。可以当时人明白指出这一点来作证。一则宁完我说：

……万一有乱政者，言汉制不宜行于我朝，又不免将开创嘉谟，中道废止矣。此臣所为痛惜而早虑者也！……②

一则张存仁也说：

……臣真心报主，毫无私念：惟皇上远效尧、舜、禹、汤、文、武之法，近仿汉高祖、宋太祖之制，臣愚不胜幸甚！③

作为一个统一的专制国家的满族，到这一时期，在政治、经济、文化各个方面已经跨进了封建社会的大门，对于由奴隶制向封建制过渡这一必须经历的历史过程，是无法避免同时也是抵拒不了的。

再就满族统治者皇太极于崇德元年（1636）所采取的历史上有名的“骑射”政策而论，也只能看作是统治阶级力图保持已经失掉了的以狩猎生产为基础的骑射技术，来保证他们的统治权的一种手段，而这一政策并不具有多大的实际意义。皇太

---

① 《文录》卷18，第12页下–14页上。

② 《文录》卷10，第33页上。

③ 《文录》卷24，第10页下。

极这样说道：

先时儒臣大臣巴克什达海、库尔缠屡劝朕改满洲衣冠，效汉人服饰，学汉人制度；见朕不从，辄以为朕不纳谏。朕试以身喻之：如我等聚集于此，宽衣大袖，左佩矢，右挟弓，忽遇劳萨双科罗巴图鲁（满语šongkoro baturu，系勇号）挺身突入，我等能御之乎？若废骑射，必宽衣大袖，待他人割肉而后食，与尚左手之人何异耶？且朕此言，非为一世之计也，在朕身岂有变更之理？恐后世子孙忘旧制，废骑射，以效汉人，故常切此虑耳！①

从表面上看，皇太极是在大声疾呼要保持住满族固有的骑射技术，而在有清一代的确也曾以“骑射”政策作为它历朝统治者奉行惟谨不可动摇的“国策”；但究之实际，不特在满族统治者统治全中国以后，这种骑射政策仅仅成为照例的官样文章，即在皇太极颁布这一政策的同时，所谓满族固有的骑射技术，已在摇摇欲坠了。这在同一年皇太极对他的子弟们的告诫中就可以看得出来：

昔太祖时，我等闻明日出猎，即豫为调鹰蹴球，若不令往，泣请随行；今之子弟，惟务出外游行，闲居戏乐……今子弟遇行兵出猎，或言妻子有疾，或以家事为辞者多矣！……②

很显然，满族统治者企图保持骑射技术是一回事；而广大满族人民在进入到高度农业化的辽沈地区以后，很迅速地接受着、吸收着汉人的进步生产方式，不能由人们的自由意志改变得了的，必然要放弃自己固有的落后生产方式是另一回事。从这一骑射政策的不能彻底推行，我们就可以看出这一点。

第三，是刑罚。

在努尔哈齐的初期，为了巩固奴隶主的统治，对违抗命令的满洲人、诸申、尼堪、阿哈所采取的惩罚，是不成文的习惯法。有两个当时当地的目击者的报道，可以作证。一个是申忠一云：

奴酋不用刑杖：有罪者只以鸣镝箭，脱其衣而射其背，随其罪之轻重而多

① 《满洲老档秘录》下编，第48页下–49页上。参见《文录》卷32，第8页上–9页上；卷42，第10页下。
② 《文录》卷30，第20页下–21页上。

少之；亦有打腮之罚云。[①]

另一个是李民寏亦云：

有罪：则或杀，或囚，或夺其军兵，或夺其妻妾、奴婢、家财，或贯耳，或射其胁下。[②]

到努尔哈齐的晚期，即在进入辽沈农业地区以后，已经由不成文的习惯法逐渐过渡到成文的法令。例如在天命七年（1622）颁布的《谕禁单身行路》，即有明文规定：

…… 若结伙不满十人，仅以九人同行者，见即报之，罚银九钱；八人者，罚银八钱；七人者，罚银七钱；五人以下，罚银五钱。[③]

罚银之外，同时还采用了蒙古对饮酒过量者罚马、牛、羊的惯例。其规定是：

须知尔国（指蒙古）之例，凡饮酒过量者，皆治以罪：殷实之人，罚马；中等人，罚牛；下等人，罚羊。[④]

此外有"没收""鞭责""割鼻耳"或"贯鼻耳"，处罚最重的是"正法"和"裂尸示众"[⑤] 等。

从上面所述，不管是不成文的习惯法或成文的法令，都可以说是一种奴隶制社会里奴隶主把对待奴隶如同对待牛马一样的上层建筑。这些为着巩固奴隶主统治的上层建筑，一直到皇太极统治的整个二十年期间还继续在沿用着[⑥] 并继续在起着它应有的作用。

但伴随着满族社会经济向封建制度发展，反映在刑罚中的等级制度，到这一时期也从而确立起来。崇德三年（1638）对"名号等级"的补充规定，即是一个例证。补充规定说：

自后若王、贝勒、贝子等犯者，议罚；官员犯者，幽系三日，议罚；庶民

① 《写定申忠一图录本文》，第103页。

② 《建州闻见录》，第4页下。

③ 《满洲老档秘录》上编，第29页下。

④ 《满洲老档秘录》上编，第31页下。

⑤ 《满洲老档秘录》上编，第24页上、26页下、31页上–32页上、34页下。

⑥ 在65卷的《文录》中，像"鞭责""贯鼻耳"等处分的例子，多不胜举。

犯者，枷号八日，责治而释之。[①]

特别明显的是，在这一时期，也有了和汉人极相类似的封建典型式的法令“十恶”的制订：

一、谋危社稷。一、谋毁宗庙、山陵及宫阙。一、谋背本国，潜逃他国。一、蛊毒、魇魅。一、盗大祀神器及上服御器物。一、殴辱祖父母、父母。一、兄卖弟。一、妻告夫。一、与宗族通奸。一、奸人强劫财物。[②]

此外尚有为了保证与向封建制发展相适应的农业生产而屡次宣示的“军律”[③]。

第四，是婚姻关系。

我们已经知道，在努尔哈齐时代，满族的婚姻关系完全是一种不按辈分的婚姻关系，当然，这不等于说在那时已经丝毫没有氏族制的残余遗痕了。事实证明，到了皇太极时代，仍然存在有“男子六十人随嫁”[④]的群婚制的现象。其为氏族制的残余，是不足为怪的。但值得我们注意的是，到这一时期，在进入到高度农业化的辽沈地区以后，也和其他各个方面发生了变化一样，满族的婚姻关系不能不受到汉人封建婚姻制度的影响。从天聪三年（1630）起，满族统治者皇太极已有“凡取继母、伯母、弟妇、侄妇，永行禁止……同族嫁娶，男女以奸论”[⑤]的明文规定。这一条已被屡经修改的今本《清太宗文皇帝实录》删去，但今本《文录》中于天聪六年（1632）仍有“前禁不许乱伦婚娶”[⑥]一语；其未经修改而今尚保存在《清三朝实录采要》中的原本《清太宗文皇帝实录》，于天聪九年（1635）更明显的有“初，

① 《文录》卷42，第10页上下。

② 《文录》卷53，第6页下–7页上。此系崇德五年（1640）所颁布的“十恶”。在这以前，曾两次宣布过“十恶”的规定，一次是在崇德元年，条文是：“犯上，烧毁宗庙、山陵、宫阙，逃叛、谋杀、故杀，蛊毒、魇魅，盗祭天器物、御用诸物，杀伤祖父母、父母，兄卖弟，妻告夫，内乱，强盗。”（见同书卷28，第39页下）另一次是在崇德二年，条文是：“犯上，焚毁宗庙、陵寝、宫殿、叛逃、杀人，毒药巫蛊，盗祭天及御用器物，殴祖父母、父母，兄卖弟，妻诬告夫，内乱，纠党白昼劫人财物。”（见同书卷37，第15页下）三者字句略有不同。

③ 《文录》卷43，第15页下–18页下；卷50，第12页上下。

④ 《文录》卷30，第28页下、30页下。

⑤ 朱磷：《明纪辑略》卷14，见陈垣：《汤若望与木陈忞》，《辅仁学志》第七卷第一、二期，引所。

⑥ 《文录》卷11，第20页上。

满洲一族妻室，如伯、叔母及嫂等，俱无嫁娶之禁；上（皇太极）以一姓之内，而娶其诸父昆弟妻，乱伦殊甚，尝禁止之”[①] 的记录。这些显然都是未曾删掉的、仅存的，说明这一时期满族的婚姻关系正向封建婚姻制度过渡的有力证据。从而，在这一时期，满族统治者也就提出了“妇以夫为天”[②] 的口号，这口号可以肯定是向汉人看齐的完全封建化了的“三从四德”伦理关系。

第五，是军事民主主义。

在努尔哈齐时代满族社会里，同时存在着“由氏族制度中发展起来的军事民主主义”，当然是事实。我们也知道，这种军事民主主义一直维持了很长的时间，即到皇太极时代仍然十分显著，在清初文献中经常见到的“八家”和“八分”，就是证据。但这种民主本质上是属于统治阶级内部的民主，因为奴隶主专政并不排除奴隶主之间所享有的民主。

现在的问题却在于，这种军事民主主义到这一时期，和努尔哈齐时代比较，是否起了一些变化呢？根据作者个人考察的结果，答案是肯定的。即以当时人胡贡明的话作证，他在叙述了“八家平分”“八家平养”的情况之后，一则说：

> ……以臣之见，这个陋习（指八家的平分和平养），必当改之为贵。假如下次兵马出去，若得银八万两，八家每分七千两，留三八二万四千两，收之官库；若得衣八千件，八家每分七百件，留三八二千四百件，收之官库；其八家应得的财物，即听各贝勒自己使用。若要摆酒，即命礼部向官库支办；若要赏人，即命户部向官库取给。所得之人，都好一处养活：见其贤也，便好养活得厚些；见不贤也，便好养活得薄些；且养他也由我，不养他也由我。厚薄予夺之权得以自操，而人之心志亦必归结于一处矣。虽各贝勒少得些财物，也落得安然自便；虽皇上受些辛苦，也落得自专鼓舞，而收拾人心，不亦为策之尽善尽美乎?!

他再则说：

① 《清太宗文皇帝实录》（日本伍石轩本）卷5，第15页下–16页上。

② 《文录》卷17，第25页下。

……如此三分四陆，如此十羊九牧，总借此强兵，进了山海（关），得了中原，臣谓不数年间，必将错乱不一而不能料理也！①

从这里明显可以看出，这种军事民主主义到这一时期是不能适应由奴隶制向封建制过渡的客观要求而需要加以适当的修改了。满族统治者皇太极命令奴隶主贵族的子弟们读书，即是为了这个目的。他在“谕金、汉、蒙官子弟读书”的“告谕”中，明白道出：

儒书一节，深明道理。朕闻各官多有不愿子弟读书，以为我国历来取胜，何用书为？然昨年滦州失守，二王（阿敏）不救，其遵化、迁安、永平弃城，皆由不读书、不晓义理之故也。②

试想：满族统治者在这一时期，面临着充满了尖锐的阶级矛盾行将土崩瓦解的大明帝国，只有放弃分散的军事民主主义而赶快过渡到中央集权的封建专制主义，才能取明王朝而代之。因为这是当时满族社会发展中所必须走的唯一道路，由它本身历史发展规律所决定了的。

六、余论

综上所述，我们可以看到，满族社会向封建制的过渡，主要是在皇太极时代（1627—1643年），同时并不否认在努尔哈齐的晚期，特别是在1621年进入到高度农业化的辽沈地区以后就已经开始了。

人们也许要问：当时满族在进入高度农业化的辽沈地区以后，为什么走上了向封建制过渡的道路而没有走上向发展的奴隶制发展的道路呢？根据作者个人初步的考察，这里有经济的、社会的、历史的三方面的原因。

经济的原因。从努尔哈齐时代起，大量奴隶之出现，主要是由于满族统治者对广大的辽东农业地区的迅速扩张，俘虏了好多汉族农民，最多的一次是三十万，几

① 《天聪朝臣工奏议》卷上，第11页上下、35页下。

② 《满洲老档秘录》下编，第34页下–35页上。

乎全部把他们驱使到田野之上耕作；到皇太极时代，奴隶数量的确又比以前增多了，仅以四次较大的对明侵掠战役而论，就俘虏了将近百万。但这些在战争中被强迫变为奴隶的不仅有被俘虏的兵士，还有被征服地方的很大一部分汉族农民，同样他们都被编制到广大庄园里去进行农业劳动。我们都知道，在世界历史上的典型的发展奴隶制国家，只有雅典和罗马。像雅典那样典型的发展奴隶制的形成，正如恩格斯在他的经典著作中所指出的："大量奴隶之出现是由于好多奴隶在总管监督之下，在一所巨大的手工工场内一起工作之故。"[①] 而在17世纪的上半期，处在亚洲东部的满族，虽然已从祖国极东北的依兰和更在其南的赫图阿拉（今辽宁省新宾），搬到了今天东北南部的辽沈地区，但这一地区也只是高度农业化了的地区，最适宜农业生产，根本谈不上有发展到了"巨大的手工工场"生产的条件。因此，在当时的客观条件限制之下，满族社会不可能向发展的奴隶制的方向发展。

社会的原因。恩格斯同时指出："雅典人国家的发生乃是一般国家形成的一种非常典型的例子，因为一方面它产生的方式非常单纯，并没有外来的或内部的暴力行为的任何干涉……另一方面因为在这里，极发展的国家形态，民主共和国，是直接从氏族社会中发生的。"[②] 根据恩格斯的这一论证，可以帮助我们了解：一个自然兴发的民族和一个处在四面受高度文化的其他民族的包围中的民族的发展规律是有所不同的。像满族这个民族，起码从15世纪40年代，即1440年定居于赫图阿拉这一时期起，它是处在朝鲜、蒙古和明"三大"之间，不管在经济上、政治上或文化上，都长期受到这"三大"的直接的或间接的影响。谁都不会否认，到15世纪，这"三大"早已进入到高度封建制的阶段。历史事实证明，即在满族搬到辽沈地区以前，特别在经济上和文化上，与朝鲜和明的亲密关系是谁也斩断不了的；即使在彼此处在战争状态中，各族人民之间的经济往来和文化交流也仍然是存在的。像朝鲜"潜商"之多，已如前述；即以在兵荒马乱、炮火喧天的对明战役中的天聪六年（1632）这一年来说，仍有"我军（满人自称）大市于明张

① 恩格斯：《家庭、私有制和国家的起源》，第114页。

② 恩格斯：《家庭、私有制和国家的起源》，第114–115页。

家口”① 的事实存在，便是证据。这充分说明满族的形成，不是“非常单纯”，也不是“并没有外来的或内部的暴力行为的任何干涉”；恰恰相反，它是长期受着“外来的”进步的其他民族的直接的或间接的影响，包括经济、政治、文化各个方面在内。也就因为这样，它不可能像雅典人国家的产生那样走上向发展奴隶制发展的道路之上。

历史的原因。从恩格斯所指出的雅典人这个“极发展的国家形态，民主共和国，是直接从氏族社会中发生的”这一论据来看17世纪20年代到40年代的满族社会，很明显，和雅典人国家的情况是迥乎不同的。因为，第一，在努尔哈齐时代，满族的社会发展阶段，肯定是属于奴隶占有制，同时并不排斥早期封建制的存在。第二，我们在前面已经提到，满族和在明以前的所有女真集团是有区别，但它仍属于其中的一个支派则是事实。众所周知，女真人在12世纪到13世纪，曾经建立过地跨华北平原、历时一百年左右的强大的金王朝。所以，到努尔哈齐兴起之际，他仍以“女真国”和“大金”自称；企图借此来团结本族人民和以恢复早已消失的金王朝相号召；这一称号一直到皇太极继续统治了将近十年，才开始被改为“大清”，主要是为了避免明统治者“以宋朝故事为鉴”，而不惜公开否认自己是“金之子孙”②，以争取汉族广大人民的“不念旧恶”并进而接受它的统治这一政治目的的。事实上，满族统治者之称“汗”（han）和“贝勒”（beile）等，都是女真人惯用的旧称③。不可想象，在金王朝长久统治的岁月里，即使尚未发展到奴隶制阶段的这一部分女真人，可以丝毫不受“外来的或内部的”任何影响，反而故步自封地把自己保留在氏族社会之中。从此，我们可以认识到，满族在皇太极统治以前很长的一段时间里，早就接受着、吸收着封建制的生产方式和生活方式；到了皇太极时代，虽然是历时很短的大约20年的期间，但它之所以能够很快向封建制过渡不是没有历史根源的。

---

① 《文录》卷12，第10页下。

② 《满洲老档秘录》下编，第28页下。

③ “贝勒”二字系由满译汉，但在金时，汉译则作“勃堇”又作“勃极列”（见《金史语解》，光绪年间江苏书局刊本，卷6，第1页上），或作“孛堇”。见《柳边纪启》，《国学文库》本，卷4，第114页引《金完颜娄室神道碑》和《孛极列》，又见《松漠纪闻》，《辽海丛书》本，卷上，第2页下，为小异耳。

达呼尔人出于索伦部考

作为今天祖国民族大家庭成员之一的达呼尔人，共约5万人，主要分布在东北嫩江两岸和嫩江的一些支流，其中以居住在内蒙古自治区的莫力达瓦旗、布特哈旗、索伦旗，黑龙江省的龙江县、富裕县、纳河县、嫩江县、瑷珲县（今爱辉区）、齐齐哈尔市的人数最多；另外居住在新疆维吾尔自治区西北边境塔尔巴戛台山麓的瓜尔本设尔的亦复不少。

达呼尔人自称“达斡尔”，过去曾有部分人也采用过“达斡尔蒙古”[①]，其他各族人民都称他们“达呼尔”或“爱门人”（满语aiman，系部落之意），现在统一称为达呼尔[②]。

达呼尔人的历史，可以追溯到三四百多年以前的索伦部或萨哈尔察部。那时在我们伟大祖国的北方黑龙江上游居住着许多人数很少的部落和部族，概称为索伦部或萨哈尔哈部，当时住在黑龙江北的精奇里江与额尔古纳河之间的达呼尔人也包括在内。达呼尔人像和他们住在一起的其他人数很少的部族一样，过着游猎生活，整年整月的游动在大小兴安岭上。他们和索伦人是人数较多而又比较强大的满族的近邻，在一个相当长的时期，他们和满族的关系是比较密切的[③]。但在17世纪的上半，当满族的统治阶级快要成为中国各族人民的统治者的时候，满族为了巩固和扩大他

① 详见阿尔坦噶塔：“达斡尔蒙古考”（1931年刊本）。

② 见中央民族事务委员会于1955年6月22日公布的“已确定的少数民族名称表”。

③ 大约在17世纪20年代（满族统治者征服索伦部前），达呼尔人已和满族统治者建立了联系。《苏联大百科全书》第十三卷里记载有“达呼里亚”（Даурия）的区域，这些地区便是黑龙江以北的西起石勒克河、东至布莱雅河及松花江下游一带，这个地区是因为达呼尔人分布在那里而得名的。记载中还说达呼尔人是这个地区最大的、居统治地位的部族。由于帝俄军队的压迫，他们才逐渐迁居到嫩江流域。

们的统治，即企图征服包括达呼尔人在内的索伦部。

达呼尔这一名称，因为被概括在“索伦部”总称之下，直到17世纪的下半才被正式采用。所以，在这以前，人们知道的很少。也就因为这样，过去的历史学有一个错误的看法，即认为居住在黑龙江流域的呼尔哈部就是达呼尔人的前身。这些历史学家曾经费了很大力气想从有关呼尔哈部的许许多多的记载里去寻找达呼尔人的史实，从而企图证实达呼尔人原是呼尔哈部的成员之一，结果并没有多少收获。其实，达呼尔人和呼尔哈部是没有多大关系的。

一、呼尔哈部不是达呼尔人

根据现在掌握的材料，当16世纪的下半，清帝国的奠基人努尔哈齐兴起的时候，分布在他的北邻的部族当中有一个名叫呼尔哈部的部族。按呼尔哈（hurha）恐系满语“大围网”（hūrhan）或“打雀鸟马尾套子”（hūrka）之意[①]。易言之，呼尔哈部即是被用来泛指以打牲为业的人们。见于清初记载中的有两个呼尔哈部：一个是在东边，即所谓东海渥集部的呼尔哈部，大约就在今天牡丹江流域一带；另一个是在西边，便是黑龙江境内的呼尔哈部。众所周知，分布在牡丹江流域的东海渥集部的呼尔哈部和达呼尔人并没有什么关系。

同在1634年这一年内，而且同在一个月里，有这样两件事情同时发生：

天聪八年五月丙戌朔，黑龙江地方头目巴尔达齐率四十四人来朝，贡貂皮一千八百一十八张。

天聪八年五月甲辰，往征东海一路虎尔哈（即呼尔哈）部落季思哈、吴巴海遣人奏捷：俘男子五百五十人、妇女幼小共一千五百人，获有主马一百五十六、牛一百八十三，无主马三十八、牛二十一，貂、猞狸狲、狐、水獭、黄鼠、灰鼠、貉等裘共一百六十有奇，貉、猞狸狲、狐、狼、水獭、黄鼠、灰鼠、虎、貉、海獭等皮共二千二百五十有奇，貉褥二，布一百二十，缎四，人

① 《御制增订清文鉴》（乾隆年间刊本）卷22，第22页上、33页下。

参二驮。①

既已知道“黑龙江地方头目巴尔达齐”是达呼尔人的代表人物（详下），因而达呼尔人并不是东海渥集部的呼尔哈部。

同样，过了一年，在1635年，又发生一件跟上面极相类似的事实：

天聪九年夏四月壬寅，黑龙江索伦部落头目巴尔达齐率二十二人来朝，贡貂、狐皮等物。上命礼部承政满达尔汉迎于五里外，设宴宴之。甲辰，往征东海瓦尔喀（即呼尔哈）吴巴海、荆古尔代自宁古塔遣噶尔珠报捷，奏称：收抚壮丁五百六十人、妇女五百口、幼稚九十口，又俘获妇女六十六口、马六十匹、牛百头，貂、猞狸狲、虎、狐并水獭、青鼠、黄鼠等皮六百六十有奇，貂裘、貂镶灰鼠裘、猞狸狲裘、貂裘、黄鼠、灰鼠等裘三十八领。②

从这里，充分可以说明分布在黑龙江上游一带的达呼尔人与居住在东海渥集部的呼尔哈部是毫无关联的。

可是，问题却在于，分布在黑龙江境内的呼尔哈部和居住在精奇里江与额尔古纳河之间的达呼尔人是不是同出一源呢？主张他们二者同是一家的，其主要根据就是乾隆年间重修的《盛京通志》，在叙述以“黑龙江城”（今瑷珲县）为中心的山川时，其中谈到“瑚尔汉乌鲁苏河湾”：

城东南，达呼尔原驻札处，谓之库尔堪部。③

同书在“乌鲁苏城”条下亦云：

城西北三百里，在乌鲁苏河北岸，周周（衍一周字）一百三十步。（乌鲁苏）城北即库尔喀故地，西曰乌鲁苏河湾。④

很显然，所云“城东南”和“城西北”系指“黑龙江城”的东南和西北，“库尔堪”和“库尔喀”则与“呼尔哈”均系一字的同音异译。过去有些历史学家曾将黑龙江

① 《清太宗实录》卷18，第20页下、28页上下。

② 《清太宗实录》卷23，第8页上下。

③ 《盛京通志》（乾隆年间重修本）卷28，第29页下。

④ 《盛京通志》卷32，第4页下。

境内的呼尔哈部当作达呼尔人，根据就在此①。其实，这是不正确的。因为根据这两条材料，只能解释作：达呼尔人原来驻札过的“黑龙江城东南”或“乌鲁苏城西北”的“瑚尔汉乌鲁苏河湾”这个地方叫做“库尔堪部”或“库尔喀故地”，或者更确切一些说，“瑚尔汉乌鲁苏河湾”这个地方也曾是“库尔堪部”所住的地方即“库尔喀故地”。单从这两条材料，肯定的说，看不出达呼尔人和库尔堪部两者之间必然相等的关系来。

为了要搞清楚呼尔哈部与达呼尔人到底有没有关系，我们可以将黑龙江境内的呼尔哈部再分为松花江流域的呼尔哈部和黑龙江上游的呼尔哈部，来作进一步的探讨。

首先，从松花江流域的呼尔哈部说起。

> 崇德七年（1641）闰十一月己酉，往征松阿里江虎尔哈部落沙尔达、朱玛喇等遣人奏报：喀尔喀木、遮克特库、塔土库、福提希、俄尔浑、洼齐奇、库巴查喇、额提奇、萨里、尼野尔北十屯人民，俱已招降。计男子妇女幼稚共一千四百五十八名口，于是月初十日自松阿里江起行，约于十二月初旬可至。②

松阿里系满语sunggari（天河）之意，俗呼为松花江③。居住在这一地区的“虎尔哈部”即呼尔哈部，自然和分布在精奇里江与额尔古纳河之间的达呼尔人并没有什么关系。因为，在这前一年，达呼尔的代表人物巴尔达齐曾遣人“来贡”过：

> 崇德六年十二月，……萨哈尔察部落额驸巴尔达齐遣喇库等来贡。④

在这后一年，巴尔达齐又曾亲自“来朝”过：

> 崇德八年五月，……黑龙江额驸巴尔达齐来朝。⑤

① 参[日]人岛田好：《清初萨哈连部考》（载《满洲学报》第八、九号，1944年），第60页–61页。

② 《清太宗实录》卷63，第34页下–35页上。又卷64，第5页上有云：“计获男子妇女幼稚共一千六百十九名口。”则此为实数，较前所报时又增获一百六十一人耳。

③ 《满洲源流考》（奉天大同学院重印本）卷19，第2页下注。

④ 《清太宗实录》卷58，第23页上。

⑤ 《清太宗实录》卷64，第24页下–25页上。

以巴尔达齐为代表的达呼尔人，一则说“萨哈尔察部”，一则说“黑龙江”，毫无疑问，与松花江流域的呼尔哈部不可混为一谈。

其次，谈谈黑龙江上游的呼尔哈部吧。同住在黑龙江上游一带，达呼尔人与他们之间的关系是值得注意的。但在1635年，在清初的记载里，有这样一件事实：

天聪九年五月乙卯，出征黑龙江虎尔哈部落诸臣，以所招降头目人等朝见。上御殿，凯旋诸臣将朝见，上以诸臣出师勤劳，命主将霸奇兰、萨穆什喀行抱见礼。霸奇兰、萨穆什喀出班至上前，叩头，行抱见礼。次招降二千人叩见，次索伦部落朝贡头目巴尔达齐等叩见毕，命招降军士俱较射。设大宴，上召霸奇兰、萨穆什喀，以金卮酌酒，上亲赐之。次饮各旗出征署旗务大臣，次饮以下诸臣，并招降头目。宴毕，上回宫。①

十分明显，在这同一天里，当黑龙江上游的呼尔哈部被迫投降的2000人受到满族的统治者皇太极“召见”“赐饮”的时候，达呼尔人的代表人物巴尔达齐却以不同的身份“索伦部落朝贡头目”也一同被“召见”“赐饮”。无可否认的是，巴尔达齐自然而然的没有被计算在“招降”的呼尔哈部2000人之内。从而可以知道黑龙江上游的呼尔哈部也并不是达呼尔人。

这里必须指出的，是1643年满族统治者派兵攻打“索伦部”的事：

崇德八年五月丁巳，往征黑龙江虎尔哈部落护军统领阿尔津、哈宁噶等，以我军攻克三屯，招降四屯，并籍俘获户口数目，自军中遣张泰、墨克奏报：臣等军至彼地，所向克捷，其波和里、诺尔噶尔、都里三处俘获男子七百二十五名，小噶尔达苏、大噶尔达苏、绰库禅、能吉尔四处投顺来归男子三百二十四名、妇人二十九口，又俘获妇女幼稚一百九十九口。②

从被攻下的波和里、诺尔噶尔、都里、大小噶尔达苏、绰库禅、能吉尔七屯的地位来看，它们已经是越过了黑龙江北岸，到达了“索伦部”聚居的地方，为什么还叫它作“黑龙江虎尔哈部落”呢？大概是因为当时索伦部可以被概括在“黑龙江虎尔

① 《清太宗实录》卷23，第9页上下。

② 《清太宗实录》卷64，第25页下–26页上。

哈”名称下面的缘故。如果说在这时期达呼尔人应该包括在索伦部之内（详下节），那么达呼尔人也可以被概括在“黑龙江虎尔哈”名称之下。但这不等于说黑龙江上游的呼尔哈部就等于达呼尔人。

二、达呼尔人出于索伦部

如上所述，达呼尔人既不是东海渥集部的呼尔哈部，也不是松花江流域的呼尔哈部或黑龙江上游的呼尔哈部，那么，达呼尔人怎样在清初记载中开始出现的呢?

前面引过的1634年有关巴尔达齐的一条材料重引于下：

> 天聪八年五月丙戌朔，黑龙江地方头目巴尔达齐率四十四人来朝，贡貂皮一千八百一十八张。

就在这同一年同一月里，过了二十二天，还有另一条材料：

> 天聪八年五月戊申，大军（指清兵）渡辽河，抵阳石木河，沿河立二十营。往科尔沁国调兵之伊拜还，奏言：科尔沁国噶尔珠塞特尔、海赖、布颜代、白谷垒、塞布垒等各率本部落人民，托言往北方索伦部落取贡赋自给，遂叛去。其土谢图济农巴达礼、扎萨克图杜稜、额驸孔果尔、台吉吴克善等已率兵往追之矣。于是上遣户部承政英俄尔岱、举人敦多惠还盛京（即今沈阳），谕留守和硕贝勒济尔哈朗，可令索伦部落来朝头目巴尔达齐速还国，恐致噶尔珠塞特尔等袭取其地，宜详加训谕而遣之。①

据此，则知前一条所说的“黑龙江地方头目巴尔达齐”即是后一条所说的“索伦部落来朝头目巴尔达齐”。

巴尔达齐既是达呼尔人的代表人物，为什么在他的头衔之上冠以“索伦部落”字样呢？如所周知，当明末清初之际，分布在黑龙江上游一带的许多部族中，索伦和达呼尔是两个长于射箭而又比较强大的部族。那时，索伦人中出了一个名叫博穆博果尔的杰出领袖，十分精明能干，因而获得了当地各族人民的爱戴。于是，位于

① 《清太宗实录》卷18，第34页上下。

黑龙江上游南北两岸的各个村落和屯塞，都属于他的统治[①]。正因为这样，博穆博果尔不但是当时索伦人一族的杰出领袖，同时也是这一地区各族人民的共同领袖。从而在清初的文献里，很自然地将这一地区的各个部落集团都概括地称之为“索伦部”。当然，达呼尔人既是属于博穆博果尔统治之下，无例外地它也被算做索伦部的一部分了。

因此，首先和满族建立了联系的巴尔达齐，跟着在第二年又来“朝贡”。

> 天聪九年夏四月壬寅，黑龙江索伦部落头目巴尔达齐率二十二人来朝，贡貂、狐皮等物。[②]

不但巴尔达齐本人向满族统治者贡纳了“貂狐皮等物”，更重要的是，他同族的人也跟着络绎不绝地源源而来。

> 天聪九年六月壬午，…… 又黑龙江贡貂者：塞布奇屯巴尔达齐等十六人，噶尔达苏屯四人，戈博尔屯二人，额苏里屯萨岱等二十四人，阿里岱屯八人，克殷屯四人，吴鲁苏屯二人，此皆旧日往还之人；又新至者：榆尔根屯一人，海轮屯二人，固浓屯一人，昆都轮屯一人，吴蓝屯一人。[③]

按戈博尔、额苏里、阿里岱、克殷、吴鲁苏、吴蓝这些屯子的名字，在现存的达呼尔“哈拉”（hala，姓）或“莫昆”（mukūn，族）中都还可以找到。从这些屯名来看，可以肯定居住在这一地区以内的人们就是达呼尔人。

> 同上六月“丁亥，赐萨哈尔察部落来贡貂狐皮头目巴尔达齐、额内布、萨泰等三人辨锻朝服、衣、帽、玲捷程带、鞍马、锻、布有差，其从役六十三人各衣一袭。”[④]

大概就是因为达呼尔人的代表人物巴尔达齐在满族和达呼尔人之间的经济交流和文化交流上起了很大的促进作用，或者是满族统治者企图利用巴尔达齐作为进一步统治达呼尔人的工具的缘故，满族统治者皇太极甚至将他自己亲属的女儿，当时叫做

---

① 参见《黑龙江志稿》（1932年刊本）卷54，第3页下–4页上《博穆博果尔传》。

② 《清太宗实录》卷23，第8页上。

③ 《清太宗实录》卷23，第26页下–27页上。

④ 《清太宗实录》卷23，第29页下–30页上。此条所引的“巴尔达齐”系塞布奇屯人。

“公主”，即满语的“格格”（gege），许配了巴尔达齐，使之成为“驸马”满语叫做“额驸”（efu）。

天聪十年（1636）夏四月，…… 索伦部落萨哈尔察地方额驸巴尔达齐率十四人来朝，贡貂皮。①

此后，达呼尔人和满族的关系较前更加密切了。

崇德二年（1637）二月丁亥，…… 是日，黑龙江地方额苏里屯内俄伦扎尔固齐、克讷布鲁达尔汉率九人至，奏言：额苏里屯东，约六日程，有从未通我国者三十九屯，今欲来贡，不知纳贡礼仪。求我等同皇上使臣一人至彼，即备方物，随使臣入贡。为此特遣人来。其所献之物：貂狐皮二百有六，貂狐衣服七领。谨奏。②

同上“冬十月，…… 黑龙江地方巴尔达齐率五十七人，贡貂皮。又精格里河即精奇里江浑秦屯内居住扈育布禄初未入贡，至是亦率五人来朝，贡貂皮。俱令礼部官迎宴之。”但在同一时期，索伦部的杰出领袖博穆博果尔来的次数反而不多——只1637年一次，1638年又一次，前后共两次。

崇德二年闰四月庚戌，黑龙江索伦部落博穆博果尔率八人来朝，贡马匹貂皮。

崇德三年冬十月，…… 黑龙江博穆博果尔、瓦代、噶凌阿等来朝，贡貂皮、猞狸狲等物。③

自此以后，索伦部和满族便断绝了来往。从第二年1639年起至1640年两年之内，满族的统治者皇太极即调动大兵去攻打他们。

不难想象，杰出领袖博穆博果尔在索伦部的统治和他的统治的日益加强，必然会引起满族统治者方面的焦虑和猜忌。为了加强、巩固和扩大自己的统治，满族统治阶级势必要采取一系列的利诱分化索伦部内部的手段。一个很明显的例子即是，

① 《清太宗实录》卷28，第17页上。

② 《清太宗实录》卷34，第10页上下。

③ 《清太宗实录》卷39，第2页上。

达呼尔人的代表人物巴尔达齐就是在这种利诱分化政策下被拉拢到满族方面来的。

尽管巴尔达齐被满族统治者用通过婚姻关系掩盖了的政治野心所“征服”了，到这时为止，达呼尔全族的广大人民仍然和“索伦部”全体人民同住在一起，即在“大索伦部”之内。在1639至1640年间满族统治者所发动的进攻以博穆博果尔为首的索伦部的战役中，达呼尔一族的广大人民都英勇地参加了博穆博果尔领导的反掠夺、反压迫的防御战。

关于这次博穆博果尔所领导的正义的防御战，从清初的官书中，仍然可以得到一些能够反映当时实际情况的消息：

> 崇德五年（1639）三月，……往征虎尔哈部落萨穆什喀、索海等，遣牛录章京法谈、宜尔格得等奏报：……及至铎陈，力攻一日；至次日，复欲进攻，闻各路报博穆博果尔索伦之兵来战，恐伤我兵，遂还。兀鲁苏屯之博穆博果尔、索伦、俄尔吞、奇勒里、精奇里，兀赖布丁屯以东，兀木讷克、巴哈纳以西，黑龙江额尔图屯以东，阿里阐以西，两乌喇兵共六千，来袭正蓝旗后队。索海率每牛录兵五人设伏，萨穆什喀护辎重殿后，二人率众章京击败敌兵，斩杀甚众，生擒四百人。既败博穆博果尔后，随攻取其营。营内敌兵单弱，正白旗先入，正红旗镶黄旗俱相继驰入，敌遂遁。[①]

从这里可以看出，参加此次防御战的，除索伦外，还有鄂伦春（即俄尔吞）、奇勒尔（即奇勒里）和达呼尔各族的人民。为什么说有达呼尔人也参加了这次战役呢？这是因为精奇里乌拉即精奇里江或“精格里河”，正是当时达呼尔人聚居的地方，巴尔达齐自称“精奇里氏”即是明证。又其中所说的城名有“铎陈”即系“多金”，屯名有“阿里阐”即系“阿尔丹”或“阿里岱”的同音异译，则仍为今天达呼尔的“哈拉”或“莫昆”之一。因而这次博穆博果尔的抵抗清兵，是以索伦人为首的由鄂伦春、奇勒尔和达呼尔各族人民所联合组成的反掠夺、反压迫的正义斗争。

事实证明，博穆博果尔领导的反清侵掠的正义斗争，获得了鄂伦春、奇勒尔、达呼尔各族人民的大力支持，抵抗的结果虽然终归失败，但以少敌多，以弱抗强，

① 《清太宗实录》卷35，第3页下；卷44，第10页上。

他们英勇斗争的精神是值得敬佩的。而清官方的报导，说他们“单弱”“遂遁”，恰恰与史实相反。这从后来满族统治者追审“出征索伦”将领的罪状中可以得到充分证明：

崇德五年六月癸未，部议出征索伦领翼主将萨穆什喀等罪：……博穆博果尔兵攻掠正蓝旗辎重，彼（指萨穆什喀）坐视不救，以致甲士二十二、厮卒二十四为敌所杀。……正蓝旗梅勒章京伊孙既见博穆博果尔兵攻掠本旗辎重，不急入援，坐待叶克书至，以致本旗甲士、厮卒共四十六人为敌所杀。……噶凌阿余党及俘获二百二十人，又不严行系禁，及博穆博果尔来攻，遂失其地，又先……败走。……镶蓝旗席林获噶凌阿之媳，收留帐内，不防守噶凌阿，以致脱逃。及博穆博果尔来攻，不坚守营寨，为敌所夺，败走被杀。……镶白旗章京雅布喀与穆祜、和托率兵六十人收管疲敝人马，遇三屯叛人伏发，和托及兵三十七人被杀。……①

不要忘记，与达呼尔本族的广大人民相反，早已被满族统治者拉拢过去的以巴尔达齐为首的一小部分达呼尔人，在这次战役中自始至终是站在满族统治阶级的方面。巴尔达齐即曾亲口供认过：

额驸巴尔达齐于（崇德五年）三月十八日来会云：惟我多科屯人，未曾附逆。其小兀喇（即系精奇里江）各处兵皆往助博穆博果尔。及我兵（指清兵）大捷后，果博尔屯之温布特，博和里屯之额尔喷，噶尔塔孙屯之科奇纳，木丹屯之诺奇尼，都孙屯之奇鲁德，兀喇喀屯之博卓户，得都尔屯之科约布鲁，七屯之人已归额驸巴尔达齐。别屯之人皆逃。据巴尔达齐曰：逃者亦必来归，无劳再举耳。②

从上引七屯的屯名中，可以发现：“果博尔”即“戈博尔”“郭博勒”或“郭贝尔”，“木丹”即“穆丹”或“墨尔丹”，“得都尔”即“德笃勒”或“德都尔”的同音异译，这些屯名都还保留在现存的达呼尔“哈拉”或“莫昆”之中。这说明在1639至1640

① 《清太宗实录》卷51，第8页上–9页下。

② 《清太宗实录》卷52，第7页下–10页下。

年间满族统治者对索伦部的战役中，仅仅除掉以巴尔达齐为代表的“多科屯”一屯以外，其余广大的达呼尔人民都曾参加博穆博果尔所领导的反清侵掠的斗争。只是由于两者兵力的悬殊，巴尔达齐又被利诱过去，经过壮烈英勇的战斗和牺牲，索伦部的正义斗争才被镇压下去，七屯的达呼尔人民最后不得不被迫“归顺”了。

对这次博穆博果尔领导的反清斗争加以考查的结果，充分说明了明末清初之际达呼尔人是索伦部的一部分，换言之，达呼尔人是在索伦部的名义下活动的。

三、达呼尔人的被称萨哈尔察部

上节既已表明，在清初的记载中，在“达呼尔”一名尚未正式被采用以前，达呼尔人的活动是在“索伦部”的名称下记录的。不过同时在个别地方，他们还被称为“萨哈尔察”。萨哈尔察这一名称的首次出现是在1618年。

天命三年（1618）夏四月癸卯，…… 时蒙古贝勒恩格德尔、萨哈尔察国长萨哈连二额驸随军营，上告以金朝往事。[①]

萨哈尔察在《满文老档》[②] 里作sahalca，即满语“黑貂皮”的意思。这肯定是因为当时这一地区出产黑色貂皮，满族人便使用它来称呼居住在这一地区以打黑貂为生的人们的缘故。在清初的记载，满族统治者皇太极的“降敕”中有云：

崇德七年三月乙酉，…… 谕诸王贝勒曰：…… 朕蒙皇天眷顾，昔时金国所属，尽为我有：沿海一带，自东北以迄西北，至使犬、使鹿、产黑狐、黑貂等国及厄鲁特国，在在臣服。[③]

但到顺治之初，即1644年，在总结清太宗的“功绩”时则云：

先是太宗皇帝缵承太祖丕绪，御极十有七载，励精图治，躬理机务，鸿纲钜制，贻谟宏远，伐叛抚降，臣服朝鲜，平定察哈尔国及萨哈尔察、卦尔察、

① 《清太祖实录》卷51，第10页上下。

② 《清太祖实录》卷5，第14页上下。

③ 参（日）人藤冈胜二译注：《满文老档》太祖卷，第74页。

瓦尔喀、虎尔哈暨蒙古各部落，靡不怀德畏威，禀承教令。①

可以证明，后面总结所说的“萨哈尔察”即是前面“降敕”中所提到的“产黑狐、黑貂等国”之一。

关于萨哈尔察部的活动，从1618年以后，在清初文献里仍有不少的记录：

天聪元年（1627）十一月辛巳，萨哈尔察部落六十人来朝，贡貂、狐、猞狸狲皮。

天聪七年十一月壬辰，萨哈尔察部落之头目费扬古满代率四十六人来朝，献貂皮千七百六十九张，赐布二千六百三十疋。

天聪九年六月丁亥，赐萨哈尔察部落来贡貂狐皮头目巴尔达齐、额内布、萨泰等三人蟒缎朝服、衣、帽、玲珑裎带、鞍马、缎、布有差，其从役六十三人各衣一袭。

天聪十年夏四月，…… 索伦部落萨哈尔察地方额驸巴尔达齐率十四人来朝，贡貂皮。②

在上列四条的记载中，前两条所说的“萨哈尔察部落”应与前引1618年的“萨哈尔察国”是同一部族，我们知道当时的“国”gunm与“部落”aiman是没有什么严格区别的。后两条中，一则说“萨哈尔察部落”，一则说“萨哈尔察地方”，当然也是指的同一部族而言。从这里，可以看出“萨哈尔察”和“索伦部”的关系，即“萨哈尔察”系“索伦部”内的一个组成部分。如果承认达呼尔人在明末清初是曾被包括在“索伦部”名称下面的，可以肯定的说，包括在“索伦部”名称下面的达呼尔

① 《清太宗实录》卷59，第20页上。又卷61，第3页上崇德七年六月辛丑皇太极“报明国书”有云：“予缵承皇考太祖皇帝之业，嗣位以来，蒙天眷佑，自东北海滨迄西北海滨，其间使犬、使鹿之邦及产黑狐、黑貂之地，不事耕种、渔猎为生之俗，厄鲁特部落以至斡难河源，远迩诸国，在在臣服。”可作参证。

② 《清世祖实录》卷1，第6页下。

人的另一称呼应该就是“萨哈尔察”①。

下面再引几条关于“额驸巴尔达齐”的记载便可明了：

崇德三年五月丁卯，遣萨哈尔察部落额驸巴尔达齐偕所尚公主归，赐衣、帽、玲珠撒袋、弓、矢、鞍、辔、驼、马、帐房等物。仍设宴，饯巴尔达齐于礼部。

崇德五年冬十月，……萨哈尔察部落额驸巴尔达齐率三十六人来朝，贡貂狐等物。

崇德六年十二月，……萨哈尔察部落额驸巴尔达齐遣喇库等来贡貂皮，赐宴，赏衣、帽、缎、布等物有差。

崇德八年五月，……黑龙江额驸巴尔达齐来朝，遣礼部官迎至北演武场，赐宴，入城。

同上“秋七月，……赐黑龙江额驸巴尔达齐、公主及其从人宴六次，仍各赐鞍马、蟒服、缎衣、帽、靴、缎、布、银器等物有差。”②

在这连续的五条记载中，同一“额驸巴尔达齐”③其人，前三条通统把他系之于“萨哈尔察部落”之下，只后二条才概括在“黑龙江”地方之下。但不管怎样，不再记

① 按顺治十五年（1658）七月十七日所立“大喇嘛坟塔”碑文有云：“当太祖创业之初，闻北边蒙古有大喇嘛……率一百家撒哈儿招，辞蒙古贝子，翻然越数千里而至止也。”（见日人鸳渊一：《辽阳喇嘛坟碑文的解说》第31页引，载《内藤博士还历祝贺支那学论丛》中。）其中，“撒哈儿招”一字满文正作sahalca（参看该文所附写真Ⅱ），即系“萨哈尔察”一字的同音异译。但鸳渊一氏又引《御制增订清文鉴》卷10人类部“满洲”中之sahaliyan认为即是sahalca者，似误（见同上第38页）。因其所据《御制增订清文鉴》，应系乾隆年间刻本，卷10，第3页上的满文sahaliyan并不误。再证以康熙四十七年（1708年）武英殿刊本的《御制清文鉴》卷5，第1页下，满语原作sahaliyan亦不误，即一般汉译作“萨哈廉”或“萨哈连”（黑色之意），与“萨哈尔察”或“撒哈儿招”sahalca（黑貂之意）迥乎不同，不可混为一谈。则知鸳渊一氏引《清文鉴》中之“萨哈连”以证“大喇嘛坟碑文”中之“撒哈儿招”，非是。

② 《清太宗实录》卷41，第24页下–25页上；卷53，第3页上；卷58，第23页上；卷64，第24页下–25页上；卷65，第29页上下。

③ 按“额驸巴尔达齐”自称精奇里氏，系“多科屯人”（见《清太宗实录》卷51，第10页上），另一“巴尔达齐”则系“塞布奇屯”（见同书卷23，第26页下）人。故自1636年（天聪十年）以后，凡只称“黑龙江地方巴尔达齐”（见同书卷39，第2页上）的，显然并非“额驸巴尔达齐”其人。即在1636年以前，记载中只说“巴尔达齐”也要分别看待，不一定就是后来的“额驸巴尔达齐”。比如1635年（天聪九年）有“萨哈尔察部落来贡貂狐皮头目巴尔达齐”（同书卷23，第29页下）一条，因为它紧紧接叙在“塞布奇屯人巴尔达齐”之后，可以断定，与“额驸巴尔达齐”并非一人。此则不可不注意及之。

录作“索伦部落萨哈尔察地方”，从而表明“萨哈尔察”与“索伦”是两个不同部族的名称，虽然它也是“大索伦部”中的一个部落，可以包括在“索伦部”之内。

既然“萨哈尔察”与“索伦”是两个不同部族的名称，在与满族建立联系以前，明朝方面是否已经知道“萨哈尔察”这个部族的存在？他们两者之间曾否有过接触？

据清人的考定，“萨哈尔察”就是“哈剌察”：

> 萨哈勒察卫旧讹哈剌察，今改正。察索伦部萨哈勒察地属黑龙江所辖。[①]

按“哈剌察卫”置于明正统以后、嘉靖以前，约当15世纪的30年代至16世纪初。证之嘉靖十六年（1537）修成的“辽东志”，当时边地“卫所”中已有“哈剌察卫”[②]的记载。如果说“哈剌察”确系“萨哈尔察”之说，清人的考订可靠的话，则“哈剌察”是现在所掌握材料中最早出现“萨哈尔察”部的一个历史文献，离现在已有四百多年了。

“哈剌察卫”既系明代边地“卫所”之一，可以表明，至迟在15世纪末16世纪初之交，“萨哈尔察”的人民已经与明朝人在经济上和文化上发生了一定程度上的接触。

四、“达呼尔”一名的被正式采用

我们既然知道，达呼尔人的历史可以上溯到三四百多年以前，即在清初记录中是被概括在“索伦部”名称之下，在明代文献中则有“哈剌察卫”即“萨哈尔察卫”的记载。那么，达呼尔这一名称究竟到什么时候才正式被采用？又为的什么原因呢？

达呼尔原是达呼尔语duūr的译音，根据现在掌握的材料，最早是用“打虎儿”三字译出，出见于1667年。

---

① 《满洲源流考》卷13，第19页上。

② 《辽东志》（《辽海丛书》本）卷9，第10页上。

> 康熙六年（1667）六月，…… 理藩院题：查打虎儿有一千一百余口，未编佐领，应照例酌量编为十一佐领，设头目管辖。从之。①

这是“打虎儿”即达呼尔一名的首次被正式采用。它被采用的主要原因之一，就是在1647年（顺治四年）至1685年（康熙二十四年）这将近40年的期间内，“罗刹”（帝俄）人向东进展，夺取了雅克萨城（即今苏联的“阿尔巴金”城），并且渡过了净溪理河（即精奇里江），将当时达呼尔人聚居的老家给占据了。一个从那时流传到现在还十分有名的故事：一个达呼尔人名叫“根忒木尔”② 的人逃到“罗刹”方面，直到1683年满族统治者曾经要求引渡③，而“罗刹”方面坚持不肯。在这个故事里值得注意的是，当1684年这一年，另一个名叫“倍勒尔”④ 的，也是达呼尔人，率领着四五十名同族的达呼尔人去雅克萨城，为满族统治者探听“罗刹”方面的消息，结果从那里捉了7个“罗刹”人回来。这说明后来满族统治者之所以能够很快将雅克萨城攻下来和取得历史上有名的《尼布楚条约》⑤ 的胜利，是与达呼尔人参与其事及贡献出自己的力量分不开的。

可以推测，当17世纪下半“罗刹”人向东进展的时候，满族统治者为了自己统治地位的安全，于是采取联合全国各个少数民族一致对外的政策，因而不得不适当提高当时分布在东北边防线上地位的各个少数民族的政治待遇。正因为如此，原来早已被淹没在“索伦部”和“萨哈尔察部”下面的达呼尔人，到这时，即17世纪下半，才以它本族的名称“打虎儿”重见，从而取得了和国内其他兄弟民族同样的地位。

① 《清圣祖实录》卷22，第17页上下。
② 《清圣祖实录》卷62，第3页上。
③ 《清圣祖实录》卷111，第17页上。
④ 《清圣祖实录》卷120，第19页上－20页下。
⑤ 《清圣祖实录》卷143，第14页下－17页上。“实录”中所说的“尼布潮”即“尼布楚”之同音异译。

清初八旗蒙古考

一

满族人自称为“旗人”，这是因为他们都被编在八旗制度之下的缘故。其实除满族人以外，被编在八旗之下的，还有“蒙古”和“汉军”等，这些人也同样可以自称为“旗人”①。

“编旗”即是编户为民，因为八旗制度实质上是一种“兵民为一”的满族社会组织形式。这里可以引一段皇太极的话作为印证。他说：

南朝（指明朝）规矩，兵民为二：民有常业，兵有常粮。我国兵民为一：

① 按1739年（乾隆四年）清高宗在他的《御制八旗通志序》（《八旗通志初集》，乾隆四年刊本卷首序）里就明白指出过：“太祖高皇帝龙兴东土，创造鸿基，肇建八旗，以统满洲、蒙古、汉军之众；…… 太宗文皇帝继绪膺图，遐迩率服，输诚归附者，云集景从，咸隶旗籍。”同样在这部清代官书《八旗通志》中的《旗分志》开宗明义地也有过类似的描述：“国家龙飞东海，列圣肇基，显庸创制，始立四旗，复镶为八旗。丕应徯志，兆姓归往，蒙古万里，尽入版图。正号纪元，遂成帝业。凡蒙古、汉人输诚先服者，亦各编为八旗，列在亲信。迨定鼎燕京，统一四海，有明旧臣率先慕义者，皆得编在旗籍。”说得比较具体而又明晰的，是康熙初年金德纯所著的《旗军志》（《辽海丛书》第八集本）。它简要地回答了什么是八旗以及八旗满洲、蒙古、汉军所包含的有些什么样的人，说道：“太祖 …… 太宗 …… 爰立八旗，曰：正黄、镶黄、正白、镶白、正红、镶红、正蓝、镶蓝。每旗析三部：以从龙部落及傍小国臣顺者子孙臣民为满洲；诸漠北引弓之民，景化内徙者，别为蒙古；而以辽人、故明指挥使子孙、他中朝将众来降及所 掠得，别隶为汉军。”从而我们可以看出，不但满族人可以自称为“旗人”，即蒙古和汉人之被编在八旗下的也同样可以自称为“旗人”。理由很简单，不管满族人也好，蒙人也好，汉人也好，既然同属于八旗，肯定都可以“旗人”自称。

出则备战，入则务农，兼以收拾兵器。故稍迟时日，俟地锄完即行。[①]

也就因为这个缘故，所以在清朝一代，人们都叫八旗中的基层组织“佐领”为父母官[②]。人少则编佐领，多则编旗，亦隐以分别满、蒙、汉。此外，尚有“高丽佐领”[③]（以後改称“朝鲜佐领”[④]）系皇太极时所编；后来又有“俄罗斯佐领”[⑤]“番子佐领”[⑥]“回子佐领”[⑦]等，大半都是一些为数不多被迫归降的人。只有在清统治者统治全中国以后，汉人和其他各族人民未另编旗，显系人数太多势不能编，然清初仍有投旗之例。这是因为满族刚一兴起的时候，人数太少，所以必须尽量增加佐领来扩充自己势力的缘故。

从这里，我们可以看出，当时被编在八旗下的，不管蒙古人也好，汉人也好，甚至其他各族人民也好，都是些被征服、被俘掳或被迫归降的人们。换言之，原来满族统治者只用以统辖本族人民的社会组织形式，到后来也同样用它来强加在凡加入到他们这个集团的蒙、汉和其他各族人民的头上了。因而在清初的文献里，不论蒙、汉，连满族自己在内，凡被编在八旗之下的，都被称为“八旗满洲”“八旗蒙古”或“八旗汉军”，就是这个道理。至于称之为“满洲八旗”“蒙古八旗”或“汉军八旗”，是比较晚的事情，应该说是不正确的。

---

① 《明清史料》丙编（1936年上海商务本），第一本，第15页上《勑谕副将高鸿中稿》。此“勑谕”并未标出年、月、日。但查《清太宗文皇帝实录》（《大清历朝实录》本，以下简称《太宗实录》）卷7，第15页下，于天聪四年庚午（1630年）五月壬辰之下，有“上谕镇守永平、遵化、滦州副将高鸿中、宁完我”一条，中云：“明国小民，自谋生理。兵丁在外，别无家业，惟恃官给钱粮。我国出则为兵，入则为民，耕战二事，未尝偏废；先还之兵，俱已各整器具，治家业，课耕田地，牧马肥壮，俟耕种既毕，即令在家之人，经理收获，伊等军器缮完，朕即率之前往。”云云。显系与前引《敕谕副将高鸿中稿》为同一事。前引既说是“稿”，或者后来发出又经修改；不然的话，此则可作纂修实录时删改上谕的一个有力证据。

② 证以乾隆二年无名氏手写的《旗务总抄规例》，不分卷，叶（七）上有云：“佐领，大老爷；骁骑校，二老爷。”与康熙年间刘廷玑所著《在园杂志》（《辽海丛书》第四集本）卷3，第18页上所说：“近日士大夫称知县曰父母，…… 百姓称知县为大爷。”大爷即大老爷，则知佐领略等于知县，肯定同为父母官。

③ “高丽佐领”凡二，见《八旗通志初集》卷4，第38页上下。又第22页下–23页下正黄旗满洲都统第四参领所属第九、第十两佐领，亦系 以朝鲜来归人丁所编成。

④ 《大清会典事例》（光绪戊申1908年商务石印本）卷1111，第2页下。

⑤ 俞正燮：《癸巳类稿》（求日益斋刻本）卷9，第12页上–13页下“俄罗斯佐领考”。

⑥ 《大清会典事例》卷1111，第2页下。

⑦ 《养吉斋丛录》（光绪刊本）卷3，第1页下。

蒙古尤其是内蒙古的被征服，不但减去了清统治者后顾之忧，更重要的是清统治者在征服蒙古以后，使其变成这样一个“臣仆”，既有足够力量又肯唯命是听地充当着清王朝有用而可靠的支柱。因此，蒙古特别是察哈尔蒙古的被编在八旗之下，是满族统治者在清初之所以能够战胜明统治者以及后来能够统治全中国将近三百年的重要因素之一。将蒙古编旗这一史实加以综合研究，对清初的历史作进一步的分析，是有一定的益处的。

二

八旗制度是在1615年即天命元年的前一年，由清帝国的奠基人努尔哈齐正式建立起来的①。经历着整整20年长时间的巩固和发展，到1635年（天聪九年），努尔哈齐的继承者皇太极才将原已被编在八旗下的颇大一部分的蒙古壮丁分别开，从而成立了“八旗蒙古”。

在谈到“八旗蒙古”的编置之先，我们首先来看看蒙古人民和满族之间的关系是怎样的。

早在1615年以前，蒙古各“部长”，如科尔沁部的明安贝勒和喀尔喀部的劳萨贝勒、喀尔喀巴约特部的恩格德尔台吉②等，与满族统治者努尔哈齐在经济上和文化上都已有了一定的往来和交流。

---

①《清太祖武皇帝实录》（1932年故宫博物院铅印本）卷2，第9页云：“乙卯年……太祖削平各处。于是每三百人立一牛禄厄真（满语nirui ejen，即后来的佐领），五牛禄立一扎拦厄真（满语jalan i ejen，即后来的参领），五扎拦立一固山厄真（满语gūsai ejen，即后来的都统），固山厄真左右立美凌厄真（满语meiren i ejen，即后来的副都统）。原旗有黄、白、蓝、红四色，将此四色镶之为八色，成八固山（满语gūsa，即后来的旗）。”（《满洲实录》《国学文库》本）卷4，第85页同，惟牛禄作牛录，扎拦作甲喇，美凌作梅勒，厄真作额真，与此稍异。）按乙卯年系1615年，亦即明万历四十三年。八固山当然就是八旗的张本。说八旗始于一六一五年，根据即在此。而魏源“圣武记”（中华本）卷11，第1页上作：“太祖天命元年之前二载（明万历四十二年）始立八旗”者，似误。

②《满洲实录》卷2，第46页云：“甲午年（1594）蒙古科尔沁部明安贝勒、喀尔喀部劳萨贝勒，始遣使往来。于是蒙古各部长遣使往来不绝。”足为满蒙文化交流之证。同书，卷3，第58页云：“乙巳年（1605）……是年，蒙古喀尔喀巴约特部达尔汉贝勒之子恩格德尔台吉进马二十匹，来谒太祖曰：越敌国而来者，不过有所希图而已。遂厚赏之。”又云：“丙午年（1606）十二月，恩格德尔又引蒙古喀尔喀部五贝勒之使进驼马。”足为满蒙经济往来之证。

从这以后，满、蒙两族之间的关系更向前跨进了一大步，即科尔沁部的明安、孔果尔和莽古思，扎噜特部的锺嫩、内齐汗和额尔济格，巴约特部恩格德尔，以及敖汉部的琐诺木杜稜和塞臣卓礼克图[①]等，都和努尔哈齐一家及其亲属又有了一定的婚姻关系。

但从1615年以后，由于努尔哈齐的成功和后金国的建立，首先是1618年的进军朝鲜，1619年给明统治者所发动的企图扑灭整个满族的“萨尔浒之役”的大举进攻报以歼灭性的回击，从而获得了占有开原、铁岭、沈阳、辽阳等地一系列的决定性的胜利；其次就是直接对蒙古展开了侵掠战争的时期。这个时期绵延了几近150年之久，结果使所有蒙古各部都相继沦入满族侵掠者的手里。

在满族统治者进行侵掠战争的初期，蒙古人民曾经英勇地展开了反侵掠、反压迫的流血抵抗斗争。因而在这初期，蒙古人民被迫归降于满族统治者方面的，为数并不算多。比如：1619年一年之内，只有阿布图“因妻子被执，遂带二千总及兵二百余来降”[②]；又如：战败被俘的，也只有喀尔喀部的“斋赛并二子色特希尔、克实克图”、扎噜特部的巴克、色本和科尔沁部明安的儿子桑噶尔寨以及斋赛妹夫岱尔噶尔塔布囊，“又其臣十余人，兵百五十余”[③]而已。后来比较多的一次，是1621年“喀尔喀部内古尔布什台吉、莽果尔台吉率民六百四十五户并牲畜来归”[④]。

也只有在人数较多的条件之下，蒙古人才有单独被编成“牛录”（即后来的佐

---

① 《满洲实录》卷3，第67页云：“壬子年（1612）…… 太祖闻其（指科尔沁部明安贝勒）女颇有淑范，遣使欲娶之。明安贝勒遂拒他部之请，送其女来。太祖以礼亲迎，大宴成婚。”同书，卷4，第79页云：“乙卯年（1615）正月，蒙古科尔沁部孔果尔贝勒送女与太祖为妃，迎接设大宴，以礼受之。”同书，卷四页七八云：“甲寅年（1614）〕四月十五日，…… 蒙古科尔沁部莽古思贝勒送女与太祖四子皇太极贝勒为婚，贝勒迎至辉发国扈尔奇山城处，大宴，以礼受之。”同书，“蒙古扎噜特部锺嫩贝勒送女与太祖次子古英巴图鲁贝勒为婚，贝勒亲迎，大宴，以礼受之。”同书，“蒙古扎噜特部内齐汗送妹与太祖三子莽古尔泰贝勒为婚，贝勒亲迎，大宴，仍以礼受之。”同书，“十二月蒙古扎噜特部额尔济格贝勒送女与太祖子德格类台吉为婚，台吉亲迎设宴，以礼受之。”同书，卷4，第90页云：“丁巳天命二年（1617）二月，以皇弟达尔汉巴图鲁郡主逊戴与蒙古喀尔喀弓约特部恩格德尔台吉为妻。”又《太宗实录》卷3，第42页下–43页上云：“天聪元年（1627）十二月乙卯，以哈达公主下嫁敖汉部落琐诺木杜稜。”同上，卷3，第43页上云：“十二月戊午，塞臣卓礼克图请婚于上，行纳聘礼。”

② 《满洲实录》卷5，第124页–125页。

③ 《满洲实录》卷5，第128页–129页。

④ 《满洲实录》卷7，第164页。

领）的可能。“蒙古牛录”[①] 编立之始，即在1621年这一年，理由也就在此。

同时必须指出，蒙古牛录仍然是同属于八旗之下，直到这时为止，满族统治者并没有单独为在旗的蒙古人另编一个“八旗蒙古”，事实上在当时也没有这种需要。

三

现在我们来谈一谈八旗蒙古编立的经过情形。

在努尔哈齐的继承者皇太极统治的头10年（1626–1635年）里，对蒙古各部的侵掠和扩张政策，和努尔哈齐时代一样，是始终一致的。首先是喀尔喀五部，到这一时期，都已被收入满族侵掠者掌握之中。经过是这样：1626年的冬天，皇太极派遣了大军去攻打喀尔喀扎鲁特部，结果扎鲁特部大败，皇太极的派遣军“尽俘获其子女、人民、牲畜而还”；1627年，皇太极对喀尔喀的其他两部柰曼和敖汉施加压力，因而柰曼和敖汉被迫“举国来降”；1628年，扎鲁特部也被迫“举国来归”；在这同时，喀喇沁部只好和皇太极签定了攻守同盟；科尔沁部也不得不依附于皇太极势力范围之内[②]。就这样，在1629年，喀尔喀五部全都被迫站到了皇太极的一边，从而不能不遵守满族制度的约束[③]。此外，被迫归降的，还有“巴林部落”和“阿禄部落”；战败被俘的，又有“顾特塔布囊部落”等[④]。

其次，是对察哈尔蒙古的武力征服。如前所述，满族侵掠者的收服喀尔喀五部，毋宁说是旨在把始终站在明统治者一边的察哈尔林丹汗孤立起来，为下一步对

①《满洲实录》卷7，第165页云：“以聪古图公主妻古尔布什，赐名青卓礼克图，给满洲一牛录三百人，并蒙古一牛录，共二牛录，授为总兵；其莽果尔，以宗弟济伯哩都济呼女妻之，亦授为总兵。”“蒙古牛录”之名，始见于此。

②《太宗实录》卷1，第15页下–16页上；卷3，第25页上；卷4，第26页下；卷4，第16页上；卷4，第23页上–26页上。

③《太宗实录》卷5，第2页下–3页上云：“天聪三年春正月辛未，上颁敕谕于科尔沁、敖汉、柰曼、喀尔喀、喀喇沁五部落，令悉遵我朝制度。”

④《太宗实录》卷4，第11页上下；卷7，第31页上下；卷4，第16页上。

察哈尔展开侵掠战争做好准备工作。对察哈尔的武装征讨，前后共有三次：第一次在1628年，直接影响不算大，战争的结果，是林丹汗事先逃跑了，只有“察哈尔国男妇三十余人来归”，但不久，仍有“察哈尔国五千人来归”①；第二次在1631年的冬天，满族侵掠军长驱深入，从潢河流域直到多伦诺尔的北面，受了出乎意料之外的打击的林丹汗，被迫放弃蒙古根据地而投奔图白忒部（即西藏），终于病死在半途上，这一次被俘的“察哈尔千余户”，通统“分给八旗”，被迫归降的“壮丁”3211人，也一律“均隶各旗”②；第三次，也是最后的一次，是在1635年，林丹汗之子额哲及其母后囊囊太后等和他的部众一千五百户全都被俘③。到这时，整个内蒙古算是置于满族侵掠者统治之下了。

应当指出，蒙古特别是察哈尔蒙古被征服的过程，同时就是“八旗蒙古”编成的过程。我们已经说过，在努尔哈齐时代蒙古人民被编在八旗下的，其编制的组织形式只有“蒙古牛录”，并没有单独被编为“八旗蒙古”；但由蒙古牛录进一步扩大而编成“旗”的形式，其确实年代已不可考，可以肯定的是，至迟到1633年已经有“蒙古二旗”④的存在了。这蒙古二旗在当时的正式名号，就是叫“右营”和“左营”。我们知道1621年沈阳和辽阳之所以很迅速被攻下，是由于明的东北大员辽东经略袁应泰所招募的蒙古降人数万作内应。这些降人当中有一大部分被编入蒙古左右二营之内。后来右营又改称为“右翼兵”，左营又改称为“左翼兵”⑤。被称为右翼兵和左翼兵的这蒙古二旗一直维持到1635年另编八旗蒙古以前，似乎未曾更改过⑥。

单独被编成“八旗蒙古”是在天聪九年（1635）。这在清初的文献中，有一个详尽而明确的带有总结性的报导，现在把它抄录在下面：

① 《满洲实录》卷4，第20页上；卷5，第22页下。

② 《满洲实录》卷11，第27页下-29页上；卷43，第8页上；卷19，第7页上；卷22，第4页下。

③ 《满洲实录》卷23，第17页下。

④ 《满洲实录》卷13，第6页下。

⑤ 《满洲实录》卷18，第21页上。

⑥ 《满洲实录》卷18，第4页下有云：“天聪八年三月己亥，大阅于沈阳城北郊，兵部贝勒岳托率满洲八旗、蒙古二旗、旧汉兵一旗共十一旗行营兵俱赴集。”是在1634年仍为蒙古二旗。由此可见，蒙古二旗的编制在1635年以前，似没有更改过。

天聪九年二月丁亥，……是日，编审内外喀喇沁蒙古壮丁，共一万六千九百五十三名，分为十一旗：

古鲁思辖布杜稜一千五百名，万旦卫征一千六百一十五名，卫寨桑八十四名，阿济格阿玉石一百五十四名，戴青和硕齐三十五名，西里克四名，额马尔克尔察二十名，马济塔布囊四百二十八名，德尔登塔布囊四十一名，德尔格尔塔布囊七十四名，巴珠尔塔布囊二十五名，叶布舒古英一百五十一名，班第三十一名，噶尔马、布尼思希、干卓尔三人共二十名，塞冷六百五十六名，琐诺木塔布囊四百一十名，纳木什里、达尔马什里共十七名，叶白舒二十一名，以此五千二百八十六名为一旗，命古鲁思辖布为固山额真。

俄木布楚虎尔九百一十三名，巴特玛塔布囊三十三名，俄木布台吉十四名，博洛一百七名，阿弘三百五十五名，琐诺木三百八十二名，寨桑二十二名，以此一千八百二十六名为一旗，命俄木布楚虎尔为固山额真。

耿格尔一百八十八名，噶尔马、扎木苏、绰克图三人共八十六名，吴尔寨图一百六十九名，喇嘛斯希六十三名，绰思熙二十四名，噶尔马六十名，俄齐尔二十二名，单把三百六十二名，阿玉石一百一十名，萨班代一百七名，拉虎九十五名，石兰图二百九十六名，苏布地多尔济二十三名，阿济柰八十六名，塞冷三十八名，班第四十六名，阿喇先三十二名，多尔济一百一十四名，阿玉石九十名，以此二千一十一名为一旗，命耿格尔、单把同管固山额真事。

其余俱令旧蒙古固山兼辖：

正黄旗津扎、多尔济、布崖、阿玉石、拜都、塔拜、巴布泰、浑齐、吴巴什等之壮丁及在内旧喀喇沁壮丁共一千二百五十六名，合旧蒙古为一旗，命阿代为固山额真，其下设梅勒章京、甲喇章京各二员。

镶黄旗吴思库、拜浑岱等之壮丁及在内旧喀喇沁壮丁共一千四十五名，合旧蒙古为一旗，命达赖为固山额真，其下设梅勒章京、甲喇章京各二员。

正红旗昂阿、甘济泰、喇嘛斯布、库鲁格、巴特玛、海塞、苏班达礼、卜达礼等之壮丁及在内旧喀喇沁壮丁共八百七十名，合旧蒙古为一旗，命恩格图为固山额真，其下设梅勒章京、甲喇章京各二员。

镶红旗苏木尔、赖胡尔、噶尔图、绰思熙等之壮丁及在内旧喀喇沁壮丁共一千十六名，合旧蒙古为一旗，命额驸布彦代为固山额真，其下设梅勒章京、甲喇章京各二员。

正白旗布尔哈图、阿玉石、苏班、齐古喇海、莽古尔代、塞内克、什鲁克等之壮丁及在内旧喀喇沁壮丁共八百九十名，合旧蒙古为一旗，命伊拜为固山额真，其下设梅勒章京、甲喇章京各二员。

镶白旗喇木布里、诺云达喇、阿兰图、什里得克、桑噶尔寨等之壮丁及在内旧喀喇沁壮丁共九百八十名，合旧壮丁为一旗，命额驸苏纳为固山额真，其下设梅勒章京、甲喇章京各二员。

正蓝旗什喇祁他特、喀喇祁他特、考祁他特等之壮丁及在内旧喀喇沁壮丁共八百六十名，合旧蒙古为一旗，命吴赖为固山额真，其下设梅勒章京、甲喇章京各二员。

镶蓝旗诺木齐、石喇图、纳勒图、桑杰、张素、绰克图、诺密、鸳木赛、阿衮等之壮丁及在内旧喀喇沁壮丁共九百一十三名，合旧蒙古为一旗，命扈什布为固山额真，其下设梅勒章京、甲喇章京各二员。①

根据这个报导，我们可以很清楚地知道八旗蒙古的编制和八旗满洲并没有两样；但是需要加以说明的，有下列三点：

第一，这里说的“十一旗”，是指在新编的八旗蒙古以外，尚有古鲁思辖布、俄木布楚虎尔和耿格尔、单把四人所统辖的三旗。单就这四人统辖的三旗来说，他们共有9123名，已占此次编审内外喀喇沁蒙古壮丁16953名的一半以上。这三旗肯定仍然隶属于原有的“八旗满洲”之下。那末新编的八旗蒙古是从16953名蒙古壮丁中分出的7830名，加上原有八旗中的“旧蒙古”，合而编成正黄、镶黄、正白、镶白、正红、镶红、正蓝、镶蓝八旗，都由“旧蒙古固山兼辖”。易言之，这“八

① 《满洲实录》卷22，第17页下–21页上。

旗蒙古”的编立就是将原已被编在八旗下的颇大一部分的旧蒙古壮丁从八旗满洲分别开，再加上这些新来的内外喀喇沁蒙古所编制而成。此其一。

第二，这次编审的内外喀喇沁蒙古壮丁共16953名。如果按照当时满族人“三丁抽一”的规定来计算，则到这时被迫归降的蒙古人的总数大约在五万左右。这一估计的数字，我们认为是可靠的。因为它与后来皇太极在1643年对朝鲜国王李倧所宣布的历次获得的战果，其中提及“蒙古国人六万，已归附五万；喀尔喀人万余，已服其半”① 的话，完全吻合。此其二。

第三，八旗蒙古的编立，不等于说在这以前已被编在八旗满洲下的蒙古人和在这以后将被编在八旗满洲下的蒙古人，全都不存在了。事实证明，与此恰恰相反：占有这次编审内外喀喇沁蒙古壮丁16953名一半以上的9123人的古鲁思辖布、俄木布楚虎尔和耿格尔、单把四人所统辖的三旗，仍然隶属在八旗满洲之内；以及1636年皇太极曾有：“其附满洲牛录下蒙古贝勒之人及内外新编入牛录内者”② 一语，即可证明在这以前已被编在八旗满洲下的一部分蒙古人依然存在；再说就在八旗蒙古编立后刚过半年的时候，竟有“以鄂尔多斯济农处所得察哈尔壮丁八百名，补各旗之缺少者”③ 的事实发生，既然说“各旗”，当然不只是专指八旗蒙古而言，从而也可说明在这以后蒙古人同样有将被编在八旗满洲之内的可能性。最明显不过的历史事实证明，即是直到清末为止，八旗满洲中仍有蒙古佐领三十五个又两个半个佐领④ 之多。此其三。

四

上面既已简括地叙述了八旗蒙古编立的经过情形，现在我们应该来讨论一下它

① 《满洲实录》卷65，第26页下–27页上。

② 《满洲实录》卷29，第13页上。

③ 《满洲实录》卷25，第5页下。

④ 《大清会典事例》，卷1111，第1页下–3页上。

的具体编制和被编在八旗下的蒙古人的成分问题了。

首先是被编在八旗下的蒙古壮丁的年龄问题。原来在编旗之先，凡是被迫归降的蒙古人，“年七十以下十三以上”① 都有服兵役的义务；等到1635年正式编设八旗蒙古时，则要经过挑选，以年富力强者为合格，其年龄是在“六十以下十八以上”。明文规定是这样的：

> 天聪九年二月丁亥，…… 此次编审（蒙古）壮丁时，谕令凡年六十以下十八以上，并从本地方带来汉人，每家所有壮丁若干名，俱照例编审；其目不能视、足不能行、手不能持者，不入编审内。②

同时还规定，如果“有隐匿壮丁不送编审”的情况发生，其“十家之长”是要罚马二匹的。

其次，是八旗蒙古的具体编制问题。前面已经提到过，八旗蒙古的编制和八旗满洲并没有两样。它的基层组织是牛录，即后来改称的佐领。一个牛录的最低限度的壮丁人数，是必须“人丁满百”③ 始编为一整牛录。根据这一标准来检查一下八旗蒙古的所有各个牛录，其有人数可考的，可以说基本上是相符的。比如：镶黄旗蒙古左参领所属的第十三佐领是105名，第十四佐领是108户；正白旗左参领所属的第九佐领是149名；正红旗右参领所属的第七佐领是120名，第九佐领是130名；镶白旗左参领所属的第二佐领是103名，第八佐领是100名；镶白旗右参领所

---

① 《清太宗实录》卷5，第11页上下云：“天聪三年三月戊午，遣国舅阿什达尔汉同尼堪等赍敕谕归顺各部落蒙古诸贝勒，申定军令。敕曰：尔等既皆归顺，凡遇出师期约，宜各踊跃争赴，协力同心，共申敌忾，毋有后期。我兵若征察哈尔，凡管旗事务诸贝勒，年七十以下十三以上，俱从征。违者罚马百，驼十；迟三日不至约会之地者，罚马十。我军入敌境，以至出境，有不至者，罚马百，驼十；若往征明国，每旗大贝勒各一员、台吉各二员，以精兵百人从征。违者罚马千，驼百；迟三日不至约会之地者、罚马十。我军入敌境，以至出境，有不至者，罚马千，驼百。于相约之地，辄行掳掠者，罚马百，驼十。”

② 《清太宗实录》卷22，第21页上。

③ 《八旗通志初集》卷12，第36页上有“人丁满百，因编为一整佐领”的话，可以为证。

属的第四佐领是102名；镶白旗察哈尔参领所属的在京察哈尔第一佐领是173名[①]。又如正蓝旗左参领所属的第三佐领系“于天聪年间，以其人丁四百八十余名，编为三牛录，此其一”[②]，则知每一牛录大约在160名左右。从以上这些例子，就可得到证实。

但也必须指出，所谓“人丁满百”，并不是绝对的。比如镶黄旗头参领所属的第一佐领，系“以护国公诺托和所属扎始扎佐领下三十三丁，原任护国公登色所属硕色佐领下三十三丁，原任固山贝子鲁斌所属托博格佐领下三十三丁，合编为一佐领”[③]。就是以99名作为一百名来计算了。只有正红旗左参领所属的第一佐领，“原系喀喇沁地方壮丁四十名，于崇德二年编为牛录”[④]。疑此壮丁40名的牛录系半个牛录之误，不然的话，倒是一个例外。

“人丁满百”的被编为整牛录，其不满百的，则可以被编为半个牛录。在八旗蒙古中的半个牛录，其有人数可考的有：正白旗左参领所属的第十一佐领，“原系前屯卫人丁五十二名，于崇德九年编为半个牛录”；镶白旗左参领所属的第八佐领，“原系天聪四年将喀尔沁地方蒙古，编为半个牛录，…… 五十丁”；镶白旗右参领所属的第八佐领，“原系崇德八年将前屯卫四十八户人丁，编为半个牛录”；正蓝旗右参领所属的第七佐领，“原系喀喇沁乌兰地方蒙古六十七户人丁，太宗皇帝以其人

---

① 《八旗通志初集》卷11，第9页上：系将第五佐领花色所管溢额壮丁八十名，并诺穆图所管溢额壮丁二十五名，共编一佐领。卷11，第9页下：系将十公主现有四十二户人丁及公格拉布坦之妻固山格格所有六十六户人丁，合编一佐领。卷11，第25页上下：系喀喇沁地方人丁一百四十九名，于天聪九年编为牛录。卷11，第29页下：系锦州人丁一百二十名，于清初编为牛录。卷11，第30页上：系以喀喇沁地方蒙古一百三十丁壮编为牛录。卷12，第1页下：系将锦州一百三名壮丁，编为牛录。卷12，第3页下：系将喀尔沁之五十丁合并土默特之五十丁，编为整牛录。卷12，第6页上：系将昂各参所管佐领之滋生人丁六十名，与多尔济佐领下人丁四十二名，合编为一佐领。卷12，第9页下：系以察哈尔十丁、鄂尔多斯一百丁、喀尔沁六十三丁，共编为一佐领。

② 《八旗通志初集》卷12，第28页上。又同书卷11，第43页上：正红旗左参领所属的第十佐领，原系喀尔沁地方三百壮丁，于天聪年间编为牛录。疑系两个牛录或三个牛录之一。

③ 《八旗通志初集》卷12，第12页上。又同书卷11，第24页下：正白旗左参领所属的第六佐领原系半个牛录，以乌格塞巴图鲁管理。后又将科尔沁土谢图亲王属下护卫诺穆齐籍没人丁十一名，并萨勒图库伦地方蒙古七十八名，给乌格塞巴图鲁合为一整佐领。又卷12，第25页上：正蓝旗右参领所属的第十二佐领，原系天聪八年以喀尔沁之上都开绷地方六十六户人丁，并人色楞他布囊半个牛录，为一整牛录。可以肯定这两个整佐领的人数都超过一百名以上。

④ 《八旗通志初集》卷11，第31页上。

编为半个牛录”[①] 等。都是很好的例证。

其次，是被编在八旗下的蒙古人的成分问题。根据镶蓝旗二参领所属的第十一佐领，“原系十四族人丁合编为一佐领”[②] 的明文记载，充分说明了八旗制度不再是以血缘关系为基础的氏族组织形式。从它所包含的成分来看，大致上是以地域区划为主要标志的。作为组成佐领中的成员，略为区分如次：

（1）喀尔喀地方蒙古和喀尔喀蒿齐忒蒙古。[③]

（2）喀喇沁地方蒙古和喀喇沁乌兰地方蒙古及喀喇沁拜玉特地方蒙古。[④]

（3）科尔沁哈达地方蒙古和喀尔沁（即科尔沁）地方蒙古。[⑤]

（4）土默特地方蒙古。[⑥]

（5）敖汉地方蒙古。[⑦]

（6）察哈尔地方蒙古。[⑧]

（7）巴林翁牛特地方蒙古。[⑨]

（8）巴岭地方蒙古。[⑩]

（9）叶赫地方蒙古。[⑪]

（10）西喇他喇地方蒙古。[⑫]

（11）萨勒图库伦地方蒙古。[⑬]

---

① 《八旗通志初集》卷11，第26页上；卷12，第3页下、7页下、23页上。

② 《八旗通志初集》卷12，第39页下。

③ 《八旗通志初集》卷11，第3页上、11页上；卷12，第24页上。

④ 《八旗通志初集》卷11，第2页上–31页上；卷12，第17页下、23页上、26页下、32页上、39页下。

⑤ 《八旗通志初集》卷11，第27页上、34页上；卷12，第1页下–40页上。

⑥ 《八旗通志初集》卷11，第3页下。

⑦ 《八旗通志初集》卷12，第22页上。

⑧ 《八旗通志初集》卷11，第5页上、16页下、24页上、32页下、33页上；卷12，第10页上、11页上、13页上。

⑨ 《八旗通志初集》卷12，第18页下。

⑩ 《八旗通志初集》卷12，第21页下。

⑪ 《八旗通志初集》卷11，第18页下、28下。

⑫ 《八旗通志初集》卷12，第8页下。

⑬ 《八旗通志初集》卷11，第24页下。

（12）巴尔虎蒙古。[①]

（13）厄鲁特蒙古。[②]

（14）盛京蒙古。[③]

（15）锦州蒙古。[④]

（16）前屯卫人丁。[⑤]

（17）古北口外蒙古。[⑥]

（18）杀虎口蒙古。[⑦]

其实，从八旗蒙古中的佐领的成分上看，地域区划这个标志也并不是十分严格的。举例来说，比如镶白旗右参领所属的第五佐领，就是“喀尔沁地方蒙古六十九户人丁，合锦州伊尔开等蒙古”合编而成；又如镶白旗察哈尔参领所属的在京察哈尔第一佐领，就是“以察哈尔十丁、鄂尔多斯一百丁、喀尔沁六十三丁”合编而成；又如正蓝旗右参领所属的第四佐领，就是“叶赫查哈拉同翁牛特、科尔泌、克西腾、阿霸垓等人户”合编而成[⑧]。都可证明这一点。

五

如前所述，凡是被编在八旗之下的，都是战败被俘或被迫归降的蒙古人。试问：凡是战败被俘或被迫归降的蒙古人，是不是都被编制在八旗之下呢？

我们的回答是否定的。因为历史事实告诉我们，在1635年编立八旗蒙古之后，1636年清统治者就曾派人到察哈尔、喀尔喀、科尔沁等地去“查户口、编牛录”。

---

① 《八旗通志初集》卷12，第11页下。

② 《八旗通志初集》卷12，第11页下。

③ 《八旗通志初集》卷12，第26页下、31页上、32页上；卷12，第15页上、17页下。

④ 《八旗通志初集》卷11，第12页下、29页下、38页下；卷12，第1页下、13页下。

⑤ 《八旗通志初集》卷11，第26页上；卷12，第7页下。

⑥ 《八旗通志初集》卷11，第1页下。

⑦ 《八旗通志初集》卷12，第12页下。

⑧ 《八旗通志初集》卷12，第6页下、9页下、22页上。

这牛录的编立，显然不在八旗蒙古之内。事实是这样：

> 崇德元年（1636）冬十月丁亥，命内弘文院大学士巴克什希福、蒙古衙门承政尼堪，偕都察院承政国舅阿什达尔汉、蒙古衙门承政塔布囊达雅齐往察哈尔、喀尔喀、科尔沁国，查户口，编牛录，会外藩，审罪犯，颁法律，禁奸盗。……①

结果是：

> 同年“十一月丙午，先是内弘文院大学士巴克什希福等奉上命往科尔沁等国，会外藩，料理一切事务，以五十家编为一牛录，造载牛录章京姓名及甲士数目册籍，至是携之还。”②

这种“以五十家编为一牛录”的只编牛录不另编旗的办法，与八旗制度中所编的牛录（即佐领）必定隶属于某一旗的编制，是有差别的。可以这样说，在清朝一代，凡不属于八旗之下的：只编佐领而不编旗的编制，简称为“佐领制”；既编佐领又编旗的编制，简称为“旗佐制”；只有“盟旗制”，乃是清统治者为了便于分而治之的政治目的，不惜在旗佐制之上，再套上一些表面上看是蒙古部落的原有民族形式而实际上已受满族八旗制度的约束的一种区别于其他各族的社会组织形式。

清初八旗蒙古佐领编置表

旗分	参领	佐领	编置年月	原属	管理人	备考
镶黄旗（凡二十八佐领）	右参领（所属十四佐领）	第一			松爱→阿南达→七十八→佛保→勒图	阿南达系宋爱子
		第二	康熙九年	第一佐领内丁壮	寿实德→伊赖→四格→富德	系于阿南达管佐领时分编
		第三	顺治三年	古北口外蒙古	古禄→柯勒德→色楞→碧礼格图→单达利→渣穆素→黑雅图	色楞系古禄子、柯勒德弟黑雅图系碧礼格图子

① 《清太宗实录》卷31，第16页上下。

② 《清太宗实录》卷32，第6页上下。

（续表）

旗分	参领	佐领	编置年月	原属	管理人	备考
镶黄旗（凡二十八佐领）	右参领（所属十四佐领）	第四	康熙二年	喀喇沁地方蒙古	希拉→大青→敦柱克→纳蓝图	天聪六年为半个牛录，管理人为衮楚斯→塞默→希拉
		第五	天聪六年		多多扈→八十→吴达→荐良→常禄→七十	八十系多多扈兄昂古奈子 常禄系荐良子 七十系常禄弟
		第六	康熙十一年	第五佐领内丁壮	笃尔玛→噶布喇→巴什→布搭→桑格→西喇尔代→黑达色→莫岱	系于八十管佐领时分编 桑格系郎中
		第七		喀尔喀地方蒙古	讷岳多→赖护→绰什希→色楞→色尔古楞→阿木呼朗→纳尔泰→福善泰→明智	色楞系赖护子、绰什希弟 色尔古楞系色楞弟
		第八	康熙十一年	第七佐领内人丁	罗布西→达什马→萨尔泰→明德	系于色尔古楞管佐领时分编明德系萨尔泰兄子
		第九		土默特地方	巴特马→哈尔噶齐→札木素→明阿图	
		第十		第九佐领内丁壮	阿南达→雅图→花色→巴尔布	系在札木素管佐领时分编 阿南达为哈尔噶齐子、札木素弟 花色系雅图兄
		第十一	康熙十一年	第一佐领内人丁	国礼→白第→黑雅图→色冷→图萨图→班第	系从阿南达所管佐领分编 色冷系头等侍卫 班第系前锋参领
		第十二	顺治初		苏班代→库禄克→雅图→色尔古楞→雅图→苏兴	色尔古楞系雅图伯父之子
		第十三	康熙三十四年	察哈尔人丁	爱育玺→塞勒布	
		第十四	康熙初	喀喇沁地方蒙古	五十八→色楞→双住	五十八系多尔济达尔汉诺颜系色楞系五十八弟

（续表）

旗分	参领	佐领	编置年月	原属	管理人	备考
镶黄旗（凡二十八佐领）	左参领	第一			铎科索和→拜桑格→赛因布禄→闻柴→嘛泥→常禄→雅亲→那亲	常禄系闻柴子
		第二		第一佐领内丁壮	度尔拜→帕海→桑格→齐努浑	系于嘛呢管佐领时分编 桑格系帕海子
		第三		喀喇沁地方蒙古	夸奇他特→喇思退布→必达喇纳→绰什希→达什里→卓尔宾→众神保	绰什希系夸奇他特子、必达喇纳弟 众神保系卓尔宾子
		第四		第一佐领内丁壮	西喇巴牙拉→塞尔肃→乌尔图那苏图→毕鲁岱→罗汉保→七十三	系于铎科索和管佐领时分编
		第五		喀喇沁地方蒙古	石尔坦塔布囊→保尔→阿南达→三吉泰→查穆素→花色→常明→巴尔泰	阿南达系保尔第二弟花色系查穆素子
		第六		喀喇沁地方蒙古	阿育尔→巴朗→色冷→官福	色冷系巴朗子
		第七	天聪六年		拜都→三泰→厄德勒库→挪塔→诺木图→常保→留保	常保系厄德勒库子
		第八	康熙十三年		巴达玛→齐他特→波罗特→塞尔吉→阿育什→苏布什达→班第	系以卓尔宾等五佐领内溢额壮丁合编 班第系侍郎
		第九		喀喇沁地方蒙古	吴达齐→那音达礼→伊勒噶逊→常保→色楞→占布喇→客省额	常保系参领 色楞系中书
		第十		第九佐领内丁壮	诺穆齐→五十→佛爷保→衣常阿	系于常保管佐领时分编 五十系护军
		第十一		第四佐领内人丁	瓦哈那→布尼	系于毕鲁岱管佐领时分编

（续表）

旗分	参领	佐领	编置年月	原属	管理人	备考
镶黄旗（凡二十八佐领）	左参领	第十二	康熙二十三年	第三佐领内丁壮	鄂尔贺岱→马尼→安保→班第→昂阿→和保住	系于卓尔宾管佐领时分编 班第系安保伯父之子昂阿系班第弟
镶黄旗（凡二十八佐领）	左参领	第十三	康熙三十四年		外库→奇礼特→巢典→班第	系第五佐领花色所管溢额壮丁八十名与〔第七佐领〕诺穆图所管溢额壮丁二十五名合编 班第系护军参领
镶黄旗（凡二十八佐领）	左参领	第十四	雍正二年		苏巴西礼	系将十公主所有人丁与公格拉布坦之妻固山格格所有人丁合编
正黄旗（凡二十四佐领）	喀尔沁参旗（所属十二佐领）	第一	天聪九年		阿赖→二格→高亮→黑格→五格	二格系阿赖子头等侍卫
正黄旗（凡二十四佐领）	喀尔沁参旗（所属十二佐领）	第二			鄂本岱→叟色→额叶图→额叶尔→托克托谟→积住→长安→达布唐阿→长有	
正黄旗（凡二十四佐领）	喀尔沁参旗（所属十二佐领）	第三		喀尔沁地方蒙古	诺木图卫徵辖→博罗→桑噶尔→巴达克→噶尔玛→台吉巴朗→都楞→巴雅尔图→巴查尔	
正黄旗（凡二十四佐领）	喀尔沁参旗（所属十二佐领）	第四	天聪七年	第三佐领内人丁	那穆褚库尔→巴图→布尔吉岱→胡鲁玛什→鄂起尔→巴雅思笏朗→额思瑚→札木苏→丰阿喇→马思图	系于诺木图卫征辖管牛录时分编 巴图系布尔吉岱侄
正黄旗（凡二十四佐领）	喀尔沁参旗（所属十二佐领）	第五		喀尔喀地方蒙古	巴岱→奇他特→巴朗→托班→金宝→僧保→永德	奇他特系巴岱族兄子巴朗系奇他特族弟
正黄旗（凡二十四佐领）	喀尔沁参旗（所属十二佐领）	第六	康熙十一年	第五佐领内人丁	色楞→福建→孟克→诺尔赛→德英	系于托班管佐领时分编 色楞系郎中

（续表）

旗分	参领	佐领	编置年月	原属	管理人	备考
正黄旗（凡二十四佐领）	喀尔沁参旗（所属十二佐领）	第七		盛京编立之牛录	殷图→恩可赛→班第→库索雷→博罗奇他特→布达→扎史→泽望诺尔布→鄂赉→额林钦→庆柱→马泰	班第系头等侍卫
		第八		锦州蒙古编立之牛录	海色→和尚→色特尔→英寿→巴雅尔图	和尚系那马赛孙
		第九	康熙十三年	本旗滋生人丁	阿穆笏朗→保住→崇林→苏海→长明→桂兰察	系本旗人丁滋盛所分编
		第十			挠赉→多克慎→萨满达→公格→班达尔什→博常→诺尔孙	初附于挠赉牛录内
		第十一	康熙二十三年	第十佐领内人丁	章禄→常有→敦住→柏藏	系于公格管佐领时分编
		第十二	康熙三十一年		阿南达→拉什→伯乌米太	原系康熙二十四年编立之半个佐领
	蒙古参领（所属十二佐领）	第一	崇德九年	喀尔沁地方蒙古	苏朗→格勒尔特→萨赛→福寿	
		第二		喀尔沁地方蒙古	巴太→默德→特古特→寿明	
		第三	康熙六年	第一佐领内人丁	色尔格德→雅图→明安→明德→常义	系于苏朗管佐领时分编 雅图系色尔格德兄明德系雅图子、明安弟
		第四	天聪九年	喀尔沁地方蒙古	布寨→鄂木布→色讷克→鄂尔济泰→苏朱克→图布慎→乌讷齐→必希勒尔图→索诺穆→厄尔德尼	厄尔德尼系索诺穆子

（续表）

旗分	参领	佐领	编置年月	原属	管理人	备考
正黄旗（凡二十四佐领）	蒙古参领（所属十二佐领）	第五		盛京初编之蒙古牛录	巴思哈→巴特玛→克什库→东素→国托→马尼→巴图→色楞敦→达松阿→舒虎尔→桑格	巴图系拜他喇布勒哈番 桑格系护军参领
		第六		第五佐领内人丁	巴特马什→多尔济→赛音察克→色楞→雅柱→萧尔→兆明	系于马尼管佐领时分编 多尔济系阿达哈哈番 色楞系参领 雅柱系参领
		第七	崇德七年		张库→孟塞尔→雅柱→长寿→法宝→来代→哈喇叩→查木素→巴格→长松	雅柱系孟尔塞次子长寿系一等侍卫
		第八	康熙二十一年	第七佐领内人丁	查蓝察→詹柱→查拉丰阿→巴尔都善	系于长寿管佐领时分编
		第九	顺治九年	察哈尔地方蒙古	巴图→博尔和兑→额尔机图→哈拉叩→广西→常寿→德宁→灵山	巴图系博尔和兑父常寿系广西兄子
		第十	康熙二十三年	第九佐领内人丁	奇他特→岐山	系于额尔机图管佐领时分编 奇他特系博尔和兑弟子
		第十一	康熙十三年	旗下馀丁	桑阿尔→葛勒尔忒→僧格	
		第十二	康熙三十四年	旗内馀丁	腾克特→色楞→西尔塔→萨拉尔代→武穆保	色楞系一等侍卫
正白旗（凡二十九佐领）	右参领（所属十五佐领）	第一		盛京初编之蒙古牛录	拜新墨尔根→巴都尔→伊麻图→伊尔海→昂阿岱→布达希礼→阿哈尼→瓦克善→索尔逊→长积保→拉锡→巴雅思胡朗	二格系阿赖子头等侍卫

（续表）

旗分	参领	佐领	编置年月	原属	管理人	备考
正白旗（凡二十九佐领）	右参领（所属十五佐领）	第二		叶赫地方蒙古	德穆图→广泰→投德→胡什巴→图思哈→佛尔吉→苏英额	
		第三	康熙十四年		晋进→都萨喀尔→诺尔布→墨尔浑	诺尔布系晋进子、都萨喀尔弟
		第四	康熙二十三年	第三佐领内人丁	和尚→达西→达哈苏	系于晋进管佐领时分编 和尚系晋进次子
		第五	康熙三十四年	第一佐领内人丁	西积保→阿尔纳→拖克屯→牧可登→叶伯肯	系于长积保管佐领时分编
		第六		科尔沁地方蒙古	博博图→明阿达理→富达礼→富长→察哈颜	
		第七	康熙三十四年	第六佐领内人丁	杜喀→明福	系于富达礼管佐领时分编
		第八			华裔→拖克拖会→音达里→沙浑→鄂尔济图→花善→萨拉→六格→古鲁格→桑格→武尔图纳→苏图→傅成格	音达里系满洲
		第九	天命八年		董俄罗→多诺→塞克→多诺→六十→实奇→苏扎汉→噶布拉	两多诺系一人 六十系多诺子
		第十			星南→沙里→塞尔格克→阿玉锡→神保	原系天聪九年编立之半个牛录 阿玉锡系塞尔格克子
		第十一	康熙八年	第十二佐领内人丁	札兰→索暖→莫护里岱→罗浦藏	系于马锡管佐领时分编
		第十二		喀喇沁地方蒙古	达锡→马锡→塞冷→朱尔札哈→多尔札穆苏	

（续表）

旗分	参领	佐领	编置年月	原属	管理人	备考
正白旗（凡二十九佐领）	右参领（所属十五佐领）	第十三	天聪九年	喀喇沁地方蒙古	桑阿尔斋→伯罗岱→噶喇马→伯瑞→门杜逊→替弟→塞根→山平→巴雅斯胡朗→和尔锦	
		第十四	天聪九年	喀喇沁地方蒙古	阿兰→翁国→阿地→巴纳尔锡→吴太保	
		第十五	康熙二十一年		马地→塞克神	
	左参领（所属十四佐领）	第一	康熙三十二年		博罗→良格→达三→兴辉→长寿→胡什布→福禄	长寿系内阁学士 福禄系二等侍卫
		第二	康熙七年		阿穆胡朗→志勇→博洛→华善→偏图→阿兰泰	
		第三	康熙三十四年		丹晋→达鼐→查什泰	原系康熙二十六年编立之半个牛录
		第四	康熙二十三年		班第→费扬古→巴颜图→额尔登格→满岱	系额尔色尔图管佐领时分编 班第系额尔色尔图叔父
		第五			毕鲁海→古路固→安保→额尔色尔图→倬特巴→巴雅思胡朗→阿穆胡朗→依灵阿	
		第六		察哈尔地方缘事归旗之蒙古	乌格塞巴图鲁→乌达寿→豪善→元什	原系半个牛录、后与科尔沁及萨勒图库伦地方蒙古合编
		第七		喀喇沁地方蒙古	马席→劳章→巴图→伊尔噶逊→沙达→萨度→吴泰保	巴图系劳幸子
		第八	天聪九年	喀喇沁地方蒙古	巴图孟格→扎马→毛奇他特→塞尔噶喇席→三达色	

（续表）

旗分	参领	佐领	编置年月	原属	管理人	备考
正白旗（凡二十九佐领）	左参领（所属十四佐领）	第九	天聪九年	喀喇沁地方人丁	舒鲁克→鄂母布→席尔库→布根→弼里克→硕色→塔拉→班第	班第系塔拉图子
		第十	康熙四年		阿玉锡→温达→关柱→沙克都尔→拴 住→色楞查什	阿玉锡系护军参领
		第十一		前屯卫人丁	特穆尔→恩可→佛保→常僧→诺素图	原系崇德九年编立之半个牛录
		第十二		盛京初编之蒙古牛录	壮托→额衣图→阿玉锡→德馨特→充古巴图鲁→阿东阿→多尔济→弼尔哈逊→吴津泰	阿玉锡系额衣都叔父
		第十三	康熙二十三年	第十二佐领内人丁	鄂三→回色	系于阿东阿管佐领时分编
		第十四		包衣佐领中吹扎浦人丁	吹扎浦→札尔→阿尔和，齐立克图，四十七	原系康熙二十五年编立之半个佐领
正红旗（凡二十二佐领）	右参领（所属十一佐领）	第一		科尔沁哈达地方蒙古	额参→恩额图→克世图→二追→敦住科→阿礼衮→明玉→明州	二追系克世图子
		第二	康熙八年	第一佐领内人丁	鄂尔济图→关保→五十	关保系王府长史 五十系护军参领
		第三	天聪九年		恩克→布尔哈图→色楞→阿尔纳→巴尔住尔→塔必图→巴林→苏兰泰→福兴	恩克系拜他喇布勒哈番 色楞系布尔哈图子
		第四	康熙二十三年	左参领第四佐领内人丁	博忒→博洛特→玛虎→二格→白达色	系于拜礼管佐领时分编 二格系拖沙喇哈番兼副参领
		第五		叶赫地方蒙古	和勒→萨拜→额尔济图→滚布西要→观音保→富参布	观音保系滚布西要子

（续表）

旗分	参领	佐领	编置年月	原属	管理人	备考
正红旗（凡二十二佐领）	右参领（所属十一佐领）	第六	康熙二十三年	第五佐领内人丁	增寿→吉生	系于滚布西要管佐领时分编
		第七		锦州人丁	阿榜→阿都虎→博尔博孙→吴拉代→木塞→二追	二追系木塞子
		第八	康熙二十三年	第七佐领内人丁	纳燕泰→佟寿	系于木塞管佐领时分编
		第九		喀喇沁地方蒙古	布达礼→班第→克什图→苏迪→满色→苏迪→厄尔德尼→众神保	班第系布达礼弟 两苏迪系一人 厄尔德尼系苏迪子 众神保系厄尔德尼子
		第十	康熙二十三年	第九佐领内人丁	色纳克→额尔机图→诺尔布→得禄→保舒	系于苏迪管佐领时分编 诺尔布系苏迪子
		第十一		喀喇沁地方蒙古	昂阿→达喜→达喇实→班第→巴什	班第系昂阿兄子
	左参领（所属十一佐领）	第一	崇德二年	喀喇沁地方壮丁	甘吉泰→依思哈蒲→鄂尔和对→阿必达→五十八	阿必达系鄂尔和对子 五十八系阿必达子
		第二		盛京初编之蒙古牛录	托和齐辖→惠三→博罗尼屯→庄托赉→色尔古纶→达礼→齐齐克图	
		第三	康熙二十三年	第二佐领内人丁	厄思笏楞→岳四保→西礼→沙喀	系于色尔古纶管佐领时分编
		第四		盛京初编之蒙古牛录	巴雅尔图→托克退→拜三→海色→外达→博尔黑→达赉→拜礼→公三→福禄	福禄系公三子
		第五		察哈尔地方人丁	海色→岳西→卓立克图→卓起思图	原系半个佐领

（续表）

旗分	参领	佐领	编置年月	原属	管理人	备考
正红旗（凡二十二佐领）	左参领（所属十一佐领）	第六	康熙二十三年	第五佐领内人丁	图蒲世喜→沙吉→阿拉纳→苏金泰→存住	系于岳西管佐领时分编
		第七		察哈尔地方人丁	鄂榜塔布囊→色特尔→额尔孙→哈世泰→木塞→孟阿图→鄂奇尔→阿林	
		第八		第七佐领人丁	门都→三保→阿玉史习礼	系于鄂奇尔管佐领时分编
		第九			巴特马→沙吉→阿南→鄂起尔→绰诺→布达→巴龙→萨木达→朱泰	
		第十	天聪年间	喀尔沁地方壮丁	顾鲁古→搭尔马西礼→根都西→拜雅尔图→八十一 — 布燕图	
		第十一	康熙八年		阿都立→额尔吉图→德尔格勒→恩克→巴图	原系半个佐领 恩克系额尔吉图次子 巴图系骁骑校
镶白旗（凡三十一佐领）	左参领（所属十二佐领）	第一	康熙二十三年	第三佐领内人丁	索诺木→尚图→荀色→黑色→萨奇尔图→明德	系于达拉扎管佐领 时分编 明德系护军参领
		第二	崇德七年	锦州壮丁	安他哈→满韬→那木僧格谛→关保→八十	关保系那木僧格谛 子 八十系关保弟
		第三		喀尔沁地方蒙古	噶尔图→博特→阿玉石→塞类→道图→达拉扎→巴达礼→章赛→福寿	
		第四			阿巴图巴图鲁→艾扎哈→博伦图→那穆→诺满→大雅→达颜布→观音保→索住克图→六十→明禄	观音保系达颜布子 六十系三等护卫兼拖沙喇哈番

（续表）

旗分	参领	佐领	编置年月	原属	管理人	备考
镶白旗（凡三十一佐领）	左参领（所属十二佐领）	第五	康熙二十三年	第四佐领内人丁	毕里克→伍讷图→巴亮	系于观音保管佐领时分编
		第六	顺治元年	正白旗国德所管之佐领	巴扎尔→阿齐图→塔喇图→僧格→赵那思图→三雅图→喇都祜→布兰太→金良→常禄	常禄系御史
		第七	崇德四年		布燕→塞勒木素→和尚→索诺木他尔布→合尔库→班第	和尚系塞勒木素子 班第系合尔库叔父子
		第八	顺治六年		达赉→达布→瓦贫尔→萨克伸→福尼雅汉	系将喀尔沁与土默特蒙古合编
		第九	天聪五年	归附之蒙古	绰贝→布达西理→长保→鄂尔追→马尼→巴图	巴图系长保子
		第十		蒙古投诚人	孟格→希佛→孟额图→班达拉→必里克图→恩克→博济→海寿	必里克图系班达拉子恩克系必里克图弟
		第十一	顺治八年		厄思库塔布囊→寨僧→丹巴→永寿→七十	七十系永寿子
		第十二	康熙十三年	第九佐领内丁壮	长鼐→察里浑→善福	系于布达西理管佐领时分编
镶白旗（凡三十一佐领）	右参领（所属十二佐领）	第一	天聪年间		诺木浑→合色→毕定→齐那图→额尔和图→同保→喀尔玛→阿齐图→萨尔泰→巴特马	
		第二		各处归附之蒙古	蒙格图→达赖野→马都护→胡什布→八十一→多永鄂→苏克阿	八十系胡什布子
		第三	天聪八年	喀尔沁地方蒙古	拜浑代→昂各参→和尚→巴图孟柯→厄尔德木图	

（续表）

旗分	参领	佐领	编置年月	原属	管理人	备考
镶白旗（凡三十一佐领）	右参领（所属十二佐领）	第四	康熙二十三年	第二（三字之误）佐领内丁壮	班达尔善→多尔济	系于昂各参管佐领时分编 多尔济系班达尔善子
		第五		喀尔沁地方蒙古	门都→索诺穆→苏白特→阿木古朗→巴查尔→巴十六→多尔济→克什克特→祜必图	系合锦州伊尔开等蒙古所编 多尔济系索诺穆孙
		第六	天聪年间		温笃尔祜→济兰图→爱图→莽鼐→巴颜→托毕泰→克什特→白起→花色→德寿	花色系托毕泰孙
		第七	康熙十一年	（第一）佐领内人丁	古英→赛齐克→依达木→阿尔济萨→绰尔门	系于额尔和图管佐领时分编
		第八	顺治八年	前屯卫人丁	巴雅尔→插汉台吉→布延图→尔吉图→黑雅图→布彦→六十五→毛奇堂→托克托护→哈吉噶尔→七十三	原系崇德七年编立之半个牛录 黑雅图系尔吉图叔父石达子
		第九			额黑尔奇→章努→哈拉尔岱→巴朗→希拉奇他特→阿尔宾→永贵→塔尔尼→菩萨保→厄尔登额	
		第十	天聪九年	西喇他喇地方蒙古	鄂奇里吴巴式→阿喇纳→巴拜→和济格尔→黑雅图→巴图孟可	黑雅图系和济格尔子
		第十一	康熙六年	第十佐领内丁壮	阿必达→巴朗→色楞多尔济→巴什→赛伍玉图→僧保住→长青	系于阿喇纳管佐领时分编 巴朗系阿喇纳子 阿必达系阿喇纳叔父子
		第十二	康熙三十四年	第十一佐领内丁壮	英保住	系于色楞多尔济管佐领时分编

（续表）

旗分	参领	佐领	编置年月	原属	管理人	备考
镶白旗（凡三十一佐领）	察哈尔参领（所属七佐领）	在京第一	顺治十年		沙里布→衣勒杜→阿那达→卓德巴→多尔济→南第→班第	系以察哈尔与鄂尔多斯、喀尔沁合编 多尔济系沙里布次子班第系南第子
		在京第二			郭尔秦→鄂尔和代→鄂禅→必里克图→鄂齐尔→杜尔巴→厄尔德尼	必里克图系鄂尔和代子、鄂禅弟 鄂齐尔系必里克图兄子 厄尔德尼系杜尔巴弟
		在京第三	天聪年间	察哈尔地方蒙古	卓希喜→德尔格尔→克锡克→色楞车陈→阿必达→阿敏→阿纳礼→阿玉玺→宗燕→进巴拉玺	阿必达系色楞车陈兄孙 阿玉玺系色楞车陈子
		口外第一	雍正二年	旗下察哈尔之徐丁	齐丹	
		口外第二	崇德元年	察哈尔地方蒙古	固穆台锡→诺尔布→鄂齐尔→色楞→孟克	诺尔布系固穆台锡子 鄂齐尔系诺尔布子 色楞系鄂齐尔兄子
		口外第三	康熙三十八年		古鲁→阿拉布坦	系将巴尔虎等蒙古与察哈尔蒙古人丁合编
		口外第四	康熙三十七年		吴努巴图尔→索诺木吴巴什	系将来归之厄鲁特与察哈尔人丁合编
镶红旗（凡二十二佐领）	头参领（所属十一佐领）	第一	康照三十四年		伊尔扎穆素→鼐格	系以护国公诺托和与护国公登色、固山贝子鲁斌等所属佐领下人丁合编
		第二			达虎泰→大虎→布尔散→巴尔喀孙→哈达孙→萨木素→索尔和→托博格→永宁	
		第三	天聪年间	杀虎口蒙古丁壮	博尔和对→朱成额→扎西扎→关保	关保系扎西扎子

（续表）

旗分	参领	佐领	编置年月	原属	管理人	备考
镶红旗（凡二十二佐领）	头参领（所属十一佐领）	第四		察哈尔人丁	阿育锡→博对→达尔马力→克什图→诺米→克什格→顾穆→班第→六金→何成额→僧额忒	阿育锡系闲散 班第系拖沙喇哈番兼步军校
		第五		锦州蒙古	多尔济→都思希尔→班第→百岁→萨克萨哈	多尔济系都思希尔父班第系都思希尔子
		第六		喀尔沁地方蒙古	鄂衣者特→巴穆布达尔→固穆→苏赛→贡格楞陈→硕色→毕礼克→鄂齐礼→阿忠阿	硕色系贡格楞陈从弟
		第七	康熙二十三年	第六佐领内丁壮	花色→纳青→纳松阿	系于毕礼克管佐领时分编 花色系阿达哈哈番
		第八	顺治七年	第六佐领内丁壮	罗邦→朔邦→拉西希→赛花色→武尔图纳思图	系于巴穆布达尔管佐领时分编
		第九	康熙二十三年	第六佐领内丁壮	阿木耳→男地→色楞→苏布地→佛保	原系顺治七年编立之半个佐领 色楞系二等阿达哈哈番 佛保系苏布地弟
		第十		盛京初编之蒙古牛录	巴颜代→哈喇尔代→恩克→拜桑古尔→查木素→保住→马河图→七十六	恩克系哈喇尔代子 保住系拜桑古尔子
		第十一	康熙十年	第十佐领内丁壮	雅图→巴雅尔→戴通	系于拜桑古尔管佐领时分编 雅图系员外郎 巴雅尔系雅图弟
	二参领（所属十一佐领）	第一	顺治七年		马齐克→和尼齐→保住→班第→佛而衮太	原系半个牛录 保住系和尼齐子 班第系保住弟
		第二	康熙十一年	第一佐领内丁壮	浑津→花善→单巴→黑达色→何林布	系于和尼齐管佐领时分编 花善系浑津子

（续表）

旗分	参领	佐领	编置年月	原属	管理人	备考
镶红旗（凡二十二佐领）	二参领（所属十一佐领）	第三			奇堂古尔→来住→多垒→达都户→巴拜→多尔吉→硕色→恩克→纳延→常明→季兰泰	硕色系多尔吉子 恩克系巴拜子
镶红旗（凡二十二佐领）	二参领（所属十一佐领）	第四		喀喇沁地方蒙古	巴特玛→善巴→费扬古→阿南→图西图→诺米岱	巴特玛系善巴父费杨古系善巴子
镶红旗（凡二十二佐领）	二参领（所属十一佐领）	第五		盛京初编之蒙古牛录	库尔梅→康喀赖→胡什→纳木达礼→纳尔太→鄂色→萨木哈→八十三→萨尔柱	康喀赖系满洲
镶红旗（凡二十二佐领）	二参领（所属十一佐领）	第六	康熙二十三年	第五佐领内丁壮	塔尔太→塔济礼→黑图→钮格	系于鄂色管佐领时分编
镶红旗（凡二十二佐领）	二参领（所属十一佐领）	第七		巴林翁牛特蒙古	诸尔魅→伦栢→海色→文布→绰博和→苏朱克图→保柱→八十五	
镶红旗（凡二十二佐领）	二参领（所属十一佐领）	第八	康熙二十三年	第七佐领内丁壮	关岱→三穆布代→萨朗阿→杨留	系于苏朱克图管佐领时分编
镶红旗（凡二十二佐领）	二参领（所属十一佐领）	第九		喀尔沁地方蒙古	素尔墨塔布囊→文布→绰尔吉→查什喜→珠尔喀代→花善→阿甘→萨赖→额奇立→黑色→佛保→雅图→双鼎→荆州	文布系素尔墨塔布囊子 花善系阿甘兄 佛保系黑色弟 雅图系护军校
镶红旗（凡二十二佐领）	二参领（所属十一佐领）	第十			僧格→萨赖→扎木素→阿木尔→托波克→阿尔哈尔代→巴图→色克图→胡申太→叶布冲格	僧格系闲散 巴图系阿尔哈尔代远族兄

（续表）

旗分	参领	佐领	编置年月	原属	管理人	备考
镶红旗（凡二十二佐领）	二参领（所属十一佐领）	第十一			色楞→色诺克→喇布什喜→白尔赫图→花色→班第→阿尔善→关住→图尔亲→偏图	色楞系员外郎 花色系喇布什喜子 班第系花色子
正蓝旗（凡三十佐领）	右参领（所属十五佐领）	第一	天聪年间		海箱→色楞塔布囊→索诺穆→色尔登→库令	色楞系员外郎 色系喇布什喜子 班弟系花色子
		第二		巴岭地方蒙古	拉拔塔布囊→德勒各勒→图磊→乌里达→阿玉希→乌尔图那思图→宗柱→富宁	索诺穆系色楞塔布囊弟
		第三	天聪年间	敖汉地方蒙古	晋进→都萨喀尔→诺尔布→墨尔浑	
		第四	大聪八年	叶赫查哈拉同翁牛特、科尔沁、克西腾、阿霸垓等人户	查哈拉→富拉他→吴扑太→纳尔德→索礼→桑阿礼→赛音达礼→竹林	
		第五	康熙十一年	第四佐领内人丁	苏穆都→昂吉图→达兰泰→四格→宜道查克丹→七十	系于桑阿礼管佐领时分编 七十系三等阿思哈尼哈番
		第六	康熙三十四年		佛三宝→伊洛尔图→滚布	
		第七	康熙八年	喀喇沁乌兰地方蒙古	扎什→苟色→上图→卓特巴→新七十→二达色	原系半个牛录

（续表）

旗分	参领	佐领	编置年月	原属	管理人	备考
正蓝旗（凡三十佐领）	右参领（所属十五佐领）	第八		插汉那勒地方人丁	色楞塔布囊→沙金达力→恩克→博第→图腊	恩克系沙金达力子
		第九		喀尔喀蒿齐忒蒙古	红国礼→桃海→墨克得→那马士喜→库素吕→阿玉锡→布达理→舒库尔特	阿玉锡系库素吕弟
		第十			叶布舒→査时霞→噶尔马→他拉尼→库鲁克→诺木齐→岳素图→巴兰泰	
		第十一		第十佐领内丁壮	吴和起→阿玉石→孟格类→黑达资→乌林→安泰	系于他拉尼管佐领时分编 阿玉石系他拉尼族弟
		第十二	康熙二十一年	喀尔沁之上都开绷地方人丁	白格→哈岱→白格→托克托和→阿南达→巴岱	两白格系一人
		第十三			褚库尔→博尔泰→吴三台→海思海→博尔波逊→爱谟逊→孟奎→保勒→噶拉玛→博勒浑→白 起→二郎保→色楞→七十六→那燕太	白起系护军参领 色楞系步军校
		第十四	康熙八年	第十三佐领内丁壮	克什图→常保→七十一→多隆额	系于保勒管佐领时分编 常保系克什图子

（续表）

旗分	参领	佐领	编置年月	原属	管理人	备考
正蓝旗（凡三十佐领）	右参领（所属十五佐领）	第十五	天聪八年	喀尔沁地方蒙古	苏班→阿玉石→图萨→色楞→鄂起尔→阿穆胡朗→查穆素→恩克→阿穆胡朗→额尔追→测布滕→布延图	阿玉石系苏班弟 色楞系图萨兄 两阿穆胡朗系一人 恩克系鄂起尔长子
	左参领（所属十四佐领）	第一	天聪四年	各处归顺蒙古	布代→杭吉尔代→阿吉拜→博洛→肯哲→巴雅尔图→达令和→巴朗→雅图→崇庆→五十九→阿里滚→那素泰	巴朗系达令和弟雅图系满洲固山
		第二		第一佐领内丁壮	肯哲→张骝→拉布坦→英泰→普贤保	系于巴雅尔图管佐领时分编
		第三	天聪年间	喀尔沁三牛录之一	倪沙尔→拜海→那穆→奇他海→诺由德→得尔格勒→都里图→际常	
		第四	康熙十一年	第三佐领内丁壮	查穆素→白奇→巴特马桑→巴雅思胡朗→那颜泰→色楞→际常	系于诺由德管佐领时分编 巴雅思胡朗系巴特马桑次子
		第五	天聪年间	喀尔沁三牛录之一	达雅→二追→额尔济格→厄布格尔吉→布达锡→贺济格尔→索诺穆拉锡→巴雅尔图	巴雅尔图系索诺穆拉锡弟
		第六	康熙十一年	第五佐领内丁壮	巴查礼→多尔济→巴雅尔图	系于布达锡管佐领时分编

（续表）

旗分	参领	佐领	编置年月	原属	管理人	备考
正蓝旗（凡三十佐领）	左参领（所属十四佐领）	第七	天聪年间	喀尔沁三牛录之一	噶尔玛锡→达尔玛→巴达格→绰什喜→色楞→巴雅尔图	
		第八	康熙十一年	第四佐领内丁壮	索诺木→苏珠格图→库色垒→那勒图→多尔济→际常	系于色楞管佐领时分编
		第九	天聪年间		海赖→拜彩→博勒→那尔迈→札穆彦→罗桑→吴巴迪→关保	关保系三等阿达哈哈番兼副都统
		第十	康熙十一年	第九佐领内丁壮	巴图→班迪→关得禄	系于札穆彦管佐领时分编巴图系拖沙喇哈番
		第十一	康熙七年	第十五佐领内丁壮	薄尔格→毕里克图→官保→石达→双喜→六格	系于马什管佐领时分编六格系三等护卫
		第十二	康熙二十三年	第十五佐领内丁壮	孟魁→索柱→福保→扎什→雅图→图苏图	系于花色管佐领时与薄尔格佐领内滋生丁壮合编
		第十三		第三佐领内丁壮	赛音达理→库器尔→阿弼达→托克推→达答拉→备通→额尔吉图→索诺穆→罗密→三扎布	系于拜海管佐领时分编
		第十四		第十三佐领内丁壮	岳代→萨尔扎→寇德→多尔吉→那苏图	系于达答拉管佐领时分编多尔吉系寇德子
		第十五	天聪四年	各处归附蒙古	布岱→杭吉尔岱→阿吉拜→额尔吉图→马什→花色→德存	花色系马什弟子

（续表）

旗分	参领	佐领	编置年月	原属	管理人	备考
镶蓝旗（凡二十五佐领）	头参领（所属十三佐领）	第一	天聪年间	喀喇沁拜玉特地方蒙古	图占→巴党锡→纳穆赛→班第→秦布→苏通阿	班第系纳穆赛子
		第二	康熙二十三年	二参领所属第六佐领内丁壮	劳密→班第→福保	系于额尔济图管佐领时分编 班第系劳密族弟
		第三	顺治二年		单代→索尔和→戴立→阿尔塔锡→诺尔密→阿进泰	
		第四	天聪四年		达兰→噶克都→恩格森→巴尔赛→齐墨克图→土尔噶图→布达→常保→诺穆扎史→伊苏→阿齐图→端柱→恩可→六格	常保系巴尔赛孙 六格系土尔噶图子
		第五	天聪年间	喀尔沁五牛录之一	绰克图→巴特玛→瓦克丹→本太→鄂齐尔→顾门→温椿→巴什→雅图→明禄→廷柱	雅图系瓦克丹孙
		第六	天聪四年	喀尔沁五牛录之一	尼喀达→塞赫→墨赫→旺齐→台弼图→全保	
		第七	顺治二年正月		肯哲→色冷→德楞格→六十→赛费图	肯哲系礼部郎中兼参领 色冷系肯哲子 六十系德楞格子
		第八	康熙八年	第三佐领内丁壮	胡兰泰→图类→阿穆笏朗→巴雅思笏朗→和善→那苏图	系于戴立管佐领时分编

（续表）

旗分	参领	佐领	编置年月	原属	管理人	备考
镶蓝旗（凡二十五佐领）	头参领（所属十三佐领）	第九	康熙二十三年	第七佐领内丁壮	色楞→额尔赫图→达柏→费扬阿	系于六十管佐领时分编
		第十	康熙二十三年	第六佐领内丁壮	赫硕色→全保	系于墨赫管佐领时分编
		第十一	天聪四年	喀尔沁五牛录之一	拖克拖尔→白桑古→赛音齐克→德尔格尔→明善→乌尔登	
		第十二	康熙二十三年	第一（系十一之误）佐领内丁壮	德登→根敦→卓巴	系于赛音齐克管佐领时分编
		第十三	康熙七年	贝子傅腊塔所属人丁	和济格尔→达穆→布尼→赛音奇克济雅图	
	二参领（所属十二佐领）	第一	天聪年间	关内蒙古	桓进→三进→图济→满进→顾鲁→察哈岱→诺穆齐岱→赫硕色→孟和尚→明安图→明泰	
		第二	康熙二十三年	第五佐领内丁壮	硕色→巴图孟可	系于舒书管佐领时分编 硕色系舒书兄卓尔麻子
		第三	天聪年间	各牛录滋生户口	鄂本泰→搜色→额叶图→额叶尔→博罗奇他特→阿齐图→色冷→扎史→佛保→乌玉琪	色冷系阿齐图子佛保系员外郎

（续表）

旗分	参领	佐领	编置年月	原属	管理人	备考
镶蓝旗（凡二十五佐领）	二参领（所属十二佐领）	第四	天聪年间	锦州关内蒙古	珠根→巴达礼→云屯→库塞→沙达受→鄂尔赫岱	
		第五	天聪四年	嚷尔沁五牛录之一	额塞→恩村→孟格→卓尔嘛→乌克苏尔→讷黑图→塞根→舒书→扎穆素→明阿图	
		第六		盛京初编之牛录	喇卜什希→席柱→奇他特→班第色冷→沙礼→奇唐固尔→额尔济图→塞尔济→席赖→吴尔图那苏图	
		第七	天聪四年		阿哈塔布囊→图勒齐→莽斯代→毕礼克→色冷多尔济	
		第八	天聪四年	锦州来归之蒙古	夏伯逊→绰尔门→巴拜→荆州→广柱→渣尔代	荆州系巴拜子
		第九	康熙二十三年	一参领第十三佐领内丁壮	达喜→黑色→德尔登→敦巴	系于达穆管佐领时分编
		第十	天聪八年	喀喇沁牛录	诺穆齐→萨赖→布雅穆→博第穆素→达兰泰→岳桑阿	

（续表）

旗分	参领	佐领	编置年月	原属	管理人	备考
镶蓝旗（凡二十五佐领）	二参领（所属十二佐领）	第十一		十四族人丁	席林→殷特→昂阿→巴扎尔→贵僧→关保→乌尔章→巴雅斯呼郎→巴图赖→五十六→诺木齐→纳何图	席林系满洲 关保系殷特族子
		第十二	天聪四年	喀尔沁牛录	诺敏→海三岱→察浑→六十→占柱→多尔济	六十系察浑弟 多尔济系占柱弟
说明	1. 本表系根据乾隆四年《八旗通志》初集卷11及卷12《旗分志》所载八旗蒙古佐领编成。 2. 表中人名多有相同者，除同音异译之汉字应作异名外，其汉字全同而并非一人之人名，据可考者注出。					

关于满族形成中的几个问题

满洲作为民族名称（又称满族），是在17世纪30年代才出现的[①]。但是，它有着悠久的历史渊源。在漫长的岁月里，满族先民生息、繁衍、活动在祖国东北地区的“黑水白山”之间，到明代末年在夺取了全国政权之后，才分散遍布于关内外，据1978年调查，满族人口有二百六十五万[②]，辽宁省占全国满族总人口的百分之四十以上。满族是今天祖国民族大家庭的成员之一。

许多民族学家和历史学家认为，关于民族概念、民族定义、民族形成、民族同化、民族融合等理论问题，必须结合着对各国民族情况以及各民族形成和发展的具体过程进行综合分析研究，才能得出比较切合实际的结论。我们知道，民族是历史范畴，是历史上形成的具有很大稳定性的人们共同体。马克思主义经典作家们提到的民族通常是指从古代直到现代不断出现的具有民族共同特征的一切人们共同体[③]，从而不能得出像人们所说“马克思和恩格斯认为民族是资本主义上升时代的产物”的结论[④]。

满族作为民族的长期存在，有过它的共同地域、共同语言、共同经济和共同文

① 《清太宗实录》(《大清历朝实录》景印本，下同）卷25，第29页上，天聪九年（1635）冬十月庚寅条。按《清太祖武皇帝实录》(北平故宫博物院1932年铅印本，下同）卷一页一下有云“其国定号满洲”，小注云“南朝（指明朝）误名建州”。所说“定号满洲”，实际上是在1635年改号之后的追认。

② 据1957年的调查，全国共有满族240多万人，经过了20年，增加了25万多人。

③ 马克思和恩格斯经常提到的有“古代民族”“现代民族”“希腊民族”“罗马民族”“日耳曼民族”等等；斯大林也常提“落后民族”“野蛮民族”“被压迫民族”，等等；毛泽东同志还提到“中华民族”“少数民族”，等等。

④ 参见方德昭:《关于民族和民族形成问题的一些意见》,《学术研究》1963年第7期，第2页。

化这些条件，虽然这些条件今天早已大部分消失甚至全部消失，它仍能靠共同的民族意识和民族感情来维持。中外学者从来没有提出过不同意见和怀疑。但是，在满族形成和发展的过程中存在着若干问题，过去和现在，人们不但抱有一些不同意见和模糊的认识，而且还有不少错误的看法甚至反动的观点[①]。本文拟就其中有关的几个问题，提出一些不成熟的看法，希望能得到清史和满族史研究者的批评指正。

一、满族的族源问题

目前中外学者一般公认，两千多年前我国先秦古籍中所记的肃慎人[②]，就是今天满族的最早先民。汉代以后，不同朝代的史书上记载着的挹娄（后汉、三国）、勿吉（北朝）、靺鞨（隋、唐）、女真（辽、金、宋、元、明），都是肃慎的后裔，因而也是满族的先民。但是，这里面有两个问题需要提出来商讨。第一，过去也有少数学者认为，从明代女真人往后倒推上去，女真出于靺鞨，靺鞨出于勿吉，历代史书记载，斑斑可考；再往上推，顶多可以追溯到两汉、三国的挹娄为止。这些，文献资料尚可依稀稽考，引以为据[③]。至于满族最早先民——肃慎的说法：一则先秦古籍中仅寥寥数语[④]，文献不足，难以征信；一则前人所说“肃慎”与“女真”系一音之转[⑤]，从语音学角度上考虑，因“肃”字拼音系用S打头，与用J打头的“女”

① 苏联东方学家齐赫文斯基所著《中国近代史》（生活·读书·新知三联书店，1974年）沿袭了过去日本帝国主义侵略我国东北的那一套旧观点，把女真–满族当作一个中国以外的外来民族看待，企图混淆视听，以达到分裂我国东北的目的。这当然是不能接受的观点。就是萧一山在其所著《清代通史》（1961—1963年，台湾新版，共五册）“导言”中说：“惟清（指满族）为华族支派，久受熏陶，逐渐同化。”与他在1949年以前出版的《清代史》，重庆：商务印书馆，1947年，第12页，其中明说“都变成了汉人”，同样不承认今天满族的存在，也是很成问题的。

② 一作“息慎”，又作“稷慎”，见《史记》卷1，北京：中华书局，1959年，第43页，《五帝本纪》；《国语·鲁语》下；《汲冢周书·王会解》。

③ 《后汉书》卷85，中华书局，1965年，第2812页；及《三国志》卷30，北京：中华书局，1959年，第847–848页，都有《东夷挹娄传》。

④ 《国语·鲁语》下只提到肃慎人贡献过“楛矢石砮”，《史记》卷4，第133页，《周本纪》说周成王命大臣荣伯作《贿息慎之命》和《汲冢周书》也只提“稷慎大尘”而已。

⑤ 《满洲源流考》卷1，奉天文化兴印刷所，1934年。卷1，第4页下云：朱里真（女真）“盖即肃慎之转音”。

字，语音根本不能相通，是缺乏科学根据的。这确实是一个问题。第二，在处理编写满族史的内容方面，要不要把明代女真人的先世——金代女真人、隋唐的靺鞨、北朝的勿吉、两汉三国的挹娄，以至先秦西周的肃慎的全部史事都包括进去，这也是值得研究的另一个问题。

从肃慎、挹娄、勿吉、靺鞨直到金代的女真人，长期居住、活动在“不咸山”（长白山）和“弱水”（黑龙江）之间的广大地区，是明代女真人渊源所自出，这一继承关系是必须首先加以肯定的。问题在于肃慎这个缺乏充分文献证明的最早先民够不够条件也包括在满族共同体之内？单从先秦古籍中的区区数语，或一两个字的拼音通不通，来推断两者的系属关系，自难令人信服。所庆幸的是新中国成立三十多年以来，考古工作者在全国范围内进行了大量的发掘工作，获得了前所未有的许多巨大的新收获。以东北地区为例，根据考古学家考古发掘资料，黑龙江流域出土有魏国平周布，黑龙江、吉林两省肃慎遗址中普遍发现了鼎、鬲[①]，对此他们指出：“至于族别的问题，现在已经提出吉林地区可能是肃慎遗存的初步意见；西团山墓葬的人骨，经鉴定是属于通古斯族人种的。”[②]再证以挹娄遗址中发掘的大量石镞、原始农业生产工具、农作物籽粒、纺轮和猪骨，并发现其住址为半地穴式，与史籍记载几乎完全相符[③]，从而我们可以推定肃慎与挹娄现存遗物出现于同一地域，两者出土文物的相似，文化继承关系的揭示，以及当时两者与中原地区的文化、经济联系，充分订正和弥补了文献资料的不足。由于这些考古发掘资料与史书记载的互相补充印证，我以为肃慎是满族的最早先民这个说法，是不容置疑的。

作为满族的族源，我们不但要把它最早先民的肃慎包括在内，而且还必须把从肃慎以下经挹娄、勿吉、靺鞨以至金代女真人等各族的迁徙、发展以及变化过程，系统地、概括地一一加以交代清楚。同时，考虑到肃慎及其后裔在漫长的年代中一

---

① 中国科学院考古研究所编:《新中国的考古收获》，第40页；东北考古发掘团:《吉林西团山石棺墓发掘报告》,《考古学报》1964年第1期，第46页。

② 《新中国的考古收获》，第40–42页。

③ 佟柱臣:《吉林的新石器时代文化》,《考古通讯》1955年第2期，第7–11页；黑龙江省博物馆:《东康原始社会遗址发掘报告》,《考古》1975年第3期，第168页；吉林大学历史系文物陈列室:《吉林西团山子石棺墓发掘报告》,《考古》1960年第4期，第37页。

次次分化出去，并吸收其他族人形成了新的共同体，经过一个时期的发展，又与其他族人合并或融合，就不应该把这一部分人的历史（如有关渤海国和金王朝的史事）无区别地全部都包括在满族史之内。

所以，归结起来说，肃慎作为满族的最早先民，虽然史书记载语焉不详，但是考古发掘资料却提供了有说服力的物证。至于肃慎及其后裔是既有关联又不能等同，不应该把肃慎以下的挹娄、勿吉、靺鞨、女真各族的形成发展过程作为满族本身的形成发展过程；但是，满族史如果把肃慎以下迄明代女真人的世代相承的系属关系与满族割裂开来，也是不能正确反映满族悠久的历史渊源的[①]。

二、满族与明代女真的关系问题

入关前，满族统治者清太宗皇太极于1629年（明崇祯二年，后金天聪三年）亲自征明，路过房山，刚刚祭过他的祖先金太祖阿骨打和金世宗完颜雍陵墓之后，不到二年，于1631年（明崇祯四年，后金天聪五年）写给明总兵官祖大寿的一封信上说："尔主（指明崇祯皇帝）非宋之苗裔，朕（皇太极自称）亦非金之子孙。"[②] 否认了明末女真人与宋代女真人一脉相承的渊源关系。到1635年（明崇祯八年，后金天聪九年）皇太极竟下了一道谕令，说什么："我国原有满洲、哈达、乌喇、叶赫、辉发等名，向者无知之人，往往称为诸申。夫诸申之号，乃锡伯超墨尔根之裔，实与我国无涉。…… 自今以后，一切人等止称我国满洲原名，不得仍前妄称。"[③] 从此，定族名为"满洲"，废除了诸申（女真）旧称。

其实，诸申（jušen）系从女真（jučen）一词中的š与č发音变化而来，旧译为"满洲""编氓""部属"或"民间"[④]，本来指自由民的女真人，只是到了后来，随

① 《满族简史》，中华书局，1979年，第2页。

② 《满洲老档秘录》下编，上海：商务印书馆，1929年，第22页下–28页下，按《太宗祭金太祖、世宗陵》在天聪三年（1629）十二月，《太宗攻锦州致书祖大寿》在天聪五年（1631）八月，前后相距实际上不足两年。

③ 《清太宗实录》卷25，第29页上。

④ ［日］今西春秋：《满和对译满洲实录》，日本文化协会，1938年，第25、36、284、354页。

着本族内部的阶级分化而下降为贱民之称。因此，在满文词书里，“诸申”就被解释为“满洲臣仆”或“满洲之奴才”[①]。很显然，诸申与女真，还由原来本为一字的同音异译分而为二，成为本族内部两个对立的阶级成分了。再则，到皇太极时期，诸申（女真）成员更加急遽向两极分化，少数上升为奴隶主，而大多数下降为农奴或奴隶，诸申（女真）这一族名不再能通用于全族。何况在众多女真部落中虽各自有其专名，却还没有一个可施及全族的通称；同时，出于政治上的需要，为了避免明末汉人对宋代女真人的反感，这就是要把诸申（女真）这个世代相传的旧称改为满洲，连国号“金”也改为“清”的原因所在。

如前所述，问题很清楚，诸申（女真）这个族名虽改，但是它的族体即全体民族成员，基本上仍然是明代女真人。不过，对于明代女真人还得做进一步的分析。据记载，明朝人是把当时女真人笼统地分为建州、海西和野人三个部分的。满族无疑是以建州、海西女真人为主体，但同时也吸收了大部分东海女真（野人女真）在内。在满族的杰出领袖、卓越的政治家和军事家清太祖努尔哈齐及其继承者清太宗皇太极看来，散居在东北边区图们江、乌苏里江及以东一带的东海虎尔哈部、渥集部、瓦尔喀部等女真余部（旧称野人女真），以及远处黑龙江流域及以北一带的索伦部、鄂伦春部等，从来都是同系女真成员，应该为其“所属有”[②]；或者说：“此地人民（指黑龙江地方的索伦部），语音与我国（女真）同。……尔之先世，本皆我一国之人，载籍甚明”[③]，也应该被纳人这个满族共同体之内。1642年（明崇祯十五年，清崇德七年），皇太极所描绘的“后金”版图是：“自东北海滨（鄂霍次克海），迄西北海滨（贝加尔湖），其间使犬、使鹿之邦，及产黑狐、黑貂之地，不事耕种、渔猎为生之俗，厄鲁特部落以至斡难河源，远迩诸国，在在臣服。”[④]不难看出，这些被征服的外族成员，包括今天的鄂温克族和达斡尔族（均属索伦部）、赫哲族（使

① 《增订清文鉴》卷10，第3页上，乾隆三十六年刊本；《清文汇书》卷9，第24页下，四合堂刊本。

② 《清太祖武皇帝实录》卷3，第4页上云：“斡儿哈部众，皆吾所属有。”按斡儿哈即瓦尔喀一字的同音异译。

③ 《清太宗实录》卷21，第14页下。

④ 《清太宗实录》卷61，第3页上。

犬部）、鄂伦春族（使鹿部）和蒙古族（厄鲁特部落）等民族成分。

由此可见，具有血缘关系的建州、海西女真人，在新的情况下，更加密切地结合起来，形成满族的主体，同时又有一些不具有血缘关系的外族成员由于种种客观条件起作用的结果，如大量被俘的汉族人加入进来，形成了新的共同体——满族。这样，满族既是主要来源于建州、海西女真人，但又加入了新的血液，把来自不同血缘的人们都汇集在一起了。

三、佛满洲与伊彻满洲的区别问题

满洲有“佛满洲”和“伊彻满洲”的区别：佛（fe），满语，汉译“旧”的意思，故又有“陈满洲”“老满洲”之称；伊彻（ice），满语，汉译“新”的意思，汉字音译又或作“伊齐满洲”“义气满洲”和“衣扯满洲”①。按新、老满洲的意义是有发展的。入关前，在皇太极时期编入八旗的东北边区女真余部及他族人，被称为“伊彻满洲”或“新满洲”②；而原先在努尔哈齐时期编入的则称“佛满洲”“陈满洲”或“老满洲”。入关后，对于在此以前编入八旗的满族成员均称“佛满洲”“陈满洲”或“老满洲”；此后新编入的则称“伊彻满洲”或“新满洲”③。

据记载，佛满洲之内又有“贝国恩”和“布特哈”的区别：贝国恩（boigon），满语，汉译“户”的意思；布特哈（butha），满语，汉译“打牲为生”的意思④。贝国恩多半在吉林地方成家立业，记档开户，养子育孙，世代相传；而布特哈则在

① 萨英额：《吉林外记》，渐西村舍本，卷3，第1页下；西清：《黑龙江外记》，渐西村舍本，卷3，第1页上；吴振臣：《宁古塔纪略》，《昭代丛书》本，第11页下。

② 《清太宗实录》卷52，第12页上下，“崇德五年秋七月癸未”条云：“以索海、萨穆什喀所获新满洲壮丁二千七百九人，妇女幼小二千九百六十四口，共五千六百七十三人，均隶八旗，编为牛录。”足证在入关以前新、老满洲之有别。

③ 《吉林外记》卷3，第1页下：“国朝定鼎以前编入旗者为佛满洲。”又何秋涛《朔方备乘》（清季石印本）卷1，第7页上：“其顺治、康熙年间续有招抚壮丁，愿迁内地，编佐领隶旗籍者，则以新满洲名之，国语所谓伊彻满洲也。”又崇厚：《盛京典制备考》，光绪二十五年刻本，卷4，第33页下–34页上云：“查新满洲人丁原在乌拉（指黑龙江）地方居住，于康熙十七年（1678年）……奉谕旨，将……三十一佐领管下人丁连眷属共一万余口，俱著改住盛京，各随各牛录管理当差”云云，均可供印证。

④ 《吉林外记》卷3，第1页下–2页上。

长白山一带，打牲为生。伊彻满洲之内也有库雅喇的不同，因为库雅喇不是一部亦非一姓；有的人就以库雅喇为姓，也有库雅喇而改别姓的，他们多半居住在宁古塔（今黑龙江省宁安县）以东的地方，都是在入关以后才编入八旗的。可是，一般伊彻满洲则居住在三姓（今黑龙江省依兰县）、乌苏里江东西两岸，他们编入八旗又在库雅喇以后①。

由此可知，黑龙江省的佛满洲、伊彻满洲和库雅喇都是满洲即满族的组成成员这一点，是没有疑问的。入关以后，他们分别被派遣驻防在齐齐哈尔（今黑龙江省齐齐哈尔市旧城）、黑龙江（今黑龙江省黑河市瑷珲镇）、呼兰（今黑龙江省呼兰县）三城，编设八旗：镶黄、正白、镶白、正蓝四旗为左翼，左翼满语叫作达斯欢噶喇（dashūwan gala）；正黄、正红、镶红、镶蓝四旗为右翼，右翼满语叫作哲伯勒噶喇（jebele gala）。据道光年间清朝人的统计，黑龙江地方八旗中佛满洲所占的比例，不过十分之一罢了②。

从清人留下的零碎的片断记载中，我们知道，有清一代由于各种客观条件，清统治者分期分批地把早已编入八旗的新满洲成员移入内地之后③，在广大汉族和其他各族人民的眼里，是看不出新、老满洲有任何区别的。另外，清统治者也不断把原先在东北边区居住的各兄弟民族成员吸收进来，其办法分三步走：第一步，把他们从原住地迁到宁古塔，住上几年；第二步，再移居到盛京（今辽宁省沈阳市旧城），也住上一两年；第三步，最后定居于北京④，取得新满洲的资格，也就成了满族的正式成员。

与此同时，我们不要忘了，入关以后，还有许多居住在东北边区的兄弟民族，如索伦（今鄂温克族）、锡伯、达瑚尔（今达斡尔族）、赫哲等虽然也都编了佐领（满语叫牛录niru，八旗的基层组织），可是他们并没有取得满族正式成员的资格，

① 《吉林外记》卷3，第2页上。
② 《吉林外记》卷3，第2页下；《黑龙江外记》卷3，第1页下。
③ 《黑龙江外记》卷3，第3页上–4页上。
④ 高士奇：《扈从东巡日录》，《辽海丛书》本，第一集，卷下，第6页下及《宁古塔纪略》，第11页上下。

因此，他们的编制就直接用本族的族名来命名[①]，“索伦营”和“锡伯营”就是两个最突出的例子。特别是锡伯营从东北伯都讷（今吉林省扶余县）被派遣到西北伊犁（今新疆维吾尔自治区伊宁市）地区驻防，经历了二百多年，发展成为今天祖国民族大家庭中成员之一的锡伯族。

如前所述，新、老满洲的区别和演变，正好说明了满族在其形成发展过程中不断吸收、合并了大量外族成员，彼此互相吸收，紧密结合在一起，增强、扩大了满洲这个共同体，从而使我们清楚地看到，血亲关系已不再是决定满族社会关系的主要因素了。

四、汉军旗人的从属问题

“汉军旗人”作为八旗制度三个组成部分之一就算作八旗成员即满族人，是不应该成为什么问题。因为“旗人”这一称呼既是满族人的自称，更多的又是汉族人对满族人的他称，从有清一代直到解放前后，广泛地在社会上流行着。当不熟知的人见面时，问“你在旗不在旗”，就是“你是满族人不是”的习惯用语。我们知道，“八旗满洲”（简称“满洲”）是八旗制度三个组成部分之一的主要成员，当然应该是“旗人”，那么，“八旗蒙古”和“八旗汉军”既然一同被编在八旗之下，享有与“八旗满洲”同等的地位，何尝不可以自称或被称为“旗人”即满族人呢？

事实正是这样，史书上明文记载着：“太祖（努尔哈齐）…… 肇建八旗，以统满洲、蒙古、汉军之众 …… 咸隶旗籍。”[②] 又说：“太祖 …… 太宗（皇太极）…… 爰立八旗 …… 每旗析三部，以从龙部落及傍小国臣顺者子孙、臣民为满洲；诸漠北引弓之民景化内徙者，别为蒙古；而以辽人、故明指挥使子孙、他中朝（亦指明朝）将众来降及所掠得，别隶为汉军。”[③] 说得最确切明白的要算1793年（乾隆

① 奕赓：《管见所及》，《佳梦轩丛著》本，第17页上下。

② 《八旗通志》，乾隆四年刊本，卷首“序”。

③ 金德纯：《旗军志》，《辽海丛书》本，第1页上。

五十八年）的一个上谕了，它说："向来定例，满洲杀死满洲例文本未妥协，自应以旗人杀旗人载入例条，则蒙古、汉军皆可包括……试思八旗俱有蒙古、汉军，岂蒙古、汉军独非旗人？"[①] 因此，毫无疑问，凡被编置在八旗之下的人们，不管满洲也好，蒙古也好，汉军也好，都可以自称或被称为"旗人"即满族人了。

过去在具体处理汉军旗人的从属问题时，直到清末民初，《八旗文经》一书的旗人作家共197人[②]，满洲107人外，还有汉军72人和蒙古18人。同样，《八旗艺文编目》一书搜集的旗人作家更多[③]，将近1000人，其中满洲有557人，蒙古有227人，汉军也有123人。当然整个清朝三百年间，满洲、蒙古、汉军的作家实际上绝不止此数，但是，这已经足够说明前人一向是把汉军旗人当作八旗成员之一来对待的。

为了进一步证实旗人即满族成员这一点，我们不妨拿清中叶"钦定"的两部书《满洲名臣传》和《八旗满洲氏族通谱》来考察一下[④]：前书立有专传的635人，其中满洲461人，蒙古36人，汉军136人；后书收录的满洲"著姓"（151个）、"中姓"（144个）、"希姓"（351个），三项合计646个姓氏；蒙古姓氏共有235个，"尼堪"（157个）[⑤]、"台尼堪"（40个）、"抚顺尼堪"（50个），三项合计247个姓氏。两书所收录的满洲人物和姓氏占蒙古和汉军相加之总和的三分之二弱或在一半上下；而两书都是十分明确地、毫不含糊地把汉军的人物和姓氏列入在明标着"满洲名臣"或"满洲氏族"之内的。因此，八旗汉军为满族成员是历史事实，毋庸置疑。

问题发生在到了清中叶这一时期，满族人口大量增加，而汉军旗人（包括那些身份不同而名称相同的皇室贵族庄园劳动者的"汉军旗人"）的人口增长得更快更多。为了解决八旗满洲即满洲的正身旗人的生计，并企图缓和汉军旗人的反抗斗

---

① 《清高宗实录》,《大清历朝实录》影印本（下同），卷1434，第4页上下"乾隆五十八年秋八月甲子"条。

② 盛昱:《八旗文经》卷60、内文卷56、《作者考》卷3、《叙录》卷1，共十二册，光绪二十年（1902）刻本。

③ 恩华:《八旗艺文编目》附《八旗艺文编目补》上下两册，民国年间铅印本。

④ 《满洲名臣传》卷48，四八册，乾隆年间菊花书屋巾箱本。又《八旗满洲氏族通谱》卷80，二六册，乾隆九年刊本。又《八旗氏族通谱辑要》上下二册，旧钞本。

⑤ 按尼堪，满语nikan，汉译为"汉人"之意；台尼堪即充当台丁的汉人；抚顺尼堪即系原住抚顺地方的汉人。

争，清统治者放宽对八旗成员的控制，首先准许汉军旗人出旗为民，其规定：

一、汉军愿为民者，令指定所往省份州县，呈明出旗入籍（指民籍），子弟与民籍一体应试……男女听与民婚配；

二、汉军仍愿食粮者，分派绿营改补……

三、汉军原住房屋，无论官房、自盖，均留给满兵驻扎……

四、京城拨驻满兵，俟……汉军改补绿营后，配量数目，随时请拨。①

由此可知，汉军所遗官兵额缺，由满洲人丁调拨补充，差不多与此同时，在畿辅（今河北省东北部以及长城内外附近）518个庄头的名下，一次把原有的“三万余名”壮丁，放出了“应为民壮丁一万六千余名口”②，超过半数以上。由于大量汉军旗人的出旗为民，人们就会问：本来就是汉人的汉军旗人既然出旗为民，恢复了他们原有的汉族身份，那么，那些尚未出旗为民的汉军旗人不也同样可以作汉人看待吗？

与一贯保持自己的民族言语、习俗和民族感情的“八旗蒙古”有所不同，汉军旗人在出旗为民之前，语言、服饰、信仰、习俗各方面都受到相当程度的“满化”的影响；同样，由于满、汉两族的长期共居杂处，满人受到了更多的“汉化”的影响。在今天党的民族政策的指引下，各族人民填报民族成分的自愿原则得到贯彻执行，特别是满族成员与原籍汉军旗人的汉族人交相互报，例子很多。这里必须指出的是，历史上的民族成分如何划法问题，与今天的现实问题应当有所区别。按道理讲，或者从当时实际情况去推测，清代的汉军旗人中有很多人已经“满化”了，与满族成员融为一体；另外，他们中间一定也还有不少人并没有被“满化”，仍然保持着汉族的身份，始终和满族成员有所区别。可是，过去了的历史是无法重现的。因此，我个人认为，清代汉军旗人的民族成分如何划法的标准只能按当时是否出旗为民作为一条杠杠：凡是既已出旗为民的大量汉军旗人或改回原籍的（如曾一度

① 《清高宗实录》卷469，第2页下-3页上，“乾隆十九七月甲午”条。

② 中国第一历史档案馆藏：乾隆十年六月《内务府会计司三旗银两庄头处呈稿》。

入旗的名士方苞[①]，即是一例），就应该算作汉族的成员了，否则就应该把他们当作满族成员看待。本来，满族作为一个历史范畴的民族，一部分成员加入进来，另一部分成员分离出去，这是正常现象，是符合一个民族在形成发展过程中的民族特征的。

五、内务府旗人的旗籍问题

内务府旗人指内务府三旗的成员而言。内务府三旗即从皇帝亲自统率的正黄、镶黄、正白等上三旗所属的户下包衣（满语booi，汉译“家人”之意）挑选组成，与王公们统辖的下五旗所编置的王府包衣名称、身份相同而隶属关系不 同。内府三旗最早设于入关之初，顺治元年（1644）总共只有9个内府佐领（满洲佐领）、12个旗鼓佐领（系由包衣尼堪即家奴汉人所编成）[②]，一个高丽（朝鲜族）佐领，下设满洲佐领护军校，旗鼓佐领内管领、护军校各若干人，当时隶于领侍卫内大臣或称为侍卫处，到康熙十三年（1674），正式改隶于内务府[③]。终清一代不改。

这就很清楚地告诉我们，内府三旗与八旗是完全不同的两个独立的组织体系，彼此互不相干，各自为政，他们的政治、经济和社会的地位是不同的。因此，官员的考核[④]，秀女的挑选[⑤]，披甲当差，俸饷米石，婚丧恩赏以及刑罚处分，等等[⑥]，都各有各自的规定，两者不可混为一谈。一般说来，内府旗人的身份地位较低，但由于他们是皇帝的家奴并受其重视，所以，他们外任肥差，既富且贵，权势较大。和八旗成员一样的是，内务府汉军旗人的抬旗和改旗也是允许的。按规定：“八旗汉军官员获咎，发入辛者库（满语sinjeku，汉译‘管领下食口粮人’），则改隶内务府

① 《清史列传》，上海中华书局1928年铅印本，卷19，第25页上。

② 《增订清文鉴》卷3，第24页上“旗鼓佐领”条下满文注释。

③ 《清史稿》卷117，中华书局，1976年，第3374页，“内务府”条，其后又略有增改。

④ 《内务府现行则例》卷2，第1页上下官员考察条，宣统三年刊本（下同）。

⑤ 吴振棫：《养吉斋丛录》，光绪年间刻本，卷25，第5页上。

⑥ 《内务府现行则例》卷4“滋生银两”“参赏银两”“恩赏银两”各条。又昭梿：《啸亭杂录》卷8，第5页上，申报馆活字本。

汉军。其子孙官至三品以上，许奏请施恩，仍归原旗。”[①] 阿灵阿就是一个改回原旗的例子[②]。而官至二品做到协办大学士的百龄不肯奏请改旗，始终隶属于内务府[③]，倒是一个例外。

与汉军旗人最不一样的是，上一节已经提到，清中叶有大量汉军旗人准许出旗为民，而内务府汉军亦即包衣汉军就没有出旗为民的规定[④]。原因据说是他们都是皇室的“世仆”，和皇室庄园劳动者的内务府壮丁一样，他们的身份地位都是农奴和家奴，是没有人身自由的。由此可见，他们是满族社会阶层的最下层，是绝不可轻易地分割出去的主要组成部分。

谈到这里，有一个问题值得提出来注意的是，过去和现在，不少红学家经常争论[⑤]：《红楼梦》作者曹雪芹的先世是汉人还是旗人，是原籍辽阳人还是原籍河北丰润人，是汉军旗人还是内务府旗人，聚讼纷纭。迄未得出一致的答案来。

曹雪芹的先世，当然可以深入追查，但更重要的应该是曹雪芹一家当时的民族成分问题。周汝昌同志引据《八旗通志五·旗分志》说曹雪芹的伯曾祖属于正白旗包衣第五参领第三旗鼓佐领[⑥]，是不错的。证以雍正年间的档案资料，原件记载着：“正白旗包衣五甲喇参领常住、佐领尚志舜，（由）盛京进京。原佐领高国元，接续佐领曹尔正、张士鉴、郑琏、曹寅、祁三路”云云。原件上并盖有“正白旗内府旗

① 《养吉斋丛录》卷1，第2页下。

② 《清高宗实录》卷759，第19页上，乾隆元年十月癸未条。

③ 《清史列传》卷32，第34页下。

④ 《清高宗实录》卷159，第19页上乾隆三十一年四月乙丑谕云：“至包衣汉军，则皆系内务府世仆，向无出旗为民之例，与八旗汉军又自有别。”可以为证。

⑤ 参见《红楼梦研究参考资料选辑》第3辑，人民文学出版社，1976年。第111页，李玄伯《曹雪芹家世新考》说：“曹氏非旗人而是汉人”；第352页萍踪《曹雪芹籍贯》说：“入关时，辽东汉人之归附者，多隶汉军旗籍，《红楼梦》作者曹雪芹即其一也。《皇朝通志》及《八旗世（氏字之讹）族通谱》皆谓其世居沈阳，而不知曹氏本籍河北之丰润焉，尤侗《艮斋文集·松茨诗稿序》曹子荔轩，丰润人云云”；同页附录适之（胡适）《曹雪芹家的籍贯》又提出了否定的意见。新中国成立后，邓拓同志在其所著《论中国历史的几个问题》，三联书店，1959年，第178页，也说：“曹雪芹竟是汉人，他的祖上虽然入了旗籍。”最近白眉《曹雪芹与高鹗》云：“雪芹名霑，字梦阮，号雪芹，又号芹溪、芹圃。…… 过去有人认为，他的祖籍是河北丰润，今据冯其庸、马国权等同志考证，曹家祖籍确系辽阳，后迁沈阳；原属老汉军，后入满洲正白旗。”载《黑龙江日报》1980年7月27日，第3版。

⑥ 《红楼梦新证》上册，人民文学出版社，1976年，第42页。

鼓三佐领”十个字的红色篆文图记[①]，两相印证，完全吻合。必须指出的是，我们应该承认曹雪芹一家是内务府正白旗第五参领第三旗鼓佐领下人，简称为内务府正白旗汉军或包衣汉军，一般称为内务府旗人。说曹家是汉军旗人，甚至不承认曹家是旗人而只承认是汉人，都是不恰当的。

满族在形成和发展的过程中，吸收了大量外族成员特别是汉族人加入进来，互相学习，共同进步，密切地结合在一起，形成了一个新的共同体。当其产生了一位世界文坛上享有盛名的文豪时，我们偏要去找他的血亲渊源所自出，否认他是满族，既与史实不符，也是不公平的。

总起来说，内务府旗人不是八旗的汉军旗人，汉军旗人可以准许出旗为民，而内务府旗人除内务府壮丁外，是决不准许出旗为民的。汉军旗人在没有出旗为民以前都应该当作满族成员看待，那么，从来不准许出旗为民的内务府旗人，理所当然的是满族的正式主要成员了。

① 中国第一历史档案馆藏:《历朝八旗杂档》第4包，第133号。按这件档案原未标明年月，但据同包同册内其他文件有标雍正九年字样。又《满族简史》第95页说曹雪芹是“正白旗满洲包衣管领下人”衍“满洲”两字，应作“内务府正白旗第五参领第三旗鼓佐领下人”，更为确切。

清代八旗中的满汉民族成分问题

我曾撰写过一篇《关于满族形成中的几个问题》[1] 的文章，其中一个问题谈到“汉军旗人的从属问题”，也就是清代八旗中的满汉民族成分问题。我提出了清代汉军旗人的民族成分的标准，只能按当时是否出旗为民作为一条杠杠的看法，认为：凡是既已出旗为民的大量汉军旗人，或因罚入旗后又改回民籍的，如康乾时期有名的陈梦雷、方苞等即是其例，就应该算作汉族成员，否则都应该把他们当作满族成员看待才是。这是因为作为一个历史范畴的满族共同体，一部分成员从其他民族加入进来，另一部分成员从本民族分离出去，是正常现象，完全符合一个民族在长期不断形成发展过程中的民族特征。不然的话，现在汉军旗人之报满族，成了无本之木、无源之水了；如果除去有满族血统的汉人不算汉族，现在的汉族又怎能像滚雪球一样越滚越大呢！

从有清300年间的满汉两民族的民族关系史中去考察，不但满族是这样，汉族又何尝不是这样。清朝虽然实行了与元朝划分蒙古、色目、汉人、南人四等级相类似的满洲、蒙古、汉军、汉人四等级的民族政策，不以平等待汉人；但长期以来，通过编旗编佐领、汉人投充满洲、通婚与过继、入旗改旗和抬旗、冠汉字姓和改汉姓、入旗和出旗为民等各种措施，满汉人民杂居共处，互相学习，互相吸收，在经济、文化、习俗、生活上日益接近，日益趋于一致。最终结果是，清朝一代，本来以统治民族自居的满族，固然吸收进去不在少数的汉族成员，但很多有满族血统的

① 初载《社会科学战线》，1981年，第1期。收入《满族史研究集》，中国社会科学出版社，1987年，第1–16页。

成员到后来融入汉族之中。

根据1982年公布的第二次全国人口普查结果，其中满族人口为429万人，与1978年的265万人相比，仅隔四年，就净增160多万，占满族总人口的37%[①]。此后陆续填报满族的仍在不断增加，据《人民日报》1987年9月17日报道，全国满族人口经过复查之后由429万增加到700万，按少数民族人口的排列位置由第六位上升到第四位[②]。这就充分说明：第一，辽宁地区填报满族的很大一部分是原先隶属八旗汉军的成员和皇庄、王庄庄园的壮丁（含汉人居多）；第二，北京地区原属八旗满洲正身旗人的成员有不少早已报了汉族，反倒没有再改报满族了。从而可以得出结论：满汉两民族经过了长期相互吸收渗透，相互同化融合，是双方面的共同成长壮大而不是单方面的被吸收同化，真正成了“你中有我，我中有你”“血肉相连，谁也离不开谁”的新的民族关系。

一、编旗编佐领

八旗制度是清代满族的军民合一的社会组织形式，它主要由八旗满洲、八旗蒙古和八旗汉军三部分共同组合而成。编旗即编户为民，故有清一代呼佐领为父母官，佐领下人的户婚、田宅、兵籍、诉讼之事，佐领无所不管。人少则编佐领，人多则编旗，分别而为满、蒙、汉八旗。八旗之外，尚有内务府三旗，其中满洲包衣佐领、旗鼓佐领成立最早，努尔哈齐时即有，朝鲜佐领（一作高丽佐领）系皇太极时所编。入关后的俄罗斯佐领、番子（藏族）佐领、回子（维吾尔族）佐领、安南佐领等，皆降众也，编于康乾年间。而入关后汉人未再编旗，人太多势不能编，然同时尚有投旗之例。盖满洲初起，人数太少。故尽力增加佐领，以扩大其势力。有清一代八旗与内务府三旗成员之称旗籍，犹汉人之称民籍。清世宗胤禛两段话可引以证，一则云：

---

① 拙著《国语骑射与满族发展》补记，见《满族史研究集》，第208页。

② 参见《一九八七年满族大事记》，载于《满族文学》，1988年第6期，第29页。

夫佐领之管佐领下人，无异州县之于百姓。州县所辖地方，或百里有余，或几二百里，户中人民不下数万，征粮断讼，事件繁多，然犹可为地方兴利除弊、惩恶劝善，俾庶民各遂其生。一佐领下满洲多不及二百人，少或七八十人，计户不过四五十家，世为同里，孰守分节俭，孰越礼奢侈，孰孝弟勤学，孰妄乱生事，谅无有不知者也。①

再则云：

我朝设立各省驻防兵丁，原以捍御地方。…… 乃近有以一二事渎陈朕前者：一则称驻防兵丁子弟宜准其各省乡试。…… 若悉准其在外考试，则伊等各从其便，竟向虚名而轻视武事，必至骑射生疏、操演怠忽，将来更有何人充驻防之用乎？ …… 一则称驻防兵丁身故之后，其骸骨应准在外瘗葬，家口亦准在外居住。独不思弁兵驻防之地，不过出差之所，京师乃其乡土也，本身既故之后，而骸骨家口不归本乡，其事可行乎？若照此行之日久，将见驻防之兵皆为汉人，是国家驻防之设，竟为伊等入民籍之由，有是理乎？ ②

从而可以看出，八旗佐领无异州县父母官，八旗兵丁驻防之地，不过临时出差之所，京师乃其乡土也。故知八旗成员驻防在外，终回京师之称归旗，亦犹汉人出仕四方，告老还乡之称回籍，是同一个道理。

众所周知，清太祖努尔哈齐初起30年间（从明万历十一年至四十三年，1583—1615年）所建立起来的八旗满洲蒙古牛录208个，蒙古牛录76个，汉军牛录16个，总共400个牛录。牛录即佐领，蒙古牛录和汉军牛录基本上分别为蒙古成员和汉人成员，是不言而喻的；当然，208个满洲蒙古牛录中，大部分满洲成员之外，还有不少蒙古成员，也是一望而知的。殊不知满洲蒙古牛录中仍有不少汉人成员的存在，这在历史文献记载中可以得到充分的证明③ 。明万历三四十年间，辽东巡抚熊廷弼也说过：

---

① 《清世宗宪皇帝实录》（伪满本，下称《宪录》）卷60，第27页下。

② 《宗录》卷121，第1页下–2页下。

③ 参见傅克东、陈佳华合撰《八旗制度中的满蒙汉关系》，载《满族史研究集》，第451–452页。

辽左今日之患，莫大于无人。夫边非无人也，土沃而民聚，向称富庶矣，自万历四年、七年、十一年（1576、1579、1583）受虏（指满人，下同），而宁远、前屯之人尽；自万历五年、八年、九年、十一、十四、十五、二十二、二十六、二十七年（1577、1580、1583、1586、1587、1594、1598、1599）受虏，而锦、义、右屯、广宁之人尽；自万历二年、四年、八年、二十七年（1574、1576、1580、1599）受虏，而开、铁、汎、懿之人尽；自万历二年、三年、十年、十一、十三、十七、十八、二十五年（1574、1575、1582、1583、1585、1589、1590、1597）受虏，而辽、沈迤北之人尽；自万历五年、六年、十八、十九、二十一年（1577、1578、1590、1591、1593）受虏，而辽、海迤西南之人尽。间有存什佰于千万者，边吏又不为之保护，听虏节年捡拾无遗，虽使造物能生人，辽土善育人，而岁计所产，不抵所掠，辽于是无人矣。①

上引熊廷弼所云："辽土无人"，即无汉人，或不免言过其实，然明与后金（清）每次兵戎相见，明之折兵损将，丧土失民，无岁无之。据清人记载：在这一时期对明战争中，有数字可查考的俘虏人口数，最多的有四次：第一次在1635年（天聪九年），俘获人口、牲畜76200；第二次在1636年（崇德元年），俘获人口、牲畜179820②：两次均以人畜并举，其中人口确数，不得而详，姑以三分一计之，则两次所获人口至少有五六万人，多则十万人。第三次在1639年（崇德四年），左翼多尔衮俘获人口257880，右翼杜度俘获的人口204423，两翼合计共俘获人口462303，为最多的一次。第四次在1643年（崇德八年），俘获人口369000③。上举四次所俘获的人口数字，总计80万—90万之多，可能清人在夸大其战果，自不免有虚报之嫌。如再以三分一计之，俘获了20万—30万人，庶几近之。

我们知道，后金初期的对外政策，是抗者杀，俘者为奴，归降者编户为民，即编为佐领下人。到了后金后期更是如此。上述俘获的20万—30万人中，大部分很

① （明）程开祜辑：《筹辽硕画》（《北京图书馆善本丛书》本），卷1，第52页上下。
② 《清太宗文皇帝实录》（伪满本，下称《文录》），卷24，第16页下；卷31，第2页上。
③ 《文录》，卷45，第22页上–23页上；卷64，第24页上下。

可能都被分配给满洲王、公、贝勒等及各佐领官兵为奴，小部分被编入八旗满洲佐领之内，成为满洲兵丁的，至少也会有好几万人。当时明人做过这样的估计：

时（明万历三十七年，1609）建州夷人（指满人）…… 言彼疆界九百余里 ……

辽兵六万余人因避差徭繁重，逃在彼境，久假不归。①

其次：

当万历初元时，……（李）成梁献议：移建孤山堡于张其哈喇佃，阴山堡于宽佃，沿江新安四堡于长佃、长岭诸处。…… 括地七百里，益收耕牧之利。…… 自是生聚日繁，至六万四千余户。及三十四年（1606年），成梁以地孤悬难守，…… 建议弃之，尽徙居民于内地。居民恋家室，则以大军驱迫之，死者狼藉。②

从而不难看出，后金国初起时，能得辽兵六万余，孤山等六堡耕牧之地七百里，足兵足食，不啻如虎添翼矣。辽兵之归降，与抗拒、俘获者显然有别，虽不能说他们待之有如满洲正身旗人。而其中大多数被收编为满洲佐领下人，则可断言也。

入关前汉人之被编入满洲佐领中的具体例子，如《正白旗四甲喇世袭职官姓氏碑文祭文档》中有云：

第七佐领苏来 …… 曾祖雅什他，从马叉地方领满洲、蛮子四百三十三来归。太祖（努尔哈齐）始创佐领，我曾祖（雅什他）初管佐领。③

这里面说的“蛮子”，系指汉人而言无疑。努尔哈齐始创佐领，当在1583年之

① 《明神宗万历实录》（南京国学图书馆影印本）卷455，第2页上。

② 《明史·李成梁传》（中华书局，1974年）第20册，卷126，第619页。按《沈故》（《辽海丛书》本）卷2，第3页下，云张其哈喇甸子即兴京。兴京即今辽宁省新宾满族自治县。

③ 《历朝八旗杂档》（北京中国第一历史档案馆藏），第5包，第164号。引自陈佳华、傅克东：《八旗汉军考略》（《满族史研究集》第282页）。据清奕赓：《清语人名译汉》（《佳梦轩丛著》本）卷上，第22页下云“尼堪、汉子、蛮子。”《括谈》下，第2页下云：“余丁承种，即各王府之马夫，俗呼草蛮子者，盖当初俱系投充及俘虏之汉人。”又黄彰健氏《论满文nikan这个字的含义》（收入《明清史研究丛稿》，第588-593页），考订精审，可供参考。

际，其时尚未见有满洲蒙古牛录的名目，遑论汉军牛录？则此数百名满洲、蛮子中至少也会有数十、百名汉人被编入满洲牛录之中。

入关后的情况又有所不同。大量明之降卒，势不能编旗，如对各以号称“十万迎降”的明帅左梦庚、刘良佐辈，只给予各编一个“家丁佐领”[①]，而将其余众多的降将降卒编为绿旗（绿营），或遣回原籍务农而入民籍了。历年既久，汉人冒充满洲者，亦不乏其人。如雍正年间，有：

八旗满洲、蒙古家下开户人等间有串通原主，卖身汉人日后称系满洲、蒙古。[②]

定例：满洲举人选用小京官，汉军举人选用知县，从前汉军举人有冒入满洲额内中式者，以致内用外用，任意趋避。[③]

上举第一例也许是个别现象，第二例条文规定，很有一般代表性，足以说明在清代康、雍、乾三朝鼎盛时期，汉人愿意投旗，被吸收为满洲正式成员的大有人在，则是事实。

我们要承认，民族成分不单纯是血缘或地缘的产物，它是历史的范畴，是历史上形成的具有一定稳定性的人们共同体。现在满族共同体中之包含有汉人成分，亦犹汉族中之包含有满人成分，是客观的历史事实，尽人皆知，也是毋庸讳言的。

二、汉人投充满洲

清初入关，满族由原来的被统治民族一跃而成为统治民族，满族贵族对广大汉族人民执行了不平等的民族政策。尤其在入关之初，雷厉风行地采取的剃发、衣冠、圈地、投充、逃人等五项措施，使满汉两民族间的民族矛盾曾经一度激化到异常尖锐的局面，对当时华北地区的农业生产造成了不应有的破坏和阻滞作用。但从

① 《八旗世袭谱档》（第一历史档案馆藏），全宗第二，袭字16号，第31号。

② 《宪录》卷32，第5页上。

③ 《宪录》卷135，第5页上。

长远的历史发展观点看，上述五项措施中的投充和逃人两项，与满汉两民族的民族成分问题，关系最为密切，影响亦最为深远。先从投充说起：

汉人投充满洲即编户为满洲佐领下人，或简称为投旗。投充人无疑就是旗人，即系满洲成员。最初有关汉人投充满洲的限制，规定是很严的：

顺治二年（1645年）正月庚戌，谕户部："凡包衣大（满语booi-da，汉译内府管领）等新收投充汉人，于本分产业外妄行搜取，又较原给圈地册内所载人丁有浮冒者，包衣大处死，不赦。"

同年三月戊申，谕户部："……又闻贫民无衣无食，饥寒切身者甚众。如因不能资生，欲投入满洲家为奴者，本主禀明该部，果系不能资生，即准投充；其各旗生理，力能自给者不准。尔小民如以远支兄弟为近支，本可自给而诈称无计资生，及既投入满洲，后复称与己无预，虽告不准。至各省人民有既经犯罪，欲图幸免，白于该部情愿投充，该部不知其有罪，辄令投充，嗣后得实，仍坐罪不宥。"①

满洲贵族之多收投充汉人，表面上看，说是为了解决"无衣无食、饥寒切身"的汉族贫民的生计问题，实际上则是为了解决满族人口少的劳动力不足问题。投充人的身份本甚低下，不啻奴隶身份，反借满洲主人为护身符，欺压老百姓。流弊丛生，逼勒投充者有之：

> 近闻或被满洲恐吓逼投者有之，或误听属民讹言，畏惧投充者有之。……此后有实不聊生，愿投者听；不愿投者，毋得逼勒。②

汉人不论贫富，相率投充者有之：

> 近闻汉人不论贫富，相率投充，甚至投充满洲之后，横行乡里，抗拒官府，大非轸恤穷民初意。自今以后，投充一事，著永行停止。③

亦有一人投而全家冒为旗人者：

> 又有将他姓地土，认为己业，带投旗下者；一人投充而一家皆冒为旗下，

---

① 《清世祖章皇帝实录》（伪满本，下称《章录》）卷13，第11页下；卷15，第10页下-11页上。

② 《章录》卷15，第16页上下。

③ 《章录》卷31，第10页下-11页上。

府县无册可查，真假莫辨。[①]

汉人投充满洲之风，极盛一时。据史载，王、公、贝勒多收投充人之有数字可考者，例如睿王多尔衮之有八百人：

汉人投充旗下，原令穷民藉以资生，又恐多投，以致冒滥，是以定有额数；乃睿王所收人数已足，又指伊子多尔博名下亦应投充，遂滥收至八百名之多。[②]

又如英王阿济格之有六七百人：

英亲王阿济格下人……共分三起：一起二百二十一名，投充人名下有七万六千五百七十八日，平均每人三百五十日；一起二百零二人，有地二万零一百四十日，平均一百日；一起二百六十四人，有地四万二千五百七十三日，平均每人一百七十日。三起共六百八十名投充人。[③]

康熙时，清圣祖玄烨第九子胤禟亦有近二百人：

自康熙元年（1662）以来，并无民下投充旗下之例。塞思黑（胤禟）不遵法度，隐匿私置民人一百四十七名。又有投充入档者五名，不入档者二十名。[④]

虽说是胤禟隐匿私置民人即投充人至147名之多，不合法律规定；但投充入档者是许可的，至少也有30名。我们知道，清圣祖玄烨有子35人，早夭的11人，尚存活24人，以胤禟为例，24个皇子和诸王公所有投充人合计总在成千上万名。所最堪注意之点，则是投充人既属奴隶身份，旧俗所谓“一日主，百岁奴”的主奴隶属关系，又何以一人投而全家俱投为奴呢？

八旗投充之人，自带本身田产外，又任意私添，或指邻近之地据为己业，或

---

① 《章录》卷65，第8页上。

② 《章录》卷59，第12页下，按同卷第28页上有云：“睿王指伊子多尔博名，……滥收投充至六百八十余名。”或者多尔博所收680馀名不在多尔衮800名之内。

③ 《顺治十年（1653）正月二十一日户部尚书噶达洪为拨补地土事题本》（第一历史档案馆藏），引自杨学琛《清代的八旗王公贵族庄园》（收入《满族史研究集》），第150–151页。

④ 《宪录》卷45，第21页上。

连他人之产，隐避差徭。被占之民既难控诉，国课亦为亏减，上下交困，莫此为甚！①

这就是由于投充人自恃旗人身份，既可自保其家产，又可任意指称他人田地据为己有，仍居本地，为非作歹，地方官不敢过问。汉人之所以自愿投充旗下的原因即在此。

旗人有民人投充及卖身之人，入旗之后，多以从前旧事赴部院衙门告理，并倚恃旗下代亲属告讦者，提解人犯，牵累平民。

凡卖身旗下之人，仍居本地方肆行诈害，应尽令归旗（京师）。如有容隐者，分别多寡将地方官议处。上（清圣祖玄烨）曰："朕因旗下人杂居民地，倚势妄行，欺压百姓。…… 善良之人安处地方，虽多亦不为害；若凶恶之徒恃强逞势，恣行不法，虽一人亦为地方之累。"

卖身旗下之人原有房田，守分度日，与地方无扰者，仍令居住原处；无田房者俱令伊主收回。若在原处有生事犯法者，地方官申解治罪，仍令伊主收回；倘再留原处，容留之主及地方文武官各分别降罚②。

后来流弊丛生，亦有各省八旗驻防兵丁契买汉人入旗为奴者：

> 驻防兵丁常买地方民人为仆，中多匪类，自恃旗人，生事不法。…… 且果系良民，岂肯入旗为奴？其入旗为奴者，或在地方被事，欲因报复；或赌博饮酒，不务本业或系大盗，惧捕；或为人命逃避，希图藏身 ……③

上述汉人投充满洲的大量事实，充分说明了八旗满洲户籍内之佐领下人（一作户下人）含有不在少数的汉人成分，是谁也否认不了的客观事实。

但我们也必须承认，在八旗满洲旗分内含有汉人成员的同时，也有不少从满族中分离出去的投充汉人。次言逃人，逃人多属投充汉人，初定，逃人罪轻，窝逃者罪重。

---

① 《章录》卷88，第14页上。

② 《清圣祖仁皇帝实录》（伪满本，下称《仁录》）卷30，第10页上；卷109，第24页上下；卷110，第4页上下。

③ 《宪录》卷70，第6页下-7页下。

顺治元年（1644）九月丁酉，谕（永平府知府冯如京等）："须严查各属，遇有一二逃人，获时即行解京；倘隐匿不解，被原主识认，或被旁人告发，所属官员从重治罪，窝逃者置之重刑。"①

稍后，明确规定：

> 顺治九年（1652）九月丙申，定隐匿查解逃人功罪例：凡逃人一次拿获者，本人鞭一百，仍归原主，隐匿之人并家产给与逃人之主，左右邻及甲长各责四十板，旁人出首者即以隐匿之人家产给赏三分之一；逃人二次拿获者，本人正法，隐匿之人并家产解户部，左右邻及四甲长仍各责四十板，旁人首告者亦以隐匿之人家产给赏三分之一。②

只因投充汉人的逃亡日益增多，立法不得不从严。但逃人由二次正法改为三次始绞，而窝主一次即斩，不可谓平。

顺治十一年（1654）九月壬辰，…… 至是王等议：隐匿逃人者正法，家产入官，其两邻各责四十，流徙，十家长责四十；如窝主自行出首者免罪，旁人出首者，将窝主家产分为三分，一分给与出首之人，第二次逃走者，仍鞭一百，归主。第三次逃者，本犯正法。③

当时虽颁有如此的严刑峻法，但仍有大批投充汉人逃亡在外，久假不归，一年之中逃人多至数万，而所获不及十分之一。

顺治三年（1646）五月庚戌，谕兵部："隐匿满洲家人，向来定拟重罪。朕心不忍，减为鞭笞，在在容留，不行举首。只此数月之间，逃人已几数万。"④ 迄至康熙初，逃人在外仍时有发生。

康熙十二年（1673）九月丙戌，谕户部："据山东抚臣奏：'宁海州，荒芜地

① 《章录》卷8，第11页上。

② 《章录》卷65，第8页上下。

③ 《章录》卷86，第5页上及卷88，第14页上。按康熙《大清会典》，卷107，第2页下则作："顺治十七年（1660）题准：逃人初次逃者，左面刺字，鞭一百；二次逃者，右面刺字，鞭一百；三次逃者，正法。"而未提及窝主、两邻、十家长，为汉人讳也。

④ 《章录》卷26，第4页上。

二千七百余顷，逃亡户三千余丁。’”①

因而统治者不得不做让步，改定逃人定例：

同年同月辛卯，得旨：“逃人在外娶妻，所生之女，一若已经聘嫁，不许拆散，亦不必向伊夫追银四十两给与逃人之主，著为例。”② 原定逃人三次处死，至康熙二十五年（1686）改为免死，只好发给宁古塔（今黑龙江宁安县）穷兵为奴罢了③。

综上所述，据保守一些的估计，从清初入关直到清中期200年间，汉人相继投充满洲而被编入佐领下人的，当不下几百万人，而投充汉人逃亡在外，最终归入民籍而恢复汉人民族成分的，即以三分一计之，或在百万左右；但到后来容留在旗籍内的投充汉人至少亦有数十万人，不能否认，容留在旗籍内的投充汉人终于成了满族共同体的一员。上述逃人中不少是在入关前后的多次对明战争中被虏为奴而编入旗籍的汉人。从台湾“故宫档案馆”所藏顺治年间审理逃人的178件档案资料，据初步做出的整理统计，通过对重返原籍的逃人档案涉及的地区分析，可以看出逃人逃回原籍的地区与皇太极时期多次征明的路线大致吻合④。

三、通婚与过继为嗣

从清末直到新中国成立之初，自来民间广泛流传着，清朝有禁止满、汉通婚的传说，其主要根据是光绪二十七年（1901）十月乙卯颁布了一道“上谕”，“上谕”上说：

朕钦奉皇太后（即慈禧太后）懿旨：“我朝深仁厚泽，浃洽寰区，满、汉臣民，朝廷从无歧视。惟旧例不通婚姻，原因入关之初，风俗语言，或多未娴，是以著为禁令。今则同风道一，已历二百余年，自应俯顺人情，开除此禁。…… 如遇选秀

① 《仁录》卷43，第14页上。

② 《仁录》卷43，第14页下。

③ 康熙《大清会典》卷129，第1页上。

④ 参见刘家驹氏：《顺治年间的逃人问题》，收入其所著《清初政治发展史论集》（台北：商务印书馆，1977年）内。

女年份，仍由八旗挑取，不得采及汉人，克（免）蹈前明弊政，以示限制而恤下情。将此通谕知之。”① “上谕”中既明说满、汉“旧例不通婚姻”，“历二百余年”，才“开除此禁”，则清朝一代满、汉不准通婚，难道还不是事实吗？然仔细按之，现在我们从清代有关官私历史文献资料中是找不到不准满汉通婚的正式禁令的。恰恰相反，在清代官书《清实录》里即有大量准许满汉通婚的明文记载：

顺治五年（1648）八月壬子，谕礼部：“方今天下一家，满汉官民皆朕臣子，欲其各相亲睦，莫若使之缔结婚姻。自后满汉官民有欲联姻好者，听之。”

同年同月庚申，谕户部：“……嗣后凡满洲官员之女欲与汉人为婚者，先须呈明尔部，查其应具奏者，即与具奏；应自理者，即行自理。其无职人等之女，部册有名者，令各牛录章京报部方嫁；无名者，听各牛录章京自行遣嫁。至汉官之女欲与满洲为婚者，亦行报部；无职者，听其自便，不必报部。其满洲官民娶汉人之女实系为妻者，方准其娶。”② 是知清初满汉准许通婚是有明文规定的，官员子女嫁娶必须报部登记，而平民则否，但只准娶之为妻，而不准纳之作妾耳。至于吴三桂赐四满妇，冯铨赐婚满洲③ 为例外，出之特赐，不在此内。

乾隆初年，提到了八旗和内务府三旗内部互相联姻的一些规定：

乾隆二年（1737）四月辛未，谕八旗、内务府（三旗）：“向来包衣管领下女子不准聘与包衣佐领下人，包衣佐领下女子不准聘与八旗之人。盖因从前包衣佐领下户口尚少，且男妇俱各当差，恐人生规避之心，是以定例如此。今国家教养休息，百有余年，生齿繁庶，若嫁娶仍遵旧例，则待字逾期，在所不免。今包衣佐领下妇女，俱已免其当差，并无可规避，则嫁娶自毋庸分别。……嗣后凡经选验未经记名之女子，无论包衣佐领、管领暨八旗下，听其互相结姻……”④ 必须指出，包衣

---

① 《清德宗实录》，北京：中华书局，1988年，第七册，第504–505页。按“皇太后”脱“后”。今据伪满本补。

② 《章录》卷40，第11页上；14页上下。按《括谈》下第6页下节引顺治五年谕。奕赓，道光时人，是即至道光时满人尚知旗女准配汉人也。

③ 《广阳杂记》，北京：中华书局，1957年，卷3，第141页；《清史列传·冯铨传》，北京：中华书局，1988年，第20册，卷79，第6557页。

④ 《清高宗纯皇帝实录》（伪满本，下称《纯录》）卷40，第32页下–33页上。

管领与包衣佐领虽均隶于内务府三旗，最初是不准互相嫁娶的；同样，包衣佐领下女子也是不准嫁给八旗之人的。这完全是由于阶级社会等级制度的限制。到了乾隆初年，这一限制性规定被打破了，八旗和内务府三旗之间听其互相结姻，而满汉平民之间的婚姻关系，一如既往，仍听其报部通婚，私聘是不允许的。

乾隆四年（1739）九月癸丑，户部等部会议：奉天府（今沈阳市）府尹吴应枚奏旗下家仆将女私聘与民人，其已完婚者，不准断离……[1] 虽不许旗下人（满洲成员）与民人（汉人）私相聘娶，但已完娶者，仍承认其既成事实，为合法婚姻。惟有清代皇族是不许与汉人通婚的，乾隆末年似有明文规定：

乾隆五十七年定：宗室觉罗不得与民人结亲，违者按违制律治罪。[2]

从当时颁行的律例考察，直到道光年间才做出明确限制性的规定：

道光十六年（1836）三月丙申，又谕："《刑部现行律例》并无旗（满），民（汉）结姻作何办理专条，《户部则例》载有民人之女准与旗人联姻，一体给与恩赏银两；旗人之女不准与民人为妻，亦无违者作何治罪明文。…… 著户部妥议具奏。" 寻议：请嗣后八旗、内务府三旗旗人内，如将未经挑选之女许字民人者，主婚之人照违制律治罪；若将已挑选及例不入选之女许字民人者，主婚之人照违令例治罪；民人聘娶旗人之女者，亦一例科断。至已嫁暨已聘之女，俱遵此次恩旨准其配合，仍将旗女开除户册，以示区别。俟命下，纂入《则例》，从之。[3] 依照这一新规定，也只是限制八旗和内务府三旗旗人的已、未经挑选之秀女，不许嫁与民人为妻，已嫁与已聘者仍准其完娶，但开除旗籍，不作为满洲成员看待。而有清历朝挑选之秀女，其中仍不乏汉女。

嘉庆十一年（1806）五月壬戌，谕内阁："前于嘉庆九年挑选秀女，见其衣袖宽大，并有缠足者。…… 男子尚易约束，至妇女等深居闺闼，其服饰自难查禁。"[4] 人们都知道，满族女子均系天足，盘头窄袖，其衣袖大而缠足者，则为汉女无疑，至

---

① 《纯录》卷100，第15页上下。

② （清）奕赓：《东华录缀言》（《佳梦轩丛著》本）卷5，第8页上。

③ 《清宣宗成皇帝实录》（伪满本，下称《成录》）卷280，第16页上下。

④ 《清仁宗睿皇帝实录》（伪满本，下称《睿录》）卷160，第20页上下。

共有246个汉姓[①]。后来习惯上凡汉姓加上一"佳"字,"佳"即"家"的满语字尾—ga同音异译,实为汉人之姓,属于汉人满化程度较深的标志之一。

尤堪注意者,前引道光十六年"上谕"中所提及的"民人之女准与旗人联姻",而与之相反,则是"旗人之女不准与民人为妻"。不难看出,受限制的只是满洲女子不许嫁与汉人,并不限制满人之娶汉人女子为妻,然则有清一代300年间上自王公贵族(宗室觉罗),下至平民百姓(披甲、闲散),满汉相互通婚的事实,确实是普遍存在的。不管从清代"钦定"的律例、各部则例去查考也好,或从钦定官书如《八旗满洲氏族通谱》《满洲源流考·部族附姓氏考》和《八旗通志续集·氏族志·人物志列女传》[②]等书中去查考也好,都可以找到不计其数的满汉通婚的事例来证明这一点。

言满人抱养汉人之子的过继为嗣问题。清初,八旗和内务府三旗无嗣人抱养他人之子为嗣,只须报明本主,送部注册,增入本佐领壮丁数内,即可为他的继承人,是完全合法的。这种情况,八旗皆有,而内务府三旗为尤甚。兹举乾嘉年间两条材料于下:

乾隆十二年(1747)十一月丙辰,兵部议覆:"荆州将军德敏等疏称:'荆州满、蒙闲散及另记档案、开档养子各闲散共一千六百三十余名,现在各佐领下多寡不一,遇有挑选披甲等缺,壅挤不均,请将各闲散均齐'等语,应如所请。除将开档养子闲散二百二十名,俱均齐在各本旗外,其满、蒙闲散并另记档案闲散共一千四百十八名,俱准本旗画一均齐。"[③]

嘉庆十二年(1807)九月乙丑,谕内阁:"……朕以八旗户口,生齿日繁。……乃旗人内意有本无子嗣,而抱养民人之子为子,亦有子嗣本少,复增抱养之子为子,混行载入册籍。……八旗皆有,而内务府三旗为尤甚……"[④]上举的

① 拙藏旧钞本《八旗满洲氏族通谱辑要》,卷下,末附三项尼堪姓氏。

② 《八旗通志》续集,北京民族文化宫图书馆复印本,1987年,卷54—61(《氏族志》)及卷241—249(《人物志·列女传》)。

③ 《纯录》卷303,第15页下–16页上。

④ 《睿录》卷185,第29页下–31页上。

两条材料是乾嘉年间八旗和内务府三旗内部普遍存在的情况。其实，入关之初，原规定，八旗和内务府三旗内无嗣人存活日抚养亲族人之子，准承受家产；只是抚养他人之子则否。后又规定不得越佐领认户。

雍正二年（1724）十月甲申，户部议覆："正白旗满洲副都统奇尔萨条奏：'八旗开档并为义子人等，嗣后不得越佐领认户，请仍留本佐领下当差，方不负原主豢养之恩。'应如所请。"[①] 同时又规定不许继养汉人之子为嗣，违者俱著为民。

雍正五年（1727）十二月甲辰，庄亲王（允禄）等奏言："查八旗内有继养另户旗人之子，请拨回本旗归宗；继养民人之子，拨出为民。继养仆人之子，分档仆人之子，内有情愿仍归本主及本主亦情愿容留者，准其容留；情愿为民者，请俱拨出为民。"得旨："继养子嗣人等原非内府之人，除将旗人归并各该旗外，其民人之子及仆人之子俱著为民……"[②] 而当时实际情况则是，单就内务府三旗查出过继养子等项人丁数字看，就多达2000余名[③]，八旗尚未计算在内。

乾隆初年，八旗和内务府三旗内无嗣人抱养汉人之子为嗣，作为另户处理。其见于《实录》者，兹举两条如下：

乾隆三年（1738）十一月乙卯，和硕庄亲王允禄等遵旨查明介福、庆泰两佐领：一系康熙八年（1669）佟国纲等移入上三旗时由正蓝旗带来，一系康熙四十年（1701）恩赐温宪公主（清圣祖玄烨第九女），俱应照原定为勋旧佐领。杨姓、唐姓、秦姓祖父远年丁册开在佟姓壮丁之内，应作为带来奴仆。但自康熙年间丁册俱开一户，且注有姻亲字样，与八旗开档养子不同，仍应作为另户，潘姓、傅姓、董姓为佟姓带来投诚之汉人，俱为另户，并造入佐领根源册内……

乾隆四年（1739）十二月癸未，户部议覆："平郡王福彭续查正红旗汉军旗分，户口不清人员七百四十六名，册送到部。按款详议：一、闲散马溥龙等四十五名，原系另户人之子，后又继养另户人为嗣，请依前奏嗣出之另户唐进忠等事例，将马

---

① 《宪录》卷25，第9页上下。

② 《宪录》卷64，第27页上下。

③ 《宪录》卷64，第27页上下。

溥龙等仍作另户入于编审；一、骁骑校马国玺等一百三十四员名原系民人之子，继养旗人为嗣，请依前奏另户万应通等事例，将马国玺等开入另户册，另行记档；一、骁骑校王梦魁等二十六名，本系民人，因亲戚入旗年久，请照副都统策楞奏准民人冒入旗人照养子准作另户之例，另行记档；一、领催高聪芳等三十八名原系开档家人之子，继养旗人为嗣，并有由养生堂抱养为子，不知来由，造入旗档者，已入另户记档之例，另行记档；一、闲散高聪英等八十八名，原系开户冒入另户册内，请照署副都统额尔图奏准开户养子内未至前锋、护军、领催已入（另）户册者，另行记档；…… 一、闲散何忠等三十二名内有原系民人继与旗人，因不知来由，从前查办时，或以抱养报，或以未入丁册，俱应作为养子等语。查臣部会奏户口案内八旗另户，凡未及呈报，又丁册无名不准自首者，总属户口不清之人，未便任其脱漏，应将何忠等照例以养子另行记档；…… 一、闲散林士显等八名原系民人因亲戚入旗，或继续与开户旗人，从前造送比丁册，入于开户等语，应仍行该旗以开户造报；一、闲散万敏等原系另户人之子，随母抚养与开户人为子，未便另行记档，应照臣部奏定另户旗人之子自幼给旗民正身户下家人抚养呈报归宗之例，准其归宗，俟比丁之年，造入另记报部。”从之。①

从上引一条正红旗汉军旗分内有：继养另户人马溥龙等45人，继养另户人马国玺等134人，照养子准作另户人王梦魁等26人，照养子准作另户人高聪英等88人，照养子开户人何忠等32人，继与开户人林士显等8人，六项继养人合计333人。正红旗一旗过继为嗣的就有300多人，八旗合计总在2000人以上，如果再加入内务府三旗将在3000人以上无疑。而另一条所说其他民人如杨姓、唐姓、秦姓、潘姓、傅姓、董姓等汉姓之人冒入旗籍的，亦不在少数。

从前引嘉庆十二年“上谕”严禁八旗旗人抱养民人之子为嗣，通行详查严办后，不到三年，失察抱养民人之子为嗣之事，各旗仍有。

嘉庆十四年（1809）三月戊寅，谕内阁：“镶黄旗蒙古都统等奏请将失察抱养民人为嗣，…… 马甲卓哩克图、托克托逊身系民人，自幼冒给旗人为嗣。该佐领等

① 《纯录》卷81，第21页上下；卷106，第24页下–27页上。

未能即时查出，殊属怠玩。…… 此等抱养民人为嗣之事，大约各旗皆有。该佐领等若能于具报生子时立即查验明确，都统等复加查覆，何至日后有此弊端？嗣后各旗都统务当严饬所属认真稽查，以辨真伪，断不可任听旗人抱养过继，将此通谕各旗知之。”①

此条材料虽说是专指镶黄旗一旗蒙古成员抱养民人为嗣而言，但可依此推知，其他各旗满洲成员当亦不例外。足见似此三令五申，严禁旗人抱养民人为嗣，其结果仍然是失察抱养民人为嗣，各旗皆有。道光元年（1821）查出民人冒入八旗满洲、蒙古的官、兵、闲散，多达2400余名。各省驻防八旗的情况大致相同。仅江宁、京口两地驻防的八旗满洲、蒙古抱养民人为嗣的官、兵、闲散，就多达1795名口②。估计八旗和内务府三旗以及全国各省驻防八旗抱养民人为嗣，再加上民人之子冒给旗人为嗣，其总的养子数字必不在少。这就说明满汉通婚之外，过继为嗣的养子，也成为满汉民族成分相互融合同化的捷径之一。

四、入旗改旗和抬旗

入旗与汉人投充满洲或满洲契买民人入旗为奴而编为满洲佐领下人者不同。这里所说的入旗，系指明末清初的降清将领或因罪受罚，应分旗安插，拨入内务府三旗而言。

顺治十八年（1661）冬十月戊午，户部题：“新投诚官员应分旗安插，见（现）到伪汉阳王马进忠子都督佥事马自德，准入正白旗；伪国公沐天波子沐忠显准入正白旗；未到伪延安王艾能奇子左都督艾承业，准入镶黄旗 ……”③

康熙元年（1662）三月戊戌，义王孙征淳（孙可望子）疏请以属下投诚各官均拨三旗，从之④。

① 《睿录》卷208，第16页下-17页上。

② 光绪《大清会典事例》（上海申报馆石印本）卷1115，第1页下-2页上。

③ 《仁录》卷5，第4页上下。

④ 《仁录》卷6，第17页上。

又据记载：

洪承畴原籍福建南安人。归诚后，隶厢黄旗汉军。祖大寿，辽东人。归诚后，隶正黄旗汉军。孙可望，隶正白旗汉军。[①]

引文中的“三旗”即内务府三旗的省文。“正白旗”与“镶黄旗”“正黄旗”系内务府中的三旗。孙征淳请拨入三旗，当亦系内务府三旗中之一旗。清末《题名录》《缙绅》内所载，凡内务府三旗之人，照例不写“内务府”三字。治清史者不可不知。

据此以推，知明宗室之归入旗下者，似亦与投诚官员同例，均拨入内务府三旗。

康熙五年（1666）五月癸丑，礼部议：“故明宗室朱鼎不便准其入旗。”……得旨：“准入旗。”

同十二年（1673）十一月丁卯，故明宗族朱议泏，……刑部议绞。得旨：“……著免死，归镶白旗汉军旗下。……”[②]

朱之琏入正白旗汉军[③]。

是知明宗室之准入旗，即指准其入内务府三旗而言；而明宗族乃归镶白旗汉军旗下，系入下五旗。然则明宗族或者与明宗室贵贱等级有别，入旗亦分上下耶！?

康熙八年（1669）自台湾郑氏投清的官员有郑缵昌、于大海辈，兵部题准归入正白旗[④]。此正白旗应是内务府三旗中的正白旗。

同年十一月甲午，兵部又议：“福建水师提督施琅自海上（郑氏政权）投诚，授为右都督，今已归入镶黄旗，应照例改为精奇尼哈番（满语jingkini hafan，汉译子爵）。但施琅投诚后，劳绩甚多，请加伯衔。”从之[⑤]。

据此，知施琅之归入镶黄旗亦应是内务府三旗中的镶黄旗，而清人习惯上写作

① 《东华录缀言》卷2，第2页上。

② 《仁录》卷19，第8页上；卷44，第2页上。

③ 《本朝王公封号》（《佳梦轩丛著》本），第10页上及《管见所及》（本同），第5页上。

④ 《仁录》卷31，第17页下。

⑤ 同上，按《东华录缀言》卷2，第3页上，云“施琅，厢黄旗汉军人”。又《清史列传·施琅传》第三册，卷9，第609页，云“授琅内大臣，隶镶黄旗汉军”，无年月，系据《仁录》而误加“汉军”二字。

“镶黄旗汉军”耳。

证之台湾郑氏政权在兵临城下时，被迫出降，后郑氏家口与其僚属相继入京，俱收编隶于内务府三旗户下。

康熙二十三年（1684）十二月甲辰，……郑克塽至京，上（清圣祖玄烨）念其纳土归诚，授郑克塽公衔，刘国轩、冯锡范伯衔，俱隶上三旗[①]。此所云“俱隶上三旗”，其为内务府三旗无疑。而《清史列传·郑克塽传》作“隶汉军正红旗”，疑是正黄旗或正白旗之误；言系汉军，非民即清人沿袭旧习的惯称。

兹再举康熙时王辅臣、韩大任两人实曾编入内务府三旗之事，作为补充佐证。

王辅臣，本姓李氏，河南人。上（清圣祖玄烨）问辅臣出身，曰：“身者库（满语sinjeku，汉译内务府包衣管领下食口粮人）。”上惊曰：“如此人物，乃隶身者库耶?”立命出之，改隶旗下。此条记载出之《广阳杂记》[②]，作者刘献廷为耳闻目睹的同时人，所言当为不误。但王辅臣之“改隶旗下”，又明见于《实录》：

康熙十三年（1674）十二月壬子，敕谕王辅臣曰：“……朕（清圣祖玄烨）思尔自大同隶于英王（阿济格，努尔哈齐第十二子），后归入正白旗。”[③]知王辅臣归入正白旗之前，先隶于阿济格旗下，则此正白旗自是内务府三旗之一。王辅臣隶身者库即是内务府的一个最好证明。

韩大任归降，……仁皇帝（清圣祖玄烨）以其为吴（三桂）逆将，因留为内务府包衣参领。此条记载见之《啸亭杂录》[④]，作者昭梿生年虽较晚，但明云韩大任为内务府包衣参领，所言必有所本，其隶内务府三旗户下无疑。稍晚福格则明言韩大任镶黄旗满洲内务府人[⑤]矣。

当时社会上最被轻视的下九流之一的优伶，虽为数不多，亦有被皇帝赏识，提拔而入内务府三旗的。例如：

---

① 《仁录》卷118，第7页下，按《清史列传·郑成功传附郑克塽传》作“隶汉军正红旗”者，误。

② 北京：中华书局，1957年，卷4，第185页。

③ 《仁录》卷51，第19页下。

④ （清）昭梿：《啸亭杂录》卷9，北京：中华书局，1980年，第304页。

⑤ （清）福格：《听雨丛谈》，北京：北京出版社，1980年，第17页。

苏州优伶，旧时亦有入内务府三旗者，然只准一二人，以其占包衣人等俸饷也。其日侍（皇帝）左右者，谓之什子①。"什子"即戏子，系旧社会上人们对戏曲艺术表演家的侮蔑称呼。然则清初对投诚的明宗室和降将或因罪受罚的文人，均使之与优伶一同编入内务府三旗之内，真所谓以优伶畜之，供皇帝戏弄者耶？

改旗与入旗显然不同，而与抬旗颇相似。其言之深切著明者，莫如清人吴振棫，吴振棫有云：

> 国初（清初）各部落及汉人之归附者，分隶满、蒙、汉（军）八旗，亦时有改易。如华善本求隶汉军正白旗，其先苏完人，大改入满洲籍，此汉军改满洲也。和济格尔本蒙古乌鲁特人，后隶正白旗汉军，遂为何氏，此蒙古改汉军也。……王国光先世为满洲，姓完颜，其父初为明千总，归附后隶正红旗汉军；乾隆十八年（1753）命其子孙及同族仍改入满洲正红，镶白二旗，此改隶之后，继又复改也。②

按华善原系苏完人，姓瓜尔佳氏③，王国光先世为满洲，姓完颜氏。④两人均于明时先后移居辽东，世为明指挥佥事、千总，入清来归，故被编入正白旗汉军与正红旗汉军；后来才依其原来民族成分而回改满洲旗分的。余不一一列举。

抬旗系指由内务府三旗抬入八旗满洲，或由下五旗抬入上三旗，或依照八旗排列次序由下一旗抬入上一旗而言。吴振棫又云：

> 佟国纲先世本满洲，后率明人来归，隶汉军；国纲请仍隶满洲。部议以佟姓官多，应仍留汉军，国纲一支改隶满洲。……至于建立功勋，或上承恩眷，则有由内务府旗下抬入满洲八旗者；有由满洲下五旗，抬入上三旗者（原注：谓之抬旗）。然惟本支子孙方准抬，其胞兄弟仍归原旗。又皇太后，皇后丹阐（原注：dancan汉译母家之意）在下五旗者，皆抬旗。⑤

---

① 《养吉斋丛录》卷13（北京：北京古籍出版社，1983年），第153页。

② 《养吉斋丛录》卷1，第2页。

③ 《八旗通志》初集，卷197，第21页下–第25页上，北京民族文化宫图书馆复印本，1987年。

④ 《八旗通志》卷200，第14页下。

⑤ 《养吉斋丛录》卷1，第2–3页。

佟氏一支为辽东望族，明初本为女真，后渐受汉化，又其先人世任明职，故被视为汉人，而本人亦每以汉人自视。但女真人汉化程度亦有深浅之不同[①]，其汉化程度较深之人归降清者，自以汉人待之，而被编入汉军旗下。迨至康熙中，以佟氏为孝康章皇后、孝懿仁皇后的母家为皇亲国戚，依例，佟图赖、佟国维本支由镶黄旗汉军抬入镶黄旗满洲。知佟氏家族繁衍既众，其中受汉化程度之深浅自亦有别，本支之外，不能全部编入满洲旗内。换言之，未被编入满洲旗内的，一定还有不少满洲成员摈弃在外；同样，被编入满洲旗内的，一定也有很多满化程度较深的汉人包括在内。

除上述佟氏一支由镶黄旗汉军抬入镶黄旗满洲外，尚有来保由初隶内务府抬入正白旗满洲[②]、阿桂由正蓝旗汉军抬入正白旗满洲[③]。是知一由内务府抬入八旗，一由下五旗抬入上三旗的两个例子。其实，原本汉人，后抬入满洲旗内者，向来有皇后贵妃的母家因特恩抬入上三旗满洲旗内之例，乾嘉年间的高氏、魏氏、金氏，后均被改为高佳氏、魏佳氏、金佳氏，成了满洲正身旗人即满族成员之一[④]。据很不完全的统计，有清一代300年间汉大臣编入八旗内的有178人，其中因各种不同原因抬旗的不下40人[⑤]依此以推，抬旗由内务府三旗抬入八旗汉军或满洲，由下五旗抬入上三旗或上三旗满洲，或者直接由汉军抬入满洲旗内的，目前虽无准确的统计数字，但通过抬旗这一方式，可以推知，其中一定有不在少数的汉人转化成了满族成员，这是完全可以肯定的。

---

① 陈寅恪先生著:《柳如是别传》上册，上海：上海古籍出版社，1980年，第981页，论佟氏，可资取证。

② 《纯录》卷135，第11页上。

③ 《纯录》卷689，第2页上。

④ 《睿录》卷338，第19页上下。

⑤ 王桐龄:《中国民族史》，北平文化学社，1935年，第626–639页。按王氏谓178人中，“唯官文一人抬入满洲籍”者，误，不知官文先隶内务府正白旗尼堪，后抬入正白旗满洲，仍为内务府户下人也。

五、冠汉字姓与改汉姓

清人吴振棫有云：

八旗氏族甚繁，…… 其著姓有瓜尔佳氏、钮祜禄氏、富察氏、舒穆禄（氏）、完颜氏等二百九十六姓；希姓有精吉氏、萨尔都氏等三百四十姓。……凡公私文牍，称名不举姓，人则以其名之第一字称之，若姓然，其命名或用满语，或用汉文；用汉文，准用二字，不准用三字，以其与满语混也，汉军或系姓，或不系姓，祖孙父子无一定。[①]

按满族人命名，各随本姓。入关前后即已有之。清太祖努尔哈齐之自称“佟奴儿哈赤”，佟其姓，奴儿哈赤其名也；完颜伟，完颜其姓，伟其名也。惜系姓命名，乾隆以降，悬为禁令。即如完颜伟之裔孙麟庆与其曾孙崇实、崇厚辈之命名，亦不复系以本姓了[②]。满族妇女初亦命名，而自乾嘉以后，未有命名[③]，或还受汉人习俗影响之故吧。

又满族人命名，各随其便。如清初人之有以一字为名者，詹、球等人[④]即是其例。若用汉文，满族人命名只准用两字，不准连用三字，似始于乾隆年间。

乾隆二十年（1755）…… 有督司何督者，镶黄旗满洲人。高宗（弘历）以其名竟似汉人，何不若书和都或赫督？令改之，仍申饬。

同二十五年（1760）谕：“八旗满洲、蒙古皆有姓氏，乃历年既久，多有弃置本姓沿汉习者。即如牛呼钮氏，或变称为郎姓，即使指上一字为称，亦当曰牛，岂可直呼为郎，同于汉姓乎？姓氏者乃满洲之根本。所关甚为紧要。今若不整饬，因循日久，必各将本姓遗忘，不复有知者。”[⑤]

---

① 《养吉斋丛录》，第3页。

② （清）奕赓：《寄褚备谈》，《佳梦轩丛著》本，第21页上。

③ （清）奕赓：《寄褚备谈》，第14页上载：“武肃亲王（豪格）薨时，其殉葬二妾：一名额衣色你，一名舒胡里尼喀齐。今之满洲妇人未有命名者矣。”

④ 《清史列传》，第17册，卷65，第5148页。

⑤ （清）奕赓：《管见所及》第15页下、13页上。

又如傅继祖、顾八代、尹继善、帅颜保、李荣保、耿古德、杭奕禄、朱天保、伊贵绶、徐元梦等，皆满洲旗人，命名并同汉人，今则不行三字连用，并不准系以姓氏①。

这里很清楚地点明了统治者要限制满族人命名只准用汉文两字而不准连用三字的目的，就是防止满族姓氏的“汉化”，导致满族人的被汉族所同化。而清高宗弘历举出的一个例子，说钮祜禄氏应以牛呼钮氏而变称为郎姓为同于汉姓，其实，不知牛姓更同于汉姓，而郎姓一望而知为满族的姓呢。

中华人民共和国成立后，前清末代皇帝溥仪被改造成为新人，新中国的一个公民，已是古今中外历史上绝无仅有的奇迹了，在他逝世以前几年中，还被选为全国人大代表，《人民日报》上正式公布的名单中写作爱新觉罗·溥仪。去年春，我陪一位意大利满学专家斯达理教授去八宝山公墓访问时，查史册，并无溥仪其人。再三追问，看守者回答：“名册上无其名即无其人。”后忽想起何不再查其姓爱新觉罗，果然一查便得。直到现在，前清宗室的后人早已有使用汉文三字连用的汉字姓名的，但亦有少数人回改作爱新觉罗某某者。而我的老友启功（元伯其字，北京师范大学中文系教授，著名书画家，中国书法家协会会长），不但不用爱新觉罗满姓，并且也不冠以金字一类的汉字姓，他依然保持只用汉文二字而不连用三字的本民族旧习。人们以其名之第一字称之为启先生，或简称启公，他听了，欣欣然也。

满族人之冠汉字姓或改汉姓②，受辛亥革命前后反满排满思想的影响实深，特别是在民国初年，满族人受到很大的民族歧视，只要一说是满族，找工作就不被录用，已录用的还得解雇。因此，除宗室溥仪、载涛等头面人物为人所共知，无法隐瞒外，绝大多数的满族人，都隐姓埋名起来，命名莫不冠上汉字姓，或迳改汉姓，使他人不知其为满族。

冠汉字姓与改汉姓有什么区别呢？冠汉字姓亦可简称冠姓。冠姓即是满族姓氏

① 《寄楮备谈》，第12页下。

② 参见刘庆华：《满族姓氏录》，辽宁省新宾县民族事务委员会与新宾县满族文化业余研究组编印本，1982年，第11–17页。又金启孮同志近著《京旗的满族》（续），《满族研究》，1989年第2期，第69页，认为满族冠姓，有冠老姓、冠汉姓之别，与鄙意略同。

译汉字音的简化，满字音虽同汉字音，但非汉姓，如满族姓氏中的温特赫氏之简称温，富察氏之简称富或傅，赫舍哩氏之简称赫或何，宁古塔氏之简称宁或刘，那木都鲁氏之简称那或南，瓜尔佳氏之简称关，舒穆禄氏之简称舒或徐，纳剌氏之简称纳或那或南等均是。这是因为在汉文化的影响下，改易了原来的多音节满字姓氏，而冠之以一单音节汉字，形似汉姓，故称之为冠汉字姓。

改汉姓则不同，满族本无其姓而直接改用汉姓之谓。乾隆时对于《金史国语解·姓氏类》中的31个女真姓，均一一注以满语字音，而删去其原来所附汉姓。认为“姓氏惟当对音，而竟有译为汉字者，今既灼见其谬，岂可置之不论”[①]？其实，这类女真姓氏改用之汉字姓，辽元时即有，如瓜尔佳氏的汉字姓曰汪，赫舍哩氏的汉字姓曰高，钮祜禄氏的汉字姓曰郎，乌雅氏的汉字姓曰朱，富察氏的汉字姓曰李，舒穆禄氏的汉字姓曰萧，纳喇氏的汉字姓曰康，尼玛哈氏的汉字姓曰鱼，阿典氏的汉字姓曰雷等[②]。其中如舒穆禄原作石抹，应是辽代的述律，改作萧氏[③]，是有历史渊源的；富察氏李荣保子孙均改用富或傅的汉字姓，而李荣保本人仍用旧姓李氏，乃其先世为明代之赐姓；至于尼玛哈，满语nimaha，汉译为鱼；阿典满语akjan，汉译为雷：均系译意为姓，由来已久。而稍有变化者，如钮祜禄满语niohe，汉译为狼，变称为郎；乌雅满语ulgiyan，汉译为猪，变称为朱：亦早已约定俗成了。而前引乾隆二十五年的“上谕”，竟认为钮祜禄氏之称郎姓，乃弃置本姓而沿用汉姓，并说即使指上一字钮之称，亦当曰牛（上面已提过，兹不再论）。那么，是不是把瓜尔佳改成瓜、尼玛哈改成尼才不弃置本姓了吗？但历史事实是，满族人命名冠汉字姓，出之自愿的为多，前清早已如此；改汉姓出于被迫的，尤以民国初年为甚。冠汉字姓与改汉姓，总的说，固然有自愿和被迫的不同，但到目前为止，满汉民族成分问题并不取决于姓氏的汉化与否，无论冠汉字姓也好，改汉姓也好，只不过是代表姓氏的一种符号。汉族人现在不冠姓而以一字命名的比比皆是，何尝不也

① 郑天挺:《探微集》，北京：中华书局，1980年，第44–45页引。

② 参见《满族姓氏录》，第24–69页。

③ 《八旗满洲氏族通谱辑要》卷上，第3页上。

是和满族人命名不谋而合呢？

据《满族姓氏录》所载，所冠汉字姓中，伊尔根觉罗氏、舒舒觉罗氏、阿颜觉罗氏、阿哈觉罗氏、塔察觉尔察氏等，均冠赵字姓，不用诸姓氏之第一字为称，而似用诸姓氏的后半“觉”字变称为赵；而喜塔喇氏、鹗卓氏、蒙鄂络氏等之冠赵字姓，显然与上列姓氏满语发音无关，应该说是改汉姓一类了。

此外，还有人认为满族有以名为氏的“随名姓”的说法，即以其父祖名字之一字作为本支子孙的姓。例如，清中叶舒穆禄氏有名叫万显丰的，其子孙即以万为姓；清末迁居辽阳的爱新觉罗氏有名叫海臣的，其子孙即以海为姓；迁居沈阳的喜塔拉氏有名叫文忠额的，其子孙即以文为姓。他如图、荣、德、英、成、恒等也都是随名姓。诚如《满族姓氏录》的作者刘庆华同志认为，“满族人父辈一姓、子辈一姓”的随名姓说法，是不正确的。

从上面所述满族人冠汉字姓和改汉姓的事实中，不难看出，有清三百年来，满族的发展史中出现了一些复杂错综的情况。清中叶最高统治者大力使满人命名规范化，只准用汉文两字，不准连用三字，使人一望知为满人而非汉人，避免满汉姓名混淆不清，满人被同化于汉族。当然，历史的发展是不以统治者的意志为转移的。清中叶以后，满人命名不但冠以汉字姓，而且迳改汉姓的已不在少数。前面提到过的民国时期直至中华人民共和国成立，满人隐姓埋名的也不计其数。除极少数清宗室以外，单从姓名上去看，在大多数情况下，又有谁能分辨出谁是满人、谁是汉人呢？这是历史事实的一面。

历史事实的另一面，则是清王朝被推翻后至今80年来，不管在城市或乡村，满汉两民族人民生活在一起，相互通婚有增无减，经济文化交往日益趋于一致，又谁能离得开谁单独生活呢？中华人民共和国成立以来，党的民族政策得到大力贯彻执行，填报民族成分不再受到歧视，相反，由于历史上的原因，现在填报少数民族的还可以获得人民政府的一定照顾。记得20世纪60年代初，我曾参加过辽宁省凤城县（现已改为满族自治县）的社会历史调查，在一个200多户的生产大队里，竟有190多户报了满族，而报汉族的只有四五户。虽然我参加社会调查的地区不多，但据参加过多次调查的同志告诉我，像凤城县生产大队的情况也还是有的。据查，凤城县原系王公庄园的所在地，报满族的应是庄园壮丁。使我联想到的，清史上的内务府旗人姓名问题，因为内务府的旗籍，多不为人知，所以，凡尼堪（满语，汉译汉人）[①] 之隶内务府者，改易满名，仍以本姓置于名下。如鍾祥之称“鍾杨”，鍾本姓杨而非皇帝铸鍾匠之“鍾”；文丰、文廉兄弟本姓董之称“文董”，明善、文锡、增崇祖孙父子本姓索之称“明索”“文索”“增索”等人[②]，均是其例。

总起来一句话，新中国成立40年来，如果不是有许许多多有汉族血统的（含汉军旗人、内务府旗人和庄园壮丁）也都填报或回改了满族成分，怎么能像前面提出过的1957年第一次全国人口普查中满族人口总数的265万到1987年第二次全国人口普查时，仅隔三十年，满族总人口数激增到700万，其增长率竟超过一半以上呢？

六、入旗与出旗为民

前面已提及入旗问题，与这里要说的不完全相同。这里主要想要弄清楚原为孔有德的天祐兵、尚可喜的天助兵和耿仲明以及吴三桂的兵（统称“三藩”兵）是什么时候入的旗。

明末武将最早从山东渡海投清之孔有德和尚可喜，清太宗皇太极礼遇甚渥，对他们相率来降的部属均未编旗，是很清楚的。据清人之追记：

国初，（明）元帅孔有德统领之兵，名“天祐兵”；（明）总兵尚可喜统领之兵，名“天助兵”[③]。随后相继而来的有耿仲明等，明室倾覆时又有山海关总兵吴三桂。因孔有德入关后兵败身亡，三藩之分封，最终为吴、尚、耿三人：

国初，吴三桂封平西王，守云南；尚可喜封平南王，守广东；耿继茂（耿仲明子）袭靖南王，守福建。耿、尚二藩下各属佐领十五，绿营兵各六七千，丁口各

---

① 《满族姓氏录》，第4页，注1。

② 崇彝：《道咸以来朝野杂记》，北京：北京古籍出版社，1982年，第13页，第20–21页。

③ 《管见所及》，第14页下。

二万；吴三桂藩下所属佐领五十有三，绿营兵万有二千：是之谓“三藩”。迨三藩除后，其属下佐领尽归京师，拨入八旗汉军，食饷当差①。并云：

> 三藩平定后，所属下之人俱隶汉军旗下，一体披甲当差。至今繁衍特甚，而原属旗下之人俱贱视之，故相戒无与婚姻云。②

清世宗上谕杨文乾有云：

> 粤东上三旗俱系逆藩旧人，恣意妄行，生事不法。其性情习气与下五旗迥不相侔，同为旗下，势如水火。③

从追记中很清楚地看出，入关前孔、尚均未编旗，即在入关以后，吴、尚、耿仍各有绿营兵，虽各设佐领若干，并未纳入八旗之内，是知三藩兵全部归入八旗之内，则在三藩平定之后。据《实录》，关于尚可喜的记载：

康熙十二年（1673）三月壬午，平南王尚可喜疏言：“臣量带两佐领甲兵，并藩下闲丁孤寡老弱共四千三百九十四家，计男妇二万四千三百七十五名口。”

同年四月甲辰，兵部题：“平南王藩下向有左右翼总兵官二员，游击、守备、千总各八员，把总十六员，绿旗（即绿营）兵六千名。”

康熙十九年（1680）闰八月戊戌，议政王大臣等议覆：“……应将尚之信（尚可喜子）标下十五佐领官兵分入上三旗，令驻广东，另设将军、副都统管辖；其三总兵标下兵丁，有愿为兵者为兵，愿为民者为民。”得旨：“……仍留二总兵标下官兵，令新设将军等管辖，其一总兵标下官兵，应行裁去。余如议。”

康熙二十年（1681）七月乙丑，兵部议覆：“……尚之信所属人员，请编为十五佐领，拨入上三旗，应如所请。”从之。

康熙二十二年（1681）十二月癸丑，命尚之孝、尚之隆（均系尚可喜子）等家下所有壮丁，分为五佐领，隶镶黄旗汉军旗下。④

---

① 《管见所及》，第12页上。

② （清）奕赓：《东华录缀言》卷3，第3页下。

③ 《雍正朱批谕旨》（光绪年间石印本）卷4，第74页上。

④ 《仁录》卷41，第17页上；卷42，第2页上；卷91，第26页下–27页上；96页，22页上下；卷113，第19页上。

关于耿精忠（耿继茂子，耿仲明孙）的记载：

康熙十二年（1673）七月乙未，议政王大臣等会议："福建今已底定，…… 靖南王既请自福建迁移，应将王本身并标下十五佐领官兵家口均行迁移。"从之。

康熙二十年（1681）九月丁丑，兵部题："耿聚忠（耿精忠弟）等呈称：'家口甚多，难以养赡，乞照汉军例，披甲食粮。'…… 应如所请，编为五佐领，令在京管辖。佐领下设骁骑校一员，小拨什库各四员，马甲各五十四名，步军拨什库兵各十三名。此五佐领俱系耿昭忠、耿聚忠等属下，不便分晰，应将伊等本身一并俱归入正黄旗汉军旗下。"从之。[①]

而关于孔有德的记载则云：

康熙十八年（1679）九月乙未，议政王大臣等又议覆："…… 定南（靖南改封）王（孔有德）藩下既留旗兵，应照前设都统一员、副都统二员、参领三员、佐领十五员、骁骑校十五员，应如所请，…… 令麻勒吉会同（原将军）刘彦明拣选人材壮健辽东旧人，留为披甲。"从之。[②]

可见，三藩平定以前，虽说各设佐领，并不隶八旗管辖，实为三藩私属，具有半独立性，既平定三藩或在孔有德身亡之后，改设的佐领，一则云"乞照汉军例"，一则云"既留旗兵"，始一如八旗之制。所设佐领，如果不率之还京，分拨八旗汉军旗下的话，即在外所设佐领，亦必"令在京管辖"。自后改编入八旗汉军的三藩兵，不得仍称"藩下"[③]。

三藩中惟独有关吴藩平定后部下的处置问题，官私记载语焉不详。《实录》云：

> 康熙二十年（1681）十二月甲申，谕："…… 逆贼吴三桂已服冥殛，…… 孽贼吴世藩（吴三桂孙）窘迫自刎，…… 伪官军人民等革心来归。"[④]

《清史列传·吴三桂传附吴世藩传》则云：

> 同年同月，…… 诏如议，凡助逆肆恶，势迫始降之高起隆、张国柱、巴

① 《仁录》卷42，第26页下；卷97，第21页下–22页上。

② 《仁录》卷84，第3页下–4页上。

③ 《仁录》卷242，第12页上下。

④ 《仁录》卷99，第2页上。按《本朝王公封号》第8页上："吴三桂封平王，后以叛灭族"云。

养元、郑旺、李继业等皆弃市，妻女、财产籍入官；马宝、夏国相、李本深、王永清、江义皆磔死，亲属坐斩；悬世藩首于市，斩三桂骸骨，传示天下。①

《平定三逆方略》末附臣工按语，亦只云：

召还禁旅，酌设镇防，安插投诚官兵而消隐慝，分别逆属人口而免株累。②

吴为首逆，兵祸波及八省，顽抗最久，处置自以吴逆及附逆者为重。然吴有五十三佐领，绿营兵过万，虽不能一如尚、耿两藩之编五佐领或十五佐领，亦不能说是逆属人口而遭诛戮殆尽，然则吴藩户下全部丁口做何处置呢？

今据乾隆《盛京通志·天章四诗》台尼堪小注云："国语（即满语）汉人为尼堪。"又云"康熙年间平三藩，以其遗类戍此守台，因名曰台尼堪"。③

其中所说"三藩"，似专指吴藩而言，则台尼堪应该说就是发遣辽左的吴藩部下兵丁。又如李棠以御史降于吴三桂，后谪戍辽左④。再证以康熙二十一年（1682）五月丙辰，在吴藩平定处置完毕之后，"上谕"有云："至于反叛案内应流人犯，仍发乌喇地方，令其当差，不必与新披甲之人为奴。"⑤ 而在同年同月前几天的一个"上谕"里也提到过"流徙宁古塔、乌喇人犯，…… 南人脆弱，来此苦寒之地，风气凛冽，必至颠踣沟壑；…… 然发辽阳诸处安置，亦足以蔽其辜矣"⑥ 这一类的话，与在吴案办理之后，其逆属人口发遣辽左戍守当差的台尼堪正合。我记得从前在辽宁省满族社会历史调查组工作时，经常去外地调查的同志告诉我："被调查过的不少满族成员，他们不说世居长白山地方，而说来自'小云南'。小云南不知何所指而云然？"

① 《清史列传》，第20册，卷80，第6645页。

② 《平定三逆方略》（《四库全书珍本》本）卷60，第14页上。

③ 乾隆四十九年《盛京通志》（铅字排印本）卷13，第3页下。

④ 《广阳杂记》卷2，第87—88页。

⑤ 《仁录》卷102，第15页下。

⑥ 《仁录》卷102，第12页下–13页上。

如果我们把这些调查和《八旗满洲氏族通谱》[①] 附载的满洲旗分内之台尼堪，注云“即汉姓”，共有四十姓（尚未包括八旗汉军内的尼堪），他们分别散居辽阳、沈阳、抚顺、铁岭、盖州、牛庄等处，大多数说是“国初来归”，说“来归年份无考”的亦不少，将这些与文献记载联系起来考虑的话，那么，所谓“来自小云南”的满族成员，说他们是三藩平定后被发配到辽左地方的吴藩兵丁的后人，虽不中亦不远矣。

本文一开始，就提及旧作《关于满族形成中的几个问题》一文中的“汉军旗人的从属问题”，那篇文章只举出乾隆十九年（1754）七月甲午一条准许汉军旗人出旗为民的规定，并以乾隆十年（1745）六月的畿辅（今河北省东北部）地区隶于518个庄头名下的3万余名壮丁为例，一次放出为民的就有16000余名口，超过半数。既已放出为民，他们自然都恢复了原来的汉族成分。这里需要加以补充的，是八旗汉军之出旗为民的一些具体情况，汉军出旗为民与庄头壮丁有别，始于乾隆七年（1742）。《实录》云：

乾隆七年四月壬寅，谕：“八旗汉军，自从龙定鼎以来，国家休养，户口日繁。…… 朕思汉军，其初本系汉人，有从龙入关者，有定鼎后投诚入旗者，亦有缘罪入旗，与夫三藩户下归入者，内务府、王公包衣拨出者，以及召募之炮手，过继之异姓，并随母因亲等，先后归旗，情节不一。其中惟从龙人员子孙，皆系旧有功勋，历世既久，自毋庸另议更张；其余各项人等，或有庐墓、产业在本籍者，或有族党姻属在他省者。朕意欲稍为变通，以广其谋生之路，如有愿改归原籍者，准其与该处民人，一例编入保甲；有不愿改入原籍而外省可以居住者，不拘道里远近，准其前往入籍居住。此内如有世职，仍许其带往，一体承袭；其有原籍并无倚赖，外省亦难寄居，不愿出旗，仍旧当差者听之。…… 原为汉军人等，生齿日多，筹久远安全计，出自特恩，后不为例。此朕格外施仁原情体恤之意，并非逐伊等使之

① 见《八旗满洲氏族通谱》卷下，台尼堪，第1页上–4页下，查孟心史（森）氏所说：“至三藩既平，而后就其力屈受编者，编为汉军，唯吴三桂所部，除散其裹胁外，悉发边远充军，不编佐领，则以罪人待之。昔在黑龙江，闻台站之军役，皆吴三桂旧部之子孙，当可信也。盖观汉军各佐领中，尚、耿、孔三家皆有，独无吴后，知必另有安插矣。”（见《八旗制度考实》，载入《明清史论著集刊》上册，第301页）。与鄙人考释正合。

出旗为民。”[①]

以福州驻防汉军为例，《实录》有云：

乾隆十九年（1754年）七月甲午，军机大臣等议覆闽浙总督喀尔吉善、福州将军新柱等会奏：“改补福州驻防汉军各事宜：一、汉军愿为民者，令指定所往省分州县，呈明出旗入籍（民籍），子弟与民籍一体应试、捐纳官职贡监，呈地方官换照。男女听与民婚配。”

同年九月乙巳，闽浙总督喀尔吉善等奏：“福州驻防汉军，现令出旗为民，……请将奏准先令出旗之汉军甲兵一千名，内年老衰弱者与闲散人等，概令出旗为民；其强壮技娴者拨绿营食粮充伍。”[②]

广州驻防汉军亦照福州之例，出旗汉军1000名。所云“汉军生齿日繁，坐守驻防之缺，转不能如汉人之随便谋生，所以令其出旗，正为伊等生计起见，而所遗甲缺，即以满洲充补，亦于满洲生计有益，所谓一举而两得也”。又“汉军出旗后，复为料理安插亲族户口、辗转筹画，是使伊等仍就拘束，不能随便营生，其与不令出旗何异？至于改补绿营粮缺，乃专为汉军中之只能披甲食粮者而设，初非驱散处之汉军尽入绿营也”[③]。从此，直隶天津、江南京口、山陕凉州、庄浪、右卫、绥远城等全国各省驻防汉军[④]莫不相率效尤而出旗为民了。

各省驻防汉军，不但准许甲兵出旗为民，而且对世职承袭有分之八旗汉军官员，凡情愿出旗为民者，亦准其改入民籍。江南江宁汉军即是证明：

乾隆二十八年（1763）九月丁卯，谕：“江宁汉军官兵内，有领催一名、生员二名、兵二十四名，皆系承袭勋旧佐领、世管佐领世职有分之人，…… 如不过承袭有分而不能袭，及无力迁徙眷口情愿为民者，准其改入民籍。”[⑤]江宁汉军官兵之出旗为民既能如此，则其他各省驻防汉军当亦不会例外，兹不再多述。所可注意者，则

---

① 《纯录》卷64，第32页下–34页上。

② 《纯录》卷469，第2页下；卷473，第17页上下。

③ 《纯录》卷486，第14页上下；卷500，第6页下–7页上。

④ 《纯录》卷797，第14页上–15页上；卷695，第25页下；卷729，第14页下。

⑤ 《纯录》卷694，第14页下–15页上。

是已出旗的大批八旗汉军包括各省驻防汉军官兵人等，后又有再入旗籍的。《实录》中有几条这样的记载，可以作为例证：

乾隆二十七年（1762）闰五月己巳，谕："今西宁等……已将出旗之人，复入旗籍，实属意外之事!"

同年同月戊寅，谕："……将开户为民之人复入另册内，挑补钱粮。"

同年同月同日。又谕："向令查明另记档案人等为民。原因此项人等与正身旗人有间。……乃有业经为民之另记档案人等。复入旗籍挑补马甲、拜唐阿（满语，见前）冒食粮饷者三百余人。今正白旗蒙古又查出开户人等。由此观之，别旗亦必有似此者。"

同年同月乙酉，谕："……此特指乾隆二十二年（1757）查出另记档案业经为民，又复入旗，白占旗缺者而言。"

同年六月丁酉，谕："……（乾隆）二十二年以前，……均令作为另户旗人，即有出首之人亦不必查办。"① 综上所述，三藩中尚、耿两藩部属编五个或十五个佐领，成为满族成员的为多；而吴藩户下，官方文书无交代，应该说，他们大多数被发配到乌喇（今吉林市）地方，后改辽左（今辽宁省）一带，充作台尼堪，成了满族社会的最下层。成为问题的是入旗包括已出旗后又入旗的和出旗为民的汉军旗人包括另户旗人的人口，在满族总人口中究竟占多大比例，是一个难以解答的问题。我们很难也无法依据可靠数字做出准确统计来。但我们从大量文献资料中仍可得出这样的看法，汉人入旗的固不在少数，而出旗为民的为数也不算不多。因而，结论应该是，八旗中的满汉民族成分问题乃是有清一代300年间满汉两民族长期杂居共处，交相融合，进进出出，你我难分，与任何民族一样，是历史自然同化交融的必然结果。

---

① 《纯录》卷665，第9页九上；卷663，第1页、2页下–3页上、16页上；卷664，第9页上。

清代旗地性质初探

关于清代旗地性质的问题是满族史中一个极其重要而又亟须解决的问题。和属于历史范畴的一切其他事物一样，旗地也有其发生、发展和消逝的过程，而不是自始至终一成不变的。特别是1644年清军入关以后，在高度发展的汉族封建经济影响之下，旗地不得不从其以农奴制为主导形式的领主经济迅速地向地主经济转化。从17世纪40年代到18世纪30年代（顺治初到乾隆初）的大约一个世纪，就是旗地从领主经济向地主经济转化过程中具有关键性的阶段。

旗地的种类很多，有皇庄、王庄、官地和八旗官兵庄田（即一般旗地）等。其中一般旗地不但所占的比重大，而且它的性质和皇庄、王庄也有着很大的区别。根据目前所掌握的资料，我认为一般旗地从1644年清军入关之际起，已经走上了以地主土地所有制为主导形式的地主经济的道路，同时也应该肯定它是决定和影响其他旗地即皇庄、王庄等领主经济向地主经济发展的主要因素。只是由于满族统治阶级利用其政治特权和超经济强制，在他们的庄园中竭尽气力地企图保持其原有的农奴制的经营方式，从而使庄园经济向地主经济转化的历程放缓了步伐，延长了岁月。然而历史的发展规律，是不以人们的意志为转移的，所以到了18世纪下半期，皇庄与王庄几乎全都被纳入与一般旗地性质相同的地主经济范围之内。当然，谁也不会否认，有一小部分皇庄和王庄，直到清末民初，也还残存着一些或多或少的落后的农奴制的赘瘤。

本文着重从17世纪上半期到18世纪上半期对清代旗地的性质问题做一初步探讨，希望对这一问题，能够得出比较正确的看法和提供一些有用的参考资料；至于整个清代旗地的变化以及和八旗制度的关系等问题，则有待继续搜集资料和更多的历史工作者来共同研究。现在，为了把问题简单化和叙述方便起见，将这一问题的粗浅研究和分析，综合为三个方面，即：各种旗地的不同形态；旗地中地主土地所有制是主导形式；庄园中的地主所有制成分。

一、各种旗地的不同形态

众所周知，由于明清之际长期的战祸，辽沈平原和北京附近500里内的广大地区，原有的大量汉族农民被迫流亡到他乡，而未出走的农民也很少有土地，或者完全没有土地。因此，辽河东西则“荒城废堡，败瓦颓垣，沃野千里，有土无人”“地亩荒芜，百姓流亡，十居六七”①，黄河以北府县则“荒地九万四千五百余顷，因兵燹之余，无人佃种”②。就在这个条件之上满族统治者以征服者的姿态，利用其政治特权，从汉族劳动人民手中，掠夺了巨额田产。在上述两个地区内，强制实行土地再分配，把他们自己原来落后的奴隶制或领主制的生产方式强加于被征服的汉族人民。其中大部分的土地为满族皇帝和贵族所占有，分设各种大小庄园，而把最大部分的土地作为“份地”分给充当炮灰的八旗士兵。这就是清史上有名的“圈地”。大规模的圈地前后曾进行过三次③，历时20余年，从圈地11—12万顷的绝对数字看，虽只占当时全国耕地面积500多万顷的五十分之一多④，但被圈占的地亩绝大部分都集中在直隶省（今河北省）境内的几十个州县，因之，弄得该省的许多州县几乎没有民田。例如：雄县民地为4400多顷，被圈地去3000多顷⑤，占百分之七十，

---

①《清世祖实录》(《大清历朝实录》影印本，以下简称《章录》)卷12，第3页下《真定巡按卫周胤疏》中语。

②《章录》卷11，第11页上《河南巡抚罗绣锦疏》中语。

③ 第一次在1645年至1646年（顺治二年至三年），见《章录》卷22，第9页下–10页上；第二次在1647年（顺治四年），见同前卷30，第3页上–5页上；第三次在1666年（康熙五年），见《清圣祖实录》(《大清历朝实录》影印本，以下简称《仁录》)卷18，第3页下–4页下。

④《仁录》卷20，第21页上。

⑤ 刘崇本：《雄县新志》(排字本)，第三册，第1页上。

房山县被圈地亩数为十分之七，而带地投充的又达十分之二[①]。就这样，迫使原住的汉族人民“庐舍田园，顿非其故”“被圈之民，流离失所”[②]，造成了清初满、汉两族间的民族矛盾曾经一度异常紧张的局面，这对当时中国北部的农业生产起了一定的破坏和阻滞作用。

因为被圈占的土地转移到了旗人（八旗成员）的手里，所以又叫作“旗地”。旗地名目繁多，兹依其性质不同，大体上可以区分为“皇庄”“王庄”和“八旗庄田”即一般旗地三类。先从一般旗地谈起：

1. 一般旗地即包括八旗官兵在内的八旗庄田。但其中八旗官员占有田地的总和远比旗兵为少，所以这里所说的一般旗地，主要是指旗兵占有的旗地而言。一般旗地可以分为：旗红册地、旗余地和旗升科地三种。后两者产生较晚，留待下节再说。

旗红册地又可分为原占地、圈拨地和带地投充地三种。原占地系在入关以前旗人占有明代人的田地而被赋予使用权的旗地，以奉天省（今辽宁省）为最多，主要分布在东起抚顺，西至宁远（今兴城市），南起盖平（今盖市），北达开原（今开原市老城镇）的广阔的辽沈平原上。

圈拨地系从顺治元年（1644）到康熙五年（1666），三次大规模的强制圈占北京附近五百里内的广大的汉族民田，以拨给作为统治工具的八旗官员[③]，当然也包括那些被农民起义军推翻的前明皇室和王公贵族的撂荒田地在内。最初规定：旗兵一人给地五垧（一垧约六亩），王公以下各官所属壮丁一人六垧，参领以下官员十二垧，副都统以上官员四十垧。以后又有增加。

带地投充地则是汉族人民被迫随带自己的田产投献于有权势的旗人保护之下，作为其“世仆”，照旧耕种的田地。

2. 王庄即王公庄园，系属于满族王公贵族所有而具有身份性的世袭的收取“王粮”的大土地。王庄的种类也很多，有恩赐地、带地投充地和私庄等。恩赐地又可

① 冯庆澜：《房山县志》卷5，1928年，第22页上下。

② 《章录》卷25，第2页下，以及卷31，第11页上，户部奏。

③ 光绪《大清会典事例》以下简称光绪《事例》卷159，上海：商务印书馆，光绪二十五年（1899），第2页下–3页下。

分为圈地、分封地、赠嫁地等。圈地系拨给王公所属壮丁（计口给地三六亩）的地亩，主要设有庄和园：大庄每所地420—720亩不等，半庄每所地240—360亩不等；园每所地60—120亩不等。分封地系加封王公各照本爵拨给的园地。赠嫁地系公主、郡主等出嫁时各照品级拨给的园地。带地投充地同前，但其数量远比投献于八旗官兵的为多。私庄即王公私设的庄园，有马厂（又称牧厂）、围场（又称牧场）等，主要散布在奉天省境内。

3.皇庄亦称官庄，是清皇室本身的私有地，有内务府官庄、盛京所属户部、礼部、工部官庄以及三陵所属官庄等。内务府官庄系专供清皇室而缴纳"皇粮"所设的大土地，所有权属于清皇室，主要可分为带地投充地官庄和承领地官庄两种。带地投充地官庄系"近京百姓带地来投，愿充纳银庄头者，各按其地亩"而设的官庄；承领地官庄则"后有愿领入官地亩，设庄纳银者"，即系承领各种入官地的一部分而设的官庄。

盛京属户部、礼部、工部官庄分别属于各该部管辖。户部官庄有粮庄、盐庄、棉庄三种，其收入专供永、福、昭三陵祭祀之用。礼部官庄则以祭品供给陵寝、寺庙。工部官庄则供给宫殿、坛庙、陵寝等的一切营缮费用。

三陵所属官庄系供给三陵祀典所用果谷菜蔬而设的祭田，大半是在入关以前由带地投充地中拨给的一部分所构成。

此外还有官地即国有地，如入官地（即各项充公地）、八旗产地（即历次赎回的民典旗地）、围场、马厂以及营盘地、驿站地等。

二、旗地中地主土地所有制是主导形式

学习毛泽东同志著作中关于我国封建经济的论述，可以获得这样的认识：封建地主阶级土地所有制是政治与经济的结合，地主主要依靠剥削农民的地租过活，农民除负担地租外，还被迫向地主阶级的国家缴纳贡税和从事无偿的劳役。因此，土

地买卖和地租剥削是地主所有制的重要标志之一[①]。

一般旗地从拨给正身旗人的那一天起，就被当作一份“份地”，规定对每一旗人只赋予占有权和使用权而无所有权。所谓“八旗世业……皆世守焉”[②]和“八旗地亩，原系旗人产业，不准典卖与民”[③]的话，就是指没有所有权说的。以后在1670年（康熙九年）明文规定：“官员兵丁地亩，不许越旗交易，兵丁本身耕地，不许全卖”[④]；而“旗民不交产”的例禁尤严。这就是满族统治者在入关之初企图保持其原有的奴主和领主土地所有制而竭力采取的一些补救办法。

然而旗地的发展方向，并未依从统治阶级的主观愿望，而是被被征服的汉族原来的土地所有制所逐渐代替。首先，所谓“不许越旗交易”的禁令，并不影响一般旗地的所有权，作为份地的兵丁本身耕地，全卖虽不许，但部分出售显然是许可的；何况又有“若圈地，则止准旗人认买”的话[⑤]，更是旗地在本旗内准许交易的明证。后来，连三令五申“止准承种，不准典卖”的“恩赏地，如典卖于旗人则听”[⑥]。其次，所谓“旗民不交产”的例禁，虽也曾给人以一种旗地完全不能买卖的假象；但仔细考之，那仅仅是指旗地不准典卖于民人，“典卖则入官”，而“旗人典买民地，一体按则输粮”。可见，“不交产”是属于单方面的，被限制的是汉族人民。

抛开例禁不谈，从历史事实中去考察，从入关后不到半个世纪，满、汉两族人民之间大批地出现了有关旗地的“典”“押”“转租”等各种不同方式，正如当时人所说：“或指地借钱（即是押），或支使长租（即是转租），显避交易之名，阴行典卖之实”[⑦]“乃变名曰老典，其实与卖无二也”[⑧]，这显然等于变相的买卖行为。就是规定作为正身旗人一份份地的一般旗地，在旗人间进行越旗交易的事实也是从很早

① 《中国革命和中国共产党》，见《毛泽东选集》卷2，北京：人民出版社，1959年，第594页。
② 光绪《会典》卷84，第4页下–5页下八旗都统授田条。
③ 光绪《事例》卷159，第4页下雍正七年谕。
④ 光绪《事例》卷1117，第2页下康熙九年又题准条。
⑤ 光绪《事例》卷160，第2页上乾隆四十一年议准条。
⑥ 光绪《会典》卷84，第5页下注八旗都统授田条。
⑦ 光绪《会典》卷160，第8页上，咸丰二年谕。
⑧ 《皇清奏议》（清国史馆琴川居士排字本，下同）卷45，第16页上赫泰疏语。

就已普遍出现的。下面便是两个明显的例证：

据本旗领催何伦太呈称：身祖陈世珍在日，于康熙二十四年（1685年），用价银一百六十五两白契所买巨流河正黄旗界内坐落后尖山子厢白旗现任佐领李全属下壮丁刻佐洪之曾祖刻花子名下红册地一百零四日八分。①

海甸清梵寺僧人方住赴部呈称：窃僧祖上原系正红旗满洲色姓户下人。僧祖高景在日，曾于雍正年间（1723—1735年）借主人旗佐，置得正黄旗汉军刘姓坐落雄县（河北今县）地四十亩、任邱县（河北今县）地三十亩。②

正由于这种“越旗交易”既成事实的普遍存在，所以到了18世纪50年代，统治阶级不得不面对现实，在法律上把旗人典卖旗地肯定下来，规定“旗人田地，遇有缓急，情愿出典者，…… 准其不计旗分，通融买卖”③；而那些从前变相的旗地买卖行为，如“典当房地”等，同样“改典为卖”④，获得了法律上的正式承认。

有人说，清军入关之际，满兵分给的田地，也和皇庄、王庄一样，设立过庄园，并驱使“家奴”（农奴）耕作。因为清代文献上记载有：

今满洲兵一人出征，部落有带六七人者，有带三四人者。⑤

满洲兵丁，虽有份地，每年并未收成，穷兵出征，必需随带之人，致失耕种之业。⑥

一壮丁与田三十亩，以其所入为马刍菽之费。一兵有三壮丁。⑦

看来，每一满兵似乎都成了奴主或农奴主，从而人们可能得出这样的结论：旗地上的生产关系应该是奴主和奴隶或领主和农奴关系，即奴隶制或农奴制，或者说，奴隶制或农奴制是旗地生产关系中的主导形式。不错，当时满兵每家有几个

① 沈阳市辽宁省档案馆藏:《乾隆三十七年盛京内务府档案》。

② 北京中国第一历史档案馆藏《嘉庆十三年说堂稿》。

③ 光绪《事例》卷1118，第1页下乾隆二十三议准条。

④ 《总管内务府现行则例》（1937年，北平故宫博物院文献馆校印本），会计司，卷4，第80页下旗人典卖地亩条。

⑤ 《皇清奏议》卷8，第2页下林起龙疏语。

⑥ 《皇朝文献通考》卷5，第13页下，光绪八年（1882）浙江书局刻本。

⑦ 金德纯:《旗军志》（1934年《辽海丛书》本），第八集，第2页下。

“壮丁”或“旗下家奴”的，恐不在少数，但他们多半是“帮贴垦种”乃是属于“帮丁”即雇工性质。一般说来，每一满兵分得的土地，多半由自己的家人（余丁，即闲散）或本身耕种，当然，雇用帮丁或驱使“旗下家奴”耕作也是常有的事。但满兵有没有“旗下家奴”参加农业生产是一回事，而满兵可以不可以设庄乃是另一回事。因为满兵当中一小部分拥有一定数额的“壮丁”和田亩的，当然可以设庄。但必须搞清楚，这一小部分满兵究竟是什么人？按清制，不但“护军”，就连七品的“领催”，也都是被当作“八旗兵丁”中的一个兵看待的。大家知道，充当护军的人几乎都是由满族王公贵族的子弟中挑选，而领催则通过勒扣俸饷、科派旗兵等手段，以致拥有大量田地，与一般满兵显然有别，他们都是属于统治阶级，当然可以设庄。

再说，贵族家庭出身的护军和占田多的领催等虽然可以设庄，毕竟人数有限；与此恰恰相反，占田少的绝大多数满兵（满洲披甲人）是“不可以设庄”的。下面几条材料便是明显例证：

我国家（指清朝）初定中原，凡官兵须计丁授田。富厚有力之家，占田多至数百垧；满洲披甲人或父子兄弟，所得之田不过数垧。……其闲散（即余丁）人口亦得量给。①

驻防官员量给圈地，甲兵壮丁每名给地五垧。②

查贫乏兵丁……身在京城，不能自种，有限之地，不可设庄头。③

就在入关后不久，不论设庄与否，凡是居住在圈地内而又耕种旗地的汉族农民，甚至在法律上被当作奴隶或农奴看待的带地投充的投充人，他们和旗地占有者的关系主要变成为地主和佃农的租佃关系，即地主所有制占了统治地位，而领主制退居于次要地位。有事实为证：

直隶（今河北省）地方多被旗圈。当日圈地之时，例从村外下绳，是以镇

① 《章录》卷127，第15页上下顺治十六年折库纳密陈四事之一。

② 《八旗通志》（乾隆年间刻本）卷18，第41页上。

③ 《皇朝经世文编》（光绪乙未年，积山书局石印本）卷35，第7页上孙嘉淦《八旗公产疏》语。

店村庄多在圈内外。然而所圈既广，则零星村庄在圈内者，亦复不少。其带地投充之人，房屋人口尽行入旗。其未经投充之人等，则地虽被圈，人房尚在；又民恋土重迁，虽有拨补地亩，不肯舍房就地，是以父子祖孙相沿居住，民人自住其房而租其地，旗人只收地租而并不问及民房，通省州县，旗民相安，毫无异说，数十年来于兹矣。①

旗庄地亩均在近京五百里内，八旗官兵人等各有当差执事，不得不资佃耕种，收取租息，佃户亦得借此养赡身家。②

定鼎之初，虽将民田圈给旗人，但仍系民人输租自种。民人自种其地，旗人坐取其租。一地两养，彼此相安。③

各旗下无论贵贱，各给田若干，收其租不复给饷。④

值得特别指出的是，最后所引的一条出自《北游录》，著者谈迁北游在1653年（顺治十年），以1655年（顺治十二年）南归，正在畿辅旗地拨定后的十年。他身临其境，目击其事，把所见所闻笔之于书，既云“收其租”的租佃关系，当属确实可信。

惟其因为一般旗地从17世纪四五十年代起，即已走上了以地主所有制为主导形式的地主经济的道路，所以，满族统治阶级企图将旗地保持在奴主或领主经济范围内而屡次颁布的一些关于“不许越旗交易”和“旗民不交产”的禁令，实际上不过等于一纸具文。历史事实充分证明，到了18世纪上半期，首先在关内的一般旗地，几乎典卖大半。清世宗胤禛曾经这样承认过：

八旗地亩原系旗人产业，不准典卖与民，向有定例。今竟有典卖与民者，但相沿日久，著从宽免其私相授受之罪。⑤

① 第一历史档案馆藏《乾隆四年二月二十二日档案》。

② 《清高宗实录》（《大清历朝实录》影印本，以下简称《纯录》）卷172，第30页上顺天府府尹蒋炳奏语。

③ 前引孙嘉淦疏中语。

④ 谈迁：《北游录》，《纪闻》下八旗条，北京：中华书局版，1960年，第347页。

⑤ 光绪《事例》卷1117，第3页上雍正七年谕。

清高宗弘历也说过：

> 我朝定鼎之初，将近京地亩，拨给旗人，在当日为八旗生计，有不得不然之势。其时旗人所得地亩，原足以资养赡。嗣因生齿日繁，恒产渐少；又或因事急需，将地渐次典与民间为业；阅年久远，辗转相授，已成民产。……再民典旗地不下数百万亩，典地民人不下数十万户。①

据统计，1749年（乾隆十四年）清政府曾用银198155两，赎回“民典旗地”1869顷58亩；1762年（乾隆二十七年）又“回赎旗地积至二万余顷之多”。这已回赎的200多万亩的“民典旗地”并没有再去分设庄头，和未回赎的那些无法统计的“民典旗地”一样，仍交“佣佃农民”耕种，或“另行招佃承种”。从这里很清楚地看出，即使原来曾经设过庄的“民典旗地”，到这时，其生产关系都已成为佃农和地主的租佃关系，即地主制，而不再是原先一度存在过的奴隶和奴主或农奴和领主的关系，即奴隶制或农奴制了。

在关外的旗地，特别是一般旗地，情况与关内稍有不同。在许多清初的文献里，都曾这样明显地记载着：

> 辽阳（辽宁今市）、铁岭（辽宁今县）至山海关八旗庄地，多有在边（柳条边）外者，相沿已久，不必迁移，令照旧种住。惟酌量边界开门，毋误耕获。②

> 盛京（今辽宁沈阳市）为我朝丰沛之地，……本处之人，向于官差余暇，俱各力田躬耕，以资生计。③

> 力田之家，必募佣人以助耕作。佣工一年可得十二金，布二匹。其以日计者，价倍之。④

由此可见，关外旗地主要是由旗人自己耕种，“佣人助耕”的佣工也已有长工（以年计）和短工（以日计）之别。到18世纪40年代，情况又向前发展了一步。

---

① 光绪《事例》卷1117，第3页下–4页上乾隆四年谕。

② 光绪《事例》卷161，第1页上顺治十二年题准。

③ 《纯录》卷206，第1页下–2页上乾隆八年谕。

④ 王一元：《辽左闻见录》。

盛京……本处之人，向……俱各力田躬耕。……今则本身自种者少，雇民佃种者多。[①]

虽然当时统治阶级也曾提出“旗人地亩，不许全雇民人耕种取租，必须三时力作，相率务农”[②] 的主张，企图用法律来限制旗人雇用长工或短工，但这种完全不符合当时实际情况的主观打算，是不能发生多大约束力了。因为到18世纪下半期，不但关外旗人雇工助耕的限制完全流于形式，而大量典卖旗地的现象也层出不穷。据统计，在1773年（乾隆三十八年）奉天查出“民典旗地”共126826垧，合760956亩之多。

满族统治者既不能把它自己的落后的生产方式——奴隶制或农奴制强加于被征服的汉族，也只有让汉族原来先进的生产方式——租佃制继续下去，而满足于征收贡税。例如旗余地和旗升科地就是在18世纪下半期的这种情况下产生出来的。

旗余地是旗人红册地以外私自开垦的土地。1766年（乾隆三十一年）奉天总共丈出旗民余地1874400亩，“一并入官”。其中旗余地都已超过原来红册地规定的数目，凡首报者仍作为个人私产，按照红册地中折米地纳赋；而未首报者被查出后，没收为官地，仍“令原种人等按数认种，或转租与人者，听其自便”[③]，但每年必须交纳租银。

旗升科地则从1800年（嘉庆五年）起，把“奉天（今辽宁省）旗民人等隐种余地”，令其呈报于官，“每亩征银三分”，同于民地，所以叫作升科地。当时规定：“所首红册地傍滋开之地，仍作为私产，售卖听其自便；其另段私开及纳租余地边开之地，一体首报入官，仍交原佃承种”；只有“依山傍水余地，不成丘段者，免其升科。”[④]

从上述旗余地和旗升科地来看，旗余地“转租与人者听其自便”，旗升科地“售卖听其自便”，是旗租剥削和旗地买卖的范围比以前放宽多了，而且它们都获得了

① 《纯录》卷206，第2页上下。

② 《纯录》卷127，第24页上奉天府府尹吴应枚奏语。

③ 光绪《事例》卷289，第3页下乾隆三十一年奉旨。

④ 光绪《事例》卷167，第1页下，嘉庆五年又议准。

法律上的保障，只不过把“盛京旗人出租地亩”的期限，统一规定为“三年”罢了[①]。

与此同时，满族统治阶级为了补救旗红册地典卖的损失，拿出盛京官地中的一部分土地，从1748年（乾隆十三年）起，开始设置“随缺地”；又于1800年（嘉庆五年）开始设置“伍田地”。随缺地和伍田地均系拨给八旗官兵作为提供口粮的“份地”，不当差时仍须退还，显然是只赋予占有权和使用权而无所有权的领主制土地形态；所不同的是，从一开始，随缺地和伍田地就是“或招佃取租”“或交界取租”“或自行耕种”，又显然都是地主制的租佃关系，不难看出，随缺地和伍田地正是领主制和地主制两种不同类型的经济结合为一而形成的一种混合的新经济类型。

但必须指出，关外一般旗地的租佃关系，在很长一段时间——大约从17世纪末到18世纪初，虽然也早已出现，然而当时关外旗人中“力田躬耕”的自耕农毕竟比关内旗人所占比重要大得多。

根据上述分析，清初关内外的一般旗地，既可以买卖，又有地租剥削，这就充分说明了它的生产关系主要为农民和地主的租佃关系即地主土地所有制。同时，也不能否认，在18世纪下半期，关外旗地中还出现了一种介乎领主制与地主制之间的新的混合的过渡经济类型——随缺地和伍田地，虽然所占比例并不大，但从清代圈地总数166838顷来看[②]，其中皇庄为13272顷，王庄为13338顷，八旗庄田即一般旗地为140228顷，皇庄、王庄加起来只占不到七分之一，而一般旗地则占七分之六多。因此，拿一般旗地的性质来判断整个旗地的生产关系，从而肯定旗地中地主所有制为主导形式，也许是不会十分错误的。

① 光绪《事例》卷1119，第2页下乾隆三十四年议准。

② 所列数字见嘉庆《大清会典事例》（清刻本）卷135，第1页上–9页下及《啸亭杂录》（北京：中华书局，1980年）卷8第226页内务府制条。

三、庄园中的地主所有制成分

根据列宁的教导，农奴制的经济特征是“生产者和生产资料占有者通过实物‘相互效劳’，通过使生产者固着于土地，而不是使生产者同生产资料分离的方式来剥削生产者”①。作为农奴制的皇庄和王庄，确实是具有这种经济特征的。首先，皇庄和王庄的直接生产者——庄丁（即壮丁），均被编入旗籍：皇庄为“上三旗包衣”，王庄为“下五旗包衣”，包衣（满语booi，直译为“家里的”，意即家奴或家仆），在法律上则处于奴隶或农奴的地位。以1648年（顺治五年）欧欧哈公主的五个“拖克索”（满语tokso，意即庄园）和没收的台鲁田库喇嘛的四个拖克索为例②，庄丁的口粮、衣服、耕牛、种籽、饲料以及盐、纸、小器具等物，均由庄园主供给，自己几乎一无所有。可见庄丁不但被束缚于庄地上，而且他们的经济地位简直和奴隶一模一样。其次，庄丁多由“入官奴仆”拨来，或者就是带地投充的投充人，投充人一经入旗“即系奴仆”，奴仆则和土地一样，“典卖悉由本主自便”③。一般情况，庄丁连同庄头包括在内，是随同土地的典卖而典卖。所不同者，属于皇庄的庄丁归内务府掌管，专门设有“慎刑司”，对庄丁操着司法上的处治权，“笞、杖皆决之”，徒以上的罪才送到刑部处理；属于王庄的庄丁归王府掌管，其人身依附关系恐怕要比皇庄更严，差役勒索也更重，甚至“多毙人命”，亦复有之。

尽管皇庄和王庄所具有的农奴制特征仍占主要地位，但从入关后不久，在汉族封建经济的巨大影响下，大批新设的皇庄和王庄中不能不包含有地主所有制的成分。这可从以下两方面来加以考察：

第一，在皇庄、王庄的直接生产者成分中，庄丁之外，事实上还有“老佃户”和“现租户”的存在。老佃户俗称“刨山户”，“刨山户”即“原垦佃户”④，他们多半是庄园余地的开垦者和带地投充的投充人。举例如下：

---

① 《列宁全集》卷1，北京：人民出版社，1957年，第443页。

② 《顺治年间档》（《清史资料》第三集），顺治五年正月初四日条及同年九月十五日条。

③ 《户部则例》（清刊本）卷10，第10页上下。

④ 徐世昌:《东三省政略》（民国铅印本）卷8，奉天省，第70页上下旗务地亩篇。

具票（人）系内务府庄头顾克勤、亲丁顾克新等，同册壮丁李登第、赵起凤等，世居城北正蓝旗界顾家堡子。……窃身之先人顾起凤、顾黑子，由顺治八年（1651）拨盖（平）居住，开荒垦地，均无课赋。及康熙初年奉旨编庄，身之先人顾起凤及同垦李、赵二姓，代（带字之误）地投充，当此庄缺。①

奉天内务府庄头等原系山东民人，顺治八年（1651）来奉（天）开创荒地。……康熙十年（1671）起至三十年（1691）止，清皇编设内务府庄头八十四缺，将身等自力开垦民地均变作内务府皇粮官地。……自身将创垦各地，带地投充内务府变作皇家内廷产业。②

查该庄（义州境内内务府官庄）头许春声名下官地共三千余亩，为数本巨；该佃户百余人，均系开始垦荒之创山户。③

老佃户依据当时当地的习惯，规定交纳一定的“年贡”，庄头不得任意更改而增减其租率，这就能使其获得永佃权。从而可知，老佃户是具有身份性的世袭的自耕农，与只具有农奴身份的庄丁是有本质的差异的。

现租户系普通佃农，租种庄地的一少部分，按年交纳“现租”于庄头，是纯粹的自由的个体农民，与庄园主没有任何人身依附关系。举例如下：

据庄头黄登魁呈称：情因小人承种官地，一年应纳合粮、地亩银两以及喂养祭祀牛羊豆石粟米、草束等项，惟赖官地取租偿纳。今佃户民人杨学彦等十人租价分文未给。年前小人屡经讨要，俱支吾推诿时日。因伊等不给地租，官差无措。今春小人欲将官地拿出，另招佃户，租取现租以当官项……④

现租户系依据租地契约，按年交纳本年租子，“年清年款”，才能取得庄园地亩的使用权，双方都不得任意更改。

民人租种庄头、园头地亩，止准按年交租，该庄头等毋预年支取。倘仍向

① 《满洲旧惯调查报告》，第175页，参照第三皇产附录三引盖平县城守尉衙门原藏档案。

② 沈阳市辽宁省档案馆藏《奉天行省公署档》，壬旗字一一七八号。

③ 宣统元年一月十三日《政治官报》第四五三号。

④ 辽宁省沈阳市档案馆藏《乾隆五十八年三月档》。

预支，许佃户呈控；如佃户希图减省租钱，私行预支，一并治罪。[①]

租期届满，仍须更换新契约。其租契更换，有多至数次，甚至超过十数次的。

从庄园中老佃户、现租户和庄丁并存的事实中，可以看出庄园中的租佃关系早已出现了地主所有制成分，这是十分明显的。

第二，从庄园中封建剥削的性质加以考察，也不难看出，作为庄园占有者对其直接生产者庄丁或老佃户、现租户的经济剥削——旗租，是具有国家赋税（俗称钱粮）和地主地租的双重性质的。其他老佃户和现租户对庄头等交纳的租子（或名地租）纯粹属于地租性质是人所共知的，这里可以不必再加讨论；只有庄丁每年上缴的旗租性质，是必须进一步加以探讨的。

如果把旗租与地租等同起来固然不对，但旗租好像类似民赋而又不完全同于民赋，其中却包含着地租成分则是事实。本来，“旗地征租；民地征赋”，不但“名目本自不同”，其实质在一定程度上也有所区别。从纳粮庄（简称粮庄）和纳银庄（也可简称银庄）缴纳的“粮石”和“丁银”中就可得到证实。

纳粮庄最初设立时每庄给地130垧，庄头和庄丁共定为10名，关内每年每庄原纳粮为100斤石（每斤石合仓石三石六斗），关外每年每庄原纳粮为120斤石[②]。如果按清初规定的粮价每石折银二钱来计算，关内庄100斤石360仓石，折银72两整；再按亩计算，每亩合征银九分二厘多。关外庄又稍高一些，即每亩合征银一钱一分多。不管关内庄或关外庄，比起清初民地课税每亩征银三分来，都高出三倍以上。直至康熙、乾隆时期[③]，情况仍复相同。

纳银庄则不论关内关外，每庄壮丁各给口粮地53亩，但因每庄壮丁并无定额，所以才规定：每年按丁每名征银三两。同时又规定：“带地投充新园头，每地俱按亩

---

① 光绪《事例》，卷160，第4页下乾隆五十七年议准。

② 《总管内务府现行则例》，会计司卷1，第2页上下；卷2，第1页上。

③ 北京图书馆藏《总管内务府会计司谕众庄头档》。根据1711年（康熙五十年）直隶省三十个州县的统计，民地钱粮上地每亩一钱五分左右，其余均在八分以下以至一分六厘以上不等；旗地则不同，“最好之地每亩租银三钱、二钱八分”，其余之地。“执其中而约略计算，每亩该银一钱二分五厘”云云，可以为证。又光绪《事例》卷1118，第1页下，乾隆二十二年（1759）又议准云：“旗地旗租每亩一、二钱至三、四钱不等，而现在民人承租官租，每亩银最多者不过钱许”，可证。

征银五分。”[1] 两相比较，前者每亩合征银约九分，高于后者将近一倍。不但前者比民地每亩三分的课赋高出三倍，连后者也高出民赋很多。

从上述纳粮庄、纳银庄的粮租、丁银上看，只有带地投充的庄园地亩，每亩征银五分，接近于民地钱粮的性质；其他不管是纳粮庄或纳银庄，它们的旗租都超过民赋的三倍左右，就不能单纯看作民地钱粮了，它同时确实又包括地租成分在内。说旗租即庄园地商的租银具有国家赋税和地主地租的双重性质，大概是符合历史事实的。

综上所述，皇庄和王庄的经济在清初虽仍以农奴制为主导形式，但从庄园的生产者成分中，我们知道，庄丁之外，还存在老佃户和现佃户的租佃关系；又从庄园地亩的租银中，我们也知道，旗租剥削中同时就包含有国家赋税和地主地租的双重性质；从而可以肯定庄园中的地主所有制成分，是从入关后不久就早已存在的。不错，满族统治者虽也不断努力设法维护农奴庄园的继续存在，但越往后发展，地主所有制成分就越日益增长。无疑的，庄园经济受着最先被纳入地主经济范围之内的一般旗地性质所支配和决定，而不是一般旗地受庄园经济的影响和支配。当然，在这两者之中，汉族地主经济仍然是在起着首要的主导的推动作用。

---

① 《总管内务府现行则例》，会计司卷1，第3页上下《粮庄纳粮定额》条。

《满文老档》中计丁授田商榷

近年来，国内史学界对入关前满族的社会性质问题，进行了大量的深入探讨，发表了不少很有见地的文章，取得了可喜的成果，兹就《满文老档》中计丁授田方面有关原文的翻译、计丁授田的对象和计丁授田的性质等几个问题，提出我个人一点不成熟的看法，愿与同志们商榷。

一、原文的翻译

《满文老档》中关于清太祖努尔哈齐于天命六年（1621）七月十四日，为“计丁授田”事传谕各村，原文译音如下：

Hai jeo bade juwan tumen inenggi, Liyoodung i bade orin tumen inenggi, uhereme gūsin tumen inenggi usin be gaifi meni ubade tehe coohai niyalma morin de buki. jai meni geren baisin niyalmai usin meni bade tarikini. suweni Liyoodung ni da i beise ambasa bayasai usin waliyaha ambula kai. tere usin be dosimbume meni gaire gūsin tumen usin be ere šurdeme bahaci wajiha. isiraktici Sung- šan-puci ebsi Cilin Ilu Puho Fan -ho Hontoho Simiyan Fusi Dungjeo Magendan Niowanggiyaha Gu šan de isitala tari. tede isirakūci jase tucime tari. julge suweni nikan gurun bayan niyalma ba ambula gaifi usin be niyalma turifi weilebume jeke seme wajirakū jeku uncambihe. yadara niyalma usin jeku akū ofi udame jembihe. udame ulin wajiha manggi giohambihe. bayan niyalma jeku isabufi, niyara ulin isabufi baibi asarara anggala tenteke gio-hara akū yadara niyalma ba ujicina. donjire de iun gebu sain amaga jalan de hūturi kai. ere aniya tariha jeku be meni meni gaisu. bi te usin be tolofi emu haha de jeku tarire sunja cimari kubun tarire emu cimari usin be neigen dendefi bumbi. suwe haha ume gidara. haha gidaci usin baharakū kai. ereci julesi giohoto niyalma be giohaburakū. giohoto de hūwašan de gemu usin bum-bi. meni meni usin be kiceme weile. ilan haha de emu cimari alban usin weilebumbi. orin haha de emu haha be cooha ilibumbi. ineku orin haha de emu haha be alban weilebu.......[①]

最早为之译成汉文的，是金梁的《满洲老档秘录》，照录如下：

为计口授田事，谕曰：海州一带，有田十万日，辽阳一带，有田二十万日，共三十万日，宜分给驻扎该处之军士，以免闲废。其该处人民之田，仍令其就地耕耘。辽阳诸贝勒大臣及素封之家，荒弃田亩甚多，亦宜归入三十万日之内；二处之田，如不敷分派，可以自松山堡及铁岭、懿路、蒲河、范河、欢托霍、沈阳、抚顺、东州、马根丹、清河、孤山等处之田补之：若仍不敷，可令至边外开垦。往者明国富户，大都广有田土，已不能遍耕，则粮诸人，所获粮米，食之不尽，则以出售。至于贫人，家无寸土，瓶无斗储，一餐之粮，亦出自沽买，一旦财尽，必致流离失所。夫富者与其蓄有用之粮，以致朽烂；积有用之财，徒行贮藏：何若散给贫人，以资养赡，既获令名，又积福德也！自谕之后，本年所种之粮，准其各自收获。嗣后每一男丁给地六日，以五日种粮、一日种棉，按口均分。家有男丁，不得隐匿不报，致抱向隅之恨。乞丐僧人，皆给以田，务使尽力耕作，勿自暴弃。其纳赋之法，用古人彻井遗制，每男丁三人，合耕官田一日；又每男丁二十人，以一人充兵，一人应役。[②]

按金梁《秘录》的《序》有云："翻译至难，经满、汉文学士十余人之手，费时二载始脱稿。"金氏本人于满文造诣或有不逮，然距今五六十年前，精通满、汉文的

---

① 此系作者于1980年据原盛京崇谟阁所藏加圈点的《满文老挡》(现存辽宁省档案馆)用罗马字母译音，再校以藤冈胜二、户田茂喜手稿本(中央民族学院图书馆藏)以及神田信夫等重译《满文老档》译音是一致的。

② 《满洲老档秘录》上册，上海：商务印书馆，1929年，第22–23页。郭成康、刘建新:《努尔哈齐计丁授田谕考实》，载《清史研究集》1982年第2辑，第88–114页，此文中指出金译错误、阙略、杜撰、疏陋之处不少。

老辈当时大都健在。金氏所云，谅非虚语：如果真如孟森先生所说，“由汉译满时一次删润，由满译汉时二次删润，其所存真相若干，得原文比之乃见”。又说：“前数年金梁翻老档…… 大约入后愈觉荒唐，遂弃不复译。”① 可是恰恰“计丁授田”这一段译文，既不载于《实录》和《东华录》，也不见于迄今幸存的档册或其他资料之内，自然只能出之于金梁及其所聘“满、汉文学士十余人之手”了。当然，金梁等人多注重译文之“达”“雅”，而忽视了“信”之一字，不无可议之处。至于说金译中增入了“用古人根本遗制”一类不见于原来满文的字句，就是“杜撰”，也还值得商榷②。因为一种语言译成另一种语言，有一些习惯用语和公文术语，是很难完全直接、一字不差地把它们译出来的：在于译出来的或增或删的字句，是否完全走了样，不合原意；只要不失原意，或增或删，应该是允许的吧。一般来说，用文言文翻译远不如用语体文翻译之详明易懂，不致引起误解，这是事实。但仍须承认，在清前期“满译汉”或“汉译满”的档案文件中，许多公文上的习惯用语，不采用汉文或满文的公文术语或习惯用语，也是很难翻译成当时通用的行文套语的。

最近发表的郭成康、刘建新两同志合撰的《努尔哈齐计丁授田谕考实》一文中所译上述这一段满文老档③，与金译对勘一下，如“为计口授田事，谕曰”，郭、刘据原文改译为“天命六年七月十四日，以行将前往分田，故先期告谕各村曰”，远比金译信实多了；而金氏原译之“辽阳”，郭、刘改译为“辽东地方”（下同），似又不如金译“辽阳”之为得。何者，满文Liyoodung i bade直译可作“辽东地方”，但满文“辽东”乃“辽东都司”之简称，实指“辽阳”一地，并非全指辽河以东而言也。又“军士”，郭、刘改译“兵马”，军士可包括军马在内，如直译“兵马”，势必有所说明，不然，于情理不合。金译“人民”亦远比郭、刘译成“白丁人等”为胜，因原文baisin niyalma直译，应为“白身人等”，汉文白身实为百姓，译作“人民”为是，下面再谈。金译“明国”，郭、刘改译“尼堪国”，为满文nikan gurun之

① 参见《满洲老档事件论证之一》，载《明清史论著集刊》下册，北京：中华书局，1959年，第338页。

② 郭成康、刘建新合撰文，第111–113页。

③ 上引郭、刘文，第99页。

直译，日本学者有此译法，惟据清初人汉字行文对明朝多作“明国”或“大明国”，从无作“尼堪国”者。金译“广有田土，则佃诸人”，郭、刘改译成“广占田土，雇人耕种。”其满文老档原文之turifi，可作“赁”或“租”解，则译成“雇人耕种”或“佃诸人”，似均无不可。然按之老档原文turifi之后尚有weilebume一字，二字连用为被动式，则译成“佃诸人”为胜一筹，何况既云“广有田土”，多则成千上万亩，少亦数十百亩，“富户”岂能尽“雇人耕种”之乎？金译“男丁”，郭、刘改译“丁口”。查原文为haha（男子）而非anggala（人口），自以金译为是。

前几年，中国社会科学院历史研究所清史研究室、北京第一历史档案馆满文组、北京图书馆、辽宁省档案馆历史部与中央民族学院等单位的十几位同志同力合作，花了好几年工夫，最后由第一历史档案馆满文组反复校订、审核通纂的《满文老档》出版。其中有关“计丁授田”这一段①，和金译与郭、刘二同志所译均略有不同。如郭、刘所译之“白丁人等”改译成“众百姓”。前面已提到，满文basin niyalma，原为汉字“百姓”之译满，以金译“人民”为妥。郭、刘译成“白丁人”，恐容易发生误会，因为汉文“白丁”一词，经常指以前封建社会里无功名的人，有时还指封建时代的“白徒”，白徒乃是军士的别称。而这里的baisin niyalma显然是指一般平民而言，译之为“人民”或“百姓”，肯定比译成“白丁人等”要好一些。又如“尼堪国”改译成“明国”，已如前述。兹为补充说明：原谕中的“nikan gurun”，译音则为“大明固伦”，实为“大明朝”“大明”或“大明国”“明国”。日本学者如藤冈胜二的初译和神田信夫等主编的《满文老档》新日译本，均写作“nikan国”，他们都没有直接用汉字“尼堪”二字。我个人完全同意金氏和新汉译本的《满文老档》把它译成“大明”“大明国”或“明国”，比较符合《老档》原意，而且又与当时历史事实相一致。又如“丁口”改译成“男丁”，“乞丐不再乞讨”也改译成“不使花子求乞”。男丁比丁口符合当时实际，花子究不如乞丐更为通俗

① 十几位同志重新译成汉文的《满文老档》，已全部完稿，并抄写成眷清本（下称新汉译本）。我因急于先睹为快，承历史档案馆任世铎同志慨然出以相示，特此致谢。按《满文老挡》全二册，已于1990年3月由中华书局出版，1993年2月翰又记。

稳妥。其他如“辽阳”之改译“辽东地方”，“军士”之改译“兵马”，“佃诸人”之改译“雇人耕作”，均与郭、刘所译同，因已在前面提出过，兹不一一复赘。这里需要特别提出来讨论一下的 是，《老档》原谕中的末一句：orin haha de emu haha be cooha ilibumbi. ineku orin haha de emu haha be alban weilebu. 上引三种汉译中，郭、刘把它译成“二十男丁内，一人当兵；此二十丁内，一人应役”；金氏译成“每二十丁，以一人充兵，一人应役”；新汉译本同于金氏。根据后者（金译和新汉译本）所译，是每二十丁之中既出一丁充兵，又出一丁应役，每二十丁要出二丁是很明确的。如果按照前者（郭、刘）所译，既云“二十男丁内一人当兵”，又云“此二十丁内一人应役”，似乎每二十丁内出一人当兵之外，不再出一人应役。或者相反，出一人应役之外，也不再出一人当兵。换句话说，当兵与应役是一回事了。总之，三种汉译，究竟每二十丁内出一丁还是出二丁，译文含义似乎不甚明晰，下面还要详细讨论。

最早的日译《满文老档》，为40年代藤冈胜二氏初译的手稿本[①]，因未及审核校定而藤冈氏逝世，故将其原手稿本影印出版，草创之功，诚不可没。迨50年代日本学者和田清、户田茂喜、今西春秋、三田村泰助等人群策群力，同心协作，除将全书本文用罗马字母转写外，又将藤冈氏手稿本重新与《老档》原文全部校勘一遍，并逐句逐字附上直译和意译，最后由神田信夫氏通纂，以竟其功。兹将日本满文老档研究会译注定本中的这一段选录如下：

> 十四日，田を分けに行くので，村村に先づ行つて告げ知らせた言は次の通りである。海州地方に十萬晌，遼東地方に二十萬晌，すべて三十萬晌の田を取つて，ここに居る我等の兵の人馬に與へたい。また我等の衆白身者は，我等の處で田に播種するがよい。汝等の遼東地方の諸王諸大臣，富者等が棄てた田は多いのだ。その田を取り入れて我等の取るべき三十萬晌の田をこの周圍で得ることが出來ればそれでよい。もし足りなければ，松山堡よ

① 藤冈胜二译文，参见周藤吉之：《清代满洲土地政策の研究》，东京：河出书房，1944年，第416–417页，《资料》转引。

り此方，鐵嶺，懿路，蒲河，范河，Hontoho，瀋陽、撫西，東州，馬根單，Niowanggiyaha，孤山に至るまで播種せよ。そこでも足りなければ，境を出て播種せよ。昔，汝等の明国では，富者は多くの地を取つて，人を僱つて田を耕作させ，食べ切れない谷を賣つていた。貧者は田も谷もないので，谷を買つて食べていた。買うために財貨が盡きた後は乞食していた。富者は，谷を集めへ腐らせたり，財貨を集めて徒らに蓄へたりするよりは，そのような乞食する無一物の貧者を養つてほしい。さうすれば人に聞かれても名譽であり，來世では福となるのだ。今年播種した谷は各自取れ。我は今田を數へて，男一人につき谷を播種すべき五晌の田，棉を播種すべき一晌の田を公平に分給する。汝等は男を隱すな。男を隱せば田を得られないぞ。これ以後は乞食者を乞食させない。乞食にも僧にも皆田を與へる。各自田を勤勉に耕作せよ。男三人につき一晌の公课の田を耕作させる。男二十人につき一人を兵に徵する。同じ男二十人に一人を公課に働かせよ。①

从上引的新日译本看，比藤冈氏所译更为准确了，连句读都十分仔细，该逗的逗，该断句的断句，一点也不轻易放过。从一开始，金译和藤冈氏所脱译的年月曰，新日译本也和我新汉译本（包括郭、刘所译在内）一样，补译了日子（十四日）把上下文连读，也就知道在哪一年哪一月了。“辽阳”之译“辽东地方”，“军士”之译“兵马”，“人民”或“众百姓”之译“众白身者”，“佃诸人”之译“雇人耕作”，“乞丐”或“花子”之译“乞食者”，多同于藤冈氏，与我新汉译本亦大同小异。新日译本将藤冈氏所译之“男丁”改译成“男”，即纯从满文haha男子而来。实则能受田者，必须是成年的男子，当以译“男丁”为妥。再如松山堡、铁岭、懿路、蒲河、范河、欢托霍、沈阳、抚顺、东州、马根丹、清河、孤山等地名之前，藤冈氏所译均标出罗马字母拼音，新日译本删去罗马字母拼音，与新汉译本同。所不同者，新日译本不译出欢托霍与清河之汉字来，而只标出罗马字母拼音，以示谨慎之意。按

① 《满文老档》太祖卷24，日本东京《东洋文库》1956年本，第355–356页。又沈阳辽宁大学历史系于1978年出版的《重译满文老档》，太祖朝第2分册，第41页，有关计丁授田一段，全同。

欢托霍这一地名，我新汉译本亦有改作“浑托河”者，在下面还要讨论；但满文原作之Niowanggiyaha，译为“清河”应不成问题，因为Niowanggiyaha一字，前半的Niowanggiyan是满文“绿”之意，后半的ha乃he或ho之音变，即汉字“河”之译音。Niowanggiyaha一字乃满、汉文合成之字，译成清河，也不应成为问题。至于抚顺一名，从金译、藤冈氏直到新汉译本均无不同；而今新日译本直接从满文Fusi译成“抚西”。不错，清初文献中有原明抚顺守将李永芳投降后金后，努尔哈齐妻之以女，授为“抚西额驸”，抚西实指抚顺而言。然作为一地名，清初人仍多写作“抚顺”，亦犹“辽东地方”之应作“辽阳”为符合当时史实也。又“beise ambasa”，藤冈氏译作“诸beile大臣等”和新汉译文改作“诸贝勒大臣等”，今新日译本改译作“诸王诸大臣”，远比前两者较为切合当时史实，如果再省去下一“诸”字，译作“诸王大臣等”，更与明制相吻合。犹如清初人之将“八大贝勒（八固山）”译成“四大王”“四小王”[①]。是因为“贝勒”纯系满语，历代汉人无此称呼，只好译成大小王，当系沿袭明制之旧称而来。又“Homoho”，藤冈氏于罗马字母拼音之后附以“欢托霍”似袭自金译，新日译本删去“欢托霍”，纯用罗马字母拼音，均不为错。今新汉译本改作“珲托河”[②]，则更接近地名的译音。至于《满文老档》原谕中的末一句“orin haha de emu haha be cooha ilibumbi，ineku orin haha de emu haha be alban weilebu”。藤冈氏译作“每二十丁征兵一人，即每二十丁，出一人当差”；而新日译本改译“每二十丁，征兵一人，同时每二十丁，一人服役”。上述引文两者的区别，就在于满文“ineku”一字的不同译法：前者把ineku译成了“即”字，成为二十丁抽一，则征兵与充役为一事；而后者把ineku译成“同时”，成为二十丁抽一为兵，另二十丁抽一充役，则征兵与充役为两事。证以《老档》天命六年（1621年）十一月十八日汗谕众汉人所云：“男丁二十人中，征兵一人”[③]与天命七年（1622年）正月初六日下谕：“汉官员管辖四千人者，出兵二百；……管辖三千人者，征

① 《清太祖武皇帝实录》卷4，第11页下，故宫博物院，1932年铅印本。

② 《吉林通志》，光绪年间刊本，卷18，第16页下注作“珲托和”，嘉庆《大清一统志》，《四部丛刊续编》本，第67页、27页上作“欢托和”，康熙《御制文一集》，光绪五年活字本，卷8，第8页下作“浑托河”。

③ 《满文老档》卷28。

兵一百五十人；……管辖二千人者，征兵一百……”① 可以肯定，征兵和充役者是对辽东地区汉民说的，一则“二十丁征一”指征兵而言；一则同时二十丁一人充役，则充役为另一事，而且充役的比例因时因地有所不同。如《满文老档》天命六年（1621）十一月十八日汗谕众汉人明言：“倘有急事，十丁中出一人应役；若无急事，百人中出一人应役”②。翌年（1622年）正月初四日汗谕有“每十丁中出一丁应役”和同年三月“金州、复州每十丁中出二丁”③ 等语，以及“百人以下、十人以上，则酌情应役”④ 之语，是充役不但有二十丁抽一，而且还有百丁抽一、十丁抽一、五丁抽一的不同规定。由此可见，充役既无定额，视临时缓急而定，则充役与征兵当为两事。毫无疑问，应以新汉译本和新日译本所译为更合满文原意。

二、计丁授田的对象

总起来看，《满文老档》中“计丁授田”一谕，从一开始就说“传谕各村”，当然是对辽东地区包括汉民在内的全体满、汉人等而言；不过谕中所云：“海州地方征田十万垧，辽阳地方征田二十万垧，共征田三十万垧，分给我驻扎此地之兵马。”那很显然，计丁授田一事，实际上是把从海州、辽阳等地征取来的田地分给了驻扎在这一带的满洲贵族和八旗官兵的。但根据郭、刘文章上说：“翻检了天命六年至十年《满文老档》，竟不见一处有关在旗人中计丁授田的记载。”⑤ 这是因为郭、刘二同志既认为“计丁授田”一谕是对辽东汉民而言，那么，从海州、辽阳一带征到的三十万垧田亩被八旗圈占外，其余田地就是要按谕中所云“每一男丁五日种粮之田，一日种棉之田”平均分给辽东汉民了。而历史事实是，在颁布“计丁授田”令以后的第二年，天命七年（1622），辽沈地区出现了“满、汉人等合居一处，同住、同

① 《满文老档》卷32。
② 《满文老档》卷28。
③ 《满文老档》卷39。
④ 《满文老档》卷28。
⑤ 郭、刘文，第102页。

食、同耕”，“所有田地，满、汉人等务宜各自耕种”① 犬牙交错的满、汉各族杂居共耕的局面。与稍后两年，天命九年（1624），一位亲临辽沈地区的目击者朝鲜人报道：“夷兵（指满兵）三万，汉兵四万，屯驻盖州（今盖平县）、海州（今海城县）、辽阳、沈阳、铁岭之间，南北四百里，东西二百里，汉人内耕，夷人（指满人）外卫”② 的情况，完全可以相互印证。从表面现象看，辽沈地区计丁授田之后，“满、汉之人”真的“均属一体”似的了。仔细考之，天命六年（1621）当满族人等从赫图阿拉一带“远处迁来”辽沈地区时，满族人等“无住舍、食粮、耕田”，故令与汉族人等“合居一处”。结果则正如努尔哈齐自己所说的那样：“今闻满洲以汉人之牛车，执汉人令运粮草，并索取诸物，岂令汉人给满洲为仆乎？”③ 这还只是指那些并未编入八旗内的汉人说的。至于被编入八旗庄田内的汉人，“每十三壮丁，编为一庄，按满官品级，分给为奴。于是同处一屯，汉人每被侵扰，多致逃亡”④。

由此可见，虽说“同处一屯”的满、汉之人，也还得看各人的身份地位和阶级成分是各不相同的。这从皇太极刚一即位就下令：“按品级，每备御（满名牛录章京，汉称佐领）只给壮丁八、牛二，以备使令；其余汉人分屯别居，编为民户，择汉官之清正者辖之”⑤，被迫改编庄田，压缩了庄田上奴仆的数目，释放了一批奴仆的大量事实中，也可以充分证实天命六年（1621）的计丁授田，实际上得到田亩的是八旗正身旗人而不是一般汉人，这一点是毋庸置疑的。

其实，计丁授田原是对八旗成员已有的措施。根据日本学者鸳渊一氏从《满文老档》中列举出清初八旗旗地的记事，天命六年闰二月二十六日就记载有⑥：

1.达尔汉虾扈尔汉的旗地：费德哩山一带，aisika（？）；siberi（？）；

---

① 《满洲老档秘录》上编，第29页。

② 《朝鲜李朝实录》（节钞本），第1册，第56页“仁祖二年甲子十二月丙戌”条。按朝鲜仁祖二年即天命九年（1624），正好在天命六年（1621）计丁授田后的第三年。

③ 《满洲老档秘录》上编，第29页。

④ 《清太宗实录》，《大清历朝实录》影印本，卷1，第10页下–11页上。

⑤ 《清太宗实录》，《大清历朝实录》影印本，卷1，第11页上。

⑥ 鸳渊一：《清初旗地に關する满文老档の記事》上，载《史林》（昭和十三年，1938年）第23卷，第1号，第6–8页。

2.阿敦阿哥的旗地：德立石，在抚顺城东南；瑚埒路，在旺清边门外（?）；toran（?）；janggi（?）；

3.穆哈连的旗地：札库穆，在玛哈丹、东札库穆河畔；dethe（?）；oho（?）；

4.济尔哈朗阿哥的旗地：温德亨，在乌拉南；营盘（?）；费阿拉，即旧老城；

5.汤古代的旗地：札克丹，在抚顺东札克丹河畔；札喀，在兴京西北札喀关附近；huwanta（?）；罗里，即兴京西小罗里（?）；jan bigan（?）；呼兰哈达，在兴京西；

6.博尔晋的旗地：法纳哈，即铁岭附近白豹冲堡；必音，离沈阳一日程；黑扯木，在英额河北赫彻穆路；杭家，在赫彻穆西北；

7.董鄂额驸即何和里的旗地：浑河；jengge（?）；贝欢寨，在兴京东北；鸭儿河，在佟佳江附近；苏完，在辉发东；尚间崖，在抚顺东北、札克丹北；

8.阿巴泰阿哥的旗地：柴河，在铁岭附近；穆瑚觉罗，离沈阳四日程；鄂尔多峰，在黑扯木西北。

上列旗地的分布，大体上是以苏子河为中心，西北达于铁岭及佟佳江一部分地方，可以说是满族的聚居区。这都是在进入辽沈以前旗地分布的一些情况。下列均是天命六年（1621）七月计丁授田以后遍布整个辽沈地区的八旗旗地的分布情况。

天命六年十一月十二日《满文老档》[①]载："蒙噶图（即孟阿图）、孟古、萨尔古里等道员前来丈量田亩，办理房舍。其奏书曰：各屯汉人乞请既皆一汗之民，粮则共食，房则同住，何令我等迁移等语……"是知孟阿图等为当年受命主持授田之人，因多取田土，又以余地私给汉官及择各处腴田，别立庄屯，为本旗大臣阿山所劾，坐削职，很清楚地知道，计丁授田是八旗成员之事，私给汉官尚且不可，汉人是不可能分到一份田地的。

就在努尔哈齐传谕"计丁授田"以后的第二年，天命七年（1622）四月十八日，《满文老档》记载有[②]：

① 《满文老档》上册，第251页及《清太宗实录》卷8，第119-120页。

② 鸳渊一：《清初旗地に關する满文老檔の記事》上，载《史林》第23卷，第1号，第9-20号。

1.正黄旗——八城（实为九城）：费阿拉，尚间崖，营盘（？），札克丹，范河（？），抚顺，章嘉西，德立石，奉集堡；

2.镶黄旗——十一城：柴河，抚安堡，花豹冲堡，懿路站，三岔儿堡，铁岭，宋家泊，丁字堡，必音（？），恰库站；

3.正红旗——十城：温德亨，札库穆，清河城，一堵墙，碱厂，孤山，山羊峪，威宁营，东州，玛哈丹；

4.镶红旗——十二城：沈阳，蒲河，平虏堡，十方寺，上榆林堡，静远堡，武靖营，长宁堡，会安堡，虎皮驿，长勇堡，长胜堡；

5.镶蓝旗——八城：旅顺口，牧城驿，金州，石河驿，黄骨岛，归服堡，望海埚，红嘴堡；

6.正蓝旗——十一城：岫崖，青苔峪，makuwalsai（？），sui—cang—ioi（？），伊兰博里库，镇东堡，镇夷堡，凤凰城，汤站，险山堡，甜水站；

7.正白旗——九城：复州，栾固堡，羊官堡，永宁监堡，五十寨，盖州，盐场堡，天成堡，庆云堡；

8.镶白旗——九城：海州，东京堡，耀州，穆家堡，析木城，古城堡，长安堡，čing—čeng pu（？），鞍山。

又过一年，天命八年（1623）三月四日，《满文老档》又记载有[①]：

1.关于两蓝旗的旗地：Niyehe šančin（？），草河堡，奉集堡；

2.关于两白旗的旗地：加哈河，草河堡，温德亨河，岫岩附近；

3.关于两黄旗的旗地：碱厂城，萨木禅山，英额边门，范河，通远堡；

4.关于两红旗的旗地：通远堡，铁岭，松山堡。

同年六月十八日《满文老档》[②] 又记载有：

1.镶黄旗的旗地：尚间崖，塞赫哩峰，雅哈河，哈达城，乌鲁哩山；

2.正黄旗的旗地：博屯山（？），ehe-orongga-bayan（？），伊拉齐河一带，伊

---

① 鸳渊一:《清初旗地に關する满文老檔の記事》上，载《史林》第23卷，第1号，第9-20号。

② 鸳渊一:《清初旗地に關する满文老檔の記事》上，载《史林》第23卷，第2号，第92-103号。

兰穆哈连山；

3. 正红旗的旗地：hajan（不明），绥哈城，蒐登站，fulgìyači debagau（？），达杨阿岭，古城，tohoro（不明），（托和罗河）；

4. 镶红旗的旗地：阿布达哩冈，dung（？），mahaltu ninggu（？），尚间崖；

5. 镶蓝旗的旗地：dobakū golo（？），萨伦岭，silhi（？），呼珠岭，苏瓦延冈，□□haha（？），伊兰穆哈连峰；

6. 正蓝旗的旗地：乌噜哩山，molokji（？）；

7. 正白旗的旗地：图扪河，辽孤山，博屯山（？），tasha muhaliyan（山名？）；

8. 镶白旗的旗地：mahaltu ninggu（？），呼兰山，必音，辽孤山，雅奇山，富勒哈河，德佛河。

从上述天命六年闰二月二十六日、七年四月十八日，和八年三月四日、六月十八日几次所记八旗旗地分布的情况看，不但天命六年七月十四日下令计丁授田以前已经有计丁授田的事实存在，并且在下令计丁授田以后第二、第三两年又在大量地推行计丁授田。再证以康熙二十九年（1690）刊行的《大清会典》所载："国初按旗分处，原有定界。继因边内地瘠，粮不足支，展边开垦：移两黄旗于铁岭，两白旗于安平，两红旗于石城，其两蓝旗所分张义站、靖远堡地瘠，以大城地与之。"① 一条，里面说的铁岭即今铁岭县；安平即安平屯，在今辽阳市东南；石城即石城堡，在今凤城县东北；张义站即章义站，在今沈阳市西南；靖远堡即静远堡，靠近十方寺堡，在今沈阳市西北。日本学者周藤吉之氏认为两黄、两白、两红各旗在移到铁岭、安平、石城之前，以上各旗的旗地与两蓝旗一样，仍以辽阳、海州为中心，分布于辽沈地区。这是因为在天命七年（1622）四月确定八旗旗地的记载中，并不见有张义站、大城、安平、石城等地名，只见有铁岭、靖远堡之名，而铁岭属镶黄旗，靖远堡属镶红旗管辖，所以两黄、两白、两红六旗之移住沈阳，乃是天命七年

① 《满文老档》卷21，第21页上，《户部土田二·盛京田上》。按乾隆四年（1739年）《八旗通志初集》卷18，第31页上《土田志·八旗土田规制·奉天规制》均同，惟"原有定界"《通志》改作"各有定界"，只有一字之异，而"原"字更说明八旗分处，早在入关以前已有"计丁授田"的事实存在了。

四月以后之事[①]。从而证明天命六年至十年的《满文老档》并不是没有关于在八旗成员中计丁授田的记载，而且记载不止一次，多达三四次，当然这类记载只是没有特别指出是在“计丁授田”之后而分驻各地而已。可是康熙《大清会典》已经明说“其两蓝旗所分张义站、靖远堡”，则其他六旗所移之地必然也是六旗分别各自分得之地无疑。那么，我们说在天命六年七月下令计丁授田以前也好，以后也好，当时满族社会对八旗成员早已有实行过计丁授田的事实存在，从而表明满族和汉族以及其他各族人等杂居共处，形成了一个满族大聚居、小分散的局面，是千真万确的了。怎么能说天命六年（1621年）七月的计丁授田传谕各村各户，只对辽沈地区的汉民而言，而不包括八旗满洲成员呢？

三、计丁授田的性质

我在20世纪50年代中写的《皇太极时代满族向封建制的过渡》一文，曾根据金译《老档秘录》中天命六年（1621）七月计丁授田一谕，得出如下结论：

> 所种之粮，准其各自收获。可见被分给以五日种粮，一日种棉的六日田地的每一男丁，已经开始获得财产权。而被剥削的方式却是每男丁三人合耕官田一日和每二十人，以一人充兵、一人应役，很显然就是一种劳役地租的关系了。[②]

后来，《满族简史》在《辽沈地区社会矛盾的尖锐化和满族封建关系的初步形成》一节中说：

> 1621年7月，努尔哈齐下令划辽阳，海州等处30万日（一作垧）土地，分配给住在那里的满族八旗人丁，规定每一男丁授田六垧，以五垧种谷，一垧种棉。同时，对汉族人民也授田六垧，规定三男共耕官田一日，二十人中一人应役。显然这是参考了明初以来在辽东实行而逐渐被破坏了的卫所军屯制度，结

① 《清代满洲土地政策研究》，东京：河出书房，1944年，第51–53页。

② 拙著：《清史杂考》，北京：人民出版社，1957年，第61–62页。

合满族原有的八旗每一牛录（以后改称佐领）出二男四牛屯田的办法而制定的。①

基本上和我个人的看法是一致的。

目前史学界不少同志也有类似的看法，如李鸿彬同志说：

这种“计丁授田”制度，就其土地所有制来说，当时把土地分为官田和份地，直接生产者除了以无偿劳役耕种官田外，便在自己的份地上经营自己的经济；就其生产关系来说，不像奴隶那种人身隶属关系，而是对土地的一种隶属关系，他们是以自己所有的生产资料来生产自己所需要的生活资料，是自己养活自己的劳动者；就其分配形式来说，官田实行的是劳役地租，份地则是“一家衣食，凡百差徭，皆从此出。”由此可见，“计丁授田”在土地所有制、生产关系和分配形式，都反映出封建生产方式的特点。②

周远廉同志也这样认为：

天命六年（1621年）七月和十月，两次下达汗谕，实行“计丁授田”……确立了封建上地所有制和封建赋役制度，使满族的诸申下降为封建依附农民。③

他还进一步指出，自天命六年三月八旗官兵进驻辽沈以后，到天命十年十月，努尔哈齐实行了“计丁授田”、征赋敛役、编丁立庄等政策，确立了封建土地所有制和封建赋役制度，到天命十年底，后金国大体上已经变为八和硕贝勒共治国政的封建国家④。金成基同志也有同样的看法：

努尔哈齐推行计丁授田……是采取被马克思称为“最简单最原始”的劳役地租的形态。如今满族个体小生产者所占有的这块六日耕地，同原先他们自

① 《中国少数民族简史丛书》之一，北京：中华书局，1979年，第37页。

② 《清入关前满族的社会性质》，载《社会科学辑刊》1979年第2辑，第124–125页；作者另一篇文章《论满族英雄努尔哈齐》，载《清史论丛》1980年第2辑，第241页，更明确地指出：“努尔哈齐于天启元年（后金天命六年，1621年）七月十四日下谕宣布实行‘计丁授田’……意味着……从此满族社会由奴隶制过渡到封建农奴制。”

③ 《关于满族从奴隶制向封建制过渡的问题》，载《社会科学辑刊》1979年第4辑，第116页。

④ 《入关前满族的社会性质》，载《中央民族学院学报》1980年第1期。

己所耕种的那块土地已具有完全不同的性质了。①

以上几位同志都是把天命六年（1621）七月十四日颁布“计丁授田”政策作为封建土地所有制正式确立的标志。

持稍有不同看法的，有何溥滢、李景兰两同志可以作为代表，何溥滢同志认为：

努尔哈齐兴起后的五十多年间，是奴隶制的发展阶段。皇太极执政以后的二十年间，是由奴隶制向封建制急剧过渡的时期②。

李景兰同志也认为：

后金政权的建立是女真奴隶制度发展到全盛时期的一个标志。在皇太极继位后的二十年里，后金社会便由奴隶制迅速转向封建制了。③

所不同的是，她们把入关前满族社会向封建制过渡的时间推后一点，定在皇太极统治的二十年之内。

现在有一点可以肯定的是，《满文老档》中“计丁授田”这一条汗谕的对象是对辽东地区广大乡村包括汉民在内的满、汉人等而言，但从海州、辽阳等地征取来的30万垧田地则是要按每男丁授田6垧平均分给驻扎在辽东地区的满洲贵族和八旗官兵的。具体地说，分给八旗兵丁的田地，叫作“份地”；分给满洲贵族的田亩，设置庄园，与在赫图阿拉地区满洲贵族“多至五十余所”的农庄（拖克索）和农庄里的“奴婢耕作，以输其主。……无结卜之役、租税之收”④并无二致。就当时作为奴隶制经济支柱的拖克索庄园是大奴隶主对奴隶的剥削关系，就土地所有制来说，份地当然是土地公有制或土地国有制；而贵族庄园，应该就是奴隶制庄园了。证以作为“人质”的朝鲜太子李溰于1641年所目睹沈阳附近的庄屯情况：

诸王设庄，相距或十里，或二十里。庄有大小，大不过数十家，小不满八九家，而多是汉人及吾东（指朝鲜）被掳者也。大率荒野辟土不多。至于（十

① 《清人关前八旗土地制度试探》，载《清史论丛》1979年第1期，第148页。

② 《满族入关前社会性质初探》，载《社会科学辑刊》1979年第3期，第112页。

③ 《试论后金政权的性质》，载《社会科学辑刊》1980年第6期，第98页。

④ 《建州闻见录》，中国社会科学院历史研究所，1978年油印本，第27页。

月）十六日、十七日所经，则土地多辟，庄居颇稍，而亦皆汉人、东人或蒙种云耳。[①]

再从保存下来的《顺治年间档》[②]即顺治四年至八年（1647—1651）档案中所反映出来的关外几个拖克索的生产关系来看，即到入关之初虽已开始转化为农奴制剥削关系，但还存在着几乎与奴隶制毫无区别的剥削关系。这就不难推断，天命六年至十年（1621—1625）颁布、推行的“计丁授田”的土地所有制只能是土地国有制的份地和大土地所有制的庄园，即系奴隶制土地所有制。

当然，“计丁授田”谕中对辽东地区广大汉民所允许“每丁给种粮田五垧，种棉地一垧”的诺言，如果不是《老档》有错简或字句舛讹的话，真的如郭、刘两同志所说“不过是纸面上的规定”，那是因为汗谕“计丁授田”，对辽东汉民来说，“平均分给每一男丁五日种粮之田，一日种棉之田”，是口头宣传，是表面文章，而对满洲八旗计丁授田才是说到做到，才是千真万确的。把这一点弄清楚很重要，因为对辽东汉民宣布的“计丁授田”既是口头宣传表面文章，那么，所谓“每三丁合种官田一垧”，也就只能是口头上说说而已，并无其事的了。我个人以往曾认为“计丁授田”谕中既有“官田一垧”的记载，自然各人分到的六垧田亩就是“私田”，收获所得都是个人私有了，因而大胆做出论断，竟主张天命六年（1621）应该就是满族社会从奴隶制开始过渡到封建制的一个明显标志。然而今天在仔细检阅《满文老档》天命六年至十年（1621—1625）的记载之后，才发现满洲八旗确实有过几次计丁授田的大量事实存在，而且满洲八旗这些“计丁授田”分得的田亩一直保存到入关以后，都历历可考[③]。就拿顺治元年到康熙五年（1644—1666）20余年间在北京周围方500里的几十州县进行过三次大规模的圈地[④]来说，它与天命年间推行的“计丁授田”措施前后如出一辙，虽然庄园中的剥削关系显然前后不尽相同，可是清初

① 《沈馆录》，卷3，《辽海丛书》本，第19页。

② 参见季永海、何溥滢合译：《盛京内务府顺治年间档》，《清史资料》1981年第2辑，第190–236页。

③ 参见嘉庆：《大清会典事例》（清刊本）卷135，第1页上–2页下。

④ 第一次在顺治元年（1644），见《清世祖实录》（《大清历朝实录》本，下同）卷12；第二次在顺治四年（1647），见同书卷30；第三次在康熙五年（1666），见《清圣祖实录》卷20。

庄园中的领主所有制成分，是从入关后才开始存在的[①]，与天命年间的奴隶制土地所有制显然有别，这也是事实。

总括起来说，单就《满文老档》天命六年（1621）七月十四日下令“计丁授田”这一段记载而论，撇开对辽东汉民所说的纸面上的规定不算以外，从对驻扎在辽东的满洲八旗成员而言，只是根据计丁授田谕令一事本身，就很难得出当时满族社会已开始从奴隶制过渡到封建制的结论来。当然我不是说，在努尔哈齐时期就不存在封建制的因素，恰恰相反，早在明万历四十一年（1613）满族原有的八旗内部出现了每一佐领出“十男四牛”[②]的屯田，即是明证。但从17世纪20—30年代满族社会各个方面来考察，迄至目前为止，尚无一件充分确凿可靠的第一手材料可以说明，当时满族社会的性质已经从奴隶制过渡到封建制的阶段，这就是我个人对我在50年代发表的所谓满族到皇太极时代已从旧的奴隶制剥削关系过渡到新的封建制剥削关系，并据计丁授田谕令中提出的“以五日种粮，一日种棉”和“每男丁三人合耕官田三日”所做出的“很显然就是一种劳役地租的剥削关系了”的错误论断，现在正式予以自我摒弃。今是昨非，自来学人多已有之。我何人斯，敢望前贤肩背？然知错必改，古有明训，亦愿黾勉以赴，敬希同志亮察。

① 参见拙作《清代旗地性质初探》一文，载《文史》，1979年第6辑，第133–137页。

② 《满洲实录》，满和对译本，第133页。参见《旧老城》，伪满洲建国大学刊本，第102页。

康雍乾三朝满汉文京旗房地契约四种

旗地是清代满族土地所有制的一种特殊形式。它在满族入关以前和以后，显然是两种不同性质的。大体上说，在入关以前，由于满族还处在农奴制向封建制过渡的阶段，所以，它基本上是属于以奴隶制庄园和农奴制庄园为主导形式的土地所有制；而在入关以后，满族在进入汪洋大海、四面包围的高度发展的汉族封建经济渗透的压力和影响下，除少量的皇庄和王庄外，占绝对多数的一般旗地很快地向封建地主所有制转化了。

新中国成立以前，清代旗地问题很少引起国内学术界的注意，只有日本学者曾经大量搜集东北一带旗人（满人）和民人（汉人）的房地契约，并公开刊印了《满洲旧惯调查报告》共九册[①]，又周藤吉之氏撰有《清代满洲土地政策の研究》一书[②]，他们所搜集的房地契，数量虽不少，但多属于乾隆以后，即使乾隆年间的契约亦寥寥可数，而满文契约迄今尚不多见。

新中国成立以后，党和政府非常重视少数民族社会历史调查与民族史的研究工作。国内史学界专门探讨旗地的文章日见增多。这些文章是在掌握大量资料的基础上做出论断，大都是具有较高水平的学术论著，对旗地的进一步深入研究，提供了

① 按《满洲旧惯调查报告》中之《典1惯习》，一册，系日本人正元年（1912）宫内季子编;《内务府官庄》，一册，系大正二年（1913年）天海谦三郎编;《一般民地》上、中、下三卷三册，系大正三年（1914年）龟渊龙长编;《租权》一册，系大正三年眇田熊右卫门编;《皇产》一册，系大正四年（1915）天海谦三郎编。以上共七册，为我个人所藏，均系大正十一年（1922）南满洲铁道株式会社三版本。尚缺《蒙地の惯習》和《押の惯習》两册，全书共有9册。

② 《东洋学丛书》的一种，是一部特别以研究清代旗地政策为中心的专著。日本河出书房昭和十九年（1944）刊行本。

有价值的研究成果[①]，我也写过一篇《清代旗地性质初探》[②]的文章，曾经指出土地买卖和地租剥削是地主所有制的重要标志之一。和其他同志一样，我对旗地性质的探索，主要在地租剥削上做文章多了些；谈到土地买卖，只能根据清人提到的："或指地借钱，或支使长租，显避交易之名，阴行典卖之实"[③]和"名曰老典，其实与卖无二"[④]这类概括言词来说明有关旗地的"典""押"（即指地借钱）"转租"（即长租）等不同形式，代替了土地买卖的实际事例。不可否认，典、押长租是等于变相的土地买卖行为，但直到目前尚未发现一张直接有关旗地买卖契约的实物见证[⑤]。

顷从旧箧中检出解放前我在北京厂肆访得的清初京旗满汉文典卖房地契约近二十张，乾、嘉两朝的居多，兹选出其中康、雍、乾三朝满汉文京旗房地契约四张：一张残缺的康熙中期的卖契，纯系满文，无汉文；两张康、雍两朝末年的典卖契约，均系满汉合璧，而且雍正那一张是红契；另一张乾隆中期的卖契，只有汉文无满文。今将四张契约引录于下，一一为之考释，俾供有志从事探考旗地者之一助云尔。

一、残缺满文卖契

原契长40厘米，宽48厘米，细绵纸，颜色微黄，有水浸湿痕迹，满文行书，

① 例如20世纪60年代发表的文章有：左云鹏同志写的《论清代旗地的形成、演变及性质》，载《历史研究》1961年第5期；杨学琛同志写的《清代旗地的性质及其变化》，载《历史研究》1963年第3期；杨德泉同志写的《试论清初旗地的形成及其性质》，载《扬州师范学院学报》1964年总第19期。80年代李华写有《清初圈地运动及旗地生产关系的转化》，载《文史》1980年第8期。

② 《文史》第6期，北京：中华书局，1979年，第127–137页。

③ 光绪《大清会典事例》，上海：商务印书馆，1899年，卷160，第8页上，户部·田赋·畿辅官兵，庄田二。

④ 《皇清奏议》（清刊本）卷45，第16页上，赫泰《筹八旗恒产疏》语。

⑤ 前引《满洲旧惯调查报告》中尚未发现乾隆朝以前康、雍两朝的旗地典卖契约，更无康、雍、乾三朝的满文契约。1975年，日本东洋文库明史研究室出版的金一清所著《中国土地契约文书集》一书中，引录清代最早的契约，也只有乾隆三十六年五月初一日的一张汉文典契，见该书第62–63页。1991年11月我被邀参加东京外国语大学亚非言语文化研究所举办的《满文档案与清史研究》第三次研讨会，会间石桥崇雄教授展出家藏满文档册，其中有满汉合璧的乾隆十二年的地契一帧，亦是不可多见的珍品了。

共七行，每行字数多寡不等。前半残缺部分，开始应有“boo uncaha wensu bithe be ilibure niyalma”译汉为“立卖契人”或“卖房契人”等字样。

（一）满文译音

……（残）

i gulu suwayan i nahatai bošokū canglai i juwe giyan wase boo ba gūsin yan
正 黄 纳哈岱 拨什库 常来 二 间 瓦 房 地 三十 两

menggun gaime emu gūsa he i nirui hobose de uncaha erebe bayara nacin
银 得 一 固山 何 易 牛录 和博色 卖 此系 巴雅喇 讷新

akdubulahaini jui libfi inu akdubulaha elhe raifin i gusin juweci aniya ilan
保 子 里卜非 同 保 康 熙 三十 二 年 三

biyai ice juwe
月 初 二〔日〕

（二）契文译汉

……（残）

（右翼）正黄旗纳哈岱牛录下拨什库常来将瓦房两间卖与一固山何易牛录下和博色（名下为业），得银三十两巴雅喇 讷新 同保与子 里卜非

康熙三十二年三月初二日

（三）考释

这张卖契残存的只是契文的末尾部分。但按契中行文，幸好卖房人和买房的名字、旗份、房数、银价、同保人名字以及所署年月日均完好无缺。

按满语中的“牛录”即后来汉译的“佐领”，“拨什库”即汉译的“领催”或“骁骑校”，“巴雅喇”，即汉译的“护军”，“固山”即汉译的“旗”。这里满语“一固山”，不能直译为“一旗”，实为汉语“同旗”之意。据此，知卖房人与买房人同属正黄旗满洲人。然则“官员兵丁地亩，不许越旗交易”① 的规定，同旗交产是许可的。从这一张买契也可以看出这一点，并得到了历史实物印证。

① 前引《会典事例》卷1117，第2页下，田宅官兵庄田一，康熙九年题准。

又契文中明写“de uncaha”（卖与）字眼，显然与“典”、“押”、“长租”等类似土地买卖的行为不同。从时间上看，所署康熙三十二年，知同旗交产之事，到康熙中期，恐怕已经不是个别现象而是法律许可的普遍存在事实了。

二、满汉文合璧典契

原契长64厘米，宽93厘米，左面满文占宽53厘米，右面汉文占宽40厘米，细绵纸，微黄色，略有浸湿痕迹。满文行书，17行；汉文俗体字，15行。两者每行字数多寡不等，均完整无缺。

（一）满文译音

usin diyalaha wensu bithe be ilibure niylama kubuhe suwayan i gung furdan
田 典 文书 书 立 人 镶 黄 公 夫尔淡

nirui gu tz giyan yamun i dang se ejere hafan laba jui deming emgi takūrara
牛录 国子 监 衙门 档 子 记录 官 拉巴 子 德明 同 使用

menggun akū ofi cihangga beye i gi jeo harangga sun giya juwang gašan de bisire
银 乏 因 情愿 自己的蓟州 所属 孙 家 庄 村 有

boo arara untuhun ba emu farsi gašan i šurdeme bisire usin susai sunja mu ere
房 盖 空 地 一块 村 周围 有 田 五十 五 亩 此

usin dorgide bisire jancuhun moo mase usiha moo geren hacin moo uheri gūsin
田 内 有 栗 树 核 桃 树 各 种 树 共 三十

funceme kubuhe šanggiyan i booi alai nirui taigian seo tsai min de hebtehe
余 钍〔镶〕白 包衣 阿赖 牛录 太监 苏 才 敏 商议

obume menggun emu tanggū yan gaime diyalaha ere menggun be gemu buhe ede
银 一 百 两 得 典 此 银 均 给

gisureme toktobuhangge emu tanggū aniya jalun amala da menggun bufi jolisi seci
议 定 一 百 年 满 后 原 银 给 赎

diyalanuha amala boo arara ju kūwaran jafara moo tebure hūcin fetere eifu kūwaran
典 后 房 造 堆 墙 铺 树 栽 井 掘 坟 墙
ilibuci be gemu diyalaha ejen i ciha okini aikabade mini ahūta deote juse temserengge
立 均 典 主 任 从 如 我 兄 弟 子侄 争兢
bisire usin i da ejen amai iui alime gaimbi aikabade amala aniya jalufi jolire erin
有 田 原 主 父 子 承 管 如 以后 年 满 赎 时
de oci diyalaha hudai menggun ci teoliye ere nonggime arara boo sahaha jui
典 卖 银 计 增 造 房 石彻的 堆
kūwaran tebuhe moo fetehe hucin be gemu erin hudai de teombume bodofi sasa
墙 栽的 树 掘的 井 均 时 价 计 算 一齐
diyalaha ejen de bumbi jai ilibuha eifu kuwaran be enteheme guriburakū asaburakū
典 主 给 又 立的 坟 墙 永远 不迁移 不收贮
seme gisureme toktoho gemu eifu be holbobuha usin be gemu enteheme joliburakū
言 定 所有 坟 连结的 田 均 永远 不赎
ereci wesihun i baitabe gemu juwe ergi cihangga ofi gisu(n)jefurakū okini seme
从此 事 均 双 方 情愿 言 不食
erebe amala ejekini akdun jefurakū okini seme erebe amala ejekini akdun obume
此 后 记 信 不食 此 后 记 信 为
cohome galai arara bithe be temgetu obuha i funde bošokū maci ajige bošokū
特 手 写 文书 证 为 分得 拨什库 马七 小 拨什库
hoosan mukūn i da wanju alihai akdulaha
和尚 莫昆 大 万柱 同 保
elhe taifin i susai sunjaci aniya aniya
康 熙 五十 五 年 正
biyai juwan jakūn de ilibuha laba deming
月 十 八 日 立 拉巴 德明

（二）汉文典契原文

立典契人系是镶黄旗公夫尔淡佐领下典薄（簿）厅官拉巴同子德明，今因手乏，将自己蓟州地方孙家庄房基一段，周围所有地五十五亩、树木三十余稞（棵），情愿典与镶白旗包（衣）阿赖佐领下太监苏才敏名下为业，共典价银一百两整。其银笔下交足。言明一百年为满，银到许赎。自典之后，任从典主盖房、砌墙、栽树、穿井、安立坟茔，如有弟兄子侄人等争兢者，本主父子一面承管。日后年满赎时，将所盖之房屋、墙壁，栽种之树木，所穿之井，除原典价外，按时价所置合算银两，以（一）同交付典主，将所立坟茔永远不移、所用之地永不许赎。此系二姓情愿，不许反悔。恐后无凭，亲笔立契，存照。

康熙伍拾伍年正月十八日 立 典契人 德明（押）拉巴（押）本佐领代子 马七小拨什库 和尚 同保 族长 万柱

康熙伍拾伍年正月十八日 立 典契人 德明（押）拉巴（押）同中言明，其房地起今以后，并不与罗姓相干 中见 罗敏书（押）延禧（押）色勒（押）

（三）考释

这张满汉合璧的典契中，汉文的“典簿厅官”，满文则作“国子监衙门的记档子官”。按国子监有典簿厅典簿，典簿掌章奏文移，与典籍之掌书籍碑版有别[①]，知典簿厅官即是国子监之典簿厅典簿。典簿，满文作“dangse ejere hafan”；“典籍，满文作“dangse bargiyara hafan”，与此正合。“包阿赖”，满文作“包衣阿赖”，知汉文“包”字下脱一“衣”字。清末民初，人们习惯上喜简称“包衣”为“包”，犹如“牛录”之简称为“牛”。旗人之间相遇，每喜问“您属哪个牛的?”“牛的”即牛录的之意。说“哪个牛的”，在旗的人不会引起误会的；但这里把“包衣”简称为“包,”则“包阿赖”很容易被误认为姓包名阿赖，是“衣”字绝不可省。汉文“树木三十余棵”，满文则作“栗树、核桃树各种树共三十余（棵）”，注出了各种树名。又汉文保人中的“代子”，满语作“分得拨什库”，族长作“莫昆大”，是康熙初期满语译汉尚未完全规范化，而以直接汉字译音为多。

① 《清史稿》第12册，第115卷，《职官志》二，北京：中华书局，1976年，第3319页。

但按典契中最突出的一点，是规定典期为一百年，满汉文全同。典期的时间之长，几乎为从来官私双方文献记载所不见[①]。这种典期长到一百年的死契，正好是说明“典”“押”“长租”这类契约显然等于变相的土地买卖行为的一个最有力证据。

又典契汉文的末尾，多出“同中言明，其房地起今以后，并不与罗姓相干。罗敏书（押）、中见（人）延禧（押）、色勒（押）”三行，不见满文。按原契满文均载典人系拉巴、德明父子，典主为苏才敏，与罗敏书毫无关系。然则汉文末尾补写的这三行是后加上去的，可以推断，这一典契已由苏才敏转典与罗敏书名下，再由罗敏书再转典与第三者（佚名）手中，惜未写出第三者姓名，无从稽考耳。试从康熙五十五年为起点，往后推算，由拉巴、德明典与苏才敏，再由苏才敏转典给罗敏书，最后由罗敏书再转典给第三者，时间不会太短，二三十年总有的吧，很可能已经到了乾隆年间。不但原典人的名字改了，就连同保人马七、和尚、万柱也改写成了延禧和色勒，补写的三行只有汉文而无满文，这也只有到了乾隆年间，满语满文不常被使用之后，才会出现这种现象。

最后一点，补定的罗敏书旗份虽不可考，但典人拉巴、德明系属镶黄旗公夫尔淡佐领下人，而典主则是镶白旗包衣阿赖佐领下人，前者为上三旗，后者为下五旗，既不同旗，且有上下贵贱之分。然则清初只许同旗交产、不许越旗交产的规定，到康熙末年只不过成了一纸空文，固然这是典契，疑卖契亦不能例外。

三、满汉文卖地红契

原红契长55厘米，宽47厘米，细绵纸，白色略带浅黄。中缝有裂痕，恐因折叠过久之故。上部有满文“boigon i jurgan”、汉文“户部”字样，知系出之户部衙门所印刷的官方文书无疑。

下面分满汉文两部分，头两行“为遵旨给发执照事”（hese be gingguleme dahafi kooli bithe bure jalin），字迹均为印刷体。盖有三颗“左翼管税关防”（dash ū wan

① 《清语摘抄》，聚珍堂光绪十五年刻本，《官衔名目》，第14页上–15页上。

galai cifun be kadalara guwan fang）长方形硃色官印。是为红契。

（一）满文译音

dashūwan i galai cifun be kadalara giyantu hese be gingguleme dahafi kooli bithe

左 翼 税 管 监督 旨 恭 遵 执照

bure jalin kubuhe suwayan i manju gūsai guwaseo nirui sula fulehun i dai hing

给 为 镶 黄 满洲 旗 关寿 牛录 苏拉 傅勒浑 大 兴

hiyan i harangga hu kin bai miyoo ciyan tang giya fen gašan de bisire usin duin farsi

县 所属 胡 屈 白 庙 前 唐 家 坟 村 有 田四 块

uheri emu king juwan nadan mu sunja fun geli giyan giya juwang gašan de bisire usin

共 一顷 十 七 亩 五 分 又 姜 家 庄 村 有 田

juwe farsi uheri orin nadan mu sunja fun ere juwe bade bisire usin uheri emu king

二 块 共 二十七 亩 五 分 此 二 处 有 田 共 一 顷

dehi sunja mu nirui baita be icihiyara ilhi nirui janggin faju funde bošok ū seke

四十 五 亩 牛录 事 管 副 牛录 章京 法柱 分得 拨什库色克

bošokū i da morhon uheri akdubufl emu gūsai usiboo nirui hūlara hafan

拨什库 大 莫尔浑 共 保 一 旗 五十保 牛录 读 官

ingseo de juwe tanggū uyunju yan menggun gaime uncaha cifun i menggun jakun yan nadan jiha

英寿 二 百 九十 两 银 得 卖 税 银 八两 七 钱

hūwaliyasun tob juwan juweci aniya jorgon biya orin emu

雍 正 十 二 年 十二 月 二十 一

（二）汉文红契原文

左翼管税监督偏口为遵旨给发执照事。今据厢黄旗满洲关寿佐领下闲散人傅勒浑，有地肆块，共壹顷拾柒亩伍分，坐落大兴县胡屈白庙前唐家坟；又地贰块，共贰拾柒亩伍分，坐落姜家庄地方。贰处共地壹顷肆拾伍亩。管理佐领事副佐领法柱、骁骑校色克、总催莫尔浑同保，卖与本旗五十保佐领下赞礼郎英寿名下，价银贰百玖拾两。纳税银捌两柒钱。此照。

雍正十二年十二月廿（日）给

（三）考释

这张卖地红契中，满文的“苏拉（sula）”，汉文作“闲散”，有时也作“余丁”；满文的“读官（hūlara hafan）”，汉文作“赞礼郎”；满文的“副牛录章京”，汉文作“副佐领”。按副佐领之设，始于雍正五年（1727）① 。时间与此相符；满文的“分得拨什库”（funde bošokū）或称简“代子”（见前面所引的康熙五十五年汉文典契中），汉文一般译作骁骑校，乃佐领之副手；满文的“拨什库大（bošokū i da）”汉文作“总催”系领催之首领；满文的“一旗（emu gūsa）”汉文作“本旗”或“同旗”（见前引的康熙二十二年卖契中），知“一旗”与“本旗”“同旗”为同义词。

但按卖地红契中，明写厢黄旗满洲某某将地若干卖与本旗某某名下，卖价若干外，并注明纳税银若干，署雍正年月日。这虽不是越旗交产而是同旗交产，在规定的许可范围之内；但同时也可说明旗地的买卖行为，到雍正年间已经公开化、合法化，并由政府发给正式刊布的印刷好的官方契约执照，盖有户部官府的关防，作为法律保证。

又红契之所以名叫红契，是因为官方颁发的契纸上盖有关防（官印之一种）。此契盖有同样的关防三颗，长方形，关防的左边为满文，“dashūwan galai cifun be kadalara guwan fang”，楷书；右边汉文“左翼管税关防”，专作官印用的篆文。印色朱红犹新。

这张满汉合璧的由官府颁发的卖地红契虽只有一张，但土地买卖正是封建土地所有制重要标志之一，在清初期旗地买卖方面，能得到这一历史实物见证，其重要性是完全可以肯定的。

四、汉文卖契

原契长48厘米，宽43厘米，细绵纸，纸色微黄，俗体字，共九行，每行字数

① 参见拙文《沈阳锡伯族家庙碑文浅释》，《清史论丛》1980年第2期，第282页。

多寡不等。

（一）契文原文

立卖契人贡格，系正白旗蒙古色克慎佐领下笔帖式，因乏用凭中说合，情愿将万历桥口西边路南空房身地一段，共计三间，今卖与厢白旗方性（姓）名下永远为业。言定价银陆两，其银笔下交足。自卖之后，任凭在（再）盖。如若转卖，由其方性（姓）自便。日后如有贡性（姓）满汉亲族人等争兢之处，有卖主贡格、中保人迟维恒一面成（承）管。恐后无凭，立此卖契，存照。

中保人沙锦（押满文）

中保人迟维垣

乾隆二十年四月二十六日卖房身地人贡格（押满文）

信行

（二）考释

这张汉文卖契中有好几个错别字："任凭再盖"中的"再"字，误写为"在"字；"方姓"与"贡姓"中的两个"姓"字，均误作"性"字；"承管"的"承"误写为"成"字；又"万历桥"中的"历"字没有避清高宗弘历讳。说明这张契文出之一般老百姓之手，绝非科目中读书人所写；否则到了乾隆二十年，哪有不知道要避当时皇帝高宗弘历讳的道理的呢？

但按卖契中的卖主贡格，系正白旗蒙古佐领下的笔帖式，而买主方姓系厢白旗下人。正白旗为上三旗之一，厢白旗为下五旗之一，买主、卖主不同旗份，这充分说明到了乾隆初期，越旗不交产的禁令已经不起作用。相反，越旗可以交产已成为公开的合法的事实了。

清制，"旗民不交产"[①] 的例禁甚严。所谓"旗"，包括满、蒙、汉军在内的八旗成员，而"民"系指汉人而言，实际情况是，"若圈地则止准旗人认买"，就连"止

① 《清史纪事本末》（上海进步书局，1921年石印再版），卷28，第1页下，云"乾隆五年（1740）秋七月，禁私售旗地"。按《清高宗纯皇帝实录》（《大清历朝实录》景印本）卷122，第6页六下有乾隆五年秋七月甲戌，禁八旗私行典卖承买地亩一谕，长达五百字，主要禁止将八旗地亩私行典卖与民。此可作为"旗民不交产"的一个有力佐证。

准承种，不准典卖”的“恩赏地，如典卖于旗人则听”；而旗地不准典卖于民人（汉人）“典卖则入官”，是知旗民不交产，被限制的是民人（汉人）。今考这张卖契中的贡格系蒙古佐领下的笔帖式，很可能是满人；中保人迟维垣和买主方姓（厢白旗下人），也很可能是汉军或汉人。再证以卖契文上说明：“日后如有贡姓满、汉亲族人等争兢之处”的话，可知满、汉交产是许可的，而以前“旗民不交产”的例禁，显然等于一纸空文了。

同时必须指出，卖主贡格为上三旗中的正白旗下人，买主方姓为下五旗中的厢白旗下人，上等而显贵的旗下人反而将自己的房身地卖给了下等而卑贱的旗下人。据此，不难看出，到了乾隆初期，满族内部的阶级分化非常激烈，上、下贵贱有别的经济地位发生了显著的变化。

前引康熙五十五年的典契中，已提到满人到了乾隆年间，平日生活上使用满语满文者日见减少，而通用汉语汉文者日益加多[①]。这也许就是乾隆年间及其以后典卖房地契约中常见通用汉文而很少见到使用满文的缘故吧。那么，这张只有汉文而无满文的卖契，即可作为这一情况的最好反映。

---

① 参见《满族简史》，北京：中华书局，1986年，第97–98页。按京旗与东北地区的满族，在通用汉语汉文方面，很显然，北京要早于东北无疑。

清圣祖遗诏考辨

历来谈清圣祖玄烨之死及其子世宗胤禛的嗣位问题，国内外史学界迄今仍有不同的看法。我在将近40年前写的《清世宗夺嫡考实》一文[①]，曾指出世宗嗣位时宣读的圣祖《遗诏》是满文而不是汉文这一点，迄未进行深入探讨。我在当年也曾托友人查访过康熙一朝的起居注，以捆载南运未返而不果得。最近北京中国第一历史档案馆编辑部将整理好的《康熙起居注》一书交由中华书局正式出版，公诸于世。第一历史档案馆朱金甫同志复贻我一份现今仅存的清圣祖《遗诏》满汉文对照原件缩印照片[②]，再四展阅，真是喜出望外。《遗诏》原件满文的部分虽已残缺不全，仅存后半部，不及汉文的一半，但满文的行文措词，看似从汉文译出，因而对这份《遗诏》的真实性，心窃疑之。爰据各种官私著述和档案，与《遗诏》原件仔细校勘，一一为之考辨，以就正于方家。

一、《遗诏》现存原件（格式照旧）

（一）汉文部分[③]

奉

① 拙著《清史杂考》，北京：人民出版社，1957年，第153页。

② 缩印照片为28.2厘米×9.4厘米。汉文部分字迹尚清晰醒目，虽有数处缺损，亦易于填补，但满文部分残缺太甚，字迹又细小模糊，非用放大镜几不可辨认。

③ 按汉文《遗诏》,《清圣祖仁皇帝实录》（据《大清历朝实录》景行本，下简称《仁录》）卷275，第5页上-13页上与《清圣祖御制文集》（光绪五年排印本）四卷，卷二〇页——上至一七下，均引录全文，惟《文集》中之世宗讳“胤禛”二字为缺文。

天承运

皇帝诏曰从（来帝）王之治天下未尝不以敬

天法

祖为首务敬

天法

祖之实在柔远能（迩）休养苍生共四海之利为利一天下之心为心保邦于未危致治于未乱夙夜孜孜寤寐不遑为久远之国计庶乎近之今朕年属七旬（在位六十）一年实赖

（天地

宗）社之默佑非朕凉德之所致也历观史册自黄帝甲子迄今四千三百五十余年共三百一帝如朕在位之久者甚少朕临御至二十年时不敢逆料至三十年三十年时不敢逆料至四十年今已六十一年矣尚书洪范所载一曰寿二曰富三曰康宁四曰攸好德五曰考终命五福以考终命列于第五者诚以其难得故也今朕年已登耆富有四海子孙百五十余人天下安乐朕之富亦云厚矣即或有不虞心亦泰然念自御极以来虽不敢自谓能移风易俗家给人足上拟三代明圣之主而欲致海宇升平人民乐业孜孜汲汲小心敬慎夙夜不遑未尝少懈数十年来殚心竭力有如一日此岂仅劳苦二字所能该括耶前代帝王或享年不永史论概以为酒色所致此皆书生好为讥评虽纯全尽美之君亦必扶摘瑕疵朕今为前代（帝王）剖白言之盖由天下事繁不胜劳惫之所致也诸葛亮云鞠躬尽瘁死而后已为人臣者惟诸葛亮能如此耳若帝王仔肩甚重无可旁诿岂臣下所可（比拟）臣下可仕则仕可止则止年老致政而归抱子弄孙犹得优游自适为君（者）勤劬一生了无休息之日如舜虽称无为而治然身殁于苍梧禹乘四（载胼）手胝足终于会稽似此皆勤劳政事巡行周历不遑宁处岂可谓（之）崇尚无为清静自持乎易遁卦六爻未尝言及人主之事可见人主原（无）宴息之地可以退藏鞠躬尽瘁诚谓此也自古得天下之正莫如我朝

（太）祖

（太）宗初无取天下之心尝兵及京城诸大臣咸云当取

（太）宗皇帝曰明与我国素非和好今欲取之甚易但念系中国之主不忍取也后流贼李自成攻破京城崇祯自缢臣民相率来迎乃剪灭闯寇入承大统稽查典礼安葬崇祯昔汉高祖系泗上亭长明太祖一皇觉寺僧项羽起兵攻秦而天下卒归于汉元末陈友谅等蜂起而天下卒归于明我朝承席

先烈应

天顺人抚有区宇以此见乱臣贼子无非为真主驱除也凡帝王自有天命应享寿考者不能使之不享寿考应享太平者不能使之不享太平朕自幼读书于古今道理粗能通晓又年力盛时能弯十五力弓发十三把箭用兵临戎之事皆所优为然平生未尝妄杀一人平定三藩扫清漠北皆出一心运筹户部帑金非用师赈饥未敢妄费谓皆小民脂膏故也所有巡狩行宫不施采缋每处所费不过一二万金较之河工岁费三百余万尚不及百分之一昔梁武帝亦创业英雄后至耄年为侯景所逼遂有台城之祸隋文帝亦开创之主不能预知其子炀帝之恶卒致不克令终皆由辨之不早也朕之子孙百有余人朕年已七十诸王大臣官员军民以及蒙古人等无不爱惜朕年迈之人今虽以寿终朕亦愉悦至

太祖皇帝之子礼亲王饶余王之子孙现今俱各安全朕身后尔等若能协心保全朕亦欣然安逝雍亲王皇四子胤禛人品贵重深肖朕躬必能克承大统著继朕登基即皇帝位即遵典制持服二十七日释服布告中外咸使闻知

（康）熙六十一年十一月十三（日）

最近由人民出版社出版的《雍正传》的著者冯尔康同志指出，这个“康熙遗诏”的汉文原件，涂抹处有“欲致海宇升平，人民乐业”一句，其“人民乐业”四字压缩在两个字的空档之内。此外，“盖由天下事繁”句中的“事繁”两字，“惟诸葛亮能如此耳”句中的“亮能”两字，“礼亲王、饶余王之子孙现今俱各安全”句中的“安全”两字，均只占一字的空当，显系原来书写有误，抹去后填写的字样。又错讹的字有“承”字写作“承”，当中少了一点。冯同志并指出：“这个诏书是胤禛搞的，不是康熙的亲笔，也不是他在世时完成的，不能作为他指定胤禛嗣位的可靠证据。”[①] 冯同志指出得都很对，历史事实也正是如此。

这里需要补充的是，《遗诏》中的“蜂起”两字，《实录》改作“蠭起”，《遗诏》中的“采繢”，《实录》改作“采绘”；《遗诏》中的“现今”，《实录》改作“见今”；《遗诏》中的“布告中外”，《实录》改作“布告天下”：改得更为典雅。从而不难看出，前者为原文，后者似是出之于后来修改润饰之笔了。但很不容易理解的，则是“歷观史册”句中的“歷”字，《实录》作“歷”而《遗诏》反而作“歴”；“小心谨慎”句中的“慎”字，《实录》作“愼”而《遗诏》反而作“慎”；“为真主驱除也”句中的“真”字，《实录》作“眞”而《遗诏》反而作“真”；“雍亲王皇四子胤禛”句中的“禛”字，《实录》作“愼”而《遗诏》反而作“禛”。最末“胤禛”两字，系《实录》于20世纪30年代初影印出版时，原本缺文，由近人王君九（季烈）先生所填补，姑不置论外，其他如“慎”“真”（世宗胤禛，应避嫌名）与“歷”（高宗弘歷，避讳作“歴”）三字，何以《实录》不避讳而《遗诏》反而为之避讳？特别是“歷”字乃清高宗之名，又何以《实录》不避而《遗诏》亦为之避？像这样一些疑问，一时殊不得其解。

顷又从第一历史档案馆得见另一清圣祖《遗诏》原件缩印照片[②]，只有汉文而无满文，与满汉文俱全的《遗诏》相对勘，明显不同的地方是这份只有汉文的《遗诏》无签署年月日，是有意或无意没有签署，今已不得而知了。但从两份《遗诏》的异文来看，只有汉文本的《遗诏》中的“非朕凉德之所至也”句中的“至”字，满汉文本的《遗诏》改作“致”；又汉文本的“盖因天下事繁不胜劳惫之所致也”句中的“因”字，满汉文本改作“由”。根据这一两个字的改动润饰的痕迹来看，我疑心汉文本写成在前而满汉文本则修订在后；如果这一推测能成立的话，没有签署年月日的汉文本写成较早，等到译出满文的满汉文本《遗诏》告成时，很显然，那签

① 《雍正传》，北京：人民出版社，1985年，第62页。

② 缩印照片为30厘米×15厘米，字迹十分清晰，惟幅面下部缺损特甚，每行均有数字或十余字之脱落，均为填补。此照片系第一历史档案馆朱金甫同志告知，并由徐艺圃同志代为复印见寄，热忱相助，谨此申谢。

署的康熙六十一年十一月十三日是后加上的 。

汉文本《遗诏》原件幅面视满汉文本为大，满汉文本中的脱落之字，此汉文本均完好无缺，但汉文本幅面下部伤损特甚，今幸有满汉文本遗存下来，不难一一为之填补。如：第七行末“保邦于未”下缺“危致治于未乱夙夜孜孜”十字；第八行末的“实赖”两字中的“赖”字，只残存左旁“束”的上部；第十行末缺“年共三百一帝如朕在位之”十一字；第十一行末缺“敢逆料至四十年今已六十一”十二字；第十二行末缺“终命五福以考终命列于第五”十二字；第十三行末缺“下安乐朕之富亦云厚矣即或”十二字；第十四行末缺“人足上拟三代明圣之主而欲致海”十四字；第十五行末缺“年来殚心竭力有如一日此”十一字；第十六行末缺“酒色所致此皆书生好为”十字；第十七行末缺“天下事繁不胜劳惫之”九字；第十八行末缺“若帝王仔肩甚重无”八字；第十九行末缺“孙犹得优游自适为”八字；第二〇行末缺“四载胼手胝足终于会”九字；第二一行末缺“乎易遁卦六爻未尝”八字；第二二行末缺“得天下之正莫如我朝”九字；第二五行末缺“取也后流贼李自成攻破京”十一字；第二六行末缺“安葬崇祯昔汉高祖系泗上”十一字；第二七行末缺“陈友谅等蜂起而天下卒归于”十二字；第三〇行末缺“享寿考者不能使之不”九字，第三一行末缺“能通晓又年力盛时能”九字；第三二行末缺“一人平定三藩扫清漠”九字；第三三行末缺“故也所有巡狩行宫不施”十字；第三四行末缺“之一昔梁武帝亦创业英”十字；第三五行末缺“知其子炀帝之恶卒致不”十字；第三六行末缺“员军民以及蒙古人等无不”十一字；第三八行末缺“协心保全朕亦欣喜安逝雍亲”十二字；第三九行末缺“帝位即遵典制持服二”九字。这是汉文本《遗诏》的残缺部分，并一一为之填补如此。

圣祖《遗诏》虽有汉文本和满汉文本之不同，而两份原件同时存在，必有一份撰成在先而另一份修改于后，已如上述。很有可能，汉文本在前而满汉文本在后，但同时必须首先肯定这两份《遗诏》都不是真的。否则，两份《遗诏》不可能同时存在，其中必有一份是后人伪造的，这种可能性也不能完全排除。但不管怎样，这两份《遗诏》的同时存在，对圣祖《遗诏》是否具有真实性的判断，也还是很有帮助的。就拿汉文本在前而满汉文本在后这一点来说，这汉文本就是一个很有说服力的历史文献见证。

（二）满文部分[①]

hūlha be geterembume
贼 剿除

sy šang ni ba i emu falgai da ming gurun i taidz h（u-wangdi）
泗 上 地方之 一 亭 长 明 太祖 皇帝

jiduji han gurun de ohobi, yuwan gurun i dubei forgon de cen
汉 元 末 时 陈

io-liyang se sasa…
友 谅 等

musei gurun
我 朝

mafari doro be sirafi
先 烈 承

abka de acambume niyalmai gunin be dahamo abkai de fejergi be
天 应 人 心 顺 天 下

baha. ede facuhūn amban hūlhai jui balai……
得 此 乱 臣 贼 子

mukiyebume jafaha be saci ombi yaya di wang sade ini cisui abka
使灭 知 凡 帝 王 等 自 然 天

① 《遗诏》满汉文本原件的满文部分，我用拉丁字母转写为音译，复经刘小萌同学为我细心审校，并纠正了好几处，一并致谢。

hesebuhe babi jalafun bahaci……
命 有 长寿 得

taifin i banjici acarongge be taifin i banjiburakū obume muterakū.
太平 享 应 太平 不享 使 不能

bi ajigen ci bithe hūlame julge te i（doro）……
我 幼年 从 书 读 古 今 道理

tofohon hūsun i beri jafame juwan ilan sefere i kacilan be
十五 力 弓 持 十 三 把 箭

gabtambihe，cooha baitalara dailame yabure baita de gemu heo
发射 兵 用 戎 临 事 皆 优

seme mutembi…
为

jalan de emu niyalma be balai waha ba akū. ilan fudaraka
平生 一 人 妄 杀 未 三 逆

hūlha be necihiyeme toktobufi，monggo i babe bolgo obume geter
平 定 蒙古 之 地 清

embihengge，gemu emu（muji en）…
扫 皆 一 心

bodoho ci banjinahangge. boigon i jurgan i ku i menggun be，
筹 运 户 部 库 银

cooha baitalara，yuyure be aitubure baita … gelhun akū heni
兵 用 饥 赈 事 敢 不 些须

namgiyaha be akū. ere cohome
费 不 此 特

buya irgen i umgan sugi turgun, giyarime yabure de tatara gung be
小 民 之 脂 青 故 巡狩 行 宫
yangselame miyamirakū ofi. emu bade. baitalahangge, emu juwe
采绘 不施 一 处 所用 一 二
tumen yan ci dulenderakū
万 两 不过
bira weilere bade, aniyadari ilan tanggū tumen yan funceme baibure
河 工 每年 三 百 万 两 余 用
de duibuleci tanggū ubu de emu ubu hono akū. seibeni liyang
比 百 分 之 一 分 尚 不 昔 梁
gurun i u di inu fukjin doro ilibuha baturu kiyangkiyan bihe, amla
武帝亦 创 业 英雄 强健 后
se sakdafi, heo ging de hafirabufi, tai ceng ni jobolon de tusahabi.
年 老 侯 景 所逼 台 城 之 祸 遭

sui gurun i wen di inu fukjin
隋 文 帝 亦 开创
…… ini jui yang di i ehe be doigonde same mutehekū ofi,
其 子 炀 帝 之 恶 预 知 不能
unenggi sain i bahafi dubehekūbi. ere gemu erdeken i kimcihakūci
果 善 得 不终 此 皆 较早 不辨
bangjinahangge

……(tanggū) funcembi. mini se inu nadanju se oho, geren wang
百 余 我 年 亦 七十 岁 已 诸 王

ambasa hafasa cooha irgen, monggoso ci aname, mini sakda
大臣 官员 兵 民 蒙古等 以及 我 年迈

niyalma be gosirakū
人 不爱

……te udu jalgan i dubecibe, bi inu urgunjembi. jai
今 虽 寿 终 我 亦 欣喜 再

……(dor)o wang bayangga wang juse omosi, te gemu gulhūn
礼 王 饶余 王 子 孙 今 均 全

muyahūn i bi. mini beyei amargideri.
保 我 身 后

suwe uhei gūnin i karmatame gulhun obume
尔等 协 心 保 全

…… mimbe umesi alhūda habi. amba doro be afabuci mutembi,
我 深 肖 大 统 承 克

mini sirame
我 继

……(d)ergi tulergi de bireme selgiyehe,
中 外 传

……(omšon) biyai juwan ilan de
十一 月 十 三 日

从上引《遗诏》原件的残缺不全的满文部分来看，值得我们注意的有以下几点：一、残存的满文《遗诏》原件后半部，是从汉文《遗诏》中的“剪灭闯寇，入承大统”开始，直到末尾“布告中外，咸使闻知”为止，其中“中外”两字与《实录》改作的“天下”不同，《遗诏》原件满汉文相同，疑是原文如此；二、满文《遗诏》原件所签署的日期，虽脱漏“康熙六十一年十一”几个字，而“月十三日”字样却十分清晰可辨，与汉文《遗诏》签署的年月日完全一致；三、满文部分独缺“雍亲王皇四子胤禛人品贵重”这最重要的一句，是偶然的自然缺损，抑或是由人为所造成的残破这一疑问，目前尚无可靠证据可以做出回答，也就无法臆测了，不过前两点关于《遗诏》原件满汉文签署日期的一致，并且很可能是汉文在前而满文在后；四，从残缺不全、不及汉文全文一半的满文部分，也不难看出，所谓汉高祖系一泗上亭长，明太祖乃一皇觉寺僧，创业英雄的梁武帝为侯景所逼害于台城，开创之主的隋文帝不能预知其子炀帝之恶等历史故事，行文措词，援引故实，均似满文从汉文直接译出，如果再拿来和《上谕内阁》《实录》与《起居注》等官书、档册一一对勘，对《遗诏》的真实性不能不使人产生一个深刻的问号。

二、与《上谕内阁》比勘

如所周知，清圣祖玄烨卒于康熙六十一年十一月十三日甲午（1722年12月20日）戌刻，而《遗诏》的颁布则在这年同月十六日丁酉（1722年12月23日），相隔只有三天，当时档册和官私著作，记载均无异词。所不同者，《实录》[①] 有云：

> 丁酉，宣读大行皇帝（指圣祖玄烨）《遗诏》，颁行天下。……《遗诏》捧出时，上（指世宗胤禛）立乾清宫檐下，大学士谨捧《遗诏》由中路而出，上跪。俟《诏》过，乃起。

宣读的《遗诏》并未明说是满文或是汉文，抑或两者兼而有之。但考《上谕内阁》[②] 则载是曰：

> 礼部奏宣读大行皇帝《遗诏》仪注 …… 奉旨：“ ……《遗诏》特晓谕内外，颁行天下。”

同日又载[③] ：

① 《清世宗宪皇帝实录》(《大清历朝实录》景行本，下简称《宪录》) 卷1，第12页上下。

② 雍正七年（1729）武英殿本，康熙六十一年十一月，第6页上。参《宪录》，卷1，第12页上。

③ 《上谕内阁》康熙六十一年十一月第7页上–8页上。

御史杨保等参奏鸿胪寺官宣读大行皇帝《遗诏》时，未宣读汉文。奉上谕："杨保等参奏一案，虽非大事，然亦有关系……且宣读清字语书时，大小臣工既已共闻，即与宣读汉字诏书无异。此盖皇考（圣祖）在天之灵，使满、汉人员翕然如一家之意也，有何分满、汉之处？著将本发还。"

很显然，当时宣读满文《遗诏》时，汉文《遗诏》尚未写成，否则，为什么不同时宣读呢？而世宗胤禛却强为之辩，说什么"宣读清字诏书，……即与宣读汉字诏书无异"，这岂不是等于告诉大家汉文《遗诏》实际上并没有写好吗？而他仍强词夺理地说这是其父圣祖"在天之灵使满、汉人员翕然如一家之意"，很难令人信服。因为迄今仅存的满汉文字《遗诏》原件，既然签署的日期是同一天（十三日），为什么宣读的只有满文而无汉文？如前提到的，汉文本写成在前而满汉文本在后，为什么圣祖卒后三天所宣读的只有满文而无汉文？这是不能不使人们对《遗诏》原件（包括满汉文本和汉文本）的真实性产生怀疑的原因所在。说来也很简单，《上谕内阁》所载的《上谕》是当天发布的，可靠性强，当天只宣读满文《遗诏》肯定是事实。因此，同一天御史杨保等参奏而被世宗批驳的那道《上谕》，到乾隆初年纂修《世宗实录》时就自然而然地被摈弃不录了。

《上谕内阁》中还有三处提到《遗诏》，引录如次。一则云：

十八日上以大行皇帝《遗诏》内有二十七日释服之旨；①

再则云：

二十一日诸王大臣等……请遵大行皇帝《遗诏》二十七日释服具奏；②

三则云：

二十三日诸王大臣等……再四面请遵奉大行皇帝《遗诏》，以二十七日释服。奉上谕："……勉从所请。"③

上引三道《上谕》中提到的《遗诏》应该就是前面所引宣读过的满文《遗诏》，虽然说最后一道《上谕》中提到的《遗诏》，与宣读满文《遗诏》的时间相隔已有七天之久，但现在还找不出可靠证据来说明在七天之后宣读的最后一道《遗诏》就是现存的满汉文或汉文本原件。如果说七天之后已经有了汉文本的话，那只能是迄今仅存的这份签署好的"康熙六十一年十一月十三日"的满汉文本《遗诏》原件而不是那份汉文本《遗诏》

① 《上谕内阁》，第11页上。参《宪录》卷1，第15页下–16页上。

② 《上谕内阁》，第14页下。参《宪录》卷1，第22页下。

③ 《上谕内阁》，第16页下–17页上。参《宪录》卷1，第24页下。

原件，因为汉文本《遗诏》，如前所述，可能撰成在满汉文本之前，但在圣祖卒后三日的十六日那一天只宣读过满文《遗诏》，并没有宣读汉文《遗诏》，事实上不但汉文本《遗诏》不存在，而且满汉文本《遗诏》也并不存在。

据记载，圣祖玄烨死了二十天之后，康熙六十一年十二月初四日乙卯（1723年1月10日）那一天：

> 礼部奏，恭上皇太后（世宗生母）尊号应行典礼仪注。奉上谕："钦奉皇太后懿旨：'予自幼入宫，蒙大行皇帝深恩，备位妃列，几五十年，虽夙夜小心，勤修内职，未能图报万一。钦命予子缵承大统，实非梦想所期。'"①

表面看来，这道《上谕》充分表明世宗母后的虚怀若谷，谦抑自持，是一篇情词恳切的官样文章；但从深处一想，所谓"钦命予子缵承大统，实非梦想所期"一语，这岂不是世宗自己承认他之继位，连他亲生母后在圣祖临终后一无所闻，做梦也没有想到过，从而暴露出其父圣祖事先从未言及传位给谁，顶多只能说圣祖弥留之际才做出传位给谁的决定，则世宗自己不免有篡位之嫌了吗？因此，这道《上谕》到了纂修《世宗实录》时改写成：

> 奉皇太后懿旨："予蒙大行皇帝深恩，备位妃列，几五十年，虽夙夜小心，勤修壸职，未能图报万一。今日予子仰遵遗命，缵承大统，实深悚惕！"②

《实录》中所引的这道《上谕》，实本于《上谕内阁》，两者基本相同。只末了一句，《实录》将《上谕内阁》的"实非梦想所期"改成"实深悚惕"，虽几字之差，而用意不同自见。疑《实录》纂修者为清高宗弘历替其父掩盖篡位之嫌或不无关系。

又《世宗实录》载，康熙六十一年十一月十三日甲午（1722年12月20日），圣祖疾笃，召诚亲王允祉、淳郡王允祐、多罗贝勒允禩、固山贝子允禟、敦郡王允䄉、固山贝子允祹、皇十三子允祥、尚书隆科多至榻前，宣谕曰：

> 皇四子胤禛人品贵重，深肖朕躬，必能克承大统，著继朕登基，即皇帝位。③

① 《上谕内阁》，康熙六十一年十二月第4页下–5页上。

② 《宪录》卷2，第6页下–7页上。

③ 《宪录》卷1，第5页下–6页上。

诸皇子在圣祖弥留之际与隆科多一同被召到病榻之旁是否是事实[①]，姑且不论，兹将这次宣谕与汉文本和满汉文本《遗诏》末尾几句相校，除宣谕中"皇四子"前的"雍亲王"三字未提或被删掉外，其余一字不差地两者完全相同。从而说明《实录》中所引的这一宣谕，应该说它就是从满汉文本《遗诏》原件中照录过来的。那么，满汉文本《遗诏》原件所签署的日子是十三日与《实录》所载甲午亦即十三日"宣谕"这一天完全相同，也就不足为奇了。前面提到的汉文《遗诏》在十六日以至二十三日以前这七天之中既然没有撰写成，这等于说，《实录》中所引的"宣谕"，自然也就不足为据了。

还有一个问题，前面既然说当时宣读的《遗诏》是满文而不是汉文，有御史杨保等参奏的批谕可以作证，又为什么说迄今仅存的汉文本和满汉文本《遗诏》原件中的满文系从汉文转译出来的呢？其实，这也不难解答。当时宣读的满文《遗诏》，一定很简单，不过寥廖数语，恐怕很可能就是满文《遗诏》中残损不堪的"深肖朕躬，克承大统，著继朕"（mimbe umesi alhūdahabi. amba doro be afabuci mutembi, mini sirame）和完全脱漏的"即遵典制，持服二十七日释服"这最重要的一段，因为当时诸王大臣等三番五次地上奏请求要世宗遵照圣祖《遗诏》中所说的"二十七日释服"的话，即可证实这一点。再者，从《实录》康熙六十一年十一月十三日圣祖弥留时在病榻前宣谕的"皇四子"继位那几句，正好与现存的汉文本和满汉文本《遗诏》原件中的这几句并无二致，也是一个很有力的证明。也就是说，所谓康熙六十一年十一月十三日圣祖病榻前宣谕的一段，很可能满文在先而译成汉文在后，恐怕就是圣祖卒后三日即十六日那天宣读的那个满文《遗诏》，亦未可知。

三、与《实录》比勘

《实录》康熙六十一年十一月十三日甲午戌刻，圣祖玄烨死，同日颁布的《遗诏》不足为据，已如前述。兹又检得《实录》康熙五十六年十一月辛未（二十一日，1717年12月24日）一个《面谕》[②]，十分重要。为了更便于比勘，兹将全文引

① 《仁录》卷300，第6页下。

② 《仁录》卷275，第5页上-13页上。

录于下：

上御乾清宫东暖阁，召诸皇子及满、汉大学士、学士、九卿、詹事、科道等入，谕曰：朕少时，天禀甚壮，从未知有疾病。今春始患头晕，渐觉消瘦。至秋月塞外行围，蒙古地方水土甚佳，精神日健，颜貌加丰。每日骑射，亦不觉疲倦。回京之后，因皇太后违和，心神忧悴，头晕频发。有朕平日所欲言者，今特召尔等面谕，从来帝王之治天下，未尝不以敬天法祖为首务。敬天法祖之实，在柔远能迩，休养苍生，公四海之利为利，一天下之心为心，体群臣，子庶民，保邦于未危，致治于未乱。夙夜孜孜，寤寐不追。宽严相济，经权互用，以图国家久治之计而已。自古得天下之正，莫如我朝，太祖、太宗初无取天下之心，尝兵及京城，诸大臣咸奏云当取，太宗皇帝曰："明与我国素非和好，今取之甚易，但念中国之主，不忍取也。"后流贼李自成攻破京城，崇祯自缢。臣民相率来迎，乃剪灭闯寇，入承大统。昔项羽起兵攻秦，后天下卒归于汉，其初汉高祖一泗上亭长耳。元末陈友谅等并起，后天下卒归于明，其初明太祖一皇觉寺僧耳。我朝承席先烈，应天顺人，抚有区宇，以此见乱臣贼子无非为真主驱除耳。今朕年将七旬，在位五十余年者，实赖天地宗社之默佑，非予凉德之所致也。朕自幼读书，于古今道理，粗能通晓。凡帝王自有天命，应享寿考者，不能使之不享寿考；应享太平者，不能使之不享太平。自黄帝甲子至今，四千三百五十余年，称帝者三百有余。但秦火以前，三代之事，不可全信；始皇元年至今，一千九百六十余年，称帝而有年号者，二百一十有一。朕何人斯，自秦汉以下，在位久者，朕为之首。古人以不矜不伐，知足知止者，为能保始终。览三代而后，帝王践祚久者，不能遗令闻于后世；寿命不长者，同知四海之疾苦。朕已老矣，在位久矣，未卜后人之议论如何；而且以目前之事，不得不痛哭流涕，预先随笔自记，而犹恐天下不知吾之苦衷也。自昔帝王多以死为忌讳，每观其《遗诏》，殊非帝王语气，并非中心之所欲言，此皆昏瞀之际，觅文臣任意撰拟者。朕则不然。今预使尔等知朕之血诚耳。当日临御至二十年，不敢逆料至三十年；三十年，不敢逆料至四十年；今已五十七年矣。《尚书·洪范》所载：一曰寿，二曰富，三曰康宁，四曰修好德，五曰考终命。五福以考终命列于第五者，诚以其难得故也。朕年将七十，子、孙、曾孙，百五十余人，天下粗安，四海承平，虽不能移风易俗，家给人足，但孜孜汲汲，小心敬慎，夙夜不遑，未尝少懈，数十年来，殚心竭力，有如一日，此岂仅"劳苦"二字所能该括耶？前代帝王，或享年不永，史论概以为侈然自放，耽于酒色所致。此皆书生好为讥评，虽纯全尽美之君，亦必抉摘瑕疵，朕为前代帝王剖白，盖由天下事繁，不胜劳惫之所致也。诸葛亮云："鞠躬尽瘁，死而后已。"为人臣者，惟诸葛亮一人耳。若帝王仔肩甚重，无可旁诿，岂臣下所可比拟？臣下可仕则仕，可止则止，年老致政而归，抱子弄孙，犹得优游自适，为君者勤劬一生，了无休息，如舜虽称无为而治，然身殁于苍梧；禹乘四载，胼手胝足，终于会稽，似此皆勤劳政事，巡行周历，不遑宁处，岂可谓之崇尚无为，清静自持乎？《易·遯卦六爻》未尝言及人主之事，可见人主原无宴息之地可以退藏，"鞠躬尽瘁"，诚谓此也。昔人每云帝王当举大纲，不必兼总细务。朕心窃不谓然。一事不谨，即贻四海之忧；一时不谨，即贻千百世之患。不矜细行，终累大德。故朕每事必加详慎，即如今日留一二事未理，明日即多一二事矣。若明日再务安闲，则后日愈多壅积。万几至重，诚难稽延。故朕莅政，无论巨细，即奏章内有一字之讹，必为改定发出，益事不敢忽，天性然也。五十余年，每多先事绸缪。四海兆人，亦皆戴朕德意，岂可执"不必兼总细务"之言乎？朕自幼强健，筋力颇佳，能挽十五力弓，发十三握箭，用兵临戎之事，皆所优为；然平生未尝妄杀一人，平定三藩，扫清漠北，皆出一心运筹，户部帑金，非用师赈饥，未敢妄费，谓此皆小民脂膏故也。所有巡狩行宫，不施采缋，每处所费，不过一二万金，较之河工岁费三百余万，尚不及百分之一。幼龄读书，即知酒色之可戒，小人之宜防，所以至老无恙。自康熙四十七年大病之后，过伤心神，渐不及往时。况日有万几，皆由裁夺，每觉精神日逐于外，心血时耗于内，恐前途倘有一时不讳，不能一言，则吾之衷曲未吐，岂不可惜？故预于明爽之际，一一言之，可以尽一生之事，岂不快哉？人之有生必有死。如朱子之言，天地循环之理，如昼如夜。孔子云："居易以俟命。"皆圣贤之大道，何足惧乎？近日多病，心神恍惚，身体虚惫，动转非人扶掖，步履难行。当年立心以天下为己任，许"死而后已"之志，今朕躬抱病，怔忡健忘，故深惧颠倒是非，万几错乱，心为天下尽其血，神为四海散其形，既神不守舍，心失怡养，目不辨远近，耳不分是非，食少事多，岂能久存？况承平日久，人心懈怠，福尽祸至，泰去否来，元首丛脞而股肱惰。至于万事隳坏而后，必然招天灾人害，杂然并至，虽心有余而精神不逮，悔过无及，振作不起，呻吟床榻，死不瞑目，岂不痛恨于未死？昔梁武帝亦创业英雄，后至耄年，为侯景所逼，遂有台城之祸；隋文帝亦开创之主，不能预知其子炀帝之恶，卒致不克令终。又如丹毒自杀，服食吞饼，宋祖之遥见烛影之类，种种所载疑案，岂非前辙？皆由辨之不早，而且无益于国计民生。汉高祖传遗命于吕后，唐太宗定储位于长孙无忌。朕每览此，深为耻之！或有小人，希图仓卒之际，废立可以自专，推戴一人以期后福。朕一息尚存，岂肯容此辈乎？朕之生也，并无灵异；及其长也，亦无非常。八龄践祚，迄今五十七年，从不许人言祯符瑞应。如史册所载，景星庆云、麟凤芝草之贺，及焚珠玉于殿前，天书降于承天。此皆虚文，朕所不敢，惟日用平常，以实心行实政而已。今臣邻奏请立储分理，此乃虑朕有猝然之变耳。死生常理。朕所不讳，惟是天下大权，当统于一。十年以来，朕将所行之事、所存之心，俱书写封固，仍未告竣。立储大事，朕岂忘耶？天下神器至重，倘得释此负荷，优游安适，无一事婴心，便可望加增年岁。诸臣受朕深恩，何道俾朕得此息肩之日也？朕今气血耗减，勉强支持，脱有误万几，则从前五十七年之忧勤，岂不可惜？朕之苦衷血诚，一至如此。每览老臣奏疏乞休，未尝不为流涕！尔等有退休之时，朕何地可休息耶？但得数旬之怡养，保全考终之死生，朕之欣喜岂可言罄？从此岁月悠久，或得如宋高宗之年未可知也。朕年五十七岁，方有白须数茎，有以乌须药进者，朕笑却之曰："古来白须皇帝有几，朕若须鬓皓然，岂不为万世之美谈乎？"初年同朕共事者，今并无一人；后进新升者，同寅协恭，奉公守法，皓首满朝，

> 可谓久矣，亦知足矣。朕享天下之尊、四海之富，物无不有，事无不经，至于垂老之际，不能宽怀瞬息，故视弃天下犹敝屣，视富贵如泥沙也。倘得终于无事，朕愿已足。愿尔等大小臣邻，念朕五十余年太平天子惓惓丁宁反复之苦衷，则吾之有生考终之事毕矣。此谕已备十年，若有《遗诏》，无非此言，披肝露胆，罄尽五内，朕言不再。

从上引的《面谕》，与目前仅存的满汉文本和汉文本两份《遗诏》原件相比勘，上列引文中凡每字之下附加圆点者，均系与两份《遗诏》原件的汉文部分完全相同。这就不难推断，汉文《遗诏》系从《面谕》转抄、修饰、增改而成。所不同者，有以下几点：一、《面谕》详（将近三千字）而《遗诏》略（约一千余字）；二、《遗诏》与《面谕》叙事的层次安排，前后略有不同，如“自古得天下之正，莫如我朝”一段，《面谕》安排在前而《遗诏》移之于后，《面谕》层次多，显得杂乱无章，而《遗诏》经过重新安排，层次井然；三、《遗诏》行文措词比《面谕》显得典雅，有所修饰润色，如“公四海之利为利”句中的“公”字改为“共”字，“以图国家久远之计而已”一句改为“为久远之国计，庶乎近之”，“自幼强健，筋力颇佳”一句改为“年力盛时”，“在位久者，朕为之首”改为“如朕在位之久者甚少”等，均更为妥帖；四、时间不同，两者语气用词亦因之而异，如“今朕年将七十”与“今朕年将七旬，在位五十余年”两名不得不改为“今朕年已登耆”与“今朕年届七旬，在位六十一年”，同样“今已五十七年矣”也改作“今已六十一年矣”了；五、时过境迁，原有今异而不得不为之改动、删削者，如《面谕》中提到的“朕已老矣，在位久矣，未卜后人之议论如何，而且以目前之事（按指第二次废皇太子胤礽事），不得不痛哭流涕，预先随笔自记，而犹恐天下不知吾之苦衷也”与“十年以来（按指康熙四十七年第一次废皇太子以后），朕将所行之事，所存之心，俱书写封固，仍未告竣。立储大事，朕岂忘耶？……脱有误万几，则从前五十七年之忧勤，岂不可惜”两大段，所谈均系圣祖死前五年所碰到的最为棘手的一废再废皇太子胤礽这一件关系到封建王朝的继承皇位大事，所以在《遗诏》中不能不被全部删掉了；六、原无今有而新增入的，如《遗诏》一开始，用的敕诏上习用套语“奉天承运皇帝诏曰”一句以及末尾所用“布告中外，咸使闻知”云云，乃是历代敕诏的格式如此，非一般《面谕》可比，故《遗诏》不能不照样一一为之增入了。

综上所述，《面谕》与《遗诏》虽有详略、增减、修改润饰的不同，而后者出之于前者，全文结构，措词语气，字斟句酌，均清晰可辨，明眼人是能一见便知的。

四、与《起居注》比勘

我们知道，清代正式设立起居注馆，是在康熙九年（1670年）；曾一度被裁撤，则在康熙五十七年（1718年）[①]。今北京中华书局出版的《康熙起居注》，起于康熙十年（1671年）九月，迄于五十七年三月，中间缺佚二十九年（1690年）九月至四十四年（1705年）十二月，已残缺不全了[②]。不但康熙六十一年十一月十三日的《遗诏》不见于《起居注》，为理所当然之事，就连康熙五十六年十一月二十一日长达三千字左右的《面谕》也只字未提，付诸阙如，似乎有点不得其解了，留待下面再说。今按《面谕》中有以下几段话，值得我们深思：

自昔帝王多以死为忌讳，每观其《遗诏》，殊非帝王语气，并非中心之所欲言，此皆昏瞀之际，觅文臣任意撰拟者。朕则不然。今预使尔等知朕之血诚耳。

自康熙四十七年（1708）大病之后，过伤心神（按指第一次废皇太子胤礽事），渐不及往时，况日有万几，皆由裁夺，每觉精神日逐于外，心血时耗于内，恐前途倘有一时不讳，不能一言，则吾之衷曲未吐，岂不可惜？故预于明爽之际，一一言之，可以尽一生之事，岂不快哉？

此谕已备十年，若有《遗诏》，无非此言。披肝露胆，罄尽五内，朕言不再。

① 光绪：《钦定大清会典事例》（光绪二十五年石印本）卷1055，第1页上下。

② 据《康熙起居注·说明》介绍，现存的康熙朝起居注册共有九八二册，其中汉文本为四九三册（内有七册系稿本，其余均为正本），满文本为489册，分存于北京与台北两地。北京所存康熙朝起居注册共计302册，均系正本，其所属年月是：康熙十年九月至康熙二十八年十二月、康熙三十九年（残）、康熙四十五年以及康熙五十三年正月至五十七年三月。台北所藏的康熙朝汉文起居注册计有184册，亦均系正本，其所属年代为：康熙二十九年至康熙四十二年、康熙五十年至五十二年。另外，北京图书馆收藏有康熙十二年及四十二年的汉文起居注册稿本7册。本文作者希望在不久的将来，台北方面亦能将所存其余康熙朝汉文起居注册共184册，全部刊印出来，以成完璧，尤为士林所深望！

圣祖既然公开承认，自古帝王的《遗诏》都不是出于他们自己之手所写，《遗诏》所说也不是他们本人的心里话，只不过到了临终昏迷之际，才临时“觅文臣任意撰拟者”；所以圣祖反其道而行，“预于明爽之际，一一言之，可以尽一生之事”；他最后还坚定明确地表示：“若有《遗诏》，无非此言。”这岂不是等于说在他逝世的前五年，就已经公开宣布了他这次的《面谕》就是他的《遗诏》吗？如果根据他所说“此谕已备十年”这句话，再往前追溯十年，正是康熙四十七年初废皇太子胤礽那一年，经过那次沉重的打击，圣祖心身受到了很大的创伤。可见圣祖对他自己的身后大事像传位一事，经过深思熟虑，至少已有十年之久了。然则《面谕》等于圣祖的《遗诏》。现存的《遗诏》（包括汉文本和满汉文本）原件系从《面谕》增删、修改润饰而来，此外圣祖弥留之际并没有第二份《遗诏》大概是可以肯定无疑的了吧。

从这里也不妨再进一步推测一下，目前出版的《康熙起居注》一书中康熙五十六年十一月二十一日这一天之所以脱载《面谕》全文，恐怕是在圣祖死去后不久，为了寻找作为撰写《遗诏》的依据，《面谕》这一份最好的第一手资料势必要从起居注馆中被调取出来，等到既被增删、修改润饰成了正式的《遗诏》之后，被提调出来的那份《面谕》也就自然不再送还起居注馆了。因此，现在《康熙起居注》中不见这份长达三千字的《面谕》的记载，也就一点不奇怪了。

还有一个问题需要解答的是，《面谕》既从起居注馆被调了出来，《康熙起居注》一书中所以没有记载，而在《实录》里又为什么将《面谕》全文一字不漏地被保存下来了呢？惟一合乎情理的解答是这样的：按清制，《面谕》除了起居注馆保存有一份存档外，内阁大库还应保存有另一份同样的存档。这在《起居注》中有明文记载：

> 康熙五十六年（1717）十二月二十五日乙巳，谕曰：“朕所下谕旨，乃朕一生至苦之事。今尔等请公同具奏，‘内阁、起居注（馆）各写一通，谨加收贮。此外有何应存之处恭候指示’等语，无一语言及朕躬之事。若欲朦胧完结，其如朕垂老之身何！”①

据此，知当时《面谕》存档被提取去作为撰写《遗诏》的依据，而忘了再去内阁调取那另一份同样的《面谕》存档。到后来日子一久，纂修《圣祖实录》时又未及细检查勘，

① 《起居注》，第三册第2475页。按引文末句“其如朕垂老之身何！”原标作“其如朕垂老之身何据？”误，“据”字应连下读。参《仁录》，卷276，第16页上下。

不但增删、修改润饰而成的《遗诏》被载入了《实录》康熙六十一年十二月十三日甲午之下，而长达三千字左右在内阁的《面谕》存档或许被认为与《遗诏》无关，所以才被收入《实录》康熙五十六年十二月二十五日乙巳之下，一直幸存到今。

五、余　记

《面谕》虽不见于《起居注》之中，但《起居注》中谈到有关圣祖的谕旨和《面谕》的事，曾有这样几段：

唯朕来书谕旨及批本发科之旨，始为真确耳。其《起居注》所记，难于凭信也①。

朕有数事，屡欲为尔等言之，及见时又相忘矣。……朕身亦有一事，为尔等言之："朕近日精神渐不如前，凡事易忘。向有怔忡之疾，每一举发，愈觉迷晕。天下至大，一念不谨，即贻四海之忧，一日不谨，即贻数千百年之患……"②

朕一生之事，缮写十年，"朕言不再"之语，已尽之矣。奏称"此外有何应存之处，恭候指示"等语，若更有指示尔等之处，朕岂不写出？③

上引三段，均系康熙五十六年三月、十月、十二月的谕旨，最后一段即十二月的谕旨，其中所说"朕一生之事，缮写十年，朕言不再"一语，系指康熙五十六年十一日二十一日《实录》所载的那份《面谕》而言；而且圣祖最末还明确表示："若更有指示尔等之处，朕岂不写出？"这正如前面所指出的，《面谕》也就等于圣祖的《遗诏》，此外若说圣祖还有什么第二份《遗诏》，那是不存在的。

旧作《夺嫡考实》，从比勘《实录》《上谕内阁》《永宪录》各种官私史料，推断世宗的嗣位系由图谋篡夺而来。四十年后的现在，复从目前仅存的汉文本和满汉文本两份圣祖《遗诏》原件的对勘考订，证实了圣祖《遗诏》先有汉文本，再译成

① 《起居注》，第2371页。参《仁录》，卷271，第24页下。

② 《起居注》，第2452页–2453页。参《仁录》卷274，第25页下–26页上，有删节。

③ 《起居注》，第2475页。参《仁录》卷276，第16页下。

满文而有满汉文本，而两者均系从《面谕》增删、修改润饰而成。如果没有《面谕》这份第一手资料完好无缺地幸存下来，世宗一手遮天篡改而成的圣祖《遗诏》，可谓天衣无缝，几可以假乱真的了。幸而现在有《面谕》的发见，终于弄清了圣祖的《遗诏》是伪造的，并找出伪造的《遗诏》依据之所从出，亦足为世宗篡位增添一个历史文献见证。

说世宗篡位是一回事，而雍正一朝的用人行政，励精图治，又是一回事；不能因为世宗得位的不正，就一定也要否定雍正十三年间的所作所为。当然，世宗跟其父圣祖相比，圣祖对清王朝多民族的统一大业的完成，政绩卓越，做出了巨大的贡献，不失为一个杰出的、了不起的创业君主①，是应该首先给予肯定的；但世宗继之而起，孜孜汲汲，夙夜不遑，刷新政治，日理万几，为巩固和加强清王朝的封建主义中央集权，起了重要作用，也是史学界都承认的事实。如果说清前期将近一个半世纪的“康乾盛世”，可以上与“汉之文景”和“唐之贞观”相比拟的话，那么，人们公认的短短十三年间主持军国大政的世宗，则是一个承先启后的关键性人物，恐怕也是不能轻易予以否定的。

1986年6月脱稿同年12月补充修订

【附记】此文系最近于1986年夏间提交在大连召开的清史国际学术讨论会的一篇论文，原只知第一历史档案馆藏有清圣祖遗诏满文对照原件一份。会后复经第一历史档案馆徐艺圃、朱金甫两同志提供另一份汉文遗诏原件，后者无满文亦无年月日，个别字稍异外，余均相同。据此以推，前者似是正件，撰写在先，后者从其传抄而来，亦未可知；与此相反之理由，惟其无满文无年月日，后者似又撰成在先，其为正件之可能性更大。总之，两者以何件为先，殊难断言。但目前第一历史档案馆所藏遗诏原件有两份，必有一伪或两者皆伪，其不可信则一。今复据此两份遗诏原件，重新再四对勘，逐一修订考释，论证为之加详云。1986年冬月锺翰再识。

① 参见刘大年:《论康熙》，载《历史研究》1961年第3期，第5-21页。

胤祯与抚远大将军王奏档

近十年来，海内外学人对胤祯及其《抚远大将军王奏档》一书，发表了不少有较高水平的论文①，引起清史界的广泛重视，是应该予以充分肯定的。胤祯为清圣祖玄烨之第十四子，康熙晚年，深得乃父宠信，故有抚远大将军之特命。皇太子胤礽一废再废，诸皇子党夺嫡之争日烈。圣祖之命胤祯远出及久留西宁，岂亦有如诸葛亮为刘琦谋，所谓“申生在内而危，重耳在外而安”②者耶？圣祖溘逝，皇四子胤禛继位，胤祯改名允禵，幽禁终身。胤祯西征一段史实几被湮灭，官书、上谕及《实录》改而又改，删除殆尽。迄今仅存的满文原抄本《抚远大将军王奏档》，不分卷，20册，为胤祯西征在外时亲笔上奏乃父圣祖玄烨之原档。墨迹幸留，铁证如山，其重要性可想而知。40余年前，拙撰《胤祯西征纪实》③一文，曾牵涉及之，今又草成此文，庶几讨论不厌其详，或亦可免续貂之诮乎？

① 据燕京大学图书馆藏本传抄《抚远大将军奏议》（节本），已收入《清史资料》1982年第3辑，第159–196页；日本石滨裕美子：《东洋文库所藏抚远大将军奏折与清史资料第三辑所收抚远大将军奏议》，载《蒙古研究》，No.18，pp.3–17，1987；石滨裕美子又撰有《清代抚远大将军奏折、奏议评介》，蒙古族伊力娜译成汉文，载于《蒙古学资料与情报》，1990年第3期，第40–44页；吴丰培据民初蒙藏院满文译汉本整理《抚远大将军允禵奏稿》，20卷，精装1册，《中国文献珍本丛书》之一，北京全国图书馆文献缩微复制中心，1991年。

② 《三国志·蜀书·诸葛亮传》（北京：中华书局，1975年第六次点校本），卷35，第914页。

③ 拙著《清史杂考》（北京：中华书局，1963年），第194–207页。

一、胤祯奏档译汉的版本问题

胤祯于康熙五十七年（1718）七月之受特命，远出西宁（青海省今市），坐镇西陲，手握兵权财权，为诸皇子所欣羡而不可得。然胤祯为人谨慎，事无巨细，亦必奏请乃父而后行。历时四五年，所上奏稿均用满文缮写而成。原燕京大学今北京大学图书馆善本库珍藏两部胤祯奏稿，均为全本：前者书号NC4662.8/2138，汉文题为《王抚远大将军奏档》，又作《王抚远大将军书》，满文为 goroki be dahambure amba jiyunggiyun wang ni wesim–buhe bithei dangse，应以译作《抚远大将军王奏档》为妥。一木匣，20册，末册末页盖有满文“goroki bwe dliliambure amba jiyanggiyun oron”（抚远大将军印）及“无虑山农”与“廿年典属三部藏”字样，三印均珠色篆文，似即康熙五十七至六十一年间内府底档的写本。宝墨宛然，是近300年来唯一幸存的孤本，洵为胤祯奏稿各本所从出之祖本，今简称之为《奏档》本。《奏档》本藏主为无虑山农，且曾在理藩院典属司任职20年之久，当为郎中，其姓名莫考。后者书号□917.2123/5342，汉文译本，题为《抚远大将军奏疏》，亦一木匣，20册，手抄本，墨迹犹新，疑为民初蒙藏院翻译传抄本，今简称之为《奏疏》本。又北大图书馆另藏有《抚远大将军奏议》，不分卷，抄本1册，仅收奏稿26件，实为选录节本，今简称之为《奏议》节本。中国社会科学院历史研究所清史研究室于1982年编辑出版的《清史资料》第三辑第159–196页收录之《抚远大将军奏议》，即此《奏议》节本。最近新出版的《抚远大将军允禵奏稿》，20卷，精装1册，收奏稿256件，系由吴丰培（玉年）先生据民初蒙藏院汉译本整理修订而成为《中国文献珍本丛书》之一种，1991年4月由北京全国图书馆文献缩微复制中心出版，今简称之为《奏稿》本。

1987年日本青年学者石滨裕美子女士据东洋文库藏《抚远大将军奏折》（以下简称《奏折》本），持以与《清史资料》第三辑收录的《奏议》本相勘比，撰有《东洋文库所藏写本抚远大将军奏折与清史资料第三辑所收抚远大将军奏议》[①] 一文 。

① 《蒙古研究》，第18辑，第6–7页，1987年。

据统计,《奏议》节本只收奏件：康熙五十七年十月二十八日、十二月五日各1件，康熙五十八年二月十日1件，同年二月二十日2件，同年三月五日、十三日、二十三日各1件，同年四月十六日4件，同年五月十二日、六月十三日各3件;(中缺)康熙六十年十月二十二日3件，康熙六十一年五月六日2件，同年十月二十七日1件。共24件。《奏折》本所收：康熙五十八年十一月六日9件，同年十二月二十八日1件。康熙五十九年二月九日7件，二月十二日3件，同年三月二十一日4件，三月二十八日1件，同年四月二十二日5件，同年五月二十一日4件，同年六月二日4件，六月七日1件，六月十日2件，六月二十二日、二十九日各3件，同年七月四日2件，七月十日7件，七月二十二日3件，七月二十六日2件，同年八月二日4件，八月十一日1件，八月二十九日3件，同年九月二十一日1件，九月二十八日2件，同年十月十二日4件，同年十一月四日3件，十一月二十日4件，同年十二月十二日1件，康熙六十年一月二日、十日各1件，同年一月十七日2件，一月二十二日6件，一月二十四日3件，一月二十七日2件，同年二月二十八日3件，二月二十三日10件(下缺)。共111件。今已知《奏稿》收录的奏件为256件，则《奏稿》多于《奏议》节本逾10倍、多于《奏折》本亦近1.5倍。

1990年10—11月两月间，我乘访问日本之暇，并获神田信夫教授之热忱介绍，得借阅东洋文库珍藏的《抚远大将军奏折档》(即《奏折》)，上下两函，共11册，每册页数各异，不记页数。每页两面，每面8行，每行20字，抬行2字，每页中缝有“静文西号”四字。静文西号疑是民初北京琉璃厂东西街文化书店的店铺名，显系抄书用纸。想当年日本学者从北京厂肆书估购得，只11册，已非全书。我查过各种版本，知东洋文库所藏的《奏折》本首册(第1册)同于北京大学图书馆所藏《奏疏》本的第5册，因两本同有康熙五十八年十一月六日一折可证；又《奏折》本末册(第11册)末页为康熙六十年二月二十三日一折同于《奏疏》本的第14册第16页下也。

又按新出版的《奏稿》本与《奏疏》本均为20卷，奏件起讫亦均相同，是否同出一源，有待进一步的探讨，详见下节。

二、 奏档满文的译汉问题

上节提出的《奏稿》与《奏疏》是否同出一源的问题，亦就是《奏档》满文的译汉问题。据吴丰培先生撰写的《抚远大将军允禵奏稿·序》称：“此稿全是满文，原存于北洋政府的蒙藏院。经该院总裁贡桑诺尔布命该院翻译科派员译成汉文。当时我父吴燕绍先生就在该院工作，素研蒙、藏、维各族历史，广事收集有关资料，亟出资请人抄录全份。原拟付印，奈译文非出一人之手，人名、职称、地名均前后分歧，又译者大部分汉文文笔极差，文意倒置，主次不分，竟难读顺……今就译本编纂……文意不通处加以钩乙，使能读通，汰其重复，保留原意。”是《奏稿》系从《奏档》译本传钞，与《奏疏》虽同出一源，但复经吴丰培先生钩乙删汰，已另成一种与旧貌全异的新译本了。

兹举《奏档》康熙五十七年十月二十八日第一奏满文原文[①] 为例：

goroki be dahambure amba jiyanggiyun wang amban ni

Jingguleme wesimburengge，baicaci，hebe gisurehe bade，

ere aniya mudan cooha de tucibuhe hafasa de sunja aniya

funlu，cooha urse de juwe aniya ciyanliyang buki，gemu

juwan biyai bigan i ciyanliyang buki sehebi，ere yuwan buhe

funlu ciyanliyang dasitara de isire be dahame，bigan i ciyan-

1iyang be ging hecen ci ilan biyangge be goroki morin ulebu-

re bade isinaha manggi，wajiha inenggi ci sirame，jai

biyadara bigan i ciyanliyang gaiki jase tucime teileme dosire

erinde，acara be tuwame gaifi buki sembi，erei jalin ging-guleme wes：mbahe，hese be baimbi.

elhe taifin i susai nadaci aniya juwan biyai orin jakun

① 《奏档》，第1册，第1页上-2页。

amba jiyanggiyun wang

gusai ejen amban wangura

tuijanggin amban usiba

araha tui janggin amban galbi

meiren i janggin amban boose

meiren i janggin amban uksun i hesiha

meiren i janggin amban alimboo

meiren i janggin amban gioroi alibu

coohaii jurgan i hashu ergi ashan amban bime dorgi ya-

muni

ashan i bithei da i baita be kamcifi isihiyara, an i cooha

jurgan i

baita be icihiyara amban jakdan

《奏疏》[①] 译为：

抚远大将军王臣谨奏；查会议处拟请在军此次官员著给五年俸银、兵丁二军钱粮，均给十个月行营钱粮等语。此次支借俸饷，既（即）便治装，行营钱粮，自京师先领三个月，俟到喂马场后自用竣之日，陆续再行按月请领，至出口临阵时，拟请酌量颁给。为此谨奏请旨。

康熙五十七年十月二十八日

大将军王 臣

都统臣 旺乌哩

护军统领臣 五十八

委护军统领臣 噶拉毕

副都统臣 宝色

副都统 臣 宗室和什和恩

① 《奏疏》卷1，第1页上–2页上，按《奏折》缺此奏。

副都统臣阿林保

副都统臣觉罗伊里布

兵部左侍郎兼管内阁学士事务仍办兵部事宜臣札克丹

今据经过吴丰培先生整理编纂的《奏稿》，不但“统一了人名、官名、地名”，而且在每一奏件之“文前摘录事由”“每篇拟目，以便检用”[①]。如《奏疏》第一奏第一句“抚远大将军王臣□□谨奏”，《奏稿》改为“奏请将行营钱粮陆续发给事”，即所谓“摘录事由”；并于奏文前标题为“请将行营钱粮陆续发给折”，即所谓“每篇拟目”；又《奏稿》将原奏末尾之年月日移于每奏“拟目”之下。第一奏的奏文中两本亦有异同处，如《奏疏》“陆续再行按月请领”，《奏稿》无“陆续”两字；又《奏疏》末句“为此谨奏请旨”，《奏稿》作“谨奏”。再者，原奏列名者，《奏疏》“大将军王臣”下缺名，而《奏稿》补“允禵”两字。查《奏档》原未署名，是誉录翻译者为胤祯讳也。则“允禵”之增入，显然出于《奏稿》改编者之手。同奏列名中有“噶拉毕”下，《奏稿》用括号标“尔弼”两字，并注出依《清实录》改。又如第二奏，《奏稿》除增拟目有改动外，《奏疏》“奉皇父谕旨派臣带管正黄旗□支”，《奏稿》无“皇父谕”三字；又《奏疏》“除令扎各旗营外”，《奏稿》无“营”字；又《奏疏》“伏候皇父指示谨奏请旨”，《奏稿》作“伏乞训示谨奏”。“候皇父指示谨奏请旨”，《奏稿》作“伏乞训示谨奏”。再如康熙六十一年十月二十七日最末一奏，《奏疏》中“年庚尧”凡四见，而《奏稿》中均改作“年羹尧”。依前所述，《奏疏》与《奏稿》的译文迥有差异，知译者非出一人之手。相对比较而言，《奏疏》接近《奏档》的原文，而《奏稿》辗转传抄，或多有窜改。即如年羹尧一名之所以改译作“年庚尧”者，疑在雍正二年（1724年）年羹尧案发之后，译者故为隐讳以远嫌，亦未可知。考《奏疏》最末一奏之前康熙六十一年十月十一日一奏中“西□”凡两见，《奏稿》均写作“西宁”。则知“旻”一字为清宣宗旻宁的避讳字，是《奏疏》的抄译一定在道光年间或其后，早于《奏稿》无疑。又《奏折》本只有 11 册，前缺 4 册，后缺 5 册。上述《奏疏》与《奏稿》相校异同之处，正为《奏折》本所缺，故无从与之对勘。

今略举《奏稿》《奏疏》与《奏折》三者中数例相对勘：如《奏稿》有“生杀在大将军处理”[②]一句，《奏折》中“大将军”下有“王”[③]字不脱；又如《奏稿》有

---

① 《奏稿·序》，中语。

② 《奏稿》卷10，第24页上。

③ 《奏折》，第8册，第5页下。

“赏银十万两、绸五百疋”[①]一句，《奏折》第8册第（15）页上“绸”作“细”，而《奏疏》本脱“银”字，又“绸”误“调”[②]；又如《奏稿》康熙六十年一月二十二日奏[③]末有云：“第巴达克册、噶隆扎什则巴、阿昭拉、杜拉尔台吉、多霍栾达什皆伙同贼准噶尔助逆作乱，毁坏黄教，近害人民等。若不正法，则日后仍从准噶尔贼作乱。是以我等共同商议，第巴达克册，扎什则巴，阿昭拉杜尔台吉，多霍栾达什斩首示众，家产、人口、马牲口、田地抄没。照数查核，皆给达赖喇嘛属下。再一般逢迎准噶尔人等，拟从宽酌量治罪或免释”等语，持以与《奏折》相较，“第巴达克册”作“迪巴达克咱”（下同）。“噶隆”作“嘎隆”，“伙同贼准噶尔”作“准噶尔伙贼”，“助逆作乱”上多出“从此等”三字，“黄教”作“道教”，“迫害人民等”作“破坏地方人等”，“若不正法”作“不以正法”，“日后仍”作“日后必仍”，“从准噶尔贼作乱”作“从中作乱事行”，“共同商议”删“同”字，“阿昭法、杜拉尔台吉、多霍栾达什斩首示众”改为“等五人随逆贼帮行，断不可留”“属下”作“上”，“一般”作“小”，“拟从宽”作“应从宽”，“或免释”删“或”字[④]等，从而充分证明《奏折》与《奏疏》《奏稿》两者的译文差异显然，译者亦决非出一人之手。然则《奏疏》《奏折》与《奏稿》三者虽均本自《奏档》，而译非一时，又非出一人之手。加之传抄屡易其人，历有窜改润饰。古人云：“一源十流”，此之谓也。

三、 抚远大将军之特命

前已述及，胤祯受命为抚远大将军出自特命，固无论矣；然胤祯以贝子称王而被称为抚远大将军王，则又何说以对？两年前，我撰有《满族贝子称王考》[⑤]一文，曾引《抚远大将军王奏档》中满、汉文之称goroki be dahambure amba jiyanggiyun

① 《奏稿》卷12，第29页上。

② 《奏稿》卷12，第15页上。

③ 《奏稿》卷12，第26页上下。

④ 《奏折》，第10册，第18页上。

⑤ 刊于《中央民族学院建校四十周年学术论文集》，中央民族学院出版社，1991年，第124–132页。

wang与汉文之称“抚远大将军王”为自称，奏之于君父之前，当非俗称，而为乃父圣祖玄烨所默许；虽亦提及圣祖玄烨《给抚远大将军王胤祯敕书》,《敕书》中亦称其子胤祯贝子为“抚远大将军王”，但我当时尚未亲自见到圣祖玄烨亲笔所写之满汉文敕书 。后承北京中国第一历史档案馆张莉同志为我复印馆藏清圣祖玄烨亲笔所写《给抚远大将军王胤祯敕书稿》之满汉文敕书各一份 。兹先节录满文① 如下：

huwangdi hese goroki be dahambure amba jiyanggiyun wang in jeng de wasimbuha, …… cohome simbe goroki be daham–bure amba jiyanggiyun obufi, manju monggo niowaggiyan tui cooha be uheri kadalabume unggimbi, si yaya babe necin wang nersu galai amban i baita be daiselaha hung su. gusai ejen yan sin. gūsai eJen tutsung. tui janggin galbi. meiren i janggin alimboo. tsung bing gūwan li lin. bar kul i juguni jiyanggiyun funingan sei emgi faksikan i arga deribufi uheri hebdeme yabu …… geren jugun i cooha, monggoso i cooha be fidere fidere forgoso.

次录满文译汉② ：

皇帝敕谕抚远大将军王胤祯 …… 特命尔为抚远大将军，统领满洲、蒙古、绿旗（即绿营）大兵。一切事宜，尔与平郡王讷尔苏、署理前锋统领弘曙、都统颜信（一作延信）、都统楚仲（一作楚宗）、护军统领噶尔弼、副都统阿林保、总兵李麟（一作李林）、巴儿库儿（一作巴里坤）富宁安等酌定方略，公同计议而行 …… 各路大兵及蒙古兵丁听尔调遣 ……

从中不难看出，圣祖玄烨既命胤祯“统领满洲、蒙古、绿营大兵”约10万人，同时授胤祯以“听尔调遣”的指挥大权，而且在亲笔敕书中直接称之为“抚远大将军王胤祯”。这是出于当时皇帝本人与胤祯君臣父子之间，朝野臣工，从而效尤，称之为王，名正言顺，又何僭妄之有？

无怪乎胤祯甫抵西宁之日，今青海省西宁市之西宁卫属人民等即呈称“圣主（圣祖玄烨）眷念民和，施恩万户，遐迩普被仁泽，众民得生 …… 幸王（胤祯）新

① 见第一历史档案馆馆藏《宫中杂件》中。

② 见第一历史档案馆馆藏《宫中杂件》中。

奉谕旨，颁布恩惠，临边地，本愚民等即如亲见圣主，叩瞻天颜”[①]。又今甘肃省武威县之凉州士民等亦呈称“本凉州地居边壤，近数年因遭旱灾，圣主特沛恩施，叠次豁免人民钱粮草豆，所以小民各得生路……幸王亲承谕旨，率领大兵，来至本省。我小民见王，即如朝觐天颜（指圣祖玄烨），叩谢天恩”[②]。是胤祯之出征西陲，甘、青官民人等“如亲见圣主”，不啻以胤祯为乃父圣祖玄烨的亲身全权代表视之矣。

我昔年撰文曾以随胤祯西征之“王、贝子、公、闲散宗室等凡十六员”中之“内廷三阿格”为圣祖玄烨第三子胤祉；又在小注中据《实录》康熙五十八年三月乙酉“皇三子和硕诚亲王允祉恭请上（圣祖）幸王园，进宴”。认为胤祉于未抵西宁以前，已半途而返北京。则抵西宁之阿哥为另一阿哥，其名待考云云[③]。1982年《清史资料》第3期重刊《奏议》，附注亦指出：“据《清圣祖实录》载：康熙五十八年二月己巳，康熙帝‘幸畿甸’，命皇三子允祉等‘随驾’，四月庚寅，允祉‘恭请上幸王园，进宴’，七月，随帝‘行围’，则允祉并未抵西宁。此处三阿格，到底是允祉原随出征而后来半途回京，还是本书译、抄过程中出的差错？待考。”[④]查胤祯于五十七年十二月十二日起程，同月十七日抵上花园，二十八日抵代遥，于次年（五十八年）一月八日驻保德州（山西省今县），同年二月六日至恒城渡口，同月十日抵宁夏（今银川市），同年二月中，始抵西宁（青海省今市）。知胤祉未抵西宁，则是确凿无疑。但在未离京前的六、七天之同年十二月初五日奏文中明云“内廷三阿格”[⑤]，似即是胤祉。惟通读《奏稿》，康熙五十八年四月十六日奏中仍有“王阿格”[⑥]，初疑为“三阿格”之误；后检查《奏档》卷1第（70）页上满文原作“amban ilan age”，知“王”指胤祯而非胤祉。又胤祯于未抵西宁之前，同年康熙五十八年

---

① 《奏稿》卷2，第16页上下。

② 《奏稿》卷3，第1页上。

③ 拙著《胤祯西征纪实》，见《清史杂考》，北京：中华书局，1963年，第200页。

④ 《清史资料》，第3期，第161页。

⑤ 《奏稿》卷1，第2页上。

⑥ 《奏稿》卷1，第30页上。

一月八日奏中又有“沿途雨雪……臣及诸子仰赖福庇，均甚安好”① 和同年八月二十二日奏中有“班禅恭请圣安，并请大将军王、众阿哥等安”② 等语。按《奏档》卷1第（10）上与卷4第（4）上满文原文，前者作“amban mini beye juse se”，后者作“amba jiyang-giyun wang geren agesei elhe be baiha”。则知“诸子”“众阿哥”与“王阿格”为同义语，则“三”之满文为“ilan”而非“ilaci”，与“内廷三阿格”《奏档》卷1第（3）上满文原文作“dorgi ilan age”的三个阿哥正合。再证以《奏稿》中“贝子臣禄斌”外之有“臣弘书、臣弘禧、臣广善、臣永乾”③ 等人，似“弘书”即“弘曙”，“弘治”即“弘晊”，“弘禧”即“弘晳”。据清室谱牒：弘曙为圣祖玄烨第七子允祐的第一子④，弘晊为圣祖第五子允祺的第二子⑤，弘晳为皇太子胤礽的第二子⑥。又“永乾”疑即“王子永谦”⑦，而宗室延信，圣祖玄烨明言“为我之侄”⑧，盖延信为肃亲王豪格第三子猛峨的第三子，豪格为圣祖的伯父，则猛峨为圣祖堂兄弟，其子延信自是圣祖的子侄。延信于康熙二十七年（1688）正月被授三等奉国将军，受命随胤祯西征，正值知命之年，确为军中的关键性人物，卒以进藏有功，袭封固山贝子，晋多罗郡王。然则胤祯受命抚远大将军西征，其随征之王、贝子、公、闲散宗室等之多，庄严隆重有如此者，有清一代未之有也。

四、三个六世达赖喇嘛之真假问题

胤祯之受命西征，目的在完成驱准保藏的军事任务，以西藏“原系固什（一作

① 《奏稿》卷1，第3页下。

② 《奏稿》卷4，第2页上。

③ 《奏稿》卷1，第4页下，《奏议》节本，第161页。

④ 牟其波编纂：《宗室王公世职章京爵秩袭次全表》（清光绪三十二年石印本以下简称《袭次全表》），卷6，第13页上，15页上。

⑤ 《袭次全表》卷6，第9页上。

⑥ 《袭次全表》卷6，第2页上。

⑦ 《奏稿》卷1，第21页上。

⑧ 《袭次全表》卷4，第10页上下。

顾实）汗所创设，世代固什汗之子孙助兴教道，与准噶尔何干？”[①] 而更在贯彻执行其父圣祖玄烨“为推广黄教，撤销准噶尔所立伪达赖喇嘛坐床，以大兵之力送达赖喇嘛”[②] 的宗教使命。所谓“以平靖教务为要事，以军旅为小事”[③] 者也。

先是，五世达赖圆寂后，第巴桑结嘉措选定藏南门隅（今门巴族）之宇松地方人仓央嘉措为六世达赖喇嘛之灵童。旋拜五世班禅罗桑益喜（1663—1737）为师，剃发受戒，并取法名为罗桑仁钦仓央嘉措，被送至拉萨布达拉宫坐床[④]。这是最先立的第一个六世达赖喇嘛。迨第巴桑结嘉措被俘处死后，拉藏汗于1707年（康熙四十六年）另立巴噶曾巴伊喜嘉措为六世达赖喇嘛，而以第一个六世达赖为伪，非真达赖喇嘛灵童，清廷命执献京师。但第巴桑结嘉措余部逃至准噶尔，求救于策旺阿拉布坦。1717年（康熙五十六年）准部兵潜入藏，杀拉藏汗，拘禁所立之新达赖喇嘛于扎克布里庙[⑤]。被禁锢的新达赖喇嘛为第二个六世达赖喇嘛。

两个六世达赖喇嘛谁真谁假，姑且置之不论；而拉藏汗所立之第二个六世达赖亦被废，又不为西藏僧俗人等所承认，故圣祖为了尊重藏、蒙僧俗人民对达赖之深情厚义，乃又另立一新小呼毕勒罕，即当时住在西宁塔儿寺的一个西康年青活佛噶桑嘉措（一作噶勒藏加木错，噶或作嘎，其父为索诺木达尔扎）[⑥]，实际上为第三个六世达赖喇嘛。据胤禵奏称：“今策旺（阿）拉布坦阅此文，我们意以达赖喇嘛呼毕拉罕为非，策旺（阿）拉布坦可识否？霍木什木（即塔儿寺）博迪萨都呼毕拉罕达赖喇嘛，圣主识外，何人（能）识亦非先五代达赖喇嘛呼毕拉罕圣主所封。今封此呼毕拉罕，我们派万兵咨送，先在盟地，策旺（阿）拉布坦极奸猾人，不致（敢）

---

① 《袭次全表》卷6，第34页上。

② 《袭次全表》卷17，第4页上。

③ 《奏折》卷1，第50页下，按《奏稿》卷6，第29页上“要事”作“要多”，以“要事”为是。

④ 牙含章：《达赖喇嘛传》，北京：人民出版社，1984年，第40页。

⑤ 《达赖喇嘛传》，第41页，参《奏稿》卷15，第8页上。

⑥ 《达赖喇嘛传》，第43页，按《奏稿》卷3，第16页下与卷6，第11页上均作“小呼毕勒罕之父索诺木达尔札”，而《奏折》第5册，第14页下则作“达赖喇嘛阿玛索诺木达尔扎”，“阿玛”满文“ama”，意即“父”也。亦足证《奏折》与《奏稿》两者译本非出一人之手 。

言说。”① 又奏：“土伯特（即唐古特）众喇嘛人民，俱言在西宁现有呼毕拉罕，实为达赖喇嘛之呼毕拉罕。天朝圣主将新呼毕拉罕安置在达赖喇嘛禅榻上座，广施法教，实与众人相望之意允协。”② 故又有“本青海人众，无论圣主如何颁布，无不遵行”③ 之奏。此即胤祯所称“令达赖喇嘛坐床，定黄教之道，以安各唐古特、蒙古等之心”④，正合前引完成“平靖教务为要事”的宗教使命之意。

新立的小呼毕勒罕噶桑嘉措即第三个六世达赖喇嘛，原住西宁塔儿寺，由胤祯派兵护送，于康熙五十九年（1720）四月二十二日从西宁起行，同年五月二十四日抵三音索洛木，六月二十日到达木鲁乌苏⑤。一路护送满洲兵800名、绿旗兵800名⑥，合1600名。不分昼夜，兵不卸甲，第三个六世达赖小呼毕勒罕居其中⑦，前呼后拥，戒备甚是森严。从木鲁乌苏起，始由都统延信接送，同年九月十五日赶至拉萨布达拉宫坐床，一切平安无事⑧。圣祖以第三个六世达赖年幼，尚未学经，而五世班禅世代尊敬，令其奉之为师，受教经义。五世班禅于同年十月十八日至藏。是日，延信率领大臣官员等出藏在10里外迎接，献哈达；第三个六世达赖出布达拉宫亲自迎接，执弟子礼甚谨，呈哈达三次叩见。五世班禅坐高床，为一级坐。令达赖坐原床，补行坐床礼⑨。礼至隆重也。

关于六世达赖喇嘛，如前所述，共有三人：第一，即第巴桑结嘉措所立之仓央嘉措，始终得到藏、蒙僧俗人民的认可；第二，即拉藏汗所立之伊喜嘉措，但未得到藏、蒙各部僧俗人民的承认，被策旺阿拉布坦废黜后，清廷亦未再过问；第三，即自西宁塔儿寺觅得之噶桑嘉措，被清廷又册封为新六世达赖喇嘛，并送至拉萨布

① 《奏折》第2册，第8页下，按此奏不见《奏稿》。
② 《奏稿》卷5，第13页上。
③ 《奏稿》卷5，第23页上。
④ 《奏稿》卷5，第14页下。
⑤ 《奏稿》卷8，第3页上，19页上。
⑥ 《奏稿》卷11，第14页下。
⑦ 《奏稿》卷14，第14页上。
⑧ 《奏稿》卷12，第3页上，11页上。
⑨ 《奏稿》卷15，第1页上–2页下。

达拉宫坐床。噶桑嘉措得到藏、蒙僧俗人民的认可，圆寂后，由于仓央嘉措被默认为六世达赖，故清廷亦默认噶桑嘉措为七世达赖。这一段真假六世达赖喇嘛公案的过程，就是如此①。

五、胤祯回京奔丧的时间问题

胤祯于康熙五十七年（1718）年底离京西征，三年后于康熙六十年（1721）年底曾回京一次，请求来年如何进军准噶尔部之事，所奏："臣（胤祯）不亲去恭聆圣训，难以率行；且臣三年久离皇父（圣祖玄烨）膝下，孺慕殷切。"② 当时议政大臣亦均以"来年进兵，事关至要，大将军王（胤祯）不亲自觐见，面聆圣旨，则难率行"③。而圣祖既同意"令大将军王来，印交讷亲王讷尔苏（苏一作素）"，但又以策旺阿拉布坦处（指准噶尔部）若有大事，大群随来，则大将军王停来"④。是知胤祯之坐镇西陲固不可一日轻离职守也。考之是年十月，有胤祯领子（即侄弘曙）"急速于是月二十日甘州（今甘肃省张掖县）起身"⑤ 赴京之奏，以前 年胤祯回京"沿口绕行四十日"计，是年十一月下旬或十二月上旬当可至京也⑥。

越年，康熙六十一年（1722）九月十九日，胤祯又有入觐请旨之奏，最大理由为："来年皇父七旬圣寿超古大庆典礼，天下满、蒙、汉并凡入图册人等无不欢悦，虽绝域外国人等亦无不欢悦。为臣子者逢此盛典，仰瞻天颜，晋叩万万岁大庆之意尤不能止。"⑦ 同年十月二十七日胤祯尚有派员护送策旺阿拉布坦差员踹那木喀等进京的最后一奏，各本均同。则知胤祯离甘州启程赴京必在是年十月底或十一月初，

---

① 黄奋生：《藏族史略》，北京：民族出版社，1989年，第258页。

② 《奏稿》卷18，第45页下–46页上。

③ 《奏稿》卷19，第4页上。

④ 《奏稿》卷19，第4页上。

⑤ 《奏稿》卷19，第4页下。承邓锐龄教授检示《仁录》卷295，第14页下云："癸丑，抚远大将军允禵至南苑陛见。"癸丑为康熙六十年十一月十七日，与我推断为十一月下旬正合。邓教授不吝指示，谨申谢忱。

⑥ 《奏稿》卷18，第46页上。

⑦ 《奏稿》卷18，第46页上。

抵京当在十二月初旬或中旬。

众所周知，圣祖玄烨卒于康熙六十一年十一月十二日（1722年12月19日），世宗胤禛即于第二日下谕："西路军务，大将军职任重大，十四阿哥允禵（即胤禵，雍正元年所改）势难暂离；但遇皇考大事，伊若不来，恐于心不安。著速行文大将军王，令与弘曙二人驰驿来京。军前事务，甚为紧要。公延信著驰驿速赴甘州，管理大将军印务，并行文总督年羹尧于西路军务粮饷及地方诸事俱同延信管理。年羹尧或驻肃州（今甘肃省酒泉县）或至甘州办理军务，或至西安办理总督事务，令其酌量奏闻……应速行文大将军王将印敕暂交平郡王讷尔素署理，即与弘曙来京"[①]。事实上，胤禵与弘曙分别由副都统阿尔纳（纳一作恩）、阿林保分成两起[②]，疑是强行押解胤禵回京。但据记载，世宗于康熙六十一年十二月十七日有"大将军王来时，朕止令副都统阿尔纳随来，弘曙令副都统阿林保随来"[③]一谕，知胤禵于圣祖逝世后一个月零五天已到北京，则咨送谕旨及胤禵来京，一往一返仅三十五日。在两个半世纪以前交通很不发达的情况之下，是很难想象能达到行走如此神速的地步的。

关于胤禵回京奔丧的时间问题，结合上述历史事实考察，比较合理的推测是，胤禵于康熙六十一年九月十九日奏请入觐祝乃父七旬万寿大典，同年十月底或十一月初从甘州于同年年底前赶至北京。是胤禵抵京之日，即在圣祖逝世之同时或稍后几日，不待乃兄世宗胤禛于父死之第二日急忙下诏召之回京奔丧也。按上次胤禵回京请示，是有乃父亲笔敕书方能起程；此次如果不是乃父手敕，只凭乃兄世宗一纸文字即命驾言旋，束手待缚，亦是不可想象之事。何况时间如此巧合，胤禵于圣祖临终之前即已离任起程来京，正好为乃兄世宗所利用耳。

再者，上次胤禵回京偕侄弘曙同行，亦已得圣祖许可，未闻二人分作两起行走；而此次又是叔侄二人一路同行，何以必须分成两起，胤禵由副都统阿尔纳伴随、

① 《清世宗宪皇帝实录》（伪满景印行，下简称《宪录》）卷1，第9页上–10页上。

② 《宪录》卷2，第10页上。

③ 《宪录》卷2，第29页下。

弘曙由副都统阿林保伴随[1]？而一路同来之参赞大臣渣克旦（一作查克丹）又何以被说成是“擅自违旨前来”而受到“革职留任”、发“回军前效力赎罪”[2]之处分？此则正足以启后人之疑窦，如果历史上无世宗夺嫡一公案之存在，则当时自不会发生如此之多不易解答的问题也。

【附记】

本文经苏晋仁和邓锐龄两教授过目，并提出修改意见，特此致谢。

① 《宪录》卷1，第10页上。

② 《宪录》卷2，第29页下–30页上。

年羹尧西征问题
——兼论雍正西北民族政策

长期以来，国内外史学界每以年羹尧之奉命西征青海，尽毁喇嘛寺庙，多杀喇嘛僧人，为摧残藏传佛教（俗称喇嘛教）的罪魁祸首；加之，年恃拥立功，妄自骄蹇，又不避嫌远疑，卒遭杀身灭门之祸，成为历史上罪不容诛的一大罪人。关于年助清世宗胤禛夺嫡的事实，我早年已作过一些考证[①]，兹不复赘；这里需要提出来加以讨论的是年羹尧西征青海问题。所堪注意者有二点：一是年出任川陕与胤禛夺嫡有关；二是年西征青海，毁寺庙、杀喇嘛的事实真象。顷因重读《年羹尧奏折》专辑[②]一遍，复参稽清代官私有关历史文献，就上面提出的两点，略抒已见：一则以补我早年所论证的不足；一则治史者知人论世，应依年羹尧本人之功过，实事求是，有几分功过说几分功过，不容妄为增减。尤以雍正初年对西北各民族的政策，乃出自清代统治集团的深思远虑，而为最高统治者清世宗胤禛一手所定。执行者年羹尧或有失误，固不能为其开脱罪责，然毁寺庙、杀喇嘛的事实真象是否如后世传闻者之过甚其词，仍当详加考核，据事审查，分辨是非，以正视听；何况清代宗教信仰政策与西北各民族人民息息相关，又不尽关系年一人之事之得失，岂可不分清功与过而为之表白于二、三百年之后？是则本文之区区微旨，或亦为世之方家所首肯者耶？

① 拙作《清史杂考》，北京：人民出版社，1957年（以下简称《杂考》），第157-161页。

② 上、中、下三册，台北《故宫文献》特刊第二集，1971年出版，以下简称《奏折》。

一、出任川陕与清世宗

年羹尧（？—1726）字亮功，号双峰，镶蓝旗满洲人。湖北巡抚年遐龄第二子，一家三世，为清室臣仆。年之出任四川巡抚在康熙四十八年（1709）二月①，而到川抚任所则在同年十二月十五日②。年为雍邸人，他在康熙五十六年（1717）五月二十三日《回奏孟光祖至川情形折》中明白自称："臣属雍亲王〔清世宗胤禛〕门下，八载于兹。雍亲王并未遣人至川赏赐物件。"③这话出自年本人之口，自是铁证如山。然所云"八载于兹"，正确的解释是指年于康熙四十八年出任川抚到康熙五十六年年上奏时，正好为八年。而这八年间雍亲王胤禛从未遣人赏赐过年羹尧任何一件物品。则知年为雍邸之人早在康熙四十八年以前，而不是指康熙四十八年这一年年才是雍邸之人。当时人顾陈游塝说"年公〔羹尧〕起家词林"④，则是指年中庚辰科进士第三甲第二百十八名，在康熙三十九年（1700）⑤。从而可知年羹尧与清世宗的主奴关系早已存在，康熙晚期诸皇子分党相攻，储位之争愈演愈烈，年为雍邸人，其为皇四子胤禛（清世宗）的死党是不言而喻的。年的出任川抚，后升至川陕总督，年在外与隆科多在内同为胤禛谋则一。但从表面上看，年一心一意、全力以赴地在为清圣祖玄烨和他的皇十四子胤祯（时为抚远大将军，出驻青海西宁）竭蹶效命；其实，在骨子里，则为其主子胤禛出谋画策，从军事布置和用人行政上，多方牵制胤祯，使之不能大有作为。最后圣祖一死，胤禛获登皇帝宝座，如愿以偿，大功卒以告成。故清世宗与年羹尧君臣主奴之间喜形于色、溢于言表者，在《年羹尧奏折》和清世宗朱批中处处可见：

> 雍正元年（1723）正月十二日年羹尧《奏请叩谒梓宫折》云："窃臣质本庸愚，少登仕籍。…… 不十年而奉命抚川，又十年而两晋总督。…… 不意圣

① （清）弘旺：《皇清通志纲要》原稿本，卷5，第64页上。

② 《康熙朝汉文朱批奏折汇编》（北京：档案出版社，1984年，以下简称《汇编》），第二册，第772页。

③ 《奏折》下册，第812页。

④ 《杂考》第187页注111引。

⑤ 房兆楹、杜联喆合编：《增校清朝进士题名碑录附引得》，北平：哈佛燕京学社，1941年，第50页。

祖宾天，四海九州，黄童白叟，莫不哀号，如失父母，况受恩深重如臣者：……”①

同年同月同日年《再陈恳请陛见愚忱折》云：“若不得逐一敷陈，面请训旨，不独臣无所遵循，其有于民生吏治，非浅鲜也。至于军务更关国家大计，必大局先定，然后条分缕晰，庶为善后之策。我皇上圣明天纵，固有乾断，而臣于此事未尝一日忘之……”②

里面说的“国家大计，必大局先定”和“臣于此事未尝一日忘之”的“大局”，自然是指清世宗夺嫡成功，嗣位以后如何处置敌对诸党之事而言。又如：

雍正元年八月十三日年《谢赐诗扇折》内有云：“得知圣躬万安，京城内外平静无事。”清世宗于奏折末朱批：“实赖尔等中外协力赞襄，大家劝勉，以成全皇考〔圣祖玄烨〕体面也。”③

从雍正元年正月到同年八月，距圣祖卒于康熙六十一年（1722）十一月已逾十个月了。这里说的“京城内外平静无事”，与上面说的“必大局先定”，当指清世宗夺嫡成功同一件事；又说“尔等中外协力”，其中包括年在外、隆（科多）在内二人出力最多无疑。尤以所云“成全皇考体面”一语，只有他们二人所作所为不可为外人道之事了。第二年，清世宗与年羹尧二人喜悦之情，犹不时流露出来：

雍正二年（1724）正月初二日年《奏谢貂皮褂等物折》有云：“臣屡蒙恩赐，分已难安；而今次宠颁，更在寻常格外，愧难图报。”句旁朱批：“实尚未酬尔之心劳功忠四字也！我君臣分中，不必言此些小。朕不为出色的皇帝，不能酬赏尔之待我；尔不为超群之大臣，不能答应朕之知遇。惟将互相〔原折蚀去一字，疑脱“劝”字〕勉在念，做千古榜样人物也”。④

从中可以看出，清世宗与年羹尧君臣主奴间的特殊关系，所谓年之“心劳功忠”

① 《奏折》下册，第843页。按折内所云“少登仕籍”，即指康熙三十九年中进士而言；又云“两晋总督”，则指升四川总督在康熙五十七年，授四川陕西总督在康熙六十年而言。

② 《奏折》下册，第844页。

③ 《奏折》下册，第847页。

④ 《奏折》下册，第855页。

四字，绝非指康熙六十一年和雍正元年二年间继位一事而言，至少从康熙四十八年出任在外起，年为清世宗扼制抚远大将军皇十四子胤祯的军事行动起了决定性作用。从朱谕中的字里行间，不难窥见一斑。

同年同月初三日朱谕末云："宫中平安，都中内外安静，特谕令尔知喜！"①

同年七月十八曰年羹尧《谢赐荔枝折》云："伏念非分之荣，人臣固已罕觏；而心依北阙，不能一日释然者。"旁有朱批："尔之真情，朕实鉴之，朕亦甚想你！亦有些朝事和你商量者，大功告成，西边平静，君臣庆会，亦人间大乐事！"②

同年四月二十五日年《谢赐御书词扇折》末，朱批云："都中内外平静，人情颇顺。今岁上苍慈佑，直省等与口外种田处，大概俱获丰收，可书'大有'。此皆仰赖皇考在天之灵赐佑，与内外诸贤卿之赞襄，招感天和之所致，而卿一人更功居其大半，朕实庆幸之至！"③

同年八月初五日年《谢赐鲜枣折》末朱批云："朕准卿来京，朕亦甚喜。先所有未定一点缘由，见面再向你说，大功告成多日，君臣庆会在迩，临书不胜欣喜！"④然则所谓"京城内外平静无事"，"西边平静"，"大功告成"云云，欣喜之情，跃然纸上，其指清世宗继位一事而言无疑。而所云"内外诸贤卿"，自然包括隆科多在内而年在外而言，按之当时形势隆在内，手握九门提督统领二、三万之兵权，完全可以控制住京师内外的治安和安全；而清世宗仍以年"一人更功居其大半"者，如果不是指年制胤祯之死命，又何所指而云然？证之后来传言清世宗将起用胤祯时，胤祯愤懑地说："若欲令我任事，总理事务，须将隆科多、年羹尧二人摈斥。"⑤稽诸当时情事，胤祯之言，不为无因，似可信赖也。

① 《奏折》下册，第855页。

② 《奏折》下册，第861页。

③ 《奏折》下册，第861页。

④ 《奏折》下册，第861页。

⑤ 《杂考》第204页注21。

二、抚远大将军与胤禵

16世纪中期，和硕特部成为卫拉特蒙古四部（另三部为准噶尔、土尔扈特、杜尔伯特）中最强大的一部，在17世纪初期，大部分部众在顾实汗统率下南迁青海，随即入占拉萨，建立了在西藏的统治地位。辖区囊括今青海、西藏、甘肃、四川的藏族地区，统治时间长达近80年之久，终被准噶尔部首领策妄阿喇布坦所夺取。清政府采取“驱准保藏”政策，圣祖先令年羹尧亲赴川西北松潘地方办理军务，并令护军统领温普驻扎川西理塘，自打箭炉至理塘增设驿站，增兵驻防。年因办理得当，深得圣祖赏识，于康熙五十七年（1718）十月被授为四川总督，兼巡抚事。从此，年不但在川省有行政权，兼有兵权。同年同月，圣祖第十四子胤禵拜命为抚远大将军，特命其坐镇青海西宁，使之贯彻执行“驱准保藏”政策。年在表面上对胤禵听命唯谨，称之为“大将军王”（时胤禵为固山贝子），尊重之无以复加；而暗地里，年在军糈和用人上，处处想方设法以控制胤禵。兹举两例以说明之：

康熙五十九年（1720）二月初十日年《奏陈遣兵弹压叉木多规画进剿折》云：“……窃维大兵进剿，圣谟已极周祥。……查自炉〔打箭炉〕至叉木多，道路窄狭，又多山领〔岭〕，若每兵二名，亦给驼马三匹，则非特人马拥挤，难以前行；且绿旗非满兵可比，原无随带苦独力〔满语kutule，汉译跟马人〕，险隘之所，马多必难兼顾。今每兵止给驼马一匹，自打箭炉起行不必多带口粮，里塘、巴塘现有捐运米石，随处支给，足资饱腾；即巴塘裹带；亦约计可至叉木多而止，裹粮既少，则马力裕如，蓄力前进，可无疲乏。又查自炉至藏，叉木多为适中之地也，木鲁乌苏已蒙大将军王议令预储军糈，实为尽善之策，川省所当效法；况叉木多已经归顺，彼处番民〔藏族〕莫不感激圣恩，望兵弹压。臣等酌议现今挑选打箭炉满兵二百名，就近令副都统臣鄂弥达带领；再选督标兵三百名、提标兵一百名，于二月内即行起程，先至叉木多，……随将巴塘之米预为运贮叉木多。……大兵进后，此六百名仍驻叉木多，以为声援，甚为有益。……”①

这里有两点值得注意：一是大兵进藏，本来议定“每兵二名亦给驼马三匹”，年奏减为“每兵止给驼马一匹”，则从供应上减去三分之一了；二是年于抚远大将军胤祯大兵进藏之际，增遣满、汉兵合计600名，驻扎在从川西打箭炉入藏的适中的地方叉木多，这就从川西北以箝制抚远大将军胤祯进藏之师向青海东南的扩展。

第二年，康熙六十年（1721）六月，年羹尧又被晋升为四川陕西总督。按当时的行省区划，甘肃属于陕西省区之内，知川陕督为两省总督，辖区所及，抚远大将军胤祯驻所西宁正属于年管辖范围之内，则年在人事安排和军事布置方面，更能对胤祯严加控制了。

康熙六十年八月初一日年《请将川陕文武员弁酌量题补折》云：“……自西招平定，诸务虽减，而大将军王〔胤祯〕现驻甘州〔自西宁移来〕，藏内亦有官兵防守，则奉差办事，尚在需人，分省题补，未免减少。……臣请于川陕两省缺出，即于两省之军前效力人员内通融题补，将见人皆知劝而事易集。至陕甘所属，自古号为劲兵之所，地方紧要。……臣在川最久，武弁优劣，知之最真。嗣后陕省将备、千总缺出，亦许臣于川省武职内遴选题补，以收臂指之效，以为进剿之用。盖与其任人而不知，不若知人而后任耳。况川陕皆臣所属，初无分于彼此，一年之后，则陕省亦如川省，可以尽悉矣。……”②

同年十二月十六日年《参〔原任西安按察司〕永泰折》云：“……因大兵驻扎甘州，分派河东州县卫所买运粮草，以备供支。夫甘州三卫较西宁为宽大，大将军王〔胤祯〕驻扎西宁时，兵马云集，而草料未闻外运；及移驻甘州，兵马之减于前者十已六七。是兵马既少，地方较大，供支粮草自可无误；而必令河东买运，且草束粗重之物，乃使运送于千里之外。……幸赖大将军王明察无遗，……兵马分驻凉州，以就粮草，其在甘州者，就近供支。……乃大将军王甫离甘州，而河东派运粮草，催督如故。……臣遵王〔胤祯〕谕，出

① 《奏折》下册，第829页。

② 《奏折》下册，第834页。

示晓谕，仍令停止。……”①

据此，从年之前一奏中，知年要求“嗣后陕省将备、千总缺出，亦许臣〔年羹尧自称〕于川省武职内遴选题补”。换言之，即年任川期间之武职员弁以替代兼陕督任内之武职员弁，并且明说以一年为期，陕省亦将如川省一样，则收一切用人之权于年一人之手了。从后一奏中看，胤祯从西宁移驻甘州，兵马减十之六七，就地供应粮草，停止河东派运。以抚远大将军王胤祯之尊严，而困处一隅，受年一人摆布，不能大有作为，可想而知。无怪乎当时人署理四川川北等处总兵官印务加总兵衔李如柏奏过：

“先是臣〔李如柏自称〕甫至陕西，年羹尧即向臣说：‘你莫以十四贝子〔胤祯〕之事为得意；你若在我这里也想如此，我万万依不得！’臣不知年羹尧‘万万依不得’者，是何主见？……”②

从年羹尧对李如柏说的这一段话看，年与胤祯的界限分明，莫敢逾越，据此以推，李如柏似原为胤祯部下之人，而后倒向年一边者，或为年收买过来之人，亦未可知。

又雍正二年（1724）五月十一日年《条陈西海〔青海〕善后事宜折》中云：“至抚远大将军印信原可恭缴，然当日〔指康熙五十七年，1718〕因贼亡〔策妄〕阿喇布坦狂逞，扰乱西藏，臣闻圣祖仁皇帝告之太庙，然后令贝子允祯〔即胤祯〕赍印而行，重此印也。今贼亡阿喇布坦已经遣使谢罪，应俟秋冬之间，彼使复来，圣主宥其已往，许其归诚，各路将军振旅而还，然后恭缴抚远大将军之印，仍告庙而藏之太府，方为合宜。”③

按抚远大将军胤祯于康熙六十一年（1722）十一月圣祖逝世后回京，年羹尧代为管理军务，等于实授抚远大将军，以迄于雍正二年五月缴还抚远大将军印信，历时不满二年。虽说年以总督受命抚远大将军妄袭胤祯之例，实则年不能与胤祯相提并

① 《奏折》下册，第839页。

② 《奏折》下册，第1083页。

③ 《奏折》下册，附录第869页。

论，而胤祯之拜命抚远大将军，以“王”相称，非同一般可知。然则年羹尧之功不在受代抚远大将军之后，实在受命抚远大将军之前，年在川陕督任内，手握重兵，处处制胤祯于无所作为之地，卒以导致清世宗胤禛能顺利篡夺皇帝宝座者也。

三、西征西藏与青海

先是，准噶尔部首领策妄阿喇布坦遣其部将策凌敦多卜袭破拉萨，戕杀和硕特部设立在西藏的拉藏汗。年羹尧遵行“驱准保藏”政策，亲赴川西北松潘藏族地区，办理军务，遣兵协剿。清圣祖玄烨以其时年为川抚，巡抚只理民事无督兵之责，即于康熙五十七年十月同一月内既命第十四子胤祯出任抚远大将军，又命年羹尧升任四川总督。于是年遣副都统法喇率副将岳钟琪抚定里塘、巴塘，并派知府迟维德招徕乍丫、叉木多、察哇等番目（藏族头目）；同时，年以定西将军身份亲自从四川拉里配合平逆将军宗室延信从青海往定西藏。年旋改以护军统领噶尔弼为将军，与延信先后攻抵拉萨，策凌敦多卜败遁，西藏平。①

从上述事实中值得提出来讨论的问题是，年羹尧既以定西将军亲自从川攻藏，为什么又改以噶尔弼为将军配合延信攻抵拉萨呢？这是因为当年羹尧出征西藏时，圣祖要年另推四川总督人选，而年以“陕西为天下重地，吏治戎政，须经理于此”②，宁愿放弃出征西藏之定西将军的头衔而一定要保住四川总督的实职，恐怕这也牵涉到控制抚远大将军胤祯，与雍亲王胤禛夺位有关的原故。逾年又有年羹尧晋升川陕两省总督之命。下举三条材料来说明这一问题。

康熙六十年九月十六日年《请简巩昌布政使折》云：“……但甘属自两司而下，上下雷同，合成一局，吏治之不堪，较甚于陕属。是非得才守兼优之两司，夹辅署抚臣，力为振刷，未易改其积习；况用兵数载，钱粮亟宜清理，则

① 《清史列传》点校本，第四册，《年羹尧传》，北京：中华书局，1987年，第924–925页。

② 《奏折》附录，北京：中华书局，1987年，第860页。

布政一缺，尤须久于外任、历练老成之员，方可胜任。……”①

同年十二月初五日年《再奏查参考亏空并题补各官折》云：“若夫川陕二省所出之缺，即将效力人员遵旨题补，非谓其有奇才异绩，迥出异常，用以用兵之际，地方办事需人，难以久候，是以就近选择，量其才能，较其劳绩，随时补用，使免旷官而已。……”②

康熙六十一年（1722）三月二十五日年《镇臣李中月病目折》云：“窃查凉州一镇，内通甘肃，外控番、夷；又值用兵之际，非得镇臣强干精明，练兵核饷，无以资调遣。臣〔年羹尧自称〕自到任之后，……今抵凉州，……面令李中月以目疾〔双目失明〕请休。臣随据呈题达，惟恳圣主速简贤能，以资整顿。”③

很清楚看到，上述年羹尧奏折中十分强调甘肃所属地理位置的重要性，加之甘肃当时尚未分省，为陕省所属，大将军胤祯出镇西宁，后移驻甘州、凉州，均属于陕省境内。则陕西一省的兵权、财权与用人权三者，尤不可轻易放弃。年明说：“川陕两省所出之缺，即将效力人员遵旨题补”，即在一手把持用人之权，而所云：“用兵之际，办事需人，难以久候”，“就近选择，使免旷官”者，又在用自己亲信之人，把他们牢牢地掌握在自己手里。抚远大将军胤祯徒拥虚名，被架空于西北一隅，一旦有事，又何能有所作为？则年羹尧二十年在外，苦心积虑，竭尽精力，以图一逞者，在为其主子胤禛而非为大将军胤祯，岂非路人皆知者耶？

在平定西藏的第二年，康熙六十年（1721）九月，青海有郭罗克番（藏人）动乱的事件，圣祖命年酌调满兵及蒙古兵会剿。年令提督岳钟琪率兵赴松潘进剿，败郭罗克伏兵千人，攻破番寨四十余，斩首三百，擒其头目，余众悉降。逾二年，雍正元年（1723）八月，青海顾实汗之孙罗卜藏丹津，成为和硕特部贵族中唯一的亲王。西藏虽平，清廷封西藏贵族康济鼐、阿尔布巴为固山贝子，隆布鼐为辅国公，

① 《奏折》，第837页。

② 《奏折》，第839页。

③ 《奏折》，第842页。

理前藏事务；颇罗鼐为扎萨克一等台吉，理后藏事务，大失罗卜藏丹津之望，乃胁众叛清，侵掠青海诸部。这年，年特授抚远大将军，岳钟琪为参赞。史载，岳钟琪率瓦斯、杂谷兵剿南川口郭密、呈库、活尔贾诸部，尽歼其众。又载，雍正二年（1724）初，西宁东北郭隆寺喇嘛应叛，年令钟琪等袭斩六千余，并毁其寺。是知屠杀喇嘛僧人六、七千人和尽焚喇嘛寺院，似是无可争辩的历史事实了。烧杀虽不是出之年本人亲手，而年又以何词推脱其责任呢？然按之当时躬临其境、亲预其事者的奏折所说，又不尽然。

雍正三年（1725）六月十六日署陕西按察司事粮盐道仍带监察御史许容奏云："……伏见邸抄直督李维钧…疏内称：'前督臣年羹尧于西宁喇嘛寺内喇嘛僧四、五千人，不分奸良，诛无孑遗；获其辎重数十万金。……'臣〔许容自称〕因思年羹尧在西宁时，自臣到之后，奉令领兵，无一非臣。虽臣到西宁甚迟，就臣经历者，亦有塔儿寺、尔格隆寺〔郭隆寺〕二处。……臣于雍正元年十二月二十四日带领四川汉土官兵到南川营，有兴安镇总兵武正安传大将军〔年羹尧〕密令云：'塔儿寺喇嘛勾连罗卜藏丹尽〔津〕，帮助口粮，侵犯内地，着臣…前往塔儿寺，将寺内所有喇嘛尽行拿了，于内挑选老诚者三百名，仍做喇嘛，令其寺内居住；其余强壮者尽行杀了；幼小者令其各归本家还俗'等语。……黎明时到寺，随将寺院围了，差人唤出喇嘛共有一千一百余名，内有青海蒙古喇嘛六人，其馀皆系附近西宁番子〔藏族〕及土司属上人〔其他族人〕。……据供：'……我等父兄俱畏罪投诚，……与内地百姓〔汉族〕一样当差'。臣切〔窃〕思父兄既已投诚，则子弟虽做喇嘛，亦在投诚之列。若将番子喇嘛中强壮者尽杀，何以示信与番子？随与苏丹等相商，止将蒙古喇嘛六人正法，其馀除仍做喇嘛三百馀名外，俱令回家还俗。臣等即撤兵回营。……"①

同年同月同日许容又奏："……雍正二年（1724）正月初九日，年羹尧面令臣等说，'尔格隆寺〔郭隆寺〕的喇嘛反了；要来抢夺西宁，令臣同苏丹、伊

① 《奏折》附录，第951–955页。

礼布带领满、汉官兵由威远堡一路前进；又令总兵黄喜林、武正安由胜番沟一路前进征剿。约定十二日会兵，俟剿杀明白，将寺院烧毁等语。臣同苏丹等……于十二日辰时到地名华里地方，见对面山上约有八、九千人排列呐喊，恃险拒敌。山下沟内俱系租寺院田地之番子、土民堡寨，……随分兵一半攻寨，一半攻山，自辰至申，铳砲之声不绝，连夺三山，攻破五寨，……杀死喇嘛番子甚多。……是日下晚，各路追杀之兵皆回，拿获喇嘛数名：……至次日十五清晨，传令各兵放火烧寺，十六日回兵，十七日到宁。臣进见年羹尧，回覆将令。随将拿获喇嘛，据供起衅缘由之事，当众人一一告诉。年羹尧惟面红无语，且并不吩咐追究。臣方觉非厅卫妄行，乃有所主使耳'……"[①]

据上引许容奏折的第一段中所说，"年羹尧于西宁喇嘛寺内喇嘛僧四、五千人，不分奸良，诛无孑遗"，与实际情况不符。事实上寺内喇嘛共有1100余名，只将其中为首的青海蒙古喇嘛六人杀了，"其余除仍做喇嘛三百余名外，俱令回家还俗"；第二段所说年羹尧认为"郭隆寺的喇嘛反了"，派兵征剿，在华里对面山上拒敌的喇嘛约有8000—9000人之多，虽说"杀死喇嘛番子甚多"，"拿获喇嘛数名"，并无确实数字，很难推测究竟杀了多少人。但依常情而言，所谓"甚多"，一般说，不过200—300百人，绝对超过不了1000人，何况拿获的喇嘛，明说只有"数名"，则知杀死的"甚多"喇嘛，很可能只有100—200百人或200—300人。即使说这次杀死的喇嘛不算太多，但被杀死的喇嘛是无辜的，说"喇嘛反了"，实则地方官员捏造诬控，至少是年羹尧轻听人言，所以事后年只有"面红无语，且并不吩咐追究"，以不了了之完事。这是事实俱在，历史真相大白，不能替年羹尧开脱罪责的。但仍必须指出，只是要弄清楚年羹尧确实烧毁了不少喇嘛寺院，也屠杀了不少喇嘛僧人，都是历史事实，但总不能像传言之过甚其词，因为有当事人如许容的奏折中供认的话，可以作为确凿的证词，应该说是没有什么问题的。

① 《奏折》附录，第955-960页。

四、雍正西北民族宗教政策

清自康熙末“驱准保藏”战争胜利后，西藏地区归于清王朝直接统治之下，同时青海地区的广大蒙古人民和回部（维吾尔族等）与西番（藏族）等兄弟民族也分别先后被编佐领、编旗，纳入清王朝直接统治之内。

康熙六十年（1721）八月十五日年羹尧《请以杨尽信升重庆镇周瑛升化林镇折》有云：“……前在热河陛见时，亲承训旨，欲将西海〔青海〕蒙古部落，悉照北边〔指外扎萨克蒙古〕分编佐领。……是非陕西之西宁镇、四川之松潘镇，两得其人不可，并非久在边陲有驾驭之才、威远之略者亦不可。盖此事所关甚大，既将集事，先在得人。……”圣祖玄烨朱批：“照例具题”。①

据此可知，从康熙末年起对西北青海地区各民族的政策即“分编佐领”，使之“不相统属”，成为清王朝直接控制下的不可分割的一部分。至雍正初，踵而行之，而一切限制隔离规定也趋于完善起来。

雍正三年（1725）三月十二日年羹尧《奏明蒙古等来京令由边外行走缘由折》云：“……本年二月三十日，理藩院侍郎鄂赖到陕，口传谕旨：‘西海〔青海〕蒙古等三年来京朝觐一次，由边外行走之事，朕意由内地行走与边外行走，皆属一样，无甚关系。年羹尧或另有所知妨碍之处，著伊自行密奏。钦此。’〔年羹尧自称〕愚以为陕省居在边陲，不可使蒙古深知内地之路径；且往来日久，或偷买违禁之物，或跟随人等与内地人民口角生非，或有无知之人误以讹传，恐吓煽诱，皆不能不虑及于此。是以臣之原议欲令其于边外行走。……”②

这就充分说明，即使三年来京朝觐一次，亦必须由边外行走，不许由边内行走，大大限制了西北青海地区蒙古、藏族等各民族人民的行动自由。为了保证清王朝统治的长治久安，不惜在西北各民族和内地间筑起一道高墙使之互相隔离，这种民族政

① 《奏折》，第836页。

② 《奏折》，第872–873页。

策很明显是反动的，是不能为各兄弟民族所接受的。

前面提到过的青海一役，年羹尧滥用职权，烧毁了不少喇嘛寺院，屠杀了不少喇嘛僧人和平民老百姓，是罪在不赦，死有余辜，无人为其翻案，论者亦无异词。然而年羹尧轻听虚报，说西宁的喇嘛反了，就吩咐部下派兵“将寺内所有喇嘛尽行拿了，于内挑选老诚者三百名仍做喇嘛”，“其余强壮者尽行杀了”，固然充分暴露出了年羹尧穷凶恶极的嘴脸，但事实上，执行者并未按照年的指令去执行，上面已如实地做出了说明，这里无须重复。现在要特别提出来的乃是清统治者对西北青海的民族政策以及宗教政策和执行情况究竟怎样？

从上述青海战役的事实中可以看出，清世宗胤禛在雍正初年所采取的“驱准保藏”的民族政策是成功的，一方面完成了其父圣祖玄烨没有完成的“驱准保藏”既定政策，另一方面又为其子高宗弘历对前后藏政教合一的直接统治奠定了坚实基础。同时，我们又不能不承认雍正初年对西北青海地区的民族宗教政策也是成功的。说年羹尧摧残藏传佛教并不完全是事实，因为年羹尧派兵前往塔尔寺和郭隆寺，虽然说过要将寺内所有喇嘛尽行拿了，除于内挑选老诚者300名仍做喇嘛外，将其余强壮者尽行杀了的话，但事实上，执行者“止将蒙古喇嘛六人正法”，“其余除仍做喇嘛三百余名外，俱令回家还俗”。这就很清楚地看到，六名蒙古喇嘛的被正法，无疑是因为他们参加了反抗清王朝对青藏地区的直接统治的活动。

雍正二年（1724）正月初五日年羹尧《奏谢荷包并附报军情折》云：“目今西宁附近番〔藏族〕、回〔回、撒拉等族〕悉已平定，陆续投诚者日有数起。臣〔年羹尧自称〕与苏丹、岳钟琦〔琪〕等整练兵士，喂养马驼，予备进剿。或正、二凡内，罗卜藏丹尽〔津〕等自相残杀，亦未可定。若有可乘之机会，臣已选有精兵四千，闻信便可起身也。”朱批：“何事不可成也，真正不辱大将军三字！”①

雍正三年（1725）七月十二日年羹尧《剖辩李维钧所奏款折》中第三款云：“西宁各寺喇嘛，有为贼人向导者，有助贼人口粮者，所以罗卜藏丹尽〔津〕

① 《奏折》，第855页。

敢于三面犯我边城；且临阵之顷，喇嘛竟敢骑马持械，显与官兵对敌，官兵又岂肯留此奸僧，即将对敌之喇嘛杀戮，其余逃窜。随焚郭莽寺与二格隆寺〔郭隆寺〕。”①

从而可知，年羹尧杀了不少喇嘛僧人和烧了一些喇嘛寺院完全是历史事实。但我们必须承认，这些被杀的喇嘛僧人是向导或帮助罗卜藏丹津的同伙人，被烧的喇嘛寺院是罗卜藏丹津同伙人反清的据点。两军对垒，各为其主，彼此有所杀伤玉石俱焚是不可避免的事。如果我们承认已统一全国近200年的清王朝为祖国民族大家庭的合法共主，那么，和硕特蒙古的一个首领罗卜藏丹津起来搞分裂，妄图成立一个独立王国，应该说是不合法的，也是反动的。仅仅在这一点上，年羹尧站在维护统一的多民族祖国的立场上，坚决贯彻执行了清世宗胤禛推行的民族政策和宗教政策，烧毁了一些喇嘛寺院，镇压了不少喇嘛僧人，是无可厚非的。如果因为年羹尧一生做了许多坏事，连做对了的事也都要全盘加以否认，是不公平的，也是难以令人信服的。

五、余论

世每以清世宗胤禛在军事上的成就，比起在政治上的成就来，要逊色多了。这当然是事实。但在1723—1724两年期间里，清世宗指令年羹尧和岳钟琪很快把青海和硕特部蒙古首领罗卜藏丹津的分裂活动镇压了下去；就在西北青藏地区平定后的同时，起用岳钟琪，收拾了年羹尧，亦犹之重用年羹尧以制服其同胞弟胤禵一样，今因论年羹尧西征问题，故亦将年与世宗的关系附带牵涉及之。

早在雍正三年十月年羹尧被逮严鞫以前八个月，清世宗即在年《为程如丝盐案请旨析》“今周天祐以摘印而革职，未得其平”一句之旁，朱（硃）批：“你〔年羹尧〕如何向朕说起此等话来！”② 本来年为世宗的死党，无话不谈，今竟因这么一句

① 《奏折》，第876页。

② 《奏折》，第870页。

话，而世宗大动肝火，溢于楮墨之间，则世宗不欲留年此一活口，早存杀之之心可知。同年四月，年由手握实权的川陕总督调补虚衔的杭州将军时，有《奏谢调补杭州将军折》内有“臣得自知悔艾”一句，朱批：“我君臣二人实知愧悔方好！”；年折有云：“已为恩出非常”，朱批：“若仍如常，朕原有旨”；年折又云：“且不使终于废弃，宠命下颁”，朱批：“自此受宠若惊，方可法古大臣之万一。不然，我二人为千古大笑话矣！”最后还在年折末尾写了一大段朱批云：“朕闻早有谣言云‘帝出三江口，嘉湖作战场’之语，朕今用你此任，况你亦奏过浙省观象之论。朕想你若自称帝号，乃天定数也，朕亦难挽；若你不肯为，有你统朕此数千兵，你断不容三江口令人称帝也，此二语不知你曾闻得否？再，你明白回奏二本，朕览之实实心寒之极！看此光景，你并不知感悔，上苍在上，朕若负你，天诛地灭；你若负朕，上苍如何发落你也！我二人若不时常抬头上看，使不得你这光景是顾你臣节，不管朕之君道行事，总是讥讽文章，口是心非口气，加朕以听谗言、怪功臣之〔之下疑有脱字〕，朕亦只得顾朕君道而管不得你臣节也。只得天下后世，朕先站一个是字了！不是当要的主的主意，大悖谬矣。若如此，不过我君臣止于贻笑天下后世，作从前党羽之畅心快事耳。言及此，朕实不能落笔也！可愧可愧！可怪可怪！”[①] 这岂不是很明显而又十分露骨地暴露出了清世宗与年羹尧两人之间过去密谋策画夺位之事，只可意会不可言传的“从前党羽之畅心快事”之苦衷隐情了吗？待到世宗夺位大功告成之后，于是世宗也不得不对年实说了“朕亦只得顾朕君道，而管不得你臣节也”。而世宗之所以将年调补杭州将军，是因为世宗与年过去都曾听到过“帝出三江口，嘉湖作战场”的谣传，到这时世宗对年明白道破：“你若自称帝号，乃天定数也”，又说“你断不容三江口令人称帝也”。从这些话语中不难看出，世宗为了夺取和保持一个皇帝宝座，是不择任何手段的，过去兄弟骨肉之间同室操戈是如此，当前君臣主奴之间猜忌相残亦何尝不是如此。而且世宗又明白告诉年他“先站一个是字”，就是俗话说的“先下手为强”的意思。年羹尧之不被杀何待？真所谓“飞鸟尽，良弓藏；狡兔死，走狗烹”者，岂不信哉！

① 《奏折》，第874页。

年羹尧功高易盈，出言不慎，固为被诛的原因之一；其实，年本人又何尝不有所省悟？年《奏于仪正〔真〕县静候纶音折》即云："臣自蒙圣主〔世宗〕委任以来，…… 无所不有。…… 乃臣以愚陋之姿，器小易盈，又不能谨言慎行，处已昧于谦卑，办事日多悖谬。是臣之罪责，已无所逃。……"① 此固不足为年被诛之根本原因。年被诛之根本原因在年为世宗夺位出谋画策最得力之人，而年之才能又远过隆科多。此隆之所以被幽死，而年之所以被显诛，均与世宗同谋篡位有关。本文之所以不厌其烦而加以补充旧作者，亦即在此。

① 《奏折》，第874页。

释玛法

玛法（或马法）是满语mafa的汉字音译。这里有两个方面的问题需要提出来着重探讨：一是满语玛法应该如何译法？二是清世祖福临究竟叫过汤若望“爷爷”没有？

先谈玛法的译法。查《御制增订清文鉴》卷十人伦类有玛法mafa一字，旁注汉文“祖”字，下面有满文注释，云：“ama i dergi jalangga niyalma be mafa sembi。”[①]汉译为“父亲的上一辈的人之谓祖”。释玛法既可汉译为“祖”，口语译为“爷爷”亦无不可。可是，再查《清文鉴》同卷老少类也有玛法mafa一字，旁注汉文“老翁”二字，下面也有满文注释，一云：“se baha sakdasa be kunduleme mafa seme hū lambi。”[②]汉译为“上年纪的老人被尊称为玛法”。这就很清楚了，玛法本有两义：一为人伦上的“祖”或“祖父”，亦即口语中的“爷爷”之意；一为老少上的“老翁”或“长老”，即口语中的“老爷子”或“老爷爷”之意。很明显，二者是有区别的，不能混为一谈。

其次，在谈清世祖叫没叫汤若望“爷爷”之前，我们先了解一下清初的国际往来情况和历史背景，也是很有必要的。目前国内外学者都承认，明末清初之际对中西文化交流做出了贡献的西欧来华的天主教耶稣会士，继利玛窦（Matteo Ricci，1552—1610）之后，又有汤若望、卫匡国（Martino Martini，1614—1661年）、

① 乾隆三十六年（1771）刊全本卷10，第13页上。按《五体清文鉴》第1册，北京：民族出版社，1957年，第1189页，无满文注释，只有一汉文“祖”字。

② 乾隆三十六年（1771）刊全本卷10，第22页下。按《五体清文鉴》第1册，北京：民族出版社，1957年，第1235页，亦无满文注释，只有汉文“老翁”二字。

南怀仁（Ferdinand Verbiest，1623—1688）诸人。利、汤并称，卫第二次又与南于顺治十五年（1658）同时来华，受到清廷的礼遇，一时称盛。汤若望（Johann Adam Schall Von Bell，1591—1666），字道未，耶稣会士，德国人。他通晓天文历法，译撰有大量西欧古典天文学论著，顺、康间，掌管钦天监达二十年之久，是明末清初影响较大的几位天主教传教士之一[①]。

我们知道汤若望受到清朝皇帝世祖和皇太后孝庄的信任和尊敬，是人所共知的事实，但孝庄拜汤为"义父"，世祖叫他"爷爷"（祖父）是否也是事实，则是一个有待进一步探讨的问题。当代著名的美国汉学家费正清（John K. Fairbank）教授与赖绍尔（Edwin O.Reischauer）、隗理格（Albert M.Craig）两教授，三人合著《东亚史》*East Asia*提到汤若望，有云："After the Manchu conquest of 1644，the Ch'ing kept Schall as chief astronomer. The young emperor for several years saw much of him，called him 'grandpa'"。[②] 可以译为，1644年满族征服中国，取代明朝之后，清廷仍命汤若望掌管钦天监印务。只有几岁的年轻皇帝（指清世祖）经常见到他，叫他"爷爷"。据此知，费教授是肯定清朝皇帝世祖曾经叫过汤若望做"爷爷"的。

我国已故著名历史学家陈援庵（垣）先生曾于20世纪30年代写了《汤若望与木陈忞》和《语录与顺治宫廷》两篇考证文章[③]，根据杨丙辰先生的《汤若望生活回忆录》译稿，不但肯定了世祖叫过汤若望"爷爷"，而且还认为世祖之所以称汤为"爷爷"，是因为他的生母孝庄皇太后曾经拜过汤为"义父"的缘故。后一篇文章是这样说："太后（指孝庄皇太后）曾拜若望为义父，故顺治（指世祖福临）称若望为

---

① 《清代人物传稿》上编，第1卷，北京：中华书局，1984年，第292页《汤若望》。按钦天监监正汤若望加太常寺少卿，仍理监事，在顺治三年（1646）六日己丑，见《清世祖实录》卷16，第19页上。

② 《耶稣会士的成功》，美国波士顿，1978年，第346页。

③ 《汤若望与木陈忞》原刊于《辅仁学志》第七卷一、二合期。今采用1939年1月校订本，收录于《陈垣学术论文集》第1集，第490页。

玛法，玛法犹汉语爷爷也。”[①] 就是证明。又费赖之著、冯承钧译《入华耶稣会士列传》也说汤若望死后，清世祖福临曾对左右大臣说过：“玛法（指汤若望）为人无比；他人不爱我，惟因利禄而仕，时常求恩；朕常命玛法乞恩，彼仅以宠眷自足。此所谓不爱利禄而爱君亲者矣！”[②] 最近出版的《清代人物传稿·汤若望》，根据上述所引，做出如下概括：“玛法（满语）犹同汉语称爷爷，福临习惯以此尊称汤若望，而不直呼其姓名。或说，这是因为孝庄皇太后认了他做义父的缘故。”[③] 这就是说，世祖皇帝之所以称汤若望为“爷爷”，不只是因为他对汤的宠眷非同一般，不直呼其名；而且是因为他的生母孝庄皇太后曾经拜过汤为“义父”，又多了一层亲如家人父子的关系。所以，“爷爷”这个称呼，不同于一般的“老爷子”“老爷爷”或封建时代官场上对京官四品以上或翰、詹，外任司、道以上或知府加道衔的官员之称“大人”“老祖宗”一类的称呼，是非常显而易见的。

有人也许认为，清世祖优待汤若望，还免除了拜跪之礼[④]，不是正可以作为世祖曾经叫过汤“爷爷”的一个旁证吗？仔细考察一下就很容易知道，这并不是历史事实。兹举魏特（Alfons Väth S.J.）著、杨丙辰译《汤若望传》的一段话：“汤若望走至皇帝（指清世祖）前，就跪于地上，把他的奏疏呈递了上去。…… 登时皇帝的情调就转变了过来。皇帝请若望起立。现在他知道，玛法的见解是好的。”[⑤] 同《传》又云：“在1657年阴历正月之最末日，就是西历三月十四日，为皇帝（清世祖）寿诞之

① 《语录与顺治宫廷》原刊于《辅仁学志》1939年第八卷第一期，第4页。现据原稿校订，收录于《陈垣学术论文集》第1集，第1521页；又见《顺治皇帝出家》，原刊于《辅仁生活》1940年第11期，今亦收录于《论文集》第1集，第553页：两者引文全同。按太后应指清世祖之生母孝庄文皇后，而把太后译成“端敬后”，恐误。按端敬后乃孝献庄和至德宣仁温想端敬皇后之简称，栋鄂氏，系清世祖后妃之一，生前为皇贵妃，顺治十七年（1660）卒后才被追赠今谥（详《清皇室四谱》1923年排印本卷2，第9页上）。如果是指孝端文皇后，全称则为孝端正敬仁懿哲顺慈禧庄敏辅天协圣文皇后，亦不合。盖孝端卒于顺治六年（1649），孝庄卒于康熙二十六年（1687），而汤若望连连晋爵，宠荣有加，正在顺治八年（1651）世祖亲政以后也。详见魏特著，杨丙辰译：《汤若望传》第2册，商务印书馆，1949年，第259–266页。

② 《入华耶稣会士列传》，上海：商务印书馆，1938年，第198–199页，又《清代人物传稿》上编，第1卷，第296页引。

③ 《清代人物传稿》上编，第1卷，第296页。

④ 《陈垣学术论文集》，第1集，第500页。

⑤ 《汤若望传》第2册，第291页。按《汤若望与木陈忞》引魏特《汤若望生活回忆录》中的杨丙辰所译原文与《传》几乎全同，惟《录》中译文脱“就跪于地上”五字，殊为失之。

前晚，皇帝曾在汤若望室间……一脚把这块（蒙盖着一个地沟的）席子踏破，……竟致歪倒地上。……汤若望就向皇帝跪地请求……”[①] 上引这两段记载，既然都明说汤若望走至清世祖面前，“就跪于地上”或“跪地请求”，十分明显，汤若望去见清世祖皇帝是要行跪拜之礼 的。其实，所谓“免除跪拜之礼”是指免除三跪九叩之礼，而不是免除一切跪拜之礼。这在《汤若望传》里是有明确记载的。《传》云：“当一六五一年十月之初，他（汤若望）因皇帝（世祖）赐号，亲自趋朝谢恩时，皇帝竟向他谕免三跪九叩之礼。皇帝这一种特别优遇，除汤若望外，仅只为两位大学士和四位部臣之所得享有。”[②] 由此可见，说世祖优待汤若望，免除三跪九叩之礼是事实；如果说对汤若望免除了一切跪拜之礼，则不是历史事实。那么，这就不难说明，免除三跪九叩之礼作为世祖叫过汤若望“爷爷”的一个旁证，也就自然不能成立了。

从上引的史料看，比较早的魏特所著、杨丙辰所译《汤若望传》和较晚一点的费赖之所著、冯承钧所译《入华耶稣会士列传》都只说清世祖叫汤若望做玛法。《传》中还特别提到玛法，并作了如下的解释：“顺治（世祖）惯以玛法 mafa二字称呼汤若望。这两个满洲字在德文应译作Ehrwurdiger Vatei（译者按中文可译作‘尊父’‘贵叟’或‘师父’‘尊长’‘长老’‘师尊’或‘尚父’等字样），包括一位做儿子的，对于他父亲；一位做学生的，对于他的师傅的一切亲爱敬畏。被这样称呼为父为师的汤若望，有时是很严厉的，但是幼龄的主君（指世祖）却并不见怪，而仍为一位愿听命受教的学子。”[③] 不难看出，魏特用德文把满语mafa译作Ehrwurd i ger Vater，杨丙辰用汉文从德文转译成“长老”“尚父”之类都很对，并没译作“祖父”或“爷爷”；直接把满语玛法译成汉语的“爷爷”（即祖父），或译成英语的grandpa（即grandfather），乃是后来30年代、70年代的事。

本文一开始，就指出过满语玛法原有人伦上的“祖”（爷爷）和老少上的“老

① 《汤若望传》第2册，第279页。

② 《汤若望传》，第268页。又第338页有云：大清“国内通行的敬礼，就是三次，有时竟致是九次，如同向皇帝行大礼一般，伏身跪下，以额部角地作叩首礼。”

③ 《汤若望传》，第261–262页。按《入华耶稣会士列传》第198页云：“帝（清世祖福临）亦从其（指汤若望）言而待之若父，称之曰玛法（mafa），满洲语犹言父也。”这里只是说“待之若父”并没有叫他做父。又玛法mafa，汉译为“祖”或“老翁”；满语的父为阿玛ama，此误。

翁”（老爷子）两种不同的含义和译法。根据清初入关不久的实际情况来考虑，幼龄的清世祖皇帝和西欧来华传教的耶稣会士汤若望的关系应该是属于老少上的师生关系，而不是属于人伦上或类似人伦上的亲属关系。这就决定了，在这里满语玛法译成汉语只能是“老翁”或“老先生”（如对汤若望可译作“汤老先生”“汤老爷”或“汤老”①）而不是“爷爷”；译成英语也只能是Old man或Oldie、Oldy（如对汤若望可译作Oldie Shall），而不是grandpa或grandfather。

玛法除作为老少上的“老翁”外，引申亦可译作“酋长”“番头”或“大人”之类，由来已久。其证如下：

《明神宗实录》云：万历四十八年（1620年）六月戊戌，朝鲜国王李晖……差陪臣赍本奏辩，其略曰：“……伊（指奴酋，即努尔哈齐）以后金为号，而边臣书中谓建州云者，本其受命于天朝（大明）之部名也。伊以可汗自称，而边臣书中却为玛法云者，待之以番头也。……故酋见答书，尤益嗔狠。……”② 按明末人程开祜著《筹辽硕画》所引朝鲜国王李晖之奏与此略同，惟脱“边臣书”中之两“书”字，“可汗”作“汗”，又“酋见答书”作“奴酋见此答书，乃以建州玛法等名及天朝父母等语”为少异③，但均以玛法为“番头”，作酋长解，是一致的。

清初人管葛山人彭孙贻之《山中闻见录·西人志》有云：王“象乾上书，以为西人（指东部蒙古）诸部弱，不能当插汉（即察哈尔）插汉亦思得通贡互市，莫若款插（汉）便。……插汉亦遣人报象乾……其胡部皆曰：‘我祖若父，世受王太师玛法恩。王太师玛法在，吾属宁敢反乎？’”④ 是当时蒙古部众竟以玛法称总督宣大山西军务之王象乾太子太师，玛法又可作为“大人”的称呼无疑。

《朝鲜李朝实录·光海君日记》十一年（1691）四月己巳，备边司启曰：“常闻北道六镇胡人赠给文书，称建州卫玛法云。所谓玛法似指褊裨而言也。今当仿此

① 《汤若望传》，第342页。

② 《明神宗万历实录》，江苏国学图书馆传抄影印本，卷594，第6页上–7页上。

③ （明）程开祜：《筹辽硕画》，《国立北平图书馆善本业书》本，卷42，第56页下。

④ 《山中闻见录·西人志》，清初残稿本，第3、4、5卷。宣统庚戌二年校刊，《玉简斋业书本》卷8，第8页上。

例，皮封处面右边书朝鲜国平安道观察使书，左边书建州卫部下玛法开拆。里面书朝鲜国平安道观察使朴烨奉书于建州卫玛法足下云，而末端大年号及皮封后面年号，并踏平安监司印信无妨。傅曰：依启。”①

《清太祖武皇帝实录》天命四年（1619）五月二十八日云：朝鲜遣（原误作“遗”）官一员，从者十三人，并前使者，赍书至，其曰：“朝鲜国书（书字衍）平安道观察使朴化致书于建州卫玛法足下……”② 按朴化即朴烨。《旧满洲档》及乾隆间重纂的《满文老档》均同。从这条所引，可以看出，明末汉人、蒙古人与朝鲜人均以玛法为建州卫酋长或明三边总督之尊称，即清初满人亦不以他人称建州卫玛法为讳。

但至清中期乾隆年间，此种称呼似已不甚通行。如沈垚《落帆楼文集·松筠事略》载：“乾隆五十二年（1787）春，郭二格行至库伦，入见公（松筠）。……公曰：‘汝今无前往！’郭二格曰：‘汗玛法（han mafa，指清高宗弘历）遣我往，敢不前行？’公曰：‘汝今犹称皇上为汗玛法乎？’……”③ 按清高宗弘历在入关后统治全中国已近一个半世纪之久，自不能再以一个少数民族的首领（酋长）或地方军政长官（大人）相称。因此，全中国的最高统治者——皇帝，自然不能再称作汗玛法了。

对全国最高统治者皇帝固然不能再称汗玛法，而在一般平民之间却仍有此称。

吴振臣《宁古塔纪略》云：“玛发，称年高者。”④ 按玛发是满语mafa的汉字音译的异写。

杨宾《柳边纪略》亦云：“呼年高者曰玛法。玛法者，汉言爷爷也。”⑤ 按此“爷爷”应作汉人口语中之“老爷子”解。

又《清史稿·孝义传》有云：“康熙初，（杨）越友有与张煌言交通者，事发，

---

① 拙辑《朝鲜李朝实录中的女真史料选编》，辽宁大学历史系，1979年，第280页引。

② 北平故宫博物院1932年铅印本，卷3，第4页下–5页上。按（日）神田信夫等《满文老档译注》，东洋文库，1955年，第146页及《旧满洲档》（台湾“故宫博物院”1969年印行）第1册，第428页与广禄、李学智译《清太祖朝老满文原档》，台湾“中央研究院”历史语言研究所1971年版，第2册，第121页均同。按满语玛法外，“建州卫”三字亦用满洲字音译。

③ 吴兴刘氏嘉业堂刊本，卷5，第3页上下。

④ 渐西村舍本，第10页上。

⑤ 《国学文库》本，卷4，第93页。又《全辽备考》，《辽海丛书》本，卷下，第11页下，全同。

辞连越，减死，流宁古塔。…… 凡贫不能举火及婚丧，倡出赀以赒，民相助恐后。吝，则嗤之，曰：'何以见杨玛法？' 玛法犹言长老，以敬越也。"① 按杨越即为《柳边纪略》作者杨宾之父，《宁古塔纪略》作者吴振臣则为清初大诗人吴兆骞之子。吴、杨两家父子均因事于康熙初年发遣宁古塔。两书所记当地的风土人情，耳闻目睹，皆为实录。与此称老年人为玛法者正同，旧习犹未改也。

综上所述，可以得出这样的结论：玛法本来就有二义：人伦上的"祖"和老少上的"老翁"或"长老"。不从当时的实际情况出发，而将所有的玛法均译作"老翁"或"长老"，固然不对；相反的话，把所有的玛法都译成"祖"或"爷爷"，也同样是错误的。

有人也许会问：如果说叫汤若望玛法，把玛法译作"爷爷"是错误的话，那么清世祖的母后孝庄曾拜汤若望为"义父"，又怎样解释呢？从魏特著、杨丙辰译的《汤若望传》考察，《传》中只是说："她（指一位蒙妇）又说，这位皇太后（指孝庄）将来要以父执敬礼汤若望，并且要作他一切之所命令的。她愿意汤若望以女儿看待她。"② 这里所说的"以父执敬礼汤若望"和"她愿意汤若望以女儿看待她"，与孝庄皇太后拜过汤若望为"义父"是有很大区别的；何况这些话只是出之一蒙妇之口，又不是孝庄亲口所说，怎么能肯定是事实呢？其实，这一误传很可能是由于当时耶稣会士之被称为father（德文Veter），汉译应作"神甫"或"神父"而误译为"父"或"义父"的缘故。直至今日，天主教传教士之被称为神甫，依然如故，又怎么能把father译作"义父"呢③ ？

最后还有一点也要指出的是，已故宋史专家聂崇岐教授曾于20世纪40年代写了一篇《满官汉译》，谈到玛法，说是"华言祖先或老翁也。太庙有此官，'首领玛法秩视拖沙喇哈番，其余七玛法俱视护军校品级。' 岂以太庙为供奉祖先之所，故管

① 北京：中华书局，1979年，第45册，第13800页。

② 《汤若望传》第2册，第264页。

③ 《汤若望传》，第328页。按德文Veter即英文father，应汉译为"神甫"，而杨丙辰先生译作"义父"，非是。

理职员亦优称之为老翁乎？”[①] 按玛法本有“祖”与“老翁”不同类的二义，“祖”与“祖先”亦非同义语，因太庙有玛法官员遂疑为供奉祖先而设，并将“祖”与“老翁”二义混而为一，似乎欠妥，按清制，不特太庙设有首领玛法、七玛法，盛京地方也设有玛法，如锦州府有玛法一员[②]，广宁县有清河门玛法二员[③]，锦县有长岭山门玛法一员[④]，宁远州有黑山口门玛法二员、平山营玛法二员[⑤]。可见东北地方上，连柳条边的边门都各设有玛法一二员，这里的玛法不但与“祖”或“祖先”无关，而且与“老翁”之义也连不起来；玛法不过是清代职官之一种，品级高者同于拖沙喇哈番，低者又与护军校相等而已。

① 刊于《燕京学报》1947年第32期，第113页。
② 《锦州府志》,《辽海丛书》三集本，卷7，第2页下、3页下、4页上。
③ 《广宁县志》,《辽海丛书》七集本，卷5，第2页上。
④ 《锦县志》,《辽海丛书》七集本，卷5，第1页下。
⑤ 《宁远州志》,《辽海丛书》七集本，卷5，第1页下-2页上。

释汗依阿玛

我国已故著名明清史专家孟心史（森）和郑毅生（天挺）两位先生，先后于20世纪三四十年代，撰写过几篇有关清初摄政王多尔衮是否曾经被尊称为“皇父”的考证文章：孟先生据蒋氏《东华录》顺治五年十一月冬至郊天，奉太祖（努尔哈齐）配，追崇四庙加尊号，覃恩大赦，加“皇叔父摄政王”为“皇父摄政王”，凡进呈本章旨意，俱书“皇父摄政王”，做出断语：“盖为覃恩事项之乎首，由报功而来，非由渎恩而来，实符古人尚父、仲父之意。”① 郑先生更进一步从“皇父摄政王”之一切体制仪注，证实“皇父摄政王”低于“皇上”，与“太上皇”亦不相同。而郑先生特别注意到档案材料的重要性，指出当时国立北京大学文科研究所藏有顺治五年十一月十一日覃恩大赦诏，文与《实录》同，又国立中央研究院历史语言研究所所藏大库档案已封存，而文科所所藏顺治五年十一月题本为数较少（今已全部移存北京中国第一历史档案馆，以下简称一史馆），又无称“皇父”者，郑先生所见旧档，称“皇父”最早者为史语所藏有顺治五年十一月二十九日工科给事中魏象枢《圣朝大礼既行亟请更定会典》揭帖一件耳②。另外，郑先生考证多尔衮之称“阿马王”

---

① 《太后下嫁考实》（《清初三大疑案考实》单行本），第1页下-2页上。按《清世祖实录》（《太清历朝实录》景印本，以下简称《章录》）卷41，第9页上顺治五年十一月辛未诏，只有“叔父摄政王治安天下，有大勋劳，宜增加殊礼，以崇功德”几句，改“皇叔父摄政王”为“皇父摄政王”之文，见蒋氏《东华录》（中华书局，1980年）第93-94页，并非为后为重修《实录》所删去，恐是蒋良骐别有所本，采以入《录》，说详后。

② 《多尔衮称皇父之由来》，见《探微集》（中华书局，1980年）第120-121页。又注中，郑先生指出魏象枢的揭贴收入《寒松堂全集》（《畿辅丛书》本）卷1，已芟刈“皇父”字样。今查《寒松堂全集》（康熙戊子即四十七年精刻本》卷1，第8页上-9页上亦同。

即父王，疑当日世祖福临在宫中于多尔衮亦必有此称，则世俗所谓“寄父”也者①，与孟先生的看法基本趋于一致。当然，郑先生的考订缜密，取材翔实，有许多地方可以补孟先生的不足，并有所前进。

广为众知，多尔衮之被封“叔父摄政王”或“摄政叔父王”，是在顺治元年（1644）冬十月②；加封“皇叔父摄政王”是在顺治二年五月③；而改称为“皇父摄政王”，则在顺治五年十一月戊辰（初八日）。多尔衮“皇父”之称像前面孟、郑两先生所指出的，既明见于具有官方史料价值的蒋良骐所著《东华录》和当时身为京官目击者工科给事中魏象枢《为圣朝大礼既行亟请更定会典》等事的揭帖中，又有朝鲜《李朝实录》仁祖二十七年二月壬寅所云:“清国咨文中有皇父摄政王之语”的第三者国外记载④，可以作为佐证。按魏象枢揭帖中说的大礼就是指顺治五年冬至，奉太祖配天，四祖（肇祖、兴祖、景祖、显祖）入庙，覃恩大赦而言。朝鲜仁祖二十七年二月壬寅即清世祖顺治六年二月十三日，是朝鲜接到清朝咨文以后的日子，离清朝于顺治五年十一月戊辰（初八日）下诏更定“皇叔父摄政王”为“皇父摄政王”的日子，已有三个多月，这与当时公文路途往返所需要的时间，两者完全相符。

这里需要说明的是，正如郑先生所说，当年未见史语所所藏大库档案，所见到的文科所所藏顺治五年十一月的题本又为数较少。事实上正是如此，原史语所所藏大库档案于中华人民共和国成立前夕全部移往台湾外，现从北大文科所移存一史馆的顺治五年的题本完好无缺，但迄今为止，尚未发现顺治五年十一月以前写有“皇父摄政王”字样的题本和批红。所能见到的是顺治五年十一月以后和七年以前大量写有“皇父摄政王”与“皇上”并列抬头或批红“皇父摄政王旨”的题本。单就所藏刑部题本一项不完全的统计，件数以上千计⑤。兹以顺治五、六、七三年的七份

---

① 《释阿玛王》，见《探微集》第129页。

② 《章录》卷9，第9页下–10页上、21页下–23页上，卷16，第11页下–13页上。

③ 《章录》卷16，第11页下–13页上、16页上。

④ 日本东京学习院东洋文化研究所刊本（1962年），第35册，第300页，原仁祖卷50，第6页上。

⑤ 此系据第一历史档案馆满文部张莉同志见告如此。

刑部题本为例[①]，顺治五年正月二十六日巡按湖北试监察御史曹叶卜、《为特参贪婪署官并陈残疾县正仰祈圣明分别处斥事》的一份题本，无批红；顺治五年十月初六日钦差提督军务兼抚治郧阳等处地方都察院右佥都御史赵兆麟《为循例报明义勇并工食数目仰祈圣鉴留用以增军旅事》，有汉文批红，为“该部知道”；满文批红为“meni meni jurgansa”；顺治五年十一月初三日巡按陕西甘肃试监察御史王世功《为厅官朦胧作弊请旨究处以严荼法事》，有满文批红：“Doro be aliha Han i ama wang ni hese：meni meni jurgan sa. ”译成汉文则为“皇父摄政王旨：该部知道”；另外四份题本为顺治六年正月二十五日刑部等衙门尚书等官贝子吴达海等《为遵旨逐件具题成招事》，批红的汉文是“皇父摄政王旨：王儒等俱依议”，满文则为“Doro be aliha Han i ama wang ni hese：Wang ju se be gemu bei-dehe songkoi waji”；顺治六年二月初十日刑部等衙门尚书等官贝子吴达海等《为刑辟宜有定案以便稽查事》，批红的汉文是“皇父摄政王旨：张大清著即就彼处斩”，满文则为“Doro be aliha Jan i ama wang ni hele：jang da cing be tubede uthai sacime wa”；顺治六年九月二十九日巡按浙江监察御史赵山《为审明成招重犯谨遵旨逐件题报事》，批红的汉文是“皇父摄政王旨：三法司核拟具奏”，满文则为“Doro be aliha Han i ama wang ni hese：ilan fafun i yamun kimcime toktobufi”；顺治七年九月二十五日钦命总理漕储户部右侍郎孙塔《为特参误漕道臣以重国计事》，批红的汉文是“皇父摄政王旨：周之恒、李发藻著察明，从重议处，该部知道”，满文则为“Doro be aliha Han i ama wang ni hese：jeo dz heng li fa tsoo be getuken baicafi ujelemc gisure meni meni jurgan sa”。其中值得特别注意的是顺治五年十一月初三日和七年九月二十五日的两份题本，因顺治五年十一月初三日正好在顺治五年十一月冬至（初八日）宣布要加封“皇叔父摄政王”为“皇父摄政王”之前五天，在满文批红中已经有了“Doro be aliha Han i ama wang ”即“皇父摄政王”之称，只是这一题本并无汉文批红罢了。可以这样推知，皇父摄政王这一改称，很可能满文在汉文之前，也许汉文皇父摄政王之称谓是从满文

① 七件刑部题本中只顺治六年九月二十九月赵蝙的一份为作者个人所藏外，其余六份均系张莉同志代为复制，在此谨致谢忱。

Doro be aliha Hani ama wang 移译而来的，下面还要详谈。也就在顺治五年十一月初三日有满文“皇父摄政王”的批红五天以后，从顺治五年十一月冬至（初八日）正式宣布内外满、汉文武大小官员，凡进呈本章旨意，俱书“皇父摄政王”的明文规定，才得到彻底贯彻执行的。同样，直到多尔衮卒于顺治七年十二月戊子（初九日）以前[①]，“皇父摄政王”这一称谓，未之或改。

前面曾提及孟先生据蒋氏《东华录》所载加封“皇父摄政王”不见今本《实录》，疑是后来改修《实录》删去；我个人认为“皇父摄政王”的加封诏旨，早就没有被收录于纂修《实录》之初，并非《实录》既成之后又加删削之也。理由是蒋《录·自序》里明说“惟以实录、红本及各种官修之书为主”[②]，是知当时蒋氏采录《实录》之外，尚有红本及各种官修之书，很可能是从内阁大库的档案内加封“皇父摄政王”的诏旨中加以摘录入书。加封“皇父摄政王”的诏旨，迄今为止，虽然尚未发现，但蒋《录》在多尔衮死了十一天之后，于顺治七年十二月己亥（二十日）下的诏旨，仍称“皇父摄政王”，今照录于此：

> 诏曰：太宗文皇帝升遐之时，诸王大臣拥戴皇父摄政王，坚持推让，扶立朕躬。又平定中原，统一天下，至德丰功，千古无两。不幸于顺治七年十二月初九日戊（“戌”字之误）时，以疾上宾，朕心摧痛，（下脱“率土衔哀”四字）中外丧仪，合依帝礼。呜呼！恩义（“仪”字之误）兼隆，莫报如天之德；荣哀备至，式符薄海之心。[③]

按此诏亦不见今本《实录》，只在多尔衮卒后的第四天，壬辰（十三日），记载有云：摄政王多尔衮讣闻，上震悼，诏臣民易服举丧[④]，而略其诏不加采录。我个人藏有此诏转钞本一件，亟为移录于此：

> 奉天承运皇帝曰：昔太宗文皇帝升遐之时，诸王群臣拥戴皇父摄政王。我皇父摄政王坚持推让，扶立朕躬（钞脱“躬”字）；又平定中原，混（“统”

① 《章录》卷51，第10页下。

② 《蒋录》，第1页。

③ 《蒋录》，第101页–102页。

④ 《章录》卷51，第11页上。

字之误）一天下。至德丰功，千古无两！不幸于顺治七年十二月初九日戌时，以疾上宾。朕心摧痛，率土衔哀。中外丧仪，合依帝礼，应行事宜，开列于后：

一在京文武官员，以成服之日为始孝服二十七日而除；

一在京听选官及举、监生员等，帽摘红缨，腰系白布带二十七日而除；民间帽摘红缨，腰（钞脱“腰”字）系白布带十三日而除；僧、道系白布带十三日而除；

一自开丧日为始，在京禁屠宰十三日；

一藩王及在外文武官员，以诏到日为始，帽摘红缨，跪听宣读讫，举哀，行三跪九叩头礼，置白布满袍、白腰带，就本衙门朝阙设香案，朝夕哭临三日，以成服之日为始，二十七日而除；民间帽摘红缨，腰系白布带十三日而除；

一在京外音乐、嫁娶，官员停百日，民间停一月。

於戏！恩仪兼隆，莫报如天之德；荣哀备至，式符（钞脱“符”字）薄海之心。布告多方，咸宜知悉。顺治七年十二月二十日。[①]

据此不难推知，上引蒋《录》所载之顺治七年十二月己亥（二十日）一诏，既可本于原诏全文加以摘录而来；则前此蒋《录》所概括之顺治五年十一月冬至郊天加封多尔衮为“皇父摄政王”之诏亦必本于该诏原文加以摘录而来。同时，从上引原诏中亦可看出，多尔衮卒后十日，不但“皇父摄政王”的称号沿而未改，而且诏中明确宣布“中外丧仪，合依帝礼”来办理丧事，今本《实录》和《清史列传·多尔衮传》将此诏全部删去，只字不载，保有蒋《录》于顺治七年十二月甲辰（二十五日）尚写入了“追尊摄政王为懋德修道广业定功安民立政诚敬义皇帝，庙号成宗”一句[②]《清史稿·多尔衮传》同[③]。我认为《清史稿》纂修者也一定核对过原档，才加以肯定下来的。

顷日本著名清史专家神田信夫教授应邀来京，参加我中国第一历史档案馆60周年馆庆。远航重洋，躬携《明清档案存真选辑》一部相贻。适检得其中顺治八年

① 此诏钞件系由韩玉田同志（满族）于60年代初从北京故宫博物院钞出寄我。原件谅仍存博物院图书馆，或已移存第一历史档案馆。

② 《蒋录》，第102页。

③ 《清史稿》，北京：中华书局，1976年，第30册，第9031页。

（1651）正月二十六日追尊皇父摄政王为成宗义皇帝祔享太庙恩诏，照录于下：

奉天承运皇帝诏曰：有至德斯享鸿名，成大功宜膺昭报。皇父摄政王当朕躬嗣服之始，谦让弥光，造王师灭贼之时，勋猷茂著；辟舆图为一统，摄大政者七年。伟烈居以小心，厚泽流于奕世。未隆尊号，深歉朕怀。谨于顺治七年十二月二十五日祇告天地、宗庙、社稷，追尊为懋德修道广业定功安民立政诚敬义皇帝，庙号成宗；并追尊义皇帝元妃为敬孝忠恭静简慈惠助德佐道义皇后，同祔庙享。既举盛仪，应覃恩赦，合行事宜，条列于后；

一在京诸王以下至七品官员以上，各加恩赐；

一外藩诸王以下、公以上，各加恩赐；

一官吏兵民人等有犯，除谋反、叛逆，子孙谋杀祖父母、父母、内乱，妻妾杀夫、告夫，奴婢家长、杀一家非死罪三人，采生折割人，谋杀、故杀、其正人命，蛊毒、魇魅、毒药杀人，强盗妖言，十恶等真正死罪不赦，并隐匿满洲逃人，照例治罪外，其余自顺治八年正月二十六日昧爽以前，已发觉、未发觉，已结正、未结正，咸赦除之。有督抚提问究拟犯人，若系命官不论罪应至死与不应至死者，止追赃，不许议罪，永不叙用，有以赦前事相告讦者，不许审问，即以罪坐原告；

一凡文武官员见在议革、议降，罚及住奉、戴罪，并敕督抚提问究拟者，尽与免议；

一有负固不服，潜据山海者，如能率众来归，悉赦已往，仍量功升赏；

一有因叛逆干连，原系无辜者，该督抚审明，即为具题释放；

一附近贼巢居民，原未从贼，有司将须一概混捕、擅杀者，该督抚察实参处；

一各处盗贼，或为饥寒所累，或为贪官所迫，实为可悯，如能改过就抚者，准赦其罪；

一奸民讹诈，动以谋叛、通贼告害良民，此后如有越境妄告者，该督抚即行严拿，究审情虚反坐，以安良善；

——凡应追赃，和察果家产尽绝，力不能完者，概与豁免，毋得株亲视族。

於戏！声名洋溢，昭令德以如存；禋祀攸崇，质群情而允协，布告天下，咸使闻知，顺治八年正月二十六日。[①]

必须指出的有三点：第一，上引《恩诏》原文中之“皇帝”低于“皇父摄政王”一格，足证本文前面提及的“皇父摄政王”低于“皇上”，与“太上皇亦不相同”之说不能成立；相反，适足证成“皇父摄政王”高于“皇上”，与“太上皇”正相同[②]，以及下引朝鲜国郑太和所提多尔衮“已为太上”的说法为不误；第二,《恩诏》中明说于顺治七年十二月二十五日追尊多尔衮为义皇帝，庙号成宗，与上引蒋《录》所载于七年十二月甲辰，即二十五日正合，足证蒋《录》采录引用的红本原档是可靠的；第三，这一《追尊恩诏》是在顺治八年正月二十五日颁布的，晚于多尔衮之死（顺治七年十二月初九日）四十五天，足足有一个半月，晚于顺治七年十二月二十日下诏臣民易服举丧，有三十四天，亦过了一个月，是目前所能见到的称有“皇父摄政王”最晚遗存的一份珍贵档案史料实物见证。这一《恩诏》可以补蒋《录》所引红本档案之不足，同时又订正了以追尊摄政王为成宗义皇帝，妃为义皇后，同祔于太庙载于同年同月十九日丁卯之误[③]。

综上所述，我们可以得出这样一个结论：多尔衮生前确实曾经被加封过“皇父摄政王”的称号，有大量的当时国内外官私方文书和档案资料作为证明，是谁也不会否认的历史事实。问题出在：多尔衮的“皇父”之称与太后下嫁有没有关系？自来国内外史学界是有不同看法的[④]。

---

① 《清明档存真选辑》初集，李光涛编著，台北《“中央研究院”历史语言研究所集刊》之三十八，1959年。此《恩诏》见本集壹《诏敕》，第22页-24页。

② 另据顺治二年六月二十四日山西巡抚马国柱启本（见《明清档案存真选辑》初集叁《弘光史料》第144页）、顺治二年闰六月原任东平侯刘泽清揭贴（见同上，第146-147页）与顺治二年十二月二十八日招抚江南大学士洪承畴题本（见同上第148-149页）三件档案文书中均为有“皇上”与“皇叔伯摄政王”字眼，均并列抬头，又适在加封“皇叔父摄政王”一个月之后。“皇叔父”既可以与“皇上”并列抬头，则亦可为“皇父”高于“皇上”一格之佐证，其“皇父”不啻等于“太上皇”无疑。

③ 《蒋录》，第102页。

④ 《清代人物传稿》（中华书局，1984年），上编第一卷第55-73页，王思治同志写的《多尔衮》，只字未提“太后下嫁”的事，当然是很慎重地持保留态度的，而同书第74-78页，李鸿彬同志写的《孝庄文皇后》，明说“下嫁多尔衮”，又肯定地持下嫁说。

在谈多尔衮“皇父”之称与太后下嫁有没有关系以前，首先必须弄清楚“皇父摄政王”这个称号的满、汉文翻译问题。前面已经提到，汉文“皇父摄政王”有可能是直接从满文“Doro be aliha Han i ama wang”翻译过来的，当然不能排斥满文“Doro be aliha Han i ama wang”也有可能是直接从汉文“皇父摄政王”翻译过去的。两种可能中不管哪一种，汉文只能是分成“皇父”与“摄政王”两个词组，满文也只能是分成“Han i ama”与“Doro be aliha wang”两个词组。汉文“皇父”与满文“Han i ama",汉文“摄政王”与满文“Doro be aliha wang”，是分别由两个或更多的词组合而成的 。我所见到的清代官书和私著中，汉文有把“叔父摄政王”写成“摄政叔父王”的[1]，这“摄政叔父王”很有可能是从满文“Doro be aliha ecike wang”直接翻译过来的；但我从未见到过有把满文“Doro be abliha Han i ama wang”翻译成汉文而为“摄政皇父王”的，因此，满文的“Doro be aliha Han i ama wang”只能译成“皇父摄政王”，这个词是约定俗成，反之就与汉文语法不合，不成其为一个汉语词了。这里还有一个问题，在清初耶稣会士的书信和著作中，时常见有Amavan或Amawang一名，国内译著或译成“阿玛王”。阿玛王可以译为“父王”，如果按照上述满、汉文语法的分析，父王之称，疑非满文“Doro be aliha Han i ama wang”原文的简称，或系当时耶稣会士不谙清制王爵的误称。证以意大利人Martin Martinius（汉名卫匡国）于1651年（顺治八年）自华回国，1654年（顺治十一年）写成出版的*Bellum Tartaricum*《鞑靼战纪》一书中提到“Amavanguss”，今汉译作阿玛王”，有十二、三次之多，提到“Amavangus Lincle to the Emperour”，今汉译作“皇叔阿玛王”只有一次，而提到“Amavangus，who was the Emperour’Tutor”与“Amavangus，Tutor to the Empetour”各一次，今汉译均作“摄政阿玛王”。很明显地可以看出，当时卫匡国是把满文“Doro be aliha Han i ama wang”分成两部分：前者“Doro be aliha Han”译成了“Emperour’s Tutor”或“Tutor to the Emperour”，今汉译均作“摄政”；后者“AmaWang”两字被错误地连成一词“Amavangus”，今汉字音译成了“阿玛王”，这样分法不合满文语法，因而在汉译中省掉了“Han”或

① 《章录》卷16，第12页下，赵开心奏中语。

“Empetour”不译，只好汉译为“摄政”了[①]。满文Han i ama的汉字音译是“汗依阿玛”，汉译则是“皇父”，下面还要谈及。

现在让我们来谈谈多尔衮之称皇父与太后下嫁有没有关系这个问题。大家都知道，太后下嫁就是指太后下嫁摄政王多尔衮。太后是指清太宗皇太极之妃科尔沁博尔济吉特氏，是清世祖福临的生母，卒于康熙二十六年（1687），被谥为孝庄文皇后。按皇太极为清太祖努尔哈齐的第八子，多尔衮为第十四子，则知孝庄文皇后系多尔衮的兄嫂，弟妻兄嫂依照汉人传统的封建道德观念来看，这是一件很不光彩也很不文明的事。有清一代，对此讳莫如深，求其明文记载，则无有也。

夷考其实，太后下嫁，当时必有其事。有什么根据呢？第一，见于当时人的记载的，明人有张苍水（煌言）作的《建夷宫词》十首[②]，其中有两首就吟咏了这件事。诗云：

上寿觞为合卺尊，慈宁宫里烂盈门。春宫昨进新仪注，大礼躬逢太后婚。

掖庭又说册阏氏，妙选孀闺足母仪。椒寝梦回云雨散，错将虾子作龙儿。

这十首诗，注明作于己丑，即南明桂王永历三年、清世祖顺治六年（1649），正好是在多尔衮于顺治五年十一月改称“皇父摄政王”的第二年,时间适相符合。诗中提到的“太后”和“孀闺足母仪”，舍孝庄文皇后莫属；而“错将虾子作龙儿”一句，岂不是正好丑诋清世祖福临尊称多尔衮为皇父之事吗？按《建夷宫词》十首由张煌言本人收入《奇零草》中,《奇零草》于永历十五年（顺治十八年，1661年）早已刊刻单行。当时海上为敌国。诗中多参谤毁之成见，自毋庸讳言，然像孟先生所说：“诗之为物，尤可以兴到挥洒，不负传信之责”[③]，固然不能说世上没有这一类的诗，但张煌言这两首诗传闻必有所本，不会是无中生有，凭空捏造的。如果真无其事，兴到挥洒的话，何以康熙年间

① 此据英译《鞑靼战纪》1939年复印本，戴寅译，载《清代西人见闻录》（中国人民大学出版社，1958年）第30、50–52、55、63–64页。今按第30页卫匡国说世祖福临用鞑靼语言（即满语）称多尔衮为“阿玛王”（A–mawang）是在福临登基的同一天者，误。及费赖之著、冯承钧译《入华耶稣会士列传》（上海：商务印书馆出版，1938年）第198–199页，又《探微集》第128–130页，有《释阿玛王》一专文。详论此事。“AmVan”一词亦见ArthurW · Hunme1，Emment.Dhinese of the ch'ing priod Wa：hington，1943.p219。

② 《张苍水集》（《四明丛书》刻本）卷1，第9页上。

③ 《太后下嫁考实》，第1页下。

史学大家全祖望还大事表彰张煌言，十分肯定地说张“身可死，集不可泯”[①] 为“传信”之作呢？

见于当时国外朝鲜人的记载的，有《李朝实录》仁祖李倧二十七年己丑二月壬寅条[②]。它是这样记载的：

上（仁祖李倧）曰：“清国咨文中，有‘皇父摄政王’之语，此何举措？”（金）自点曰：“臣问于来使，则答曰：‘今则去叔字，朝贺之事，与皇帝一体’云。”（右议郑政）太和曰：“敕中虽无此语，似是已为太上矣。”上曰：“然则二帝矣。”

孟先生根据这一条朝鲜人的记载，从“朝鲜并无太后下嫁之说，（清国）使臣向朝鲜说明皇父字义，亦无太后下嫁之言”，得出“是当时无是事也”[③] 的结论。我个人认为，《李朝实录》中既提到“清国咨文中有‘皇父摄政王’之语”，朝鲜人右议政郑太和也说敕中虽无“与皇帝一体”之语，“似是已为太上矣”云云，以此知多尔衮之称“皇父”，“已为太上”，正好与太后相对称，岂不是太后下嫁的一个最有力的旁证吗？

第二，最重要的是看当时有没有关于太后下嫁多尔衮诏书的确凿证据。据刘文兴（江苏宝应刘岳云之孙，启瑞之子）于1946年10月所撰《清初皇父摄政王多尔衮起居注跋》所载：

清季宣统初元，内阁库垣圮。时家君（刘启瑞）方任阁读，奉朝命检库藏。既，得顺治时太后下嫁皇父摄政王诏；摄政王致史可法、唐通、马可书稿等，遂以闻于朝。

时又于起居注档上，见有《皇父摄政王起居注》一册，黄绫装背，面钤有弘文院印。[④]

---

① 《张苍水集》卷首，第4页下，《原野》二。

② 吴晗辑：《朝鲜李朝实录中的中国史料》（中华书局，1980年）9册，第3770–3771页，失载。

③ 《太后下嫁考实》，第5页上。顷牟小东同志所撰《清孝庄后下嫁之旁证》一文（载《学林漫录》九集，第213–218页），从昭西陵的安置，印证太后下嫁确有其事，亦足备一说。

④ 参见熊克：《清初皇父摄政王起居注原本题记》，载《四川师范学院学报》，1981年第1期，第50页。

这等“与《满文老档》同一可贵”之档册，刘氏持归，曾经一度失而复得，家藏逾30载，后卒以易米。知《起居注》出售他人，在1946年以后不久。越十余年，1958年，四川师范学院图书馆复从广州古籍书店购得。

据了解，1932年故宫博物院排印的《多尔衮摄政日记》，即据刘氏录《起居注》副本印行，故今故宫博物院图书馆与一史馆均无原档。当时孟心史先生认为康熙十年（1671）始有起居注官，则前此即不应有《起居注》，故为易今名。而罗振玉氏审视原本后，不同意孟先生之说，确认其为《起居注》。今《起居注》完好无缺，尚保存于川师图书馆，惜《太后下嫁皇父摄政王诏》散佚多年，迄今不知下落。孟先生既疑太后下嫁并无其事，理所当然地认为必无太后下嫁之诏了，有之亦系伪造无疑。

我认为熊克《起居注原本题记》所说是很有说服力的。《题记》这样说：

> 至于孝庄太后下嫁摄政王事，以原跋（指上引刘文兴《跋》）所叙，在刘氏（启瑞）检库之同时，曾亲见有顺治间太后下嫁摄政王诏书。有此一彰明较著之实证，其胜于任何空泛之议论，固已不待繁言。以刘氏曾以其事闻于朝，南明士林于当时并已有所讥刺（如指南明张苍水煌言所作《建夷宫词》），则此幸存而违碍之一诏书，经发觉后，是否尚能保留，已不可知。但刘氏在查库时确已发现此一诏书，并有明白之记载，固已不容否认。特如宝应刘氏，既为清季汉学世家，又累世为清之臣属。启瑞一家，更未闻有遭清廷贬遣、处分等情。然则刘氏之报导，不仅无“邻敌”修怨之嫌，更不应与街谈巷议或文士兴到挥洒之笔相比拟。①

又说：

> 另从清太宗（皇太极）在伐明重要时刻亡后，太后盛年寡居；福临以幼冲践祚，并受制于诸叔王，特别受挟制于军政大权在握之多尔衮等情况考察，太后之下嫁摄政王，仅从当世政治背景论，已显得顺理成章。盖此举既可交欢于多尔衮，更可巩固太后及其嫡子幼帝之大位。从素具权谋之太后计，又曷乐而

① 参见熊克：《清初皇父摄政王起居注原本题记》，载《四川师范学院学报》，1981年第1期，第52页。

不为！①

我们必须承认，太后下嫁诏书这一第一手档案资料已经遗失是一大遗恨，从而使得国内外史学界对这一问题持不同观点的人，谁也说服不了谁，说明档案资料的重要性有如此者。但根据现有史料来看，我个人仍然认为：一则摄政王多尔衮年近不惑而无子嗣，孝庄文皇后盛年孀闺独处，又素具权谋，能交欢于多尔衮，无疑地可以巩固其嫡子幼帝的大位，从当时政治背景等情况考察，不难推断，多尔衮受封皇父之日，即是太后下嫁摄政王之时；二则从上引仅存的顺治八年正月二十六日追尊多尔衮为义皇帝庙号成宗的那份《恩诏》中，并提到“并追义皇帝元妃为敬孝忠恭静简慈惠助德佐道义皇后，同祔庙享”，既然多尔衮生前被封为皇父摄政王，其必有“皇后”，亦当在情理之中，然则“皇后”其人谁何，舍世祖福临之生母孝庄文皇后而外，又孰足以当之？此则只提死者，生者自无追尊谥号之理。但由于多尔衮未四十而早殒，诸王多相攻讦，加之入关后，满洲宗室不能不深受汉人封建伦理观念的深刻影响，故对太后下嫁之事，讳莫如深。这一当时追尊义皇帝、义皇后的诏敕，完好遗存到今，虽吉光片羽，亦弥足珍贵者矣；三则《皇父摄政王起居注》原本被保存下来，既有其书而非伪造；那么，太后下嫁皇父摄政王诏，亦必有其诏，或有再被发现之一日；即使它永远失落，不可复得，我则宁信其有不信其无。

前面已谈到汉文“皇父”的满文为“Han i ama，汉字译音为“汗依阿玛”。满文的汗（Han）就是汉文的“皇帝”，阿玛（ama）就是汉文的“父”。阿玛（ama）在满文字书里作如此解释：“BeyeBe banjihangga be ama sembi”②。汉译则为“生我者之谓父”。多尔衮之被尊称为“皇父摄政王”，既明见于诏旨中，满、汉文武百官凡进呈本章旨意，又俱书“皇父摄政王”，自不能比之于古代“尚父”“仲父”的尊称。果真如此，汉文记载中固可一概芟刈殆尽，何以下到朝鲜国去的咨文中又无“皇父”作为“尚父”“仲父”的字义说明，反而引起朝鲜君臣们的彼此猜疑呢？而且，我个人推断世祖福临在宫内对多尔衮，必以阿玛（ama）相称，不但不当面叫

① 参见熊克：《清初皇父摄政王起居注原本题记》，载《四川师范学院学报》，1981年第1期，第52页。

② 《御制增订清文鉴》（清乾隆三十六年刊本）卷10，第13页下。

多尔衮作阿玛王（Ama wang），也不会当面叫作汗依阿玛（Han i ama）的。因为如果是在顺治五年十一月多尔衮未封皇父前，世祖对多尔衮，只能当面叫他“额切克”（Ecike，叔父），御史赵开心不是明说“叔父为皇上叔父，惟皇上得而称之”①吗？同样，顺治五年十一月多尔衮既封皇父以后，世祖对多尔衮，也只能当面叫他“阿玛”（Ama，父），岂不也可以说是“父乃皇上之父，惟皇上得而称之”吗？叔父或父之上加一“皇”字，行之于一切满、汉文武言官的本章旨意中，君臣上下的体制尊严如此。如果世祖福临的生母孝庄文皇后没有下嫁给他的叔父摄政王多尔衮的话，多尔衮是不会由“皇叔父摄政王”改称“皇父摄政王”的。

本文一开始，就提到孟先生否认太后下嫁这件事，他认为多尔衮之被尊称为“皇父摄政王”，是“由报功而来，非由渎伦而来”，而且还说“明遗老（指张煌言）由此而入诗，国人转辗而据以腾谤”②。其实，孟先生忘了一个历史事实，满洲人于1644年入关以前的社会发展阶段虽已由奴隶制迅速向封建制过渡，但很早以前女真人的落后习俗，如朝鲜《李朝实录》中宗十年（1516年）二月己酉条所载的：“胡（指女真）俗，兄死则弟娶兄妻，例也。”③这一类弟妻兄嫂、妻姑侄媳，子妻庶母的一些群婚制的残余，不但北方兄弟民族像满族、蒙古族他们有，南方兄弟民族像彝族、藏族等地也有，而且一直延续到入关初年，是不足为怪的。已故著名史学家陈援庵（垣）先生于《汤若望与木陈忞》一文中已经指出过：

> 治棲之俗，当时本不以为异。太祖第五子莽古尔泰死，其妻分给从子豪格及岳托；第十子德格类死，其妻给其弟阿济格；顺治五年豪格死，多尔衮又与阿济格各纳其福晋一人；此皆著之国史。④

陈先生又云：

> 据初修《太宗实录》，天聪时曾禁止婚娶继母、伯母、婶母、嫂、弟妇、侄妇。论曰：“明与朝鲜，礼仪之国，同族从婚娶。”今《太宗实录》已删此

① 《章录》卷16，第12页下，赵开心奏中语。

② 《太后下嫁考实》，第5页上。

③ 拙辑《朝鲜李朝实录中的女真史料选编》（辽宁大学历史系《清初史料丛刊》本），第七种，第187页。

④ 《陈垣学术论文集》，北京：中华书局，1980年，第一集，第493页。

条。[1]

上述天聪时系指天聪三年（1629），这年明文规定“凡娶继母、伯母、弟妇、侄妇，永行禁止。…… 同族嫁娶，男女以奸论。”但三年后，今本《实录》中于天聪六年（1632）仍有“前禁不许乱伦婚娶”一语[2]，所谓“前禁”，即指天聪三年的禁令；其未经修改而今尚保存在《清三朝实录采要》中的原本《清太宗文皇帝实录》，又有天聪九年（1635）的明文记载：

> 初，满洲一族妻室，如伯、叔母及嫂等，俱无嫁娶之禁；上（太宗皇太极）以一姓之内，而娶其诸父、昆弟妻，乱伦殊甚，当禁止之。[3]

这正说明满洲婚姻关系到了入关以前正向封建婚姻制度过渡的皇太极统治时期，虽然三番五次地重申“同族嫁娶”的禁令，而迄至入关之初，仍保留有很早以前十分落后的群婚制残余，是不能简单地说成是“渎伦而来”或“转辗腾谤”所能解释得了的。孟先生既然承认“摄政王（多尔衮）逼肃亲王豪格死于狱，而取其福金”是事实[4]，那么，豪格为皇太极的长子，世祖福临的亲兄，即是多尔衮的亲侄，叔妻侄妇，此而可以无礼，多尔衮于兄嫂孝庄文皇后，世祖福临的生母，弟妻兄嫂，当然同样可以无礼，又何责乎？所以，世祖福临之称多尔衮为“皇父摄政王”与孝庄皇太后下嫁摄政王多尔衮，两者之间有着内在联系，多尔衮既可称为“皇父”，太后当然可以下嫁多尔衮，都是完全可以相信确有其事的。

---

① 《陈垣学术论文集》，第494页引朱璘《明纪辑略》。

② 《文录》卷11，第20页上。

③ 日本伍石轩刻本，卷5，第15页下–16页上。

④ 《太后下嫁考实》，第5页上。按此事见今本《章录》卷47，第6页上：“顺治七年正月己卯，摄政王 …… 纳和硕肃亲王豪格福金博尔济锦氏。

论袁崇焕与皇太极

袁崇焕生于万历十二年（1584）四月二十八日，卒于崇祯三年（1630）八月二十六日，终年四十有七；皇太极生于万历二十年（1592）十一月二十八日，卒于清崇德八年（明崇祯十六年，1643）九月二十一日，终年五十有二。袁长于皇太极八岁零七个月，而早死十三年。今年正好是袁的诞辰四百周年，广西壮族自治区历史学会与广西藤县县志编纂委员会联合召开纪念袁崇焕诞辰四百周年学术讨论会，相邀参加。我觉得袁崇焕一生的孤忠自效，含冤而死，过去和现在，都曾引起过史学界的莫大同情和重视，撰写了不在少数有分量的论著①；近几年来，史学界对皇太极这一满族杰出人物，不论对他在清史上或满族史上的地位和历史作用，也发表了不少篇专文和专著②。知人论世，各抒己见，见仁见智，成绩斐然，这是完全可以肯定的。然而将二人合在一起，相提并论，迄今尚不多见，此则分别作传，易于立言；合而论之，殊难著笔；何况时代变迁，要求不同，旨趣各殊，取舍亦异，势之所趋，亦情理之所必然也。今不自量，仅就袁崇焕与皇太极的一得一失，一成一败，一何以得而成，一何以失而败，特别是在明天启末、崇祯初即清天聪初

---

① 张江裁：《袁督师遗事汇辑》（以下简称《汇辑》）第六卷第二册，拜袁堂1941年铅印本。最近，阎崇年、俞三乐两同志合编《袁崇焕资料集录》，广西民族出版社，1984年，是在《汇辑》已有成果的基础上，广事扩辑增订而成。《集录》是迄今为止搜辑袁崇焕有关资料最为完备的一个集子。此外，郑珂所著《袁崇焕》，中华书局，1980年，是一本较好的简明扼要的历史通俗读物。

② 金成雄：《论皇太极》，载《中国史研究》1979年第4期；富丽：《试论皇太极四打北京》，载《四平师范学院学报》1981年第2期；这类专题论文甚多，恕不一一列举。孙文良、李治亭合著的《清太宗全传》，吉林人民出版社，1983年，下称《全传》，是一本目前有关皇太极最有系统、最为详细的人物传记。又，陈涴所著《皇太极》，黑龙江人民出版社，1982年，也是一本较好的简明扼要的历史通俗读物。

（1627—1630）的三四年间发生的几件大事件，进行些初步分析和探讨，提出一点个人不成熟的看法，对袁崇焕与皇太极的深入综合研究，只能算是一个尝试，引玉之砖罢了。

一

我们不能否认，今天祖国民族大家庭的成员之中，在历史上曾多次出现过“兄弟阋于墙”，甚至彼此间以兵戎相见的不愉快局面。这是历史事实。问题是我们今天如何来看待这些历史事实。当然，兄弟交恶和相争，是家庭间内部的事，但是也有个谁是谁非的问题。历史上兄弟民族间出现过的交恶或争战都是国内民族矛盾问题，与近现代以来中华民族之反抗帝国主义列强的民族矛盾是有本质区别的。

现在让我们来考察一下明清之际，汉族与满族间的关系。原来属于明王朝统辖下的建州左卫女真人（满族的前身），到明末万历、天启年间（1593—1627），以努尔哈齐为首的新兴后金政权，崛起于辽东东部，二三十年间，相继统一了建州三卫、海西四部以及东海虎尔哈、库尔喀、瓦尔哈各部[①]。女真诸部的统一，是女真人社会历史发展的必然规律，是一件好事，是进步的；然而在明王朝（汉族统治者）看来，女真的统一是件大逆不道的事，不但不予承认，而且企图进行干预，大兴问罪之师，一而再，再而三，这就必然引起明与后金之间的军事冲突不断发生，长年累月，争战不已，民不堪命，迄无了结之日。努尔哈齐于天命十一年（1626）临终之前，几乎把辽东的广大地区全部纳入后金统辖之内。如果明王朝失掉了在整个辽东辽西地区的统治权，即将构成影响到明王朝在全国的统治能否继续维持下去的一个大问题。那么，山海关外的辽西走廊八城就成为明与后金争夺的焦点[②]，这一点，下面还要详细讨论。这里首先要弄清楚的一个问题，是明与后金争战一二十年的谁

① 建州三卫为建州卫、建州左卫、建州右卫；海西四部为哈达、辉发、乌拉、叶赫；东海各部旧称“野人卫”，为改今称，名从主人也。

② 辽西八城为前屯卫、宁远、锦州、右屯卫；大小凌河及松山、杏山、塔山，见《明史》第259卷，中华书局，1974年，第6709页《袁崇焕传》。

是谁非问题。

众所周知，过去国内外不少史学家认为努尔哈齐的兴起，对辽东地区的占有，是背叛明王朝，以下叛上，是“入侵者”，是非正义的。这当然是由于千百年来汉族传统的封建正统观念在作祟，同时，帝国主义者为侵占我东北找历史根据，说满族是外来民族，制造舆论，混淆视听，利用历史进行分裂主义的鼓吹。须知在封建社会里，一般地说，历代王朝的统治阶级是压迫者，各兄弟民族是被压迫者。明王朝也不例外。前面已提到的东北地区女真各部的统一，明王朝出兵干涉，大动干戈，很显然，战争的正义性是在以努尔哈齐为首的后金一方。正如列宁所指出的：“一切民族压迫都势必引起广大人民群众的反抗，而被压迫民族的一切反抗趋势都是民族起义。”[①] 列宁又说：“反对一切民族压迫是绝对正确的。”[②] 因此，我们不能只看战争的表面现象，而不问争战双方的谁是谁非，战争的实质是什么。这样，我们就应当承认明代女真各部的统一，后金政权的建立，努尔哈齐的反对明王朝民族压迫是绝对正确的。明确这一点是很有必要的。

另一个问题，后金政权究竟是什么性质？多年来，史学界不少同志把它说成是割据政权或地方性政权，因为如果承认后金国是独立政权，好像满族就不是祖国境内的民族了。其实这种顾虑是没有必要的。一个历史唯物主义者必须承认历史的客观事实和科学性。后金国的出现，标志着满族是以一个统一的独立国家的姿态活跃于东北大地之上。古今中外的历史，一国之内同时出现两个以上的独立政权或国家，屡见不鲜。后金国的出现，既与明王朝没有君臣隶属关系，我们就应当承认它是一个与明王朝同时并存的独立政权，而这个后金政权仍然是属于祖国民族大家庭中的成员之一。

① 《列宁全集》卷23，北京：人民出版社，1963年，第55页。

② 《列宁全集》卷20，北京：人民出版社，1963年，第18页。

二

努尔哈齐既死，第八子皇太极继位。作为与后金长期相对抗的一方明蓟辽督师袁崇焕，遣使往吊并贺新君即位，兼探后金国内虚实，得知皇太极要求“息干戈以休养”的和解问题[①]。从当时的历史实际来看，明与后金和解这一问题的条件成熟到什么样的程度，有可能实现和解吗？回答是肯定的。当时双方都有各自的内部问题。明从万历中期以后，东林党与东林党的反对派的统治阶级内部斗争愈演愈烈。特别是到了天启初年，宦官头目魏忠贤得宠揽权[②]，声势煊赫一时。东林党的反对派投靠到魏忠贤的门下，拼凑成为阉党，影响所及，袁崇焕的前任辽东经略熊廷弼以不附阉党，不克尽展其才。终因经抚（辽东巡抚先为袁应泰，后为王化贞，皆阉党中人）不和，熊以辽师覆没而被戮，传首九边。那时关内外岌岌可危，不到一年，恰巧明熹宗朱由校死，弟明思宗朱由检立，首斩魏忠贤，发愤图治，对辽事思有所作为。袁崇焕坚守危在旦夕的宁远孤城（今辽宁兴城），一战而击退身经数十百战，号称战无不胜、攻无不克的劲敌努尔哈齐，从而取得明思宗的充分信任。袁与熊廷弼一样，对保守关外、恢复辽东，一贯主张“以辽人守辽土，以辽土养辽人，守为正著，战为奇著，和为旁著”，[③] 以和为守，以守为攻，乘机出战，而以进行和谈为配合之计，逐步进展而不求急成，这就充分说明袁的遣使吊丧议和，是有诚意的，宁远一役，虽已取得了一次很大的胜利，但为了贯彻以守为战的主张，加强防守力量，大力开展屯田，当然还需要有一段较长的时间休整，屯田更需要有一个和平的环境。和谈对明方来说，就成为当务之急了。

从后金一方观察，内部也不是没有问题的。努尔哈齐之初，建立八旗制度，以旗统兵，即以旗统人。八旗组织具有行政、军事和生产三方面的职能。努尔哈齐的

① 《满洲老档秘录》（以下简称《秘录》）下编，上海：商务印书馆，1930年，第2页下《袁崇焕复书》，下注天聪元年（1627）三月。而《太宗与袁崇焕书》，同书下编，第1页上，下注天聪元年正月。均见《满文老档》（以下简称《老档》），《东洋文库丛刊》第十二，第四册，第2–5页、又第16–19页。足证和谈是由皇太极首先提出来的。

② 《明史》卷305，《宦官传二·魏忠贤传》，第7816–7825页。

③ 《明史》卷259，《袁崇焕传》，第6713页。

子侄，作为他的代表，分统八旗，称为八“和硕贝勒”，也叫八“固山贝勒”，汉文初译“四大王”“四小王”[①]。最初每旗主以一贝勒，八贝勒并立，这实际上是由氏族制度中发展起来的军事民主主义的残存[②]。稍后，设四大贝勒：大贝勒代善（努尔哈齐第二子）、二贝勒阿敏（努尔哈齐弟舒尔哈齐之子）、三贝勒莽古尔泰（努尔哈齐第五子）和四贝勒皇太极（努尔哈齐第八子）。余称小贝勒，不敢与四大贝勒分庭抗礼。皇太极的继位，虽不能说已经发生了同室操戈而有萧墙之祸了，但曾经经过了一场激烈的宫廷内部斗争，是毋庸置疑的[③]。历史事实证明，在皇太极即位后的一段时间里，他仍与三大贝勒俱南面并坐，共理国政。一个旗主并立与皇权独尊的斗争正随之展开来。皇太极处在乃父新败身亡、骨肉权力之争刚刚平息下来的关键时刻，同样需要一个休整时间和相安无事的环境。和谈对后金一方来说，更是迫切需要和十分有利了。

根据上面的分析，明与后金双方同样都需要有一个休整时间和和平环境，因此，和谈的客观条件是成熟的，双方对和谈的态度也都是诚恳的，和解是完全有可能实现的。

三

如上所述，明与后金的和谈既有可能实现，为什么终于破裂？是由于后金提出和谈的条件过高，明方没有满足后金的要求吗？这就需要看看后金提出的条件是些什么。皇太极于天聪元年（1627）正月初八日与袁崇焕书，书中叙说了“七宗恼恨”（一作“七大恨”）之后，首次提出：

> 今尔若以我为是，两国言归于好。和好之礼，当以金十万两、银百万两、缎百万（匹）、毛青布千万（匹）与我。既和之后，两国互送之礼，每岁我等

① 参拙著：《清史杂考》，北京：人民出版社，1957年，第30–31页。

② 《清太祖武皇帝实录》卷4，故宫博物院，1932年，第11页下。

③ 参见《清外史》，上海：五洲书局，1914年，第13页，“萧墙祸”条。

以珍珠十（颗）、貂鼠皮一千（张）、人参一千斤送于尔；尔等以金一万两、银十万两、缎十万（匹）、毛青布三十万（匹）报我。①

提出和好以后每岁互送之礼是对等的，当然可以为明方所接受，只是后金提出了一个先决条件，那就是要明方先付一笔巨额的金、银、缎、布，等于是叫明方付一笔战败国的赔偿费用。这是为袁崇焕所坚决不能接受的。过了两个月，袁的复书除了驳斥“七宗恼恨”外，做了如下的答复：

今若修好，城池地方，作何退出；官生男妇，作何送还；（是在）汗之仁明慈惠、敬天爱人矣。…… 若书中所开诸物，以中国（指明朝）之大，皇上之恩养四夷，宁少此物？亦宁靳此物？然往牒不载，多取违天，恐亦汗所当自裁也！②

袁既指出了皇太极书中所开诸物，无异勒索赔偿，是“多取违天”，不能答应；相反，袁还针锋相对地提出要后金将夺去的辽河以东城池地方退出，官生男妇送还的另一个先决条件。这当然也是为皇太极所坚决不能接受的。但皇太极在接到袁的复书后不久，很快写了回信，信中对要求他退还既得的城池、官民，斩钉截铁地表示坚决不能答应；至于谈到所开诸物，则做了一个很大的让步，不再要求明方先付一笔巨额赔偿，而是以平等互利的口吻说话了。他在信中这样回答：

初和之礼，尔等以金五万两、银五十万两、毛青布五百万（匹）送我；我以珍珠十（颗）、黑貂皮二（张）、玄狐皮十（张）、貂鼠皮二百（张）、人参一千斤相答。既和之后，两国互送之礼，（仍同上次所列，兹从略）……③

皇太极对要求先付的巨额财物自动减少了一半，并且偿付与之相等价值的土特产品。所以不能说，后金提出和谈的条件过高，不能为明方所接受，导致了和谈的破

① 《老档》，第四册，第5页；《秘录》下编，第2页下；《清太宗实录》（以下简称《文录》），《大清历朝实录》影印本，卷1，第18页上、18页下、20页下，均未载全文。

② 《明清史料》，中央研究院历史语言研究所，1936年，丙编第一本，第1页上。按此件《袁崇焕致金国汗书》未标年月，参稽《老档》，应是天聪元年三月之事。

③ 《老档》第四册，第27页；《明清史料》（1930年）甲编，第41页下。按满文之毛青布，汉文作梭布，貂皮作貂鼠皮，为小异。

裂。但你来我往的和谈，持续进行了三年半之久[①]，谈又谈不成，决裂又一时决裂不了，这到底是怎么一回事呢？

我们要知道，明与后金议和之事，从当时历史形势来看，是双方的客观需要；但同时又必须考虑到，能否实现这一和解，不能完全取决于当时双方一两个当事人的主观愿望，而当时双方朝野上下执政者的决策和在野党的舆论，也同样是一个起着很重要作用的决定因素。在提出和谈之先，皇太极首先征求过三大贝勒的意见：

> 上复欲致书于明宁远巡抚袁崇焕，召达海、库尔缠入。…… 上以致书之事，令与三大贝勒议之。达海、库尔缠随诣大贝勒代善第，代善亦素服，独俯卧榻旁；又诣（二贝勒）阿敏第，阿敏在寝室，三福金盛服列坐，而阿敏垂涕；又诣（三贝勒）莽古尔泰第，莽古尔泰与其妹莽古济格格及弟德格类俱盛饰，张筵宴，妇女吹弹为戏，德格类坐右榻弹筝。达海等见之，惊讶而出。[②]

从上述《实录》所记，皇太极派去的达海、库尔缠等，本是为征求三大贝勒对和谈的意见，三大贝勒并无片言只字的表示，无法推知他们对和谈的赞成与否。可是根据三大贝勒的态度：一个“俯卧榻旁”，一个默坐“垂涕”，一个“盛饰张筵”，结果，达海等“惊讶而出”。从三大贝勒的傲慢表现看，再结合以后和谈破裂的情况来考虑，他们很可能对和谈是采取否定态度的。

又据皇太极在回答李喇嘛的信中有以下一段话：

> 我师既克广宁（今辽宁北镇），诸贝勒将帅咸请进山海关。我皇考太祖（指努尔哈齐）以昔日辽、金、元不居其国，入处汉地，易世以后，皆成汉俗。因欲听汉人居山海关以西，我仍居辽河以东。满、汉各自为国，故未入关，引军而退。[③]

从中不难看出，皇太极之所以引述其父努尔哈齐时对不夺取辽西的方针政策，无非是用来证实他自己与明和谈的正确性，同时从反面也正好说明皇太极时后金贵族内

---

① 《老档》第四册，第27页；《明清史料》（1930年）甲编，第41页下。按皇太极与袁崇焕议和的来往书札，从天聪元年正月起讫三年六月为止，凡三年有半。

② 《文录》卷1，第21页。

③ 《老档》第四册，第30–31页；《秘录》下编，第7页上；《文录》卷3，第6页。

部如诸贝勒将帅等对议和活动是有不同看法的，皇太极进行和谈不是没有遇到内部的阻力的。

明从万历中叶以后，东林党人抨击朝政，蔚然成风。“天下清流之士群相应和”[①]，一时声势煊赫无比，总被目为东林党。东林党的反对派图谋对抗，借魏忠贤之力铲除异己，不问事之曲直是非，党同伐异，陷害忠良。熊廷弼之被斩，就是因为他是东林党。这就无怪乎袁崇焕任事之初，虽然获得明思宗的充分信任，当召见时他已预有所感而痛切地说道：

> 臣受陛下特眷，愿假以便宜，计五年全辽可复……
>
> 五年内，户部转军饷，工部给器械，吏部用人，兵部调兵选将，须中外事事相应，方克有济……
>
> 以臣之力，制全辽有余，调众口不足，一出国门，便成万里。忌能妒功，夫岂无人？即不以权力制臣肘，亦能以意见乱臣谋。[②]

那么，所谓“以臣之力，制全辽有余，调众口不足”“亦能以意见乱臣谋”，充分说明明末统治阶级内部的激烈斗争达到了白热化程度。阉党头子魏忠贤虽已被诛，而余党犹存，流毒迄未肃清。像温体仁、姚宗文等人或握相权，或踞言路，只计一己之私利，不顾国家的安危，坐袁以“欺君”“怀有异志”“诱敌胁和”等罪名[③]，下狱问斩。而明思宗一人高踞在上，刚愎自用，终于杀袁，自坏长城。后金陈兵一二十万于关外辽西走廊，李自成领导的农民军乘虚而入，迫使明思宗自缢煤山（今景山），明社以屋。

四

明与后金和谈之所以破裂，很显然不能归咎于当时双方一两个主持和谈的当事

① 李棪：《东林党籍考》，北京：人民出版社，1957年。

② 《明史》卷259，第6713页，参《汇辑》卷3，第7页上。

③ 《汇辑》卷3，第10页下–12页上。

人的主观愿望赞成与否，还有当时双方内部的不同党派操纵其间的一个重要因素，既如上述；但明与后金为了争夺关外辽西走廊的八城，也是一个关系到当时双方各自能否在辽东地区维持统治下去具有战略性的大问题。毫无疑问，辽西走廊的争夺必然影响到和谈的成功与破裂，有必要再进一步加以阐述。

辽河以东的大小城池既为后金所占有，自然不能退出；同时，皇太极也十分清楚，如果要想在辽东地区长久站住脚，那么，辽西走廊又必然是迫切争夺的焦点了。同样，袁崇焕也知道，如果明王朝要想维持在辽东地区的长久统治，首先必须保持住在辽西走廊的军事据点，然后逐步向东推进，才有收复辽东失地的可能。正是因为这个缘故，双方都有各自的战略部署和军事活动；和谈对双方来说，不过都是一时的权宜之计。这也说明当袁崇焕提出要后金退还辽东城池、官民的要求时，当即遭到皇太极的断然拒绝的原因所在。

袁崇焕首次出关，视察关内外形势，及归，自己认为："予我兵马、钱谷，我一人足守此。"[①] 当他受命监军山海关，将行，入谒熊廷弼，熊问操何策以往，袁答主守而后能战。熊跃然喜，为图辽东[②]。这真是"英雄所见略同"了！后来事实证明，袁之坚决反对王在晋议筑重城八里铺于山海关附近，亦犹如熊之坚决反对袁应泰、王化贞辈分兵把守辽河沿岸[③]，同出一辙。所幸者，袁尚能得到大学士孙承宗的支持，终明之世，清兵未敢越山海关一步；而熊则由于朝中无人，终于导致广宁覆师，应泰自刎而化贞被释，熊竟逮系问斩，辽事每况愈下。袁崇焕继起受命危难之际，公而忘私，坚决地认定"宁（远）、前（屯）重地"，决不能退让一步。袁本人坐镇宁远，而以赵率教驻前屯卫（今辽宁绥中境）为后劲，满桂驻宁远为前锋，各分汛地。如果一年复城，则赵率教东出锦州（辽宁今市）为前锋，满桂为后劲；再一年，满桂跨而前，则锦州又为后劲。大抵两镇更迭而前，交相为援[④]，稳扎稳打，逐步向前推进，恢复全辽不是完全没有希望的。

① 《明史》卷259，第6707页。

② 《汇辑》卷33，第1页上，陈伯陶、张伯桢同编《袁督师传》。

③ 《明史》卷259,《熊廷弼传》，第6691–6696页。

④ 《汇辑》卷3，第3页四上。

对明方在辽西走廊积极部署的目的所在，皇太极看得一清二楚，所以在回信中明确指出：

> 报尔之书，已经缮毕，方欲遣使，会尔国两次有人逃来，言尔修筑塔山、大凌、锦州等城。又察哈尔使臣至，所云亦然。…… 兹因筑城，故再为尔言之：若果两国讲和，须先分定疆域，以何地为尔国界，以何地为我国界，各自料理。今尔遣使议和，又修葺城垣，潜图侵逼，得毋因前宁远城冻攻之未堕，自以为得志，诈称和好，乘间修城，为战守计乎。①

袁崇焕也曾指出过后金正在进行和谈之际，竟然出兵进攻朝鲜，是对和谈没有诚意的表现：

> 方以一介往来，何又称兵于朝鲜？我文武官属遂疑大王言不由衷也。兵未回，即撤回；已回，勿再往。②

皇太极反驳说：

> （我）何尝说不征高丽□（疑脱“国”字，按即朝鲜国），为何尔文武兵将□（疑脱“之”字）疑我言不由心也？且尔即来讲和，又 …… 令民前来住种，修复城池。…… 正是尔言不由心也。③

从而可见，关外辽西走廊八城的争夺战，是关系到双方成败的关键所在。而后金之所以暂时停止对辽西走廊的进攻，是企图先集中全副力量对付朝鲜，解除后顾之忧以后，好再与明作长期周旋。因为不但努尔哈齐时早已知道“南朝（指明朝）虽师老财匮，然以天下之全力毕注于一隅之间，盖犹裕如也”④ 。就是到了皇太极时，清兵虽然多次越过长城节节胜利，皇太极还得承认明是大国，伐明就必须像“剪枝伐树”一般才成。因为明方的“山海关、锦州防守甚坚，徒劳我师，攻之何益?”⑤ 所

---

① 《秘录》下编，第8页上。

② 《老档》第四册，第318页;《秘录》下编，第3页下。

③ 《明清史料》甲编，第41页下,《清太宗致袁崇焕书稿》，未标年月。今据《老档》册IV，第25页，知此札写于天聪元年四月。

④ 《明清史料》甲编，第48页上《天聪二年奏本》中语。

⑤ 《秘录》下编，第24页下。

以必须以“我兵屯驻广宁，逼临宁（远）、锦（州）门户，使彼耕种自废，难以图存，锦州必撤守而回宁远，宁远必撤守而回山海（关），此剪重枝、伐美树之著也”[①]。这就充分说明关外辽西走廊的八城为明与后金争夺的关键地区，迄至明亡以前，山海一关始终为明方掌握着。如果不是吴三桂开关迎降，清师是无法跨过关门一步的。

前面已经提到，努尔哈齐初期明与后金之间的战争性质，正义性在后金一方；到皇太极时期，战争的性质是不是仍然和努尔哈齐初期一样呢？我个人认为前后是不相同的，当时的客观情况已经发生了变化。萨尔浒一役以后，后金已由战略防守转为战略进攻，明则相反，由战略进攻转为战略防守，两者所处的地位翻了一个个儿。皇太极多次发动围攻辽西走廊的八城，甚至跨独石口、喜峰口、杀虎口等处，深入长城以南，俘掠人畜以数十万计，大量役为奴隶。在这些军事活动中，满族统治者成为压迫者，汉族人民及其上层统治者即明王朝则全都退居于被压迫地位。前面所引列宁指出的“反对一切民族压迫是绝对正确的”一段话，同样可以作为我们判断袁崇焕之反对皇太极军事掠夺和民族压迫也是绝对正确的理论根据。然则袁的七年抗金（清）活动，虽然被诬陷含冤而死，但他仍不失为一伟大的英雄人物，是必须首先肯定的。不错，皇太极在对明战争这一点上不无可议之处，但他作为努尔哈齐的继承人能适应当时满族社会发展的趋势，使奴隶制很快地向封建制过渡，仍不能否认他是满族的一位杰出人物。

五

这里有一个很有趣的问题，是有关袁崇焕的后裔问题。前人已经做过很精细审核的考订，概括起来有两种不同的说法：一为袁无子之说。根据是，余大成《剖肝录》云“身死门灭”；程本直《漩声记》云“身凌迟也，后嗣绝也”；《明史》云“崇

① 《文录》卷50，第14页上–18页上，按剪枝伐树之喻出于皇太极之喻，而《全传》第334页误以为祖可法、张存仁等所提出的“三著”之一；又注引《文录》作卷56，亦误。

焕无子”;《东华录》则引乾隆四十八年（1783）五月戊申查问袁崇焕有无后裔的上谕，结果只有“五世孙袁炳并未出仕”（《东莞县志》同）；又仲振履《袁督师祠碑记》也只有袁“有胞弟煜之后，迁居粤西”的话[①]。从上述各种文献记载中，只能得出袁崇焕没有后裔的结论来。

与此相反，另一说法为袁有子之说。它的根据是《东莞县志》，这样说道：

袁督师无子。相传下狱定罪后，其妾生一子，匿都城（今北京）民间。大兵入关，为满洲某所得，隶籍于旗。[②]

《志》中又云：

新安陈国泰尝与人言，昔在江南军营时，参领富明阿问：“新安与莞邻县，督师宗裔如何?”答以“督师祖茔去敝乡不远，清明、重九，敝乡代为祭扫，盖无宗裔矣!”富闻之，次日，即与通谱，密语曰：“余督师几世孙也。尔祀我祖，与兄弟何异？宜告乡人好为之!”[③]

说袁崇焕有子，是在他被诛后，有一遗腹子。主张袁有子说者并解释了为什么在乾隆晚年查问尚无后裔，则是因为袁的惨死，亲族都发配到千里之外，袁妾既隐匿民间，以袁为抗清名将，不敢暴露自己的身世，深恐有所不利。这是一个可以理解的理由。另一个理由是说袁的遗腹子名叫文弼，流寓外地，因有军功，编入宁古塔正白旗。宁古塔（今黑龙江宁安）离北京很远，一纸公文，或未及闻见，也是常有的事。兹将张江裁所撰袁氏的世系表照录于下[④]：

---

① 《汇辑》卷5，第2页下张江裁《袁督师后裔考》。

② 《汇辑》卷5，第2页下。

③ 《汇辑》卷5，第2页下–3页上。

④ 《汇辑》卷5，第3页下。

（一世）（二世）（三世）（四世）

袁崇焕——文弼——尔汉——贵——

（七世）

┌世有（长）

（五世）（六世） ├世宽

常在——赶 └世福（即富明阿）

（八世）

┌寿山（九世）

└永山——庆恩

上列袁氏世系，自崇焕本人以下八世后裔的子孙姓名，历历可考，则前面所说袁无子一说，不攻自破了。

表中的富明阿为袁崇焕六世孙，事迹详见缪荃孙所辑《续碑传集》卷51屠寄撰《袁富将军战略》、《清史稿列传》卷204、光绪重修《吉林通志》卷71、魏毓兰《龙城旧闻》、杨钟羲《雪桥诗话余集》卷8、董耆庶所撰《江宁将军富明阿去思碑》，以及缪荃孙《艺风堂文集外篇》附录的吉林将军富明阿碑文。诸书中全都肯定富明阿是袁的六世孙，并说他原名世福，幼年披甲入伍，始改今名。后因军功，屡升至江宁将军，旋乞休。同治中，再起改授吉林将军。黑龙江土人称之为“袁富将军”云①。

袁富将军子二人：寿山、永山，皆娴骑射，通文义。1894年中日甲午之战，永山兄弟赴援凤凰城（今辽宁凤城），城破，永山死之；寿山力战受重伤。寿山后授黑龙江副都统，随置将军。1899—1900年义和团运动爆发以后，沙俄帝国主义者强夺我黑龙江北岸地数千里，又筑西伯利亚铁路交午于我东三省境内。后俄军入侵齐齐哈尔城，寿山引为奇耻大辱，自杀未遂，服毒自尽。清末，日俄交侵，永山、

① 《汇辑》卷5，第3页下–8页下《富明阿事迹》。

寿山均能以身殉国，不愧为民族英雄[①]。

这里必须指出的是，袁崇焕于明末受命督师辽东，坐镇宁远孤城，屡挫后金（清）进攻之师，不愧是一位杰出的抗金（清）名将；但不到三百年，他的七世孙又为了反抗日俄帝国主义列强的入侵，竟成了清代的民族英雄。是寿山、永山等数典忘祖了吗？回答是否定的。因为富明阿曾经很明确地表示过“余督师几世孙也”，他不可能不把自己的身世告诉了他的两个儿子寿山和永山。我认为，从历史唯物主义和辩证唯物主义的观点出发，可以看出袁崇焕之在明末天启、崇祯年间为保卫行将崩溃的君昏政暗的明王朝，固然有他受历史局限性和阶级性的一面，但作为反压迫、反侵略的伟大英雄人物，无疑是应当受到后世的推崇、歌颂和纪念的。

随着时间的推移，袁的后裔早已编入旗籍，从改名和心理状态看，毫无疑问，他们都是完全满化的了。永山、寿山之在清言清，亦犹袁崇焕之在明言明，当然，袁所遇到的强有力的对手，先是努尔哈齐，后是皇太极；而永山、寿山所遇到的劲敌则为日、俄帝国主义列强。可见前者是国内民族矛盾，后者是中华民族与帝国主义列强的矛盾，两种矛盾是有本质区别的。但有一点是明确的，三百多年前的“兄弟阋于墙”，到后来终于共同“外御其侮”了；而且从这个例子中可以充分体会到，汉族与满族间的关系，真是成了“你中有我，我中有你”不可分割的血肉关系。这就是我们今天学习和探讨历史事件包括历史上的民族关系，从中可以吸取许多有益的经验教训。

六

最后我们还要指出，袁崇焕之所以失败，皇太极之所以成功，不是由于个人的才能智慧有所不同；若论个人的才能智慧，也许袁比皇太极要略胜一筹。为什么这样说呢？因为当时二人所处的时代虽然相同，双方也都各有各自的内部问题，但皇

① 《寿山事迹》，载《汇辑》卷5，第8页下–12页上；《永山事迹》，载同书第12页上。参陈志贵《清末抗俄的民族英雄——寿山将军》与孙克复《近代反帝爱国将领——永山寿山》，均载《瑷珲历史论文集》，《黑河学刊》编辑部1984年自刊，第284页。

太极一方的内部问题，固然不能由他一个人说了算，比较起来，他一个人所起的作用还是很大的；相反，袁崇焕一个人所能起的作用，相形之下，就微不足道了。他之所以能起到一些作用，比如，调兵遣将，筹备粮饷，提供军用器械等等，都是因为能得到皇帝的充分信任，否则寸步难行，一事无成。后来只因明思宗中了皇太极的反间计。袁崇焕虽是一个有胆有识，十年军旅，屡建奇功的抗后金（清）名将，终于下狱问斩，含冤而死。这难道是由于袁个人的才能智慧不如皇太极吗?

梁启超作《袁督师传》表彰袁一生艰苦卓绝的业绩①，对袁所处的时代，两次督师关外、谈和、杀毛文龙以及战守等各种军事活动，进行了明晰而详尽的分析，做出了令人信服的评价，是一篇到今天还值得重新一读的好文章。不过，梁先生在第一节《发端》里提出:"若夫以一身之言动、进退、生死关系国家之安危，民族之隆替者，于古未始有之；有之则袁督师其人也。"②这里说的"国家""民族"，如果是指明王朝和汉族而言，当然没有什么错；但从梁先生在民国初年撰写这篇传记文字的时代背景去考虑，恐怕梁先生说的"国家""民族"是指中国和中华民族。这从他的《结论》也可以得到证明，"岂唯前代，今日之国难急于明季数倍，而举国中欲求如一袁督师其人者，顾可得耶?"③所谓"国难""举国"，自然是指中华民国而言，然则梁先生之所以作《袁传》，无非是引喻历史，古为今用，激发人们的爱国主义热忱，为振兴中华而奋发图强，是完全可以理解的，也是无可厚非的。

按照历史唯物主义和辩证唯物主义的要求，明清之际，后金（清）与明王朝是两个同时并存的政权，虽都立国于今天中国疆域之内，当时双方各以"中国"自居，而彼此之间互相视为"外国"，是合乎当时情理的。到了今天，除了别有用心的人之外，谁再也不会把历史上的"外国"与今天的中国混淆起来的了，如果把三百多年前的所谓"后金国"或明王朝和今天的中国等同起来，势必将历史上的许多兄弟民族推之于祖国民族大家庭之外。这是不符合历史实际情况，也是为今天全国各族

① 《汇辑》卷3，第18页上–27页下。

② 《汇辑》卷3，第18页下。

③ 《汇辑》卷3，第27页上。

（包括汉族）人民所不能接受的。明清之际，袁崇焕和皇太极的和战，也只能是国内民族矛盾的问题。就是袁本人当关外辽西走廊城的战守各种军事活动十分危迫之秋，他在《偕诸将游海岛（按指觉华岛）》七律一首中仍然这样写道[①]：

边衅久开终是定，室戈方操几时休？

"同室操戈"一语，正好道破了明与后金（清）的交恶和争战，是一个国内民族矛盾问题。三百年前袁居然能持有这种观点，正是袁的胆识过人之处。直到今天，我们更不能不承认他是中华民族的一位伟大英雄人物[②]。

【附记】拙作《论袁崇焕与皇太极》于《社会科学战线》1985年第1期发表后，曾邮寄日本清史专家神田信夫教授一份，顷得复书，并附来其旧作《袁崇焕書簡について》（刊于1962年2月《骏台史学》第十二号）。神田教授文中对袁崇焕与皇太极的书札往还，搜集殆遍。拙文旨在说明和谈之成与否而不求其全也，然神田氏之文，可补拙文之不逮者多矣。兹将其所已录出各札目次转录于此：

一，见于《清太宗实录》与《满文老档》者：

1.太宗致袁崇焕书《实录》卷1，天命十一年十一月己酉

2.太宗致袁崇焕书《实录》卷2，天聪元年正月丙子;《满文老档》（《东洋文库丛刊》本）IV第2页，同月八日

3.袁崇焕致太宗书《实录》卷2，同年三月壬申;《老档》IV第16页，同月五日

4.太宗致袁崇焕书《实录》卷3，同年四月甲辰;《老档》IV第22页，同月八日

5.太宗致袁崇焕书《实录》卷3，同年四月甲辰;《老档》IV第32页，同月八日

其中第三札原文的末尾残缺，见《明清史料》丙编第一本一页；又第四札的草稿，见同书第2页；第五札草稿，见同书第4页。而第三札与第四札的档案写真收于《明清档案存真选辑初集》中的《沈阳旧档》之图版第二十七及第二十八。

二，天聪二年太宗曾通一札，见于《实录》卷四同年正月甲子、《老档》IV第

① 《汇辑》卷1，第11页上。

② 据《北京晚报》1984年5月25日报道，北京市崇文区政府和市文物局决定重修龙潭湖公园内的袁督师庙，同时新建一座袁崇焕纪念馆，以资纪念。

115页同月二日外，从三年起，太宗与袁的书札往还频繁，均见于《老档》：

1 太宗致袁崇焕书《老档》IV二一三天聪三年正月十三日

2 袁崇焕致太宗书 同书第217页同年闰四月二日

3 太宗致袁崇焕书 同书第218页同年闰四月二十五日

4 太宗致袁崇焕书 同书第220页同年六月二十日

5 太宗致袁崇焕书 同书第221页同年六月二十七日

6 袁崇焕致太宗书 同书第222页同年七月三日

7 袁崇焕致太宗书 同书第223页同年七月三日

8 太宗致袁崇焕书 同书第225页同年七月十日

9 太宗致袁崇焕书 同书第228页同年七月十日

10 袁崇焕致太宗书 同书第228页同年七月十六日

上述各书札，从前金梁译成汉文，收入《满洲老档秘录》中，《实录》不载，其原汉文不明所自。所幸第一札原文草稿的汉文载于《明清史料》丙编第一本第9页。又第八札及第九札草稿的汉文亦载于同书第6页。第一札的原汉文及草稿的汉文两件档案的写真均收入《档案存真选辑》中的《沈阳旧档》之图版第三十九及第四十。

第二札袁崇焕致太宗书由郑伸、任得良偕杜明忠持回。此书不见《明清史料》与《档案存真选辑》中，而见于《老档》，用拼音转写如下：

anagan i duin biyai ice juwe de，musei takūraha jeng sin，zin de liyang ni emgi
闰 四 月 初二 我等 遣 郑 伸 任得 良 同

du ming jung ni gajiha bithei gisun，han i hesei jecen i cooha kadalara bing bu
杜 明 忠 持来 书 云 皇帝 旨 边 兵 管 兵部

cang šu yuwan i bithe，amasi han i booi fejile unggihe，jihe bithei gisun acaki
尚书 袁 书 汗 家 下 送 来书 言 和

serengge，ainci juwe booi fulgiyan juse i jeyen de tu šaha be jendurakū ofi kai，
恐 两 家 赤 子 刃 逢 忍不

han i sain gunin be，abka na sambi dere，damu acarangge acara doro bi，tere be
汗　善　意　　　天 地 知　　　　　　和　　　和 道理 有

emu gisun de toktoburengge waka，meni han sirame teheci，sain genggiyen kengse
一　言　　　定　　不　　我等皇帝 继　位　　善　　明　　果断

dacun jecen i weile de cira，juwan fun i yargiyalarakūci，danjibuci jorakū，han
敏捷　　边　　事　　严　　十 分　　　确不　　　　闻　　　　汗

unenggi dain nakaki seme niyalma be hairaci，acaci ojoro doro be guni，jecen hafan
诚　　战　止　　人　　　惜　　和　　　道理　思边吏

inu dere bahambi，han i daci sain jurgan inu waliyaburakū，bi mangga rakū
亦　颜　　得　　汗　原来　义 亦　　　弃不　　我　难　不

wesimbuki，jecen i weile be jecen i ambasa gisurembi，dorgi ambasa be bairakū，
奏　　边　　事　　边　　臣　　语　　内　大臣　　不求

doron serengge，temgetulehengge mujangga，damu fungneme wasimbuhangge
印　　　　　　证　　　尤　　　封　　　　下

waka oci，dembei yabubuci ojorakū，dulimbai gurun i kooli šajin tuttu，han ume
不　　　大　　行　不可　　中　　国　　例　　规　　汗 勿

ferguwere。
奇

神田氏于60年代初从某书肆购得这一书札及其原文的写真帖。这写真帖不知作于何时何人之手，亦不知原档现在何处，可以肯定地说，这一写真帖作于二次世界大战之前是毫无疑问的。

此札原文照录，并加标点于下：

钦命行边督师兵部尚书袁：书复汗帐下：书来言欵，盖不忍两家赤子罹锋镝也。汗之美意，天地鉴临。但欵自有欵之道理，此非一言可定。我皇上嗣宝承天，仁明刚毅，于边事尤严，非十分的确，不敢上闻。汗若果欲罢兵惜人，则思其可欵之理，在边之将吏，体面获存，汗家畴昔之恭顺靡失，不佞遂不难为之请也。边事边

臣为之，无烦宰执；印固彰信，但未经封降，不宜冒承，中国之功令如此，汗毋讶焉。此复。

按《老档》于札首多“闰四月初二我等遣郑伸，任得良同杜明忠持来书云”一句，又省书末“此复”二字未译，自是《老档》编纂体例如此。然此一袁崇焕致清太宗书札原件，早已散落人间，辗转流入友邦，不意竟为好古敏求之学者神田氏所得，并公之于世，岂不弥足珍贵者哉？

1985年5月锺翰附识

*皇太极一名，见《清太宗实录》(《大清历朝实录》影印本，下同)；一作黄台吉或洪太主，见拙辑《朝鲜李朝实录中的女真史料选编》(辽宁大学历史系《清初史料丛刊》第七种)第283–284页；一作Hong taiji，见日本今西春秋译《满洲实录》(“日满文化协会”刊本)卷3，第110页；一作Abahai，见Arthur W. Hummel, *Eminent Chinese of the Ching Period* (Washington，1943年)恒慕义主编的《清代名人传略》第1册，第1页。按Aba hai传的作者系著名清史专家美籍华人房兆楹先生。房先生于上月偕夫人杜联喆（亦明清史专家）回国探亲，同时被邀来北京大学历史系讲学两次，我均前往参加。讲后，我以皇太极的满文名Abahai，出于何书相质。房先生见告：“当年初到美国，尚不谙满语，写此传时，请教于George A.Kennedy，他即以此相告，后知实无所本，我应作文声明改正才是。”不意言犹在耳，未旬日，房先生因患心脏病突发，抢救无效，今已作古。言念老学长，谨略作片言，代为声明更正。

1985年5月锺翰又记

王锺翰著述目录

[1]辨纪晓岚手书简明目录

《大公报·史地周刊》第133期，1937年4月23日

[2]谈军机处

《史学年报》1938年

[3]清律纂修奏疏辑录序

《燕京大学图书馆报》第120期

[4]祭父文

1938年手稿

[5]清三通之研究

《史学年报》1939年，后改名《清三通纂修考》

[6]读张孟劬先生史微记

《燕京大学图书馆报》第128期

[7]遯堪文录序

《史学年报》1939年

[8]张孟劬先生遯堪书题序

《史学年报》1939年

[9]清史稿纂修之经过

《史学年报》1939年，被收入朱师辙之《清史述文》

[10]与人书五首

1940年单行本

[11]三国志裴注考证

《中国文化研究汇刊》1945年第5卷

[12]The Authorship of You-xian-ku

Havard Journal of Asiatic Studies, No.1 — 2.June 1948

[13]清世宗夺嫡考实

《燕京学报》第48期

[14]胤祯西征纪实

《燕京学报》第49期

[15]北京访书记

《庆祝周叔弢先生六旬论文集》，后改名《北京厂寺访书记》

[16]明代女真人之分布

《中国民族问题研究集刊》1956年第5期，后被收入《清史论文选集》第1期

[17]满族在努尔哈赤时代的社会性质

《中国民族问题研究集刊》1956年第6期，后被收入《清史论文集》第1期

[18]清史杂考

人民出版社1957年9月初版1963年9月中华书局再版

[19]清史稿（点校者之一）

中华书局1977年12月初版1986年再版

[20]满族简史（通纂之一）

中华书局1979年8月初版1986年5月再版

[21]朝鲜李朝实录中之女真史料选编

辽宁大学历史系1979年12月

[22]清代旗地性质初探

《文史》1979年第6期

[23]战国秦汉辽东辽西两郡县考（与陈连开合撰）

《社会科学辑刊》1979年第4期

[24]雍正西南改土归流始末

《文史》1980年第10辑

[25]沈阳锡伯族家庙碑文浅释

《清史论丛》2期，后改名《沈阳太平寺锡伯碑文浅释》

[26]对清前期历史必须作综合比较研究

《清史研究集》1980年第1期

[27]关于满族形成中的几个问题

《社会科学战线》1981年第5期

[28]藤花会逸事

《学林漫录》1981年第2期

[29]洪煨莲先生传略（与翁独健合著）

《文献》1981年第10期

[30]洪业论学集序（与翁独健合著）

中华书局1981年3月

[31]国语骑射与满族的发展

《故宫博物院院刊》1982年第2期

[32]清国史馆与清史列传

《社会科学辑刊》1982年第3辑

[33]对编修清史的一点意见

《清史研究通讯》1982年第2期

[34]清政府对台湾郑氏关系之始末

《中央民族学院学报》1982年第3期，后收入《郑成功研究论文选续集》

[35]什么是清初四大疑案

《文史知识》1982年第1期

[36]邓文如传略（与邓珂合著）

《中国当代社会科学家》1983年第4期
[37]自传《中国当代社会科学家》1983年第5期
[38]清史研究中的几个问题
《清史研究通讯》1983年第1期
[39]康熙平生大事略
《北京日报》9月17日
[40]满族之今昔
《文史知识》1983年第3期
[41]洪煨莲先生与引得编纂处
《学林漫录》1983年第8期
[42]试论理藩院与蒙古
《清史研究集》1984年第3期
[43]The Qing History Bureau and Colletions of Qing Biographies
Ch'ing-shih-wen-ti, Vol.5, No.2.December 1984
[44]邓之诚传（与邓嗣禹、周一良合著）
《中国史学家评传》第3册
[45]洪煨莲传（与翁独健、刘子健合著）
《中国史学家评传》第3期
[46]陈梦雷与李光地绝交书
《中华文史论丛》1985年第5期
[47]论袁崇焕与皇太极
《社会科学战线》1985年第1期，后收入《袁崇焕研究论文集》
[48]Erkl arung der Sibe–Steinchrift im Tempel des Hochsten Friedens zu Shen–yang
Trans by prof.Giovanni Stary, *Geschichte der Sibe-Mandschuren*,pp.54 — 72，Otto Harrassowitz,wiesbaden
[49]从满族的命名谈起

《满族研究》1985年创刊号

[50]清实录与清史研究

《书品》1986年第4期

[51]书道咸以来朝野杂记后

《史学集刊》1986年第1期

[52]满文老档中计丁授田商榷

《民族史论丛》1987年第1期

[53]释马法

《中国民族史研究》1987年创刊号

[54]释汉依阿玛

《满族研究》1987年第2期

[55]清圣祖遗诏考辨

《社会科学辑刊》1987年第2期，后收入《清史国际学术讨论会论文集》

[56]清实录与清史研究

《文史知识》1987年第3期

[57]清代官制简述

《文史知识》1987—1988年 第1—3期，后收入《中国古代官制讲座》

[58]东北考察记

《历史地理》1987年第5期

[59]A Brief Summary of Manchu Studies in the People's Republic China *Journal of Asian History*, 27，1：68—77

[60]清鉴易知录（校订）

北京古籍出版社 1987年8月

[61]清史列传（校注）

中华书局 1987年11月

[62]《雍乾两朝镶红旗档》序

辽宁人民出版社 1987年2月

[63]清鉴易知录校刊叙言

北京古籍出版社 1987年8月

[64]《盛京皇宫》序

紫禁城出版社1987年8月

[65]初学清史必读书目

《文史哲》1987年第3期

[66]谈学

《开拓》1987年创刊号

[67]陈二厂先生杂忆

《陈宦研究资料专集》

[68]康雍乾三朝满汉京旗房地契约四种

《北方民族》1988年创刊号，后收入《清代区域社会经济研究》

[69]试析康熙之农本思想

《四平民族研究》1988年第1期，后收入《满族研究文集》

[70]蒙古世系谱作者及其他

《蒙古史研究》第3期

[71]满族史研究集（主编）

中国社会科学出版社 1988年11月

[72]中国历史地图集释文汇编·东北卷(合著）

中央民族大学出版社 1988年9月

[73]《简明满汉辞典》序

民族出版社 1988年3月

[74]《骈字类编索引》前言

中国书店出版社 1988年12月

[75]柳如是与钱谦益降清问题

《纪念陈寅恪先生诞辰百年国际学术论文集》

[76]我和《清史列传》

《书品》1989年第1期

[77]陈寅恪先生杂忆

《纪念陈寅恪先生国际学术讨论会文集》

[78]《和珅秘传》序

吉林文史出版社 1989年1月

[79]《世界民族风俗及其传统文化》序

民族出版社 1989年7月

[80]清史新考

辽宁大学出版社 1990年7月初版

[81]天聪谕奏校注

《历史档案》1990年第3期

[82]年羹尧西征问题

《青海社会科学》1990年第3期

[83]内务府世家考

《郑天挺纪念文集》1990年第3期

[84]满族先世的发祥地问题

《历史地理》1990年第9期

[85] 关于红楼梦的时代历史背景

《纪念顾颉刚学术论文集》

[86]清代八旗中的满汉民族成分问题

《民族研究》1990年第3—4期，后收入《中华民族研究新探索》

[87]《满族大辞典》序

辽宁大学出版社 1990年6月

[88]喜读郑天挺主编的清史

《光明日报》1990年5月23日

[89]《满族发展史初编》序

天津古籍出版社1990年5月

[90]《清代政区沿革综表》序

中国地图出版社 1990年6月

[91]《中国宫廷知识辞典》序

中国国际广播出版社 1990年11月

[92]全面开展乾嘉历史的研究

《吉林师范学院学报》1990年第2期

[93]清代各部署则例经眼录

《邓之诚学术纪念论文集》1991年

[94]满族贝子称王考

《中央民族学院建校四十周年学术论文集》1991年

[95]Notes on Han i Ama

Trans by Prof. Nicola di Cosmo, *Aetas Manjurica*, Tomus 2, Otto Harrassowitz, Wiesbaden

[96]The Question of the Place Where the Manchu Ancestors Originated

Central Asiatic Joumnal, Vol. 35, No. 3 — 4

[97]评介韦庆远、刘守诒等编的清代的旗地

《清史研究》1991年第3期

[98]清代民族宗教政策

《中国社会科学》1991年第1期

[99]清会典的官制史资料价值

《书品》1991年第2期

[100]清帝东巡评介

《中国史研究》1992年第3期

[101]读史与爱国主义教育

《史学理论研究》1992年第1期

[102]谈中国边疆学与民族史的研究

《中国边疆史地研究》1992年第2期

[103]成都燕大杂忆

《成都燕京大学复校五十周年纪念集》

[104]《清代八旗驻防制度研究》序

天津古籍出版社 1992年8月

[105]清太祖大妃纳喇氏（中英文）

《中国妇女传记辞典》(清代卷)香港浸礼学院1992年

[106]清太宗孝庄文皇后博尔济吉特氏（中英文）

《中国妇女传记辞典》(清代卷）香港浸礼学院1992年

[107]清史续考

台湾华世出版社1993年8月

[108]魏源与圣武记

《社会科学战线》1993年第1期

[109]胤祯与抚远大将军王奏档

《历史研究》1993年第2期

[110]《毛大将军海上情形》跋

台湾《淡江史学》1993年第5期

[111]清朝前期的党争问题

台湾《历史月刊》1993年第70期

[112]跋前清诰封广东省花市营都司幸敏赫之母李氏为太恭人墓碑文

日本《满族史研究通讯》1993年12月号

[113]有关民族史研究答记者问

《治学与成才之道》北京民族出版社1993年5月

[114]孔飞力教授新著叫魂者的评介

《清史研究》1993年第4期

[115]《明清史事论集刊》序

南京出版社1993年11月

[116]《多尔衮评传》序

东北师范大学出版社1993年12月

[117]《满汉大辞典》序

辽宁民族出版社 1993年12月

[118] 追悼先师劳启祥校长

《雅礼简报》1993年4月25日纪念专刊

[119] 自述

《北大人》1993年创刊号

[120] 中国民族史（主编）

中国社会科学出版社 1994年12月

[121]胤禎与抚远大将军王奏档

《满学研究》1994年第2期

[122]康熙与理学

《历史研究》1994年第3期

[123] 五石斋日记选钞

《学术集林》卷二

[124]《东北古代民族古代地理丛考》序

中国社会科学出版社1994年2月

[125]《清代六部成语词典》序

天津人民出版社 1994年2月

[126]《中华民族研究初探》序

知识出版社 1994年11月

[127]《清代满洲土地制度研究》序

吉林文史出版社 1994年12月

[128]《东北旗地研究》序

吉林文史出版社 1994年12月

[129]李光地生平研究中的问题

《燕京学报》1995年新1期

[130] 歪乃小考

《满学朝鲜学论集》1995年7月号

[131]左景伊新著左宗棠传书后

《中国文化》1995年第11期

[132]《清一条鞭法》序

北京大学出版社 1995年7月

[133]《清代三姓副都统衙门满汉文档案选编》序

辽宁古籍出版社 1995年7月

[134]《清代内务府刻书目录题解》序

北京紫禁城出版社 1995年9月

[135]《无极甄氏族谱简编》序

北京中国档案出版社 1995年9月

[136]《满族的部落与国家》序

吉林文史出版社 1995年11月

[137]清朝满族社会的变迁及其史料

《中国文化》1996年第13期

[138]黄河上游地区历史与人物评

《西北史地季利》1996年第2期

[139]满族在中华文化发展过程中的贡献

《炎黄文化研究与中华民族》1996年

[140]释阿其那与塞思黑

《海峡两岸中国少数民族研究与教学研讨论文集》1996年

[141]谈清入关前满族的社会分期问题

《沈阳故宫博物院院刊——沈阳故宫博物院建院七十周年专辑》1996年第1期

[142]洪承畴的历史功过问题

《洪承畴研究》1996年

[143]承前启后新义不穷——何炳棣著《中国历代土地数字考实》读后

《中国史研究》1996年第3期

[144]乔治忠著《清朝官方史学研究》评介

《燕京学报》1996年第2期

[145]我为什么专攻清史和满族史

《文史知识》1996年12期

[146]《清宫斗争内幕》序和前言（合著）

《满族研究》1996年第2期

[147]《洪业传》序（与侯仁之合撰）

北京大学出版社1996年1月

[148]说读书认字

中央民族大学《研究生学报》1996年第1期

[149]《清宫斗争内幕》序

辽宁古籍出版社1996年6月

[150]《满族八旗制国家初探》序

北京燕山出版社1996年9月

[151]追忆麻园岭二三事

《雅礼中学九十周年纪念册》1996年10月

[152]满文档案与清史研究

《庆祝邓广铭教授九十华诞学术论文集》1997年

[153]洪业先生小传

《中国现代学术经典·洪业杨联陞卷》

[154]杨联陞先生小传

《中国现代学术经典·洪业杨联陞卷》

[155]记半通主人藏半部史通

《燕京学报》1997年新3期

[156]陈宝琛与末代皇帝

《陈宝琛与中国近代社会》陈宝琛教育基金筹委会刊行

[157]“清代皇帝一家人丛书”序

辽宁大学出版社1997年7月

[158]四库禁毁书丛刊（主编）

北京出版社1997年11月

研究评介资料

[1]胸怀报国志 侃侃话边疆——访中央民族学院历史系教授王锺翰

郭晶 黑龙江《黑河日报》1984年9月1日

[2]清史专家王锺翰研究证实：雍正伪造康熙遗诏继位

中国新闻社记者《人民日报》（海外版）1986年8月6日

[3]王锺翰教授的清史及东北史地研究

陈佳华《中国边疆史地研究导报》1989年第2期

[4]王锺翰先生的学术成就

刘小萌《清史研究通讯》1990年第3期

[5]成大举办两岸学者中国史座谈——邀请王锺翰等五位大陆教授演讲

台湾《青年日报》1991年9月22日

[6]学问文章老更醇——读王锺翰先生清史新考

孙文良《清史研究》1991年第4期，后收入《满族崛起与明清兴亡》
[7] 中央民族学院为王锺翰教授从事科研与教学工作五十周年举行庆祝会
季琼岩《民族研究动态》1991年第2期
[8] 一部清史研究的力作 —— 清史新考
定宜庄《中国社会科学》1992年第5期
[9] 满学家王锺翰
李鸿彬《满学研究》1993年第1期
[10] 王锺翰介绍
细谷良夫 日本《满族史研究通信》1993年第3期
[11] 文章成一家 桃李满天下 —— 介绍我国著名清史满族史专家王锺翰先生
李鸿彬《庆祝王锺翰教授八十寿辰学术论文集》1993年11月
[12] 清史民族史研究工作者的回顾与展望 —— 王锺翰教授访问记
陈其泰、张越《史学史研究》1994年第4期
[13] 王锺翰教授对满族史清史研究的贡献
[罗马]A.玻芝 姚念慈译 德国卫思巴登《中央亚细亚杂志》
1994年专号 又译文载《民族研究信息》1994年第4期
[14] 民族史家王锺翰
余南楠《中国教育报》1995年3月1日
[15] 治史六十载 一如既往情 —— 民族史家王锺翰
亦兵《人物》1995年总91期
[16] 著名满族史与清史专家王锺翰教授主要著作简介
杨海英《满族研究》1997年第1期
[17] 一堂难忘的讲座课 —— 听王锺翰教授讲课后
陈军《中央民族大学周报》1996年1月5日
[18] 对禁毁书之热情 —— 访北京的大学教授王锺翰先生
松尾康宪 日本《信浓每日新闻》1997年6月14日

[18] 史学研究与人生追求 —— 王锺翰先生访谈录

危兆盖《光明日报》1997年10月4日第五版

[19] 中国民族通史的集大成之作 —— 王锺翰主编中国民族史评价

李德龙《燕京学报》1997年新3期，后收入《民大史学》二 1997年